Maurice Levi:
Wirtschaft ohne Rätsel
Ein vergnüglicher Leitfaden für jedermann

Aus dem Amerikanischen von
Sybille von Mülmann
Deutsche Bearbeitung von
Helmut Less

Deutscher
Taschenbuch
Verlag

dtv

Die deutschsprachige Ausgabe erschien 1982 unter dem Titel «Ökonomie ohne Rätsel. Ein Wegweiser im Wirtschaftslabyrinth» im Birkhäuser Verlag, Basel

Ungekürzte Ausgabe
Mai 1984
Deutscher Taschenbuch Verlag GmbH & Co. KG, München

Titel der amerikanischen Originalausgabe:
Economics Deciphered. A Layman's Survival Guide
Basic Books, Inc., Publishers, New York 1981

ISBN 3-7643-1290-4
Umschlaggestaltung: Celestino Piatti
Umschlagabbildung: Dieter Zembsch, München
Gesamtherstellung: C. H. Beck'sche Buchdruckerei, Nördlingen
Printed in Germany · ISBN 3-423-10271-3

Das Buch

Die meisten Bücher, die versuchen, Begriffe aus der Volkswirtschaftslehre zu erklären und ihren Zusammenhang verständlich zu machen, sind wie das Metier selbst: trocken, der Fachsprache verhaftet und ohne mathematische Kenntnisse nicht zu verdauen. Anders dieser Leitfaden des amerikanischen Ökonomie-Professors Maurice Levi: Er ist nie langweilig, streckenweise amüsant und kann in einem Zug durchgelesen werden; er kommt ohne Fach-Chinesisch aus, ohne komplizierte Formeln und Grafiken; er setzt nichts als bekannt voraus und führt den Leser mit Frage und Antwort und einer Fülle von Beispielen aus dem Alltag durch das Labyrinth volkswirtschaftlicher Zusammenhänge. Nach der Lektüre ist einem so manches klar, wovon man bisher nur eine ungefähre Ahnung hatte; zum Beispiel wie man auf legale Art und Weise an der Börse Erfolg haben kann, welche Auswirkungen die Mietpreisbindung auf das Gesetz von Angebot und Nachfrage hat, ob Lohn- und Preiskontrollen überhaupt angebracht sind – oder was Geld ist. Wer ganz rasch zu Erfolg kommen will, kann dieses Buch als Nachschlagewerk benutzen und über das ausführliche Register ökonomischen Rätseln auf den Grund gehen.

Der Autor

Maurice Levi ist Professor für Ökonomie an der Universität in British Columbia/Kanada und Verfasser zahlreicher wissenschaftlicher Aufsätze.

Inhalt

Meinen Eltern Karl und Luise
dafür, daß sie mich lehrten zu verstehen,
daß die Liebe einiges auf dieser Welt erklärt,
das nicht einmal die Volkswirtschaftslehre
erklären kann.

Das Problem der Wirtschaft, der Kampf ums Dasein, ist schon immer das größte und drängendste Problem der Menschen gewesen – und nicht nur der Menschen, nein, der gesamten Tier- und Pflanzenwelt, seitdem es das Leben in seiner primitivsten Form gibt.
So ist also unsere Entwicklung – einschließlich aller tiefverwurzelten Instinkte und Triebe – von Natur aus darauf angelegt, das Problem der Wirtschaft zu lösen.
Lord John Maynard Keynes

Vorwort des Bearbeiters

Die Originalausgabe des Buches von Levi, «Economics Deciphered», richtet sich an ökonomische Laien in den USA und nimmt daher bewußt zu amerikanischen Verhältnissen Stellung. Dies ließ es geraten erscheinen, an den Stellen, an denen ausschließlich oder überwiegend auf den «real existierenden amerikanischen Kapitalismus» Bezug genommen wird, solche Veränderungen vorzunehmen, die die deutsche Übersetzung den Verhältnissen im deutschsprachigen Raum, vornehmlich in der Bundesrepublik Deutschland, anpassen sollten. Damit ist weniger der theoretische Inhalt gemeint, sondern spezifische institutionelle Einrichtungen, wirtschaftspolitische Methoden, Definitionen und nicht zuletzt Zahlenangaben. So geschehen zum Beispiel bei der Darstellung der Geldpolitik, der Erfassung von Preisniveauveränderungen, der Agrarpolitik usf. Der Umfang der einzelnen Umarbeitungen reicht von einer einzigen Zeile bis hin zu mehreren Seiten. Die Beiträge des Bearbeiters wurden nicht besonders hervorgehoben, doch kann der Leser sie daran erkennen, daß in ihnen deutsche oder europäische Verhältnisse beschrieben werden. Der Bearbeiter hofft aber, den Ton des Originals einigermaßen getroffen zu haben, so daß der Charakter des Textes durch die «Teilsynchronisation» keine Einbuße erlitten hat.

Helmut Less, Heidelberg

Vorwort

Dieses Buch wendet sich an die Verunsicherten – an die, die nicht mehr wissen, was und wem sie noch glauben können. Es erklärt klar und allgemein verständlich alles, was ein gebildeter Mensch über wirtschaftliche Zusammenhänge wissen sollte. Dabei wird nichts als bekannt vorausgesetzt, und alle wichtigen Fragen werden logisch zusammenhängend erklärt. Nach der Lektüre dieses Buches werden Sie ausreichende Kenntnisse über wirtschaftliche Problemstellungen haben, um die Welt, in der Sie leben, zu verstehen und um in der Lage zu sein, private und berufliche Entscheidungen zu treffen, die es Ihnen ermöglichen, in ebendieser Welt zu überleben und voranzukommen. Sie werden alles wissen, was Sie wissen sollten, wenn jemand, der nichts weiß, Sie für dumm verkaufen will.

Wenn Sie dieses Buch einmal durchblättern, werden Sie einen umfangreichen Frage-und-Antwort-Katalog finden. Diese Art des Buchaufbaues versetzt uns in die Lage, die wirtschaftlichen Probleme, die jeden von uns angehen, kurz und knapp zu behandeln. Jeder, der sich in das Gebiet der Volkswirtschaftslehre einzuarbeiten versucht – ganz gleich ob durch Selbststudium, in der Schule oder an der Universität –, sollte auf Erfolgserlebnisse nicht zu lange warten müssen. Das größte Erfolgserlebnis beim Lernen besteht darin, Antworten auf Fragen zu finden, die einen vorher in Verwirrung gestürzt haben. Ein solches Erfolgserlebnis wird am schnellsten durch den Frage-und-Antwort-Katalog erreicht.

Das Buch arbeitet nicht mit Diagrammen oder mathematischen Formeln. Um volkswirtschaftliche Zusammenhänge zu verstehen, braucht man nämlich nur seinen gesunden Menschenverstand und ein gutes Buch. Auf den folgenden Seiten findet sich absolut nichts, was ein normaler, intelligenter, an der Sache interessierter Mensch nicht verstehen könnte. Ihr Interesse an der Sache haben Sie dadurch bewiesen, daß Sie begonnen haben, sich mit diesem Buch zu beschäftigen; Sie brauchen nun nur noch Ihren Verstand einzusetzen.

Das Ziel des vorliegenden Buches besteht darin, dem Leser genügend Selbstvertrauen zu geben, daß er ohne Scheu bei Diskussionen über volkswirtschaftliche Dinge mitreden kann. Manchmal fühlt man sich verunsichert und unbehaglich, wenn eine Unterhaltung sich Gebieten zuwendet, auf denen man sich nicht auszukennen glaubt. Das muß nicht sein. Wenn Sie sich darum bemühen, werden Sie sehen, daß die Ökonomie eine interessante, dynamische Disziplin ist und daß diejenigen, die Diskussionen auf diesem Gebiet ausweichen, das eher aus Angst davor tun, ihre Gesprächspartner könnten merken, was sie nicht wissen, als wegen ihrer tatsächlichen Kenntnisse. Beim Lernen gilt: Was man nicht weiß, kann einem schaden; es kann einen nämlich davon abhalten, sich Wissen über jene einflußreichen Kräfte anzueignen, von denen das wirtschaftliche Überleben des einzelnen sowie das der gesamten Gesellschaft abhängt.

Für einen Autor ist es immer ein Vergnügen, die Schuld, in der er steht, kundzutun, und ich bin in der glücklichen Lage, bei einer ganzen Reihe von Leuten in einer derartigen Situation zu sein. In besonderer Schuld, und zwar in einer, die ich wohl nie wieder werde gutmachen können, stehe ich bei der Faculty of Commerce der Universität von British Columbia, der Universität von Kalifornien in Berkeley, dem National Bureau of Economic Research und dem Massachusetts Institute of Technology. Alle genannten Institutionen boten mir während der Entstehung dieses Buches eine angenehme und anregende Arbeitsatmosphäre. Der Enthusiasmus und der fachliche Rat Martin Kesslers und seines Redaktionsteams haben mir geholfen, die Überarbeitung von zahlreichen Entwürfen zu überstehen; Ellen McGibbon hat mit stoischer Ruhe das Manuskript getippt. Zu ganz besonderem Dank bin ich jedoch Kate Birkinshaw für ihre Geduld und ihren Humor verpflichtet, die sie während der Entstehung dieses Buches unter Beweis gestellt hat.

I. Die Volkswirtschaftslehre – eine Einführung

1. Das Wesen der Volkswirtschaftslehre – ein Überblick

Das Überleben an sich kann von der Volkswirtschaftslehre abhängen.
Paul Samuelson, Nobelpreisträger für Volkswirtschaftslehre

Auf welche Fragen gibt die Volkswirtschaftslehre Antworten?

Die Volkswirtschaftslehre oder auch Ökonomie beschäftigt sich mit Dingen wie zum Beispiel der Inflation und der Arbeitslosigkeit, der Börse, dem Goldpreis und dem Wechselkurs der Währungen, außerdem mit dem Volkseinkommen, den Zinssätzen, dem Marktpreis von Öl und dem Ertrag von Arbeit und von Investitionen. Bei einer derartigen Vielfalt ist es kein Wunder, daß viele ansonsten sehr gut informierte Laien durch die wirtschaftlichen Abläufe um sie herum in Verwirrung geraten. Dieses Gefühl der Konfusion wird durch die Uneinigkeit der Experten auf diesem Gebiet noch erhöht. Wir werden ständig mit den unterschiedlichsten Ansichten seitens der Monetaristen und der Keynesianer, der Anhänger des freien Unternehmertums und der Verfechter staatlicher Interventionen sowie von anderen Vertretern verschiedener Meinungen konfrontiert.

Selbst wenn die Wirtschaftswissenschaftler einmal ausnahmsweise einer Meinung sind, scheint es, daß sie das auch nur mit Tricks und doppeltem Boden geschafft haben. Wir entdecken so zum Beispiel, daß geldgierige Kapitalisten uns etwas Gutes tun, wenn sie ihr Geld für verschwenderische Luxusfestivitäten zum Fenster hinauswerfen, nur um mit ihrem Reichtum zu protzen; und wir sehen, daß hohe Zinssätze das Ergebnis einer expansiven und nicht einer restriktiven Geldpolitik sind. Wir erfahren weiter, daß, während wir als einzelne uns am besten dadurch auf eine mögliche Arbeitslosigkeit vorbereiten, indem wir vermehrt sparen, die Bevölkerung insgesamt gesehen jedoch weniger sparen sollte; und wir lernen, daß Mißernten Bauern reicher machen können. Alle diese Phänomene sowie eine Reihe anderer, die sich eher mit dem gesunden Menschenverstand erklären lassen, müssen entschlüsselt werden. Lohnt es sich denn aber eigentlich überhaupt, nach Antworten zu suchen?

Warum sollte man volkswirtschaftliche Zusammenhänge entschlüsseln?

Die Volkswirtschaftslehre ist wichtig für unser Überleben. Sie hilft uns zum Beispiel, die Mechanismen zu verstehen, die – auch in einer zum großen Teil urbanisierten – Gesellschaft dazu beitragen, daß wir unser Essen auf den Tisch bekommen. Innerhalb eines erstaunlich reibungslos funktionierenden Systems werden Nahrungsmittel und andere lebenswichtige Güter aus der ganzen Welt produziert, verteilt, verarbeitet, im Großhandel vertrieben und für uns im Geschäft um die Ecke bereitgestellt. Die Wirtschaft ist nun die Kraft, die die Produktionsräder in unserer Gesellschaft antreibt, und je mehr Menschen sich über die entsprechenden Zusammenhänge im klaren sind, desto eher wird es uns gelingen, diese treibende Kraft einer produktiven Wirtschaft in Schwung zu halten. Bewußte Entscheidungen seitens einer gutinformierten Öffentlichkeit, bei Wahlen sowie im täglichen Leben, helfen, sicherzustellen, daß wir diesen so erstaunlichen Mechanismus des wirtschaftlichen Systems nicht beschädigen.

Das Verständnis wirtschaftlicher Zusammenhänge hilft uns außerdem auch bei unseren persönlichen Entscheidungen. Wenn wir in der Lage sind, uns ein ungefähres Bild von der Gesamtwirtschaft zu machen, können wir auch vernünftigere Entscheidungen über unsere berufliche Laufbahn, geschäftliche Unternehmungen sowie über zukünftige Sparvorhaben oder Ausgaben treffen. Für einen solchen Überblick ist es notwendig, die Wirtschaftspresse und die Entscheidungen und Forderungen der Regierung zu vestehen. Wenn wir erst einmal das ABC der Wirtschaft beherrschen, sind wir nicht nur besser in der Lage zu beurteilen, was wir uns selbst leisten können, sondern wissen auch, was die Gesellschaft insgesamt finanziell ermöglichen kann – auf dem Gebiet der Verteidigung, des Rentenwesens, des Wohnungsbaus, der medizinischen Versorgung und bei anderen Vorhaben. Indem wir durch unsere Information in die Lage versetzt werden, vernünftig und bewußt zu wählen, können wir als einzelne überleben und, wenn sich neue wirtschaftliche Möglichkeiten auftun, auch noch vorankommen.

Warum ist die Wahlentscheidung so wichtig?

Der Grund dafür, daß die Wahl im persönlichen Bereich so entscheidend ist – die Wahl zum Beispiel zwischen einem neuen Auto und einer Stereoanlage, zwischen Rindfleisch und Fisch zum Mittagessen –, liegt darin, daß gute Dinge knapp sind. Deshalb müssen Regierungen auch zwischen Verteidigungs- und Sozialausgaben – oder zwischen Kanonen und Butter – wählen, und deshalb haben wir als allgemeine Öffentlichkeit die Verpflichtung, wenn die Demokratie überleben soll, unsere Wahl für die Regierung zu treffen.

Die Knappheit spielt in der Volkswirtschaftslehre eine so große Rolle, daß man das gesamte Gebiet oft als die Lehre von «Wahlhandlungen bei Knappheit» bezeichnet hat. Es geht dabei nicht um Gold und Diamanten oder berühmte Kunstwerke, obwohl sich die Ökonomie auch mit dem Wert dieser Dinge beschäftigt. Abgesehen davon ist im Begriff der Knappheit alles eingeschlossen, was einen Preis hat oder auf irgendeine Weise mit Kosten verbunden ist. Die gesamten Nahrungsmittel, unsere Kleidung, Wohnung, Verkehrsmittel, Unterhaltung und alles andere, was wir entweder zu unserem Vergnügen oder zur Deckung unserer Bedürfnisse kaufen, haben einen Preis: Mit diesen Preisen und den dazugehörigen Mengen befaßt sich die Volkswirtschaftslehre. Auch der Unterhalt einer Familie ist, je nach ihrer Größe, mit Kosten verbunden, und aus diesem Grunde fällt auch dieser sehr private Bereich in das Gebiet der Ökonomie. Weiter entstehen Kosten für die Reinhaltung von Luft und Wasser, und deshalb befassen sich Wirtschaftswissenschaftler auch mit Fragen der Umwelt. Kurz, Kosten treten immer dann auf, wenn Produkte knapp sind.

Was ist knapp?

Unsere Erwartungen steigen ständig. Die Mehrzahl der Menschen wünscht sich eine gemütliche Wohnung, ein zuverlässiges Auto, eine angemessene Versorgung mit gutem Essen und Kleidung und sogar ein Fernsehgerät oder eine Stereoanlage. Die meisten von uns wollen all dies, bei weitem nicht jeder hat es bereits. Und selbst diejenigen, die schon im Besitz dieser Dinge sind, meinen, etwas mehr von allem würde ihnen auch nicht unbedingt schaden. Da unsere Wünsche immer dem, was wir bereits haben, vorauseilen, ist stets etwas zu wenig von allem da. Oder, um es einmal anders auszudrücken: Der Output, d.h. die verfügbaren Güter und Dienstleistungen, ist immer knapp.

Begrenzungen des Outputs – bei Nahrungsmitteln, Wohnungen, Autos, Fernsehgeräten und Stereoanlagen – sind ihrerseits ein Ergebnis von Begrenzungen des Inputs, d.h. der Produktionsfaktoren, die für ihre Produktion zur Verfügung stehen. Man braucht nämlich Inputs an menschlicher Arbeitskraft, Rohstoffen, Boden und Maschinen, um die Outputs zu produzieren, die wir wünschen und brauchen. Nun gibt es aber nur eine beschränkte Anzahl von Händen, die zupacken können, von Fässern Öl, Tonnen Stahl, Morgen Land und Produktionsmaschinen. Wenn wir zum Bau von Autos mehr Menschen und mehr Maschinen einsetzen, dann fehlen diese anderswo, um andere Bedürfnisse zu befriedigen. Und wenn wir mehr Mais anbauen, indem wir größere Anbauflächen nutzen, mehr Arbeitskräfte, Düngemittel und landwirtschaftliche Maschinen einsetzen, wird der Output bei anderen Produkten wie zum Beispiel Gerste und Sojabohnen sinken. Die Knappheit des Inputs führt ihrerseits zur Knappheit des Outputs. Die Technik hat zwar dazu beigetragen, daß wir die uns zur Verfügung stehenden Mittel besser zu nutzen wissen, doch wird sie wohl nie in der Lage sein, die Kluft zwischen dem zu überbrücken, was wir haben wollen, und dem, was wir produzieren können. Solange diese Kluft aber besteht, muß der Ökonom weiterhin Methoden zur Lösung des Problems Wirtschaft suchen.

Was ist die ökonomische Methode?

Wirtschaftswissenschaftler bedienen sich einer wissenschaftlichen Methode, die darin besteht, daß sie aufgrund von Annahmen Theorien entwickeln und diese ständig überprüfen. Die Tatsache, daß die Volkswirtschaftslehre ebenso wie andere Sozialwissenschaften auch nicht hundertprozentig präzise ist, schließt die Anwendung von wissenschaftlichen Methoden nicht von vornherein aus. Es gibt schließlich auch eine Reihe von Naturwissenschaften, in denen eine genügend große Zahl von Theorien und Hypothesen verworfen wurde, so daß man sie, was die Genauigkeit angeht, kaum von den Gesellschaftswissenschaften unterscheiden kann. Die Wissenschaftlichkeit der Volkswirtschaftslehre geht über die von ihr verwendeten Methoden hinaus. Selbst die Theorien, mit denen sich die Ökonomie befaßt, sind denen der Naturwissenschaften ähnlich. Eine besondere Analogie besteht zwischen der Ökonomie und der Biologie.

Sowohl bei der Biologie als auch bei der Volkswirtschaftslehre ist die Spezialisierung auf bestimmte Aufgaben von zentraler Bedeutung. In der Volkswirtschaft konzentrieren sich die Menschen – wie zumindest zu hoffen ist – auf das, was sie am besten können. Helle Köpfe werden Physiker, kräftige Männer Holzfäller, kreativ Begabte Künstler und die besonders Geduldigen Volkswirtschaftslehrer. Die ganze Natur weist Merkmale der Spezialisierung auf, jeder Teil einer Gesamtheit verrichtet die Aufgabe, für die er am besten geeignet ist. Blätter nehmen Licht auf, Stengel transportieren Wasser, Backenzähne kauen und Schneidezähne beißen. Auch bei den in staatenähnlichen Gemeinschaften lebenden Insekten existiert das Prinzip der Arbeitsteilung. Bei den Ameisen gibt es zum Beispiel Arbeiter und Soldaten, und bei den Bienen ist die Königin auf die Vermehrung spezialisiert. Innerhalb aller Gattungen gilt das Prinzip, daß in einer wettbewerbsorientierten Umwelt nur der Stärkste überlebt, und bei der Arbeitsteilung und dem Aufteilen der gemeinsam erwirtschafteten Erträge stellen die Menschen keine Ausnahme dar. Genausowenig nehmen auch die Ökonomen eine Sonderstellung ein, wenn sie als Methode zur Lösung von Problemen Modelle entwickeln.

Was ist ein wirtschaftliches Modell? Kann man es sehen und womöglich damit spielen?

Ein Modell kann man nicht sehen. Es handelt sich hier vielmehr nur um ein Konzept, das beschreibt, wie nach Ansicht eines Wirtschaftswissenschaftlers eine bestimmte Sache funktioniert. Es existiert nicht als physische Realität. Es tut mir aufrichtig leid, Sie hier enttäuschen zu müssen, aber Wirtschaftswissenschaftler amüsieren sich nicht besonders, wenn sie Überstunden machen, um mit ihren Modellen zu spielen. Das gilt jedenfalls für mich persönlich.

Ein gutes Modell zeichnet sich dadurch aus, daß es beschreibt, warum die Welt so ist, wie sie nun einmal ist – jedenfalls, was den Teil der Welt angeht, auf den sich das Modell bezieht. Ein gutes Modell zum Volkseinkommen sollte zum Beispiel erklären, warum sich das Volkseinkommen so verändert, wie das tatsächlich der Fall ist. Ein gutes makroökonomisches Modell müßte die Faktoren Volkseinkommen, Arbeitslosigkeit, Inflation, Zinssätze und andere makroökonomische Variablen einbeziehen. Wirtschaftswissenschaftler verwenden in ihren Modellen häufig mathematische Formeln, um die Dinge zu vereinfachen. Solche mathematischen Formeln mögen ihnen zwar helfen, einen Überblick über die einzelnen Teile des Modells zu erhalten, doch muß ein Modell im allgemeinen nicht mathematisch sein.

Welche Arten von Modellen gibt es?

Es gibt makroökonomische Modelle, weltweite ökonometrische Modelle und mikroökonomische Modelle. Es gibt kleine Modelle vom Angebot und der Nachfrage und Modelle über die Nachfrage nach tiefgefrorenem Rosenkohl. Bestimmt! Ohne Witz! Es gibt Modelle für die gesamte Volkswirtschaft der Bundesrepublik Deutschland und sogar ein paar Modelle für die ganze Welt. Es gibt Energieversorgungsmodelle und solche über die Energienachfrage. Zu allem, was in irgendeiner Weise interessant sein könnte – oder auch nicht –, hat irgend jemand bestimmt schon irgendwann einmal ein Modell gebastelt.

Bei großen Modellen, die Hunderte von mathematischen Gleichungen umfassen und von der Regierung oder großen Universitäten – auf Kosten der Regierung – erstellt wurden, ist man für gewöhnlich auf Computer angewiesen. Was jedoch allen Modellen gemein ist, ganz gleich, ob Computer eingesetzt wurden oder nicht, ist die Notwendigkeit, Annahmen zu formulieren.

Von welchen Annahmen können Wirtschaftswissenschaftler ausgehen?

Nun, Wirtschaftswissenschaftler sind wahre Künstler, wenn es darum geht, Annahmen aufzustellen. Sie sind wahrhaftig fähig, so gut wie alles einfach einmal anzunehmen, und vor einiger Zeit kursierte folgender Insiderwitz: Ein hervorragender Experte auf dem Gebiet der theoretischen Physik, ein Ingenieur und ein Ökonom stranden auf einer einsamen Insel und sind dem Hungertode nahe; zwar haben sie zufällig eine Dose Bohnen dabei, leider aber keinen Dosenöffner. Der Physiker untersucht daraufhin die Dose und errechnet mit komplizierten mathematischen Gleichungen den schwächsten Punkt der zylindrischen Dosenstruktur aus, an dem der Druck zum Öffnen angesetzt werden müsste. Der Ingenieur macht sich auf die Suche nach einem geeigneten spitzen Gegenstand, mit dem er die Dose bearbeiten kann. Der Wirtschaftswissenschaftler dagegen meint: «Nehmen wir doch einmal an, wir hätten einen Dosenöffner...»

In einer Welt, die sich permanent verändert, gehen die

Ökonomen nun stets von der Annahme aus, daß «alles unverändert ist und auch gleich bleibt». Diese Annahme wird manchmal in einem lateinischen Ausdruck – ceteris paribus – versteckt, in der Hoffnung, daß die Zuhörer nicht so recht verstehen, was da eigentlich eingeschoben wird. Manchmal nehmen die Wirtschaftswissenschaftler an, es gäbe keine Regierung, oder stellen sich eine Welt ohne Steuern vor. Hierbei handelt es sich dann aber keineswegs um ihre Idealvorstellung von einer utopischen Wirtschaft, sondern um eine Annahme, die für ihre logische Argumentation notwendig ist. Von Annahmen auszugehen ist jedoch nicht notwendigerweise etwas Schlechtes.

Welche Kriterien muß eine gute Annahme erfüllen?

Die Welt, in der wir leben, ist sehr vielschichtig. Um sie in einer verständlichen Art und Weise zu beschreiben, muß man einige Einzelheiten der Realität vernachlässigen. Es ist wie bei einem Vergleich zwischen einer Photographie und einer Bleistiftskizze: Ein guter Künstler kann, mit nur wenigen Strichen, einen Eindruck vom Gesicht einer Person, einem Reiter auf einem Pferd oder einer zarten Blüte vermitteln. Einige der Skizzen Rembrandts oder auch weniger bekannter Künstler sind sehr beeindruckend, da sie sehr komplexe Themen mit einem Minimum an Linien und Schattierungen wiedergeben. Viele Details, die durchaus hätten dargestellt werden können, wurden einfach weggelassen, und trotzdem bietet sich dem Betrachter ein getreues Bild dessen, was in der Realität zu sehen war.

Aus ähnlichen Gründen muß auch ein guter Wirtschaftswissenschaftler ein Künstler in der Verwendung von Annahmen sein. Er muß die unnötigen Details herausfiltern und nur das Wesentliche übriglassen. Wenn er falsche Linien zieht und das weggelassene Detail von Bedeutung war, wird er kein brauchbares Bild erzielen. Eine gute Skizze – und ein volkswirtschaftliches Modell – sollten danach beurteilt werden, wie gelungen die Wiedergabe des Originals ist. Wenn die Annahmen, von denen man ausgeht, ein

Modell liefern, das die Sache, um die es geht, gut erklärt, dann erfüllen diese Annahmen ihren Zweck. Wir können zum Beispiel annehmen, daß wir uns nicht mit der besonderen Lage des Rindfleisch-, Zeitungs- oder eines anderen einzelnen Marktes befassen müssen, wenn wir die Gründe für Inflation oder Arbeitslosigkeit aufdecken wollen, obgleich diese einzelnen Märkte Bestandteile eines Ganzen sind. Oder aber wir können annehmen, daß wir uns nicht mit der Arbeitslosenquote zu beschäftigen brauchen, wenn wir den Rindfleischpreis erklären wollen. Solange uns unsere Annahmen in die Lage versetzen, klar und einleuchtend zu erklären, was wir erklären wollen, handelt es sich um brauchbare Annahmen. Solche brauchbaren Annahmen vernachlässigen so viele reale Details wie möglich, ohne daß das den Erklärungswert der Theorie oder des Modells schmälert.

Um einmal ein Beispiel aus einem anderen Bereich zu geben: Nehmen wir also einmal an, die Erde sei eine Scheibe. Wir wissen zwar alle sehr wohl, daß dies nicht zutrifft – obwohl die Gesellschaft, die diese Theorie vertritt (und es gibt tatsächlich eine solche), sich zweistelliger Mitgliederzahlen erfreuen kann. Wollen wir aber die Entfernung von unserer eigenen Haustür zum nächsten Lebensmittelgeschäft berechnen, können wir kaum fehlgehen, wenn wir dabei den Krümmungsradius der Erde vernachlässigen. Auch bei kürzeren Entfernungen, die mittels einer Gebietskarte berechnet werden, führt unsere Annahme, daß die Erde eine Scheibe sei – und die meisten geographischen Karten sind unter Zugrundelegung dieser Annahme erstellt –, nicht zu größeren Abweichungen. Unsere Annahme verhindert also eine unnötige Komplizierung der Sache und bietet als Ergebnis ein genaues Bild von dem Teil der Welt, der beschrieben wird – vorausgesetzt, dieser Teil ist nicht zu groß. Bei geographischen Karten der gesamten Erde kann die Annahme, daß die Erde eine Scheibe sei, bei Entfernungsmessungen zu sehr irreführenden Annährungen führen. Volkswirtschaftliche Annahmen sind genauso, d.h. nach ihrem Zweck und der Genauigkeit des Endergebnisses, zu bewerten.

Bei der Beurteilung der Ergebnisse greifen die Ökonomen dann auf die Dienste des Ökonometrikers zurück.

Ökonometriker sind Wirtschaftswissenschaftler, die sich auf die statistische Seite der Volkswirtschaft spezialisiert haben.

Worum geht es bei der Ökonometrie?

Die Ökonometrie ist ein Zweig der Volkswirtschaft, der mit Hilfe historischer Ereignisse testet, welche Theorie für die Erklärung dessen, was geschehen ist, am geeignetsten erscheint. Die historischen Ereignisse gehen in Form statistischer Messungen von wirtschaftlichen Variablen wie zum Beispiel von Preisen, Einkommen, Zinssätzen, Geldversorgung, Börsenkurse usw. in die wirtschaftlichen Modelle ein. Der Wirtschaftswissenschaftler beauftragt dann den Computer, unter Verwendung der Informationen darüber, wie die Welt ausgesehen hat – was zum Beispiel Arbeitslosigkeit, Inflation usw. angeht –, und des Modells, das er erstellt hat, die Teile des Modells, die noch lückenhaft sind oder fehlen, zu ergänzen und eine Aussage darüber zu machen, ob die Theorie insgesamt zutrifft oder nicht.

Kann ein Wirtschaftswissenschaftler überhaupt jemals sagen, ob eine Theorie stimmt?

Ein Ökonom kann ebensowenig wie ein Ökonometriker jemals endgültig beweisen, daß seine Theorie zutrifft; wahrscheinlich gibt es auch aus ebendiesem Grunde genausoviele Theorien wie Wirtschaftswissenschaftler. Es ist mir sogar letzthin zu Ohren gekommen, daß es noch mehr Theorien als Ökonomen geben soll. Deshalb werden die Theorien auch lautstark verkündet; sehr häufig sind sie nicht besonders viel wert – es gibt einfach ein Überangebot. Während ein Theoretiker niemals endgültig beweisen kann, daß eine Theorie zutrifft, kann ein Ökonometriker zumindest aufzeigen, welche Theorien nicht zutreffen und auf diese Weise zur Erkenntnis beitragen, wie die Wirtschaft funktioniert.

Welche Spezialisierungen gibt es innerhalb der Volkswirtschaftslehre?

Die beiden großen Gebiete, auf die sich die Ökonomen spezialisieren, sind die Mikroökonomie – die sich mit den Konsumenten und den Unternehmen befaßt – und die Makroökonomie – die den Bereich der Gesamtwirtschaft behandelt. Innerhalb der Mikro- und der Makroökonomie gibt es jedoch noch eine ganze Reihe Unterteilungen. So existieren mathematische Ökonomen, Ökonometriker und Theoretiker. Es gibt Wirtschaftswissenschaftler, die sich auf Finanzen im öffentlichen und privaten Bereich, auf Agrarökonomie oder Ökonomie der Entwicklungsländer spezialisiert haben. Weiter haben wir Arbeitsmarktspezialisten, Energiewirtschaftler, Währungs- und Bankfachleute und Finanzexperten.

Axel Leijønhufvud (bei der Aussprache seines Namens kann ich Ihnen zwar nicht behilflich sein, doch kann ich Ihnen verraten, daß er im Norwegischen «Löwenkopf» bedeutet) hat einmal das Leben im Stamme der sogenannten «Ökons» beschrieben, so, als käme er gerade von einer anthropologischen Forschungsexpedition zurück. Bei den Ökons, so führte er aus, gibt es zwei Hauptgruppen: Die Mikro-Ökons und die Makro-Ökons. Innerhalb dieser Gruppen bestehen eine Reihe von Kasten. Den höchsten Rang hat der Math-Ökon, ganz unten in der Skala finden sich die Entwicklungs-Ökons (Ökonomen, die sich mit den Problemen der Entwicklungsländer befassen und für die die Sprache ein Mittel ist, ihre Überzeugung kundzutun; die Math-Ökons dagegen meiden die Sprache, wenn es irgend geht). Die Angehörigen der hohen Kasten pflegen keinerlei Umgang mit den Polwis (Politikwissenschaftlern) oder den Sozios (Soziologen), obwohl die Entwicklungs-Ökons hier angeblich aus dem Rahmen fallen sollen. Kein Ökon aber, nicht einmal ein Entwicklungs-Ökon, hat sich jemals so weit herabgelassen, mit einem Haus-Wi zu verkehren. Haus-Wis beschäftigen sich mit effizienter hauswirtschaftlicher Planung und damit, wie man Kuchen bäckt; sie haben die allgemeine Öffentlichkeit dadurch verwirrt, daß sie die Bezeichnung «Wirtschaft» in ihren Namen aufgenommen haben. Die echten Ökons sind zwar in dcr Lage, Auskunft über den nationalen Kuchen zu geben, doch wenn es um Kuchen mit Äpfeln geht, der mit Sahne serviert wird, wissen sie nur, wie man den am schnellsten ißt.

Um «Ältester» oder auch «Prof» im Stamme der Ökons zu werden, müssen die jungen Ökons – oder auch Diplom-Ökons – ein Modell (ein wirtschaftliches Modell, sozusagen das Hauptprodukt des Stammes) basteln. Je verschnörkelter dieses Modell nun ausfällt, desto höher ist die Kaste, in die der Diplom-Ökon dann eintreten darf.

Es ist nun an der Zeit, daß wir uns ins Land der Ökons begeben, um mehr über ihre Bräuche und ihre Sprache zu lernen. Da in diesem Lande ein so hoher Grad an Spezialisierung herrscht, werden wir zunächst einmal die Makro-Ökons kennenlernen und erklären, was sie in ihrem geheimnisumwitterten Land, das nur von wenigen Fremden besucht wird, so treiben.

II. Die Volkswirtschaft im Großen

2. Arbeitslosigkeit, Inflation, Volkseinkommen ... Definitionen

Jede kurze Aussage über die Volkswirtschaft ist irreführend (abgesehen vielleicht von dieser).
Alfred Marshall

Was ist ein Zyniker? Ein Mensch, der von allem den Preis, aber von nichts den Wert kennt.
Oscar Wilde

Was ist Makroökonomie und wie unterscheidet sie sich von der Mikroökonomie?

Die Makroökonomie befaßt sich mit der Wirtschaft in ihrer Gesamtheit, d. h. mit dem Volkseinkommen, der Arbeitslosenquote und der Inflationsrate eines Staates, dem Sparen u. ä. Die Mikroökonomie dagegen behandelt die Probleme der einzelnen Konsumenten und Firmen, aus denen die Gesamtwirtschaft sich zusammensetzt, sowie die Preise der einzelnen Produkte. Sie beschäftigt sich mit Fragen wie etwa, warum die Rindfleischpreise steigen, wenn die Rinderhaltung zurückgegangen ist, oder warum bei landwirtschaftlichen Produkten die Preise nach guten Ernten fallen. Weiter geht es darum, wie die Konsumenten sich in ihrem Kaufverhalten von den Preisen beeinflussen lassen und was man wissen muß, um seinen Gewinn zu maximieren oder soviel Nutzen wie nur irgend möglich aus seinem Geld zu ziehen.

Es gibt also innerhalb der Volkswirtschaftslehre zwei Hauptgebiete: Die Makroökonomie, die die Fragen im Großen, d. h. auf der «makro»-Ebene, behandelt, und die Mikroökonomie, die sich mit den Dingen im Kleinen, also auf der «mikro»-Ebene, befaßt. Wir werden uns im folgenden zunächst einmal mit gesamtwirtschaftlichen Aspekten beschäftigen und dabei einige wichtige Fragen aufwerfen, die

Sie vielleicht schon immer einmal selber stellen wollten. Aus den Antworten auf diese Fragen werden Sie sehen, daß Fragen an sich nie peinlich sind. Und sogar die Antworten, die auf den ersten Blick auf der Hand zu liegen scheinen, erweisen sich dann als doch gar nicht so naheliegend wie ursprünglich angenommen. Nehmen wir zum Beispiel einmal die Frage:

Was ist Vollbeschäftigung?

Vollbeschäftigung bedeutet ganz bestimmt nicht, daß wirklich jeder Arbeit hat. Von Kleinkindern, Neugeborenen, Frauen, die mit einer Geburt «beschäftigt» sind, und Strafgefangenen, die besonderen Sicherheitsbestimmungen unterliegen, erwartet man weder, daß sie arbeiten, noch daß sie in der Lage sind, es zu tun. Kann man dann sagen, daß Vollbeschäftigung herrscht, wenn alle arbeitsfähigen Menschen arbeiten? Auch das ginge wieder zu weit. Gymnasiasten, Studenten oder Mütter, die es vorziehen, zu Hause zu bleiben, um sich um ihre Familie zu kümmern (oder Väter, die im Rollentausch diese Aufgabe übernehmen), sind durchaus arbeits*fähig* – wir würden sie deshalb jedoch keineswegs als arbeits*los* bezeichnen. Wir brauchen gar nicht erst zu versuchen, noch weitere Einschränkungen zu machen – auf diesem Wege kommen wir nicht weiter. Um zu einer sinnvollen Definition von Vollbeschäftigung zu gelangen, müssen wir das Ganze anders angehen. Wie wäre es hiermit: «Vollbeschäftigung herrscht, wenn alle Menschen, die eine Arbeit wollen, auch eine haben.» Schon besser, aber noch nicht gut genug. In einer gesunden Volkswirtschaft findet man immer Leute, die eine Arbeitsstelle verlassen, eine andere, neue Stelle jedoch noch nicht angetreten haben; dies ist allein schon deshalb so, weil wir in einer offenen Gesellschaft leben, in der die einzelnen Mitglieder die sich ihnen bietenden Möglichkeiten nutzen wollen. Auch werden Leute entlassen, weil die Nachfrage nach bestimmten Gütern und Dienstleistungen sinkt, während sie bei anderen steigt. Das kommt einfach daher, daß die Welt, in der wir leben, sich ständig verändert. Nun, trotzdem können wir unsere – im übrigen auch nicht so übermäßig wichtige – Frage beantworten, indem wir sagen: Vollbeschäftigung herrscht dann, wenn nur x Prozent zum Beispiel 5 oder sogar 6 Prozent – derjenigen, die eine Stelle haben wollen, gerade auf der Suche nach einer solchen sind.

Die genaue Zahl der Arbeitslosen wird in der Bundesrepublik in regelmäßigen Abständen von der Bundesanstalt für Arbeit in Nürnberg bekanntgegeben, die sie aus den Zahlenangaben zusammenrechnet, die letztlich vor Ort in den einzelnen Arbeitsämtern durch einfaches Zählen der gemeldeten Arbeitslosen ermittelt werden. Das ist eine scheinbar sehr genaue Methode, doch fallen all diejenigen, die zwar gerne eine Stelle hätten, aber der Warterei im Arbeitsamt überdrüssig sind, unter den Tisch. Andererseits gibt es auch solche Zeitgenossen, die sich nur deshalb als Arbeitslose registrieren lassen, um das Arbeitslosengeld einstreichen zu können, das immerhin bis 68% des letzten Nettoeinkommens ausmachen kann. Das Verfahren, das in den USA zur Ermittlung der Arbeitslosigkeit verwendet wird, ist nur scheinbar schlechter; das Census Bureau führt regelmäßige Stichproben durch, in denen 50000 Haushalte befragt werden, ob alle, die arbeitswillig sind, auch in Lohn und Brot stehen. Die auf diese Weise gewonnene Zahl der Arbeitslosen wird dann auf die Gesamtbevölkerung hochgerechnet und als amtliche Arbeitslosenziffer veröffentlicht.

Unsere Bemühungen um eine Definition von Vollbeschäftigung machen eine sehr wichtige Tatsache deutlich: Man sollte nie davor zurückschrecken, selbst primitiv erscheinende Fragen zur Volkswirtschaft zu stellen. Manche Leute haben die unangenehme Angewohnheit, mit Begriffen und Vokabeln um sich zu werfen, als ob deren Bedeutung jedermann ganz sonnenklar sein müßte. Es gibt aber tatsächlich kaum etwas in der Volkswirtschaftslehre, über das sich die Mehrheit der Wirtschaftswissenschaftler – zumindest in der Öffentlichkeit – wirklich einig ist. Ich habe sogar einmal einen sehr kritischen Ökonomen sagen hören, daß, wenn man auf die Idee käme, x Volkswirtschaftlern ein Problem zu präsentieren, sie x plus 1 Lösungen dafür fänden. Aus diesem Grunde sollten Sie auch sofort hellhörig werden, wenn ein Ökonom verkündet: «Es ist doch ganz klar, daß ...» Eine solche Behauptung ist nämlich ein untrügliches Anzeichen dafür, daß es nicht ganz klar ist. Selbst «Fakten» können sich als irreführend und falsch erweisen. Nehmen wir doch einfach einmal eine Frage, von der wir meinen, sie aufgrund unserer persönlichen Erfahrung beantworten zu können:

Was ist Inflation?

Für einige Leute bedeutet Inflation nur, daß sie ihre ohnehin ungedeckten Schecks eben über höhere Summen ausstellen müssen. Um es aber etwas präziser zu beschreiben: Die Inflation ist die Rate, um die die allgemeinen Preise pro Jahr steigen (und Deflation ist dementsprechend der Prozentsatz, um den sie sinken). Das Problem besteht nun darin zu definieren, was wir unter allgemeinen Preisen eigentlich verstehen. Wir können hier unterschiedlich vorgehen; üblicherweise verwendet man jedoch den Preisindex für die Lebenshaltung oder, kurz, den Lebenshaltungskostenindex.

Was ist der Preisindex für die Lebenshaltung?

Er dient dazu, die Kosten für die Lebenshaltung des Durchschnittshaushaltes zu messen. Da in der Bundesrepublik das Statistikwesen hoch entwickelt ist und die Statistiker gründliche und penible Leute sind, begnügt man sich nicht mit einem einzigen «Otto Normalverbraucher» als repräsentativer Figur, sondern hat gleich fünf verschiedene Indizes für die Lebenshaltung: für alle privaten Haushalte, für 4-Personen-Haushalte von Angestellten und Beamten mit höherem Einkommen, für 4-Personen-Haushalte von Arbeitnehmern mit mittlerem Einkommen, für 2-Personen-Haushalte von Renten- und Sozialhilfeempfängern und für die einfache Lebenshaltung eines Kindes. Um einen solchen Index zu errechnen, müssen die Statistiker alle paar Jahre ausschwärmen und mittels Stichproben ermitteln, wie der durchschnittliche Haushalt – jeweils in seiner Gruppe – sein Geld ausgibt. So kommt dann vielleicht heraus, daß das Budget zu 16% für Miete, zu 30% für Nahrungs- und Genußmittel, zu 6% für Kleidung, zu 10% für Bildung und Unterhaltung, zu 3% für die Gesundheit, zu 10% fürs Auto ausgegeben wird usw., usw. Allerdings gehen die Statistiker hierbei viel feiner vor; sie fragen nach praktisch jedem Detail, nach den Aufwendungen für Fleisch, Gemüse, Eier, Zahnpasta bestimmter Marken und so fort. Wenn dann aus allen Einzelerkenntnissen ein Durchschnitt gebildet wird, fallen alle Schrullen und Marotten des individuellen Geschmacks unter den Tisch, d.h., sie heben sich irgendwie auf: extravagante Konsumwünsche nach Kaviar und Lachs ebenso wie eine übertriebene Gier nach Salami oder Kunsthonig. Man erhält so einen Einblick in einen repräsentativen Warenkorb und weiß zugleich, was dieser kostet. Damit gewinnt man die sogenannte Basis. Monat für Monat müssen nun die Statistiker dann herausfinden, wieviel alle einzelnen Teile des Warenkorbes kosten – bis zur Tube Zahnpasta im Drogeriemarkt. Damit sind sie in der Lage, die monatlichen Veränderungen der Lebenshaltungskosten – gemessen am Preis des repräsentativen Warenkorbes – genau zu verfolgen. Die prozentuale Veränderung – sofern es nach oben geht – ist dann die Inflationsrate. Man muß nun immer im Auge behalten, daß im Laufe der Jahre die Konsumgewohnheiten wechseln und sich die Zusammensetzung des Warenkorbes ebenfalls ändert. Beispielsweise, wenn die steigenden Benzinpreise einen häufiger zum Fußgänger oder Straßenbahnbenutzen degradieren oder wenn ein Modewechsel Haarpomade aus dem Korb verschwinden läßt. Je älter der repräsentative Warenkorb ist, desto weniger taugt der darauf basierende Preisindex.

Wozu wird der Lebenshaltungskostenindex verwendet?

Bevor wir uns irgendwelchen anderen Themen zuwenden, wollen wir doch noch einmal auf die verschiedenen

Möglichkeiten eingehen, die es für die Verwendung des Lebenshaltungskostenindex gibt. Manchmal hört oder liest man, daß die Lebenshaltungskosten im vergangenen Monat um einen halben Prozentpunkt gestiegen seien, was eine jährliche Inflationsrate von 6% bedeute. Man muss sich nun darüber im klaren sein, daß diese 6% nur dann korrekt sind, wenn sich die Situation in den folgenden 11 Monaten nicht ändert. Bei anderen Gelegenheiten wird erklärt, dass die Lebenshaltungskosten im Vormonat um 0,5 Prozentpunkte gestiegen seien und die Inflationsrate der vergangenen 12 Monate damit bei 10% läge. Oder es heißt, die Lebenshaltungskosten hätten sich um einen halben Prozentpunkt erhöht und die Jahresinflationsrate (jeweils seit Januar des betreffenden Jahres gerechnet) läge somit bei 7%. Noch häufiger wird mitgeteilt, daß die letzten Erhebungen über den Anstieg der Lebenshaltungskosten eine Inflation von 6, 7 oder 10% ergeben hätten, ohne daß dazu irgendwelche näheren Erklärungen abgegeben werden. In allen Fällen liegt diesen unterschiedlichen Angaben nun ein jeweils 0,5prozentiger Anstieg der Lebenshaltungskosten im Vormonat zugrunde. Da Zeitungs-, Rundfunk- und Fernsehjournalisten im allgemeinen dazu neigen, diejenigen «Fakten» anzuführen, die am besten in ihre Argumentation passen, sollte man sehr vorsichtig sein, wenn es darum geht, irgendwelche Schlußfolgerungen aus derartigen Fakten zu ziehen. Noch problematischer wird es bei möglicherweise von vornherein falschen Angaben über die Inflationsrate durch den Lebenshaltungskostenindex.

Zu welchen Fehlern kann es bei der Berechnung des Lebenshaltungskostenindex kommen?

Probleme, die sich bei der Auslegung des Lebenshaltungskostenindex ergeben, sind durchaus lösbar. Man muß lediglich lernen, mit statistischem Material richtig umzugehen; dann ist man, wenn man die nötige Sogfalt walten läßt, auch in der Lage, seine Bedeutung zu verstehen und einzuschätzen. Wenn die Zahlen selbst aber schon falsch und nicht eindeutig sind, kann man noch so sorgfältig vorgehen und wird trotzdem falsche Ergebnisse erhalten. Außerdem hat der Lebenshaltungskostenindex, obwohl das außerhalb des relativ eng begrenzten Personenkreises der Wirtschaftswissenschaftler kaum jemand weiß, schon im Ansatz eine Schwäche, die im allgemeinen zu einer erhöhten Ausweisung der Inflationsrate führt. Nimmt man den Index einmal genau unter die Lupe, wird auch klar, worin diese Schwäche besteht.

Es wurde bereits bei der Erklärung des Lebenshaltungskostenindex dargelegt, wie das Statistische Bundesamt den Anteil der Gesamtausgaben einer Familie berechnet, der in einem durchschnittlichen oder auch einem repräsentativen Haushalt in einem Basisjahr für die verschiedenen Güter und Dienstleistungen aufgewendet wird. Da Angebot und Nachfrage sich bei den verschiedenen Gütern und Dienstleistungen jedoch unterschiedlich verändern, steigen einige Preise mehr, andere dagegen weniger, manche sinken vielleicht sogar. Es geht hier also um das Verhältnis der Preise zueinander, um die Preisschwankungen, auf die der Verbraucher reagiert, indem er sein Kaufverhalten entsprechend anpaßt. So werden zum Beispiel im Frühsommer, wenn die Erdbeeren billiger sind, mehr Erdbeeren verkauft als im Winter, wenn sie – falls es überhaupt welche gibt – zu hohen Preisen auf den Markt kommen, da sie ja aus fernen Ländern eingeflogen werden müssen. Ähnlich ist es zu beurteilen, wenn in Zeiten, in denen der Preis für leichtes Heizöl schneller steigt als der Erdgaspreis, bei Neubauten mehr Gasheizungen eingebaut werden und man auch bei älteren Häusern eine Umstellung auf den relativ gesehen billigeren Brennstoff vornimmt. Es zeigt sich also, daß die Leute weniger von den Dingen kaufen, deren Preise im Verhältnis zu anderen Preisen steigen, bzw. mehr von denen, deren relative Preise fallen. Durch dieses Phänomen kommt es dann zu einer überhöhten Ausweisung der Inflation durch den Lebenshaltungskostenindex.

Wie weist der Lebenshaltungskostenindex die Inflationsrate zu hoch aus?

Wir haben bereits im vorangegangenen Abschnitt erwähnt, daß die Anteile der repräsentativen Ausgaben der Verbraucher für die verschiedenen Güter und Dienstleistungen – die sogenannten Gewichte – nur unregelmäßig überprüft werden. Da z. B. in den USA im Moment noch immer das Jahr 1967 als Berechnungsgrundlage gilt, operiert man dort mit Gewichten, die, abgesehen von einigen geringfügigen Anpassungen, durch das Kaufverhalten der Verbraucher von vor fast 15 Jahren bestimmt worden sind. Dieses Kaufverhalten hat sich jedoch durch Preisschwankungen verändert. Normalerweise werden Produkte, deren Preise steigen, zunehmend weniger gekauft und andere, deren Preise sinken, dafür mehr. Die neuen, realistischen Gewichte, die eigentlich verwendet werden sollten, müßten deshalb für die Güter und Dienstleistungen, bei denen ein erheblicher Preisanstieg zu verzeichnen war, geringer ausfallen (weil von ihnen wie gesagt weniger gekauft wird) bzw. für die anderen Bestandteile des Warenkorbes, bei denen der Preisanstieg geringer war (und die deshalb stärker nachgefragt wurden) größer sein.

Um einmal ein konkretes Beispiel zu geben: Im Jahre 1967 wurde ziemlich viel Silberware gekauft, da Silber damals noch relativ erschwinglich war. In den 70er Jahren stieg der Silberpreis dann sprunghaft an, und demzufolge wurde auch weniger gekauft. Wenn wir nun unseren repräsentativen Verbraucher von 1967 nehmen, um aufgrund seiner Käufe von Silberware die Lebenshaltungskosten für 1982 hochzurechnen, würde der Silberware einfach zu viel Bedeutung beigemessen. 1981 wurde nämlich viel weniger Silber gekauft als 1967, und deshalb sollte das Gewicht im Warenkorb auch entsprechend geringer angesetzt werden. Da man aber die relativ großen Gewichte von 1967 benutzt, liegt der Lebenshaltungskostenindex höher, als er eigentlich liegen sollte. Die Inflationsrate, die damit ebenfalls auf der Grundlage der Gewichte von 1967 berechnet wird, wird ebenfalls entsprechend überhöht kalkuliert.

So wie die Gewichte für bestimmte Teile des Warenkorbes zu hoch angesetzt sind, fallen sie für andere Güter und Dienstleistungen, bei denen der Preisanstieg weniger groß war, zu niedrig aus. Der Lebenshaltungskostenindex führt auf diese Weise zu einer überhöhten Ausweisung der Inflationsrate. D.h., daß die Inflationsrate zu hoch angesetzt wird, da man bei der Berechnung unter Heranziehung des Lebenshaltungskostenindex nicht berücksichtigt, daß der Verbraucher auf hohe Preise reagiert, indem er auf Güter und Dienstleistungen mit geringerem Preisanstieg ausweicht. Das macht uns zwar hohe Inflationsraten keineswegs willkommener, doch kann man sie vielleicht mit diesem Wissen leichter ertragen.

Eine weitere Schwäche des Lebenshaltungskostenindex besteht darin, daß neue Güter und Dienstleistungen, die erst nach dem Basisjahr auf den Markt kamen, nicht einbezogen werden. Auch Veränderungen bei der Qualität werden vernachlässigt.

Neben dem Lebenshaltungskostenindex gibt es noch eine ganze Reihe weiterer Indizes. Ihre Existenz bringt zusätzliche Probleme bei der Bestimmung *der* Inflationsrate mit sich.

Welche weiteren Preisindizes werden veröffentlicht?

In der Bundesrepublik Deutschland gibt es Indizes für ziemlich alle Arten von Preisen, deren Entwicklung für irgend jemanden von Interesse sein könnte. Da gibt es zunächst den Index der Erzeugerpreise, und zwar einen für landwirtschaftliche und einen für gewerbliche Produkte, und einen Index der Grundstoffpreise. Für die Verbraucher sind diese Indizes mittelbar sehr wichtig, denn nachdem die erfaßten Produkte durch den Großhandel laufen, wo sie durch den Index der Großhandelsverkaufspreise erfaßt werden, landen sie im Supermarkt um die Ecke, der die Preiserhöhungen der Vorstufen mit einiger Sicherheit an die Käufer weitergibt. Die Preisentwicklung all dieser Güter und Dienstleistungen spiegelt sich dann im Index der Einzelhandelspreise wider, der dem Preisindex der Lebenshaltung schon sehr eng verwandt ist. Für Bauherren und Mieter von großer Bedeutung ist der Preisindex für Bauwerke, der zeigt, wie tief sie für das Dach über dem Kopf in die Tasche greifen müssen. Ein ganz anderer Index, der die Verbraucher nur am Rande interessiert, aber für die Beurteilung der wirtschaftlichen Entwicklung eines Landes sehr wichtig ist, ist der Preisindex des Bruttosozialproduktes, der sogenannte Deflator, in dem die Preise aller produzierten Güter und Dienstleistungen enthalten ist, gleichgültig ob Konsumenten oder Unternehmer, der Staat oder sonst jemand sie bezahlen müssen.

Die Inflation ist von so großer Bedeutung, weil sie die Kaufkraft unseres persönlichen Einkommens bzw. auf makroökonomischer Ebene die des Volkseinkommens berührt. Das Volkseinkommen wird übrigens mit den unterschiedlichsten Namen belegt und taucht auch in den verschiedensten Formen auf. Die meisten von uns sind schon der Ansicht, daß sie eigentlich wissen sollten, was das Bruttosozialprodukt, das nominale und das reale Volkseinkommen, die entsprechenden Wachstumsraten usw. sind. Wahrscheinlich haben sie sich jedoch nie getraut, danach zu fragen, oder meinten sogar, daß, selbst wenn sie den Mut aufbrächten zu fragen, sie die Antwort sowieso nicht verstehen würden. Die Konzepte, die den erwähnten Begriffen zugrunde liegen, sind dabei ganz einfach, und aus diesem Grunde wollen wir alle bisher ungestellten Fragen hier einmal stellen.

Was ist das Bruttosozialprodukt (BSP)?

Das Bruttosozialprodukt ist der Wert aller Güter und Dienstleistungen, die in einem Land innerhalb eines Kalenderjahres produziert werden. In ihm sind aber auch wirklich *alle* Güter und Dienstleistungen – also nicht nur Konsumgüter – enthalten. Man addiert also den Wert von Autos, Äpfeln, Neubauten, neuen Maschinen, Reinigungsrechnungen, Theaterkarten, neuen Büchern, Zeitungen, Klobrillen, Zahnpasta usw., usw. Dabei ergibt sich nun die Frage:

Wie addiert man Zahnpasta zu Klobrillen?

Man muß sich hier immer vor Augen halten, daß man schließlich den *Wert* der verschiedenen Artikel addiert. Wenn in einem Land nun also eine Million Klobrillen mit einem durchschnittlichen Verkaufspreis von 40 DM produziert werden, beträgt ihr Wert 40 Millionen DM. Dieser kann dann durchaus zum Wert der 200 Millionen Tuben Zahnpasta à 2 DM pro Stück addiert werden. Auf diese Weise rechnet man dann den Wert aller in einem Jahr produzierten Güter und Dienstleistungen zusammen.

Ist im Bruttosozialprodukt wirklich der Wert aller *Güter und Dienstleistungen enthalten?*

Um dem Bruttosozialprodukt zugerechnet zu werden, muß ein Produkt entweder neu sein oder sich im letzten Produktionsstadium befinden und es muß im eigenen Lande produziert worden sein. Ein Beispiel: Wenn ein 10 Jahre altes Haus innerhalb des vorgegebenen Jahres den Besitzer wechselt, wird es nicht in das Bruttosozialprodukt aufgenommen, weil es sich eben nicht um ein neues Produkt handelt. Das gleiche gilt übrigens auch für Gebrauchtwagen.

Wenn ein Holzhändler Holz an einen Möbelfabrikanten verkauft und dieser daraus Möbel herstellt und sie anbietet, wird nicht sowohl der Wert des verkauften Holzes als auch der der produzierten Möbel ins Bruttosozialprodukt eingerechnet. Wäre das nämlich der Fall, würde man das Holz doppelt werten – einmal nämlich beim Verkauf an den Möbelfabrikanten und zum zweiten Mal als Bestandteil der fertigen Möbel. In diesem Fall wird dann nur der Wert der Möbel ins Bruttosozialprodukt aufgenommen, da in diesem Zusammenhang ausschließlich die Produkte von Interesse sind, die wir Verbraucher als Endprodukte genießen.

Da importierte Autos wie auch importierte Weine – auch wenn wir sie durchaus genießen mögen – nicht in unserem eigenen Land produziert worden sind, wäre es falsch, sie in unserem Bruttosozialprodukt mitzuberechnen. Importe sind schließlich Teile der Produktion anderer Länder. Allerdings gehören jene Güter und Dienstleistungen, die wir produzieren, dann aber exportieren, sehr wohl zu unseren Produkten und damit also auch zu unserem Bruttosozialprodukt.

Illegale Güter und Dienstleistungen wie zum Beispiel Rauschgift, Prostitution usw. werden selbstverständlich nicht ins Bruttosozialprodukt aufgenommen. Das gleiche gilt auch für legale Güter und Dienstleistungen, wenn diese nicht zu einem Preis auf dem Markt angeboten werden – wie etwa Arbeiten, die vom Ehemann oder der Ehefrau in Haus oder Garten verrichtet werden. Wenn man jedoch eine Haushälterin oder Reinemachefrau für diese Arbeiten anstellte, würde der Wert ihrer Dienstleistung – gemessen an der Höhe ihres Lohnes – sehr wohl ins Bruttosozialprodukt einfließen. Aus diesem Grunde verringert ein Mann, der seine Haushälterin heiratet, das Bruttosozialprodukt, auch wenn die Anzahl der im Haushalt erbrachten Dienstleistungen die gleiche bleibt. Dienstleistungen, die nicht regulär bezahlt werden, gehen sogar vom Bruttosozialprodukt ab, obwohl sie eigentlich enthalten sein sollten. Wenn zum Beispiel ein Klavierlehrer seinem Klempner 21 Klavierstunden dafür gibt, daß dieser ihm seinen verstopften Abfluß reinigt, geht weder der Wert der Klempnerarbeit noch der der Klavierstunden ins Bruttosozialprodukt ein. Sie tauchten nur dann auf, wenn jeder die Dienste des anderen mit Geld bezahlte und beide diese Zahlung auch dem Finanzamt meldeten; allerdings ziehen es möglicherweise sowohl der Klavierlehrer als auch der Klempner vor, dies tunlichst zu unterlassen.

Es gibt daneben übrigens noch eine große Gruppe von Dienstleistungen, die keinen Marktpreis haben und von der öffentlichen Hand angeboten werden. Zwischen 25% und 50% der Wirtschaftstätigkeit in der westlichen Welt entfallen auf Dienstleistungen der öffentlichen Hand, die jedoch auch in das Bruttosozialprodukt aufgenommen werden müssen.

Wie finden solche Dienstleistungen des Staates Eingang in das Bruttosozialprodukt?

Nur ein überzeugter Zyniker oder ein Anarchist wird behaupten, daß der Staat rein gar nichts produziert. Fast jeder mißt ansonsten der nationalen Verteidigung, dem Schutz vor den Missetaten der lieben Mitbürger, der von der Regierung unterstützten Lehre und Forschung, der Anhäufung von Aktenbergen und der Erstellung von Memoranden doch zumindest einen gewissen Wert bei. Wie geht dieser Wert nun ins Bruttosozialprodukt ein?

Da nur ein geringer Teil des Outputs der Regierung der Öffentlichkeit direkt zu einem bestimmten Preis verkauft wird, können wir seinen Wert nicht wie den Wert der Produktion im privaten Sektor bestimmen. Man nimmt statt dessen den Wert des Inputs an menschlicher Arbeitskraft, der sehr wohl einen Marktpreis – nämlich die Löhne und Gehälter, die auf allen Ebenen der öffentlichen Verwaltung zu zahlen sind – hat. Hierbei werden nun aber wirklich *alle* Löhne und Gehälter einbezogen, ganz gleich, was die betreffenden Bediensteten dafür auch tun mögen. Ein Gehalt von 100 000 DM im Jahr, das an jemanden gezahlt wird, der sich ausschließlich damit beschäftigt, den Dschungel der Bürokratie noch undurchdringlicher zu gestalten, oder Methoden entwickelt, wie man anderen Leuten für noch weniger Arbeit noch mehr Geld zuschustern kann, hat den gleichen Wert wie 100 000 DM, die für die wertvollen Dienste eines hochgeschätzten Wirtschaftswissenschaftlers gezahlt werden. Daraus ergibt sich dann die Frage:

Ist eine Erhöhung des Bruttosozialproduktes eigentlich immer unbedingt etwas Gutes?

Wenn jemand hinfällt und sich den Arm bricht, geht die von ihm oder ihr zu zahlende Arztrechnung in das Bruttosozialprodukt ein. Daraus folgt dann logischerweise ein Anstieg des Bruttosozialproduktes, wenn möglichst viele Leute hinfallen. Normalerweise neigt man allerdings dazu, ein Ansteigen des Bruttosozialproduktes als etwas Positives zu betrachten. Wenn nun ein Öltanker vor der Elbemündung auf Grund läuft und man für die Säuberungsarbeiten Tausende von Leuten tage- und nächtelang anstellen und bezahlen müßte, bedeutete das auch einen Anstieg des Bruttosozialproduktes. Trotzdem würden wir uns wohl kaum mit der Bitte an Öltankerkapitäne wenden, sie möchten doch, wenn möglich, freundlicherweise ihren Öltanker auf Grund laufen lassen, um dergestalt das Bruttosozialprodukt zu erhöhen. Diese Art der Messung des Bruttosozialproduktes hat also ihre Tücken – zumindest gilt das für die Art und Weise, wie wir sie benutzen. Es ist jedoch alles andere als einfach, einen besseren Weg zu finden. Wir wollen es deshalb hier mit Folgendem bewenden lassen: Das Bruttosozialprodukt ist eine nicht perfekte Messung des Wertes der Güter und Dienstleistungen, die von einem Land in einem Jahr produziert werden – auch wenn einige der Güter eher «Ungüter» sind.

Sind das Bruttosozialprodukt und die Brutto-Gesamtausgaben in einer Volkswirtschaft dasselbe?

Wieder ist die Antwort: Ja! Wir können den Wert aller produzierten Güter und Dienstleistungen zusammenzählen und die Summe BSP nennen. Aber da das Produzierte im allgemeinen an irgend jemanden verkauft wird, muß dasselbe herauskommen, wenn wir alle Ausgaben in der Volkswirtschaft addieren. In manchen Ländern bezeichnet man diese Größe als «Brutto-Gesamtausgaben», in anderen, z. B. den USA, als «Final Sales», d. h. Verkäufe an den letzten Verwender, in der Bundesrepublik spricht man dagegen vom «BSP, berechnet nach der Verwendungsseite». Wenn nun ein Produkt hergestellt, aber nicht verkauft worden ist, was dann? Dann muß es an Lager genommen werden und genaugenommen als Lagerinvestitionen den übrigen Investitionen des Unternehmens und folglich dessen Ausgaben zugeschlagen werden. Ob man also vom Sozialprodukt, dem

Volkseinkommen oder den Gesamtausgaben spricht, es handelt sich um immer dasselbe, nur daß man es aus einer anderen Perspektive betrachtet. Wenn man also über die Produktionsseite spricht, ist der passende Ausdruck «Sozialprodukt», der Begriff «Volkseinkommen» eignet sich, wenn man sich für das Einkommen interessiert; da beide etwa gleich groß sind, kann man ruhig mal den einen, mal den anderen Ausdruck verwenden, ohne den Eindruck zu haben, es handle sich hierbei um zwei verschiedene Dinge.

In der volkswirtschaftlichen Gesamtrechnung, das sind alle Statistiken, die irgendwie mit dem BSP zusammenhängen, findet sich ein Begriff, der sich allerdings vom Bruttosozialprodukt, wie wir es definiert haben, erheblich unterscheidet, nämlich das «reale Bruttosozialprodukt». Es ist in mancher Hinsicht die wichtigste Wirtschaftszahl überhaupt.

Was ist das reale Sozialprodukt bzw. Bruttosozialprodukt?

Sobald den Begriffen Sozialprodukt und Volkseinkommen das Wörtchen «real» vorangestellt wird, erfahren sie einen scheinbar geringfügigen, in Wirklichkeit jedoch tiefgehenden Bedeutungswandel. Das, was für ein Land wirklich zählt, ist nämlich sein reales Bruttosozialprodukt. Ein anderer Ausdruck für das reale Sozialprodukt ist «Sozialprodukt zu konstanten Preisen». Dieser Begriff vermittelt einen besseren Eindruck, worum es eigentlich geht.

Das reale Bruttosozialprodukt bezeichnet das Sozialprodukt bei konstanten Preisen. Wir wissen nun aber alle nur zu gut, daß Preise sehr wohl die Angewohnheit haben, sich zu ändern. Um das reale Sozialprodukt eines Jahres zu ermitteln, legt man bei der Addition sämtlicher Güter und Dienstleistungen nicht die Preise desselben Jahres, sondern die eines bestimmten früheren Jahres zugrunde. Diese Preise werden dann auch für die folgenden Jahre verwendet. Es ist zum Beispiel möglich, die Mengen einzelner Güter und Dienstleistungen und ihre Preise im Jahr 1970 heranzuziehen – dem Jahr also, das zur Zeit in der Bundesrepublik Deutschland tatsächlich bei der Berechnung des realen

Bruttosozialproduktes als Basis dient. Dann kann man die physische Menge der gleichen Güter und Dienstleistungen der Jahre 1973, 1975, 1976 und 1978 nehmen und die Preise von 1970 bei der Berechnung ihres Wertes verwenden. Auf diese Weise ist es möglich, die Bruttosozialprodukte der verschiedenen Jahre miteinander zu vergleichen und damit festzustellen, wie sich die Produktion eines Landes verändert hat. Da man dabei ja immer von den gleichen Preisen ausgeht, können Veränderungen nur auf Schwankungen bei der Produktion zurückzuführen sein. Und da es für unser Wohlergehen auf die Anzahl von Brotlaiben, Autos und neuen Häusern ankommt, ist diese Konzeption des realen Bruttosozialproduktes sehr nützlich und wird auch entsprechend häufig verwendet. Wenn von Wachstumsraten in der Wirtschaft die Rede ist, meint der Wirtschaftswissenschaftler fast immer das reale Bruttosozialprodukt oder auch Bruttosozialprodukt zu konstanten Preisen. Tut er das nicht und spricht statt dessen vom Wachstum in bezug auf den derzeitigen Geldwert und meint auch noch womöglich, große Weisheiten von sich zu geben – nun, dann handelt es sich mit an Sicherheit grenzender Wahrscheinlichkeit um einen Ökonomen, der wesentlich weniger Durchblick hat als Sie inzwischen.

Welche weiteren Berechnungen werden mit dem Bruttosozialprodukt noch angestellt?

In einer Beziehung – wenn es nämlich darauf ankommt zu beschreiben, wieviel besser oder schlechter es uns denn nun wirklich geht – reicht auch das reale Bruttosozialprodukt nicht aus. Wenn das reale Bruttosozialprodukt nämlich nur in dem Masse zunimmt wie die Zahl der hungrigen Mäuler, die gefüttert, und der Körper, die gekleidet und transportiert sowie gesund erhalten werden müssen usw., dann geht es keinem von uns besser. Um unseren Wohlstand nun messen zu können, würden wir gerne wissen, wieviel des realen Bruttosozialproduktes jedem einzelnen von uns zur Verfügung steht. Dazu dividiert man es dann durch die

Bevölkerungszahl. Auf diese Weise kann man die Entwicklung über verschiedene Jahre hinweg besonders gut verfolgen, und die Veränderungen von Jahr zu Jahr werden als das Wachstum des realen Bruttosozialproduktes pro Kopf der Bevölkerung oder auch des Pro-Kopf-Einkommens bezeichnet.

Die ganze Angelegenheit wird noch komplizierter, wenn es um einen Vergleich des Lebensstandards verschiedener Länder geht – selbst wenn man hierfür das Pro-Kopf-Einkommen zugrunde legt. Schließlich kann es auch dort ein hohes Pro-Kopf-Einkommen geben, wo nur eine Handvoll Menschen sich fast die gesamte Menge des Bruttosozialproduktes untereinander teilen, so daß Länder mit einem hohen Pro-Kopf-Einkommen nicht unbedingt auch glückliche Länder sein müssen.

Wie sieht es mit der saisonalen Bereinigung aus?

Obwohl das Bruttosozialprodukt für gewöhnlich für ein ganzes Kalenderjahr ausgewiesen wird, finden die statistischen Erhebungen vierteljährlich statt. Man kann die erhaltenen Zahlen dann mit 4 multiplizieren, um eine Schätzung für das gesamte Jahr zu bekommen. Die vierteljährlichen Werte müssen nun saisonal bereinigt werden. Eine derartige Bereinigung ist eine weitere Qualifizierung des Bruttosozialproduktes, die zu der durch das Wörtchen «real» und den Zusatz «pro Kopf» noch hinzukommt. Es ist nämlich nun einmal eine Tatsache, daß die wirtschaftliche Aktivität zu gewissen Zeiten im Jahr regelmäßig zunimmt. Man würde zum Beispiel nicht sagen, daß die Lage rosig aussieht, nur weil im dritten Quartal das Bruttosozialprodukt um 1% gestiegen ist, wenn es normalerweise sonst aufgrund der zusätzlichen Aktivität im Sommer in diesem Quartal um 2% höher liegt. Wenn nämlich 2% die Norm darstellen, bedeutet ein nur einprozentiger Anstieg eine Verschlechterung. Um diesen jahreszeitlich bedingten Veränderungen gerecht zu werden, wird der normale saisonale Wandel von den bereinigten Daten berücksichtigt. Nur wenn sich das Bruttosozialprodukt um mehr Prozentpunkte als die, die aufgrund von Beobachtungen über lange Jahre hinweg als saisonal gelten, erhöht, wird man erklären, daß das saisonal bereinigte Bruttosozialprodukt gestiegen sei.

Bei den meisten wirtschaftlichen Variablen werden solche saisonalen Bereinigungen vorgenommen. Man kann mit ihrer Hilfe erklären, warum im Januar, wenn die saisonal bereinigte Arbeitslosenquote sinkt, trotzdem mehr Leute arbeitslos sind als in anderen Monaten. Das wäre nämlich dann der Fall, wenn die zusätzliche Zahl der Arbeitslosen unter der läge, die sonst in diesem kalten Monat üblich ist. Die Tatsache allerdings, daß die saisonal bereinigte Arbeitslosenzahl gesunken ist, ist für die, die das Pech haben, selbst arbeitslos zu sein, nur ein schwacher Trost. Sie haben dann leicht das Gefühl, daß der Regierungsexperte, der so etwas von sich gibt, auf einem anderen Stern beheimatet ist oder mit irgendwelchen vollkommen unverständlichen Formeln jongliert. Das Ganze ist etwa so, als wenn ein Meteorologe eine Januarnacht in Nordeuropa mit Temperaturen um – 8 Grad Celsius als mild bezeichnet. Er hat dann nämlich auch seine Aussage im Hinblick auf das, was sonst üblich ist, bereinigt. Ganz gleich aber, was er auch von sich geben mag – wärmer wird es davon bestimmt nicht.

Wie groß sind denn zur Zeit das reale Bruttosozialprodukt, das nominale Bruttosozialprodukt usw?

Im Jahr 1980 betrug das nominale BSP, d.h. das BSP in den Preisen von 1980, in der Bundesrepublik etwa 1,5 Billionen DM, etwas genauer und mit allen Nullen: 1 497 600 000 000 DM. Mit 679 Milliarden sah es 1970 etwas bescheidener aus, doch muß man gleich bekennen, daß das nicht etwa heißt, die Produktion von Gütern und Dienstleistungen habe sich in zehn Jahren mehr als verdoppelt. Ein erheblicher Teil des Zuwachses entfällt nämlich auf Preissteigerungen. Vergleicht man nämlich das Preisniveau des Bruttosozialproduktes von 1970 mit dem von 1980, stellt man fest, daß es sich um ungefähr 67% erhöht hat. Wären also die Preise im Durchschnitt konstant geblieben, statt mit einer jährlichen Rate von durchschnittlich 5,2% zu steigen, hätten wir 1980 ein BSP von 897,5 Milliarden DM; gemessen in Preisen von 1970 ist das BSP real also nur um etwa ein Drittel gewachsen, im Jahresdurchschnitt also um ungefähr 2,8%.

Wie man ja weiß, hat die Bevölkerung der Bundesrepublik in dieser Zeit nur geringfügig zugenommen, von 60,6 Millionen auf etwa 61,4 Millionen, so daß das Wachstum des nominalen oder des realen BSP nicht dadurch wesentlich verwässert worden ist, daß es auf viele zusätzliche Köpfe verteilt worden ist. So entfielen 1970 vom gesamten BSP auf jeden Einwohner etwa 11 200 DM. Zehn Jahre später waren es nominal immerhin 24 390 DM; zieht man aber die Preissteigerungen ab, kommen wir auf 14 617 DM; in Preisen von 1970 ist demnach das BSP pro Kopf der Wohnbevölkerung um durchschnittlich etwa 2,7% seit 1970 in jedem Jahr gestiegen.

3. Geld

Die Regierung ist die einzige Organisation, die mit einem Defizit arbeiten und dabei trotzdem noch Geld machen kann.
Unbekannter Autor

Was ist Geld?

Geld ist natürlich das, wofür wir arbeiten und wovon wir immer lieber zu viel als zu wenig haben möchten. Würden Sie nun nicht aus allen Wolken fallen, wenn Ihnen jemand sagte, daß beides nicht stimmt? Also: Beides stimmt nicht! Geld ist *nicht* das, was man verdient, und man kann auch sehr wohl zu viel davon haben. Das Problem bei der ganzen Sache ist nur, daß viele Leute, darunter auch eine Reihe von Wirtschaftswissenschaftlern, mit dem Begriff «Geld» viel zu schlampig umgehen.

Geld ist das, was wir verwenden, um unsere Zahlungen zu leisten. Wir benutzen es, um Lebensmittel, Hypotheken oder Steuern zu bezahlen. Man denkt dabei natürlich als erstes an grüne, blaue und braune Papierscheine – außerhalb der Bundesrepublik sind sie teilweise auch noch farbenfreudiger –, auf denen Schiffe, Musikinstrumente, dicke Adler oder alte Burgen abgebildet sind. Doch damit sieht man die ganze Sache viel zu eng: Es gibt noch ganz andere Zahlungsmittel. Geldscheine und Münzen – das, was wir auch als Bargeld bezeichnen – machen nur einen kleinen Teil dessen aus, womit in fast jedem Land der Welt Zahlungen geleistet werden. Der Löwenanteil des Zahlungsverkehrs wird dagegen abgewickelt, indem eine Bank die Vollmacht erhält, bestimmte Summen vom Konto einer Person oder Gesellschaft auf das Konto einer anderen Person oder Gesellschaft zu transferieren. Diese Bevollmächtigung wird zum Beispiel in Form eines Schecks erteilt, durch den die Bank angewiesen wird, der entsprechenden Person oder Gesellschaft (oder auch der Regierung) den angegebenen Betrag zu bezahlen. Da wir nun festgestellt haben, daß Geld das ist, was wir für Zahlungen verwenden, ergibt sich daraus dann auch, daß die Geldmenge eines Landes aus dem gesamten Bargeld (Scheinen und Münzen) *plus* dem Gesamtwert aller Bankguthaben besteht, über die durch Scheck oder Überweisungen verfügt werden kann. Genauso wird die Geldmenge auch sehr oft definiert: als Bargeld plus Giroguthaben (oder Sichtguthaben) bei den Banken.

Doch ist dies ein zu enger Geldbegriff. Heute kann es sehr einfach sein, sogar automatisch vor sich gehen, innerhalb einer Bank Geld von einem Sparbuch auf ein Girokonto zu überweisen oder es gleich bar abzuheben. Es gibt darüber hinaus Bankguthaben, die man für einige Monate, vielleicht auch Jahre, unangetastet lassen will. Diese nennt man Termineinlagen oder Terminguthaben. Aber auch sie sind eines Tages wieder verfügbar, und man kann mit dem wieder «flüssig» gewordenen Geld einkaufen gehen und Rechnungen bezahlen. Man, d.h. die Deutsche Bundesbank, ist da ganz penibel: Da gibt es einmal das Geldvolumen – ein anderer Begriff für Geldmenge – M_1. Darin sind alles Bargeld enthalten und alle Guthaben, über die man jederzeit verfügen kann. Aber Vorsicht. Das, wofür sich Bankräuber interessieren, nämlich das Bargeld in den Kassen einer Bank, zählt nicht dazu. Wenn nämlich jemand ein Konto eröffnet und zu diesem Zweck zum Beispiel 100 DM einzahlt, räumt ihm die Bank ein Sichtguthaben von 100 DM ein; aus der Sicht des Kunden verwandelt sie das Bargeld lediglich in Geld auf dem Konto, d.h. Giralgeld. Würde man die auf diesem Wege in den Tresoren der Bank gelandeten 100 DM zum Geldvolumen zählen, hätte etwas Ähnliches wie die wunderbare Brotvermehrung in biblischer Zeit stattgefunden. Man würde das Geld des neuen Bankkunden doppelt zählen. Um Doppelzählungen zu vermeiden, läßt man also die Bargeldbestände der Banken tunlichst weg.

Zählt man zu dem M_1 jetzt die Terminguthaben hinzu, die eine Laufzeit von weniger als 4 Jahren haben, erhält man das Geldvolumen M_2. Da sich die Bundesbank für alle Möglichkeiten von Zahlungen interessiert, vergißt sie natürlich keineswegs das Geld auf dem Sparbuch; deshalb rechnet sie in einer weiteren Definition der Geldmenge die Spargut- haben mit gesetzlicher Kündigungsfrist zu M_2 hinzu und erhält auf diese Weise das Geldvolumen M_3.

Warum ist das, was wir verdienen, kein Geld?

Es stimmt, wir bekommen von unserem Arbeitgeber Geld, und zwar normalerweise in Form von Überweisungen auf unser Konto oder aber von Bargeld. Was man *verdient,* ist jedoch das *Einkommen.* Hier besteht ein wichtiger Unterschied. Statt zu fragen: «Wieviel Geld verdienen Sie?», sollte man sich eigentlich erkundigen: «Wie hoch ist Ihr Einkommen?» Man könnte auch fragen: «Wieviel Geld besitzen Sie?» Der Befragte müßte dann das Bargeld in seinem Portemonnaie zu seinem Bankguthaben addieren und könnte dann erklären: «Ich besitze soundsoviele D-Mark.» Das wäre dann jedoch keineswegs sein Einkommen. Einkommen bedeutet nämlich immer soundsoviele Mark pro Monat oder pro Jahr, während die Menge an Geld, die man besitzt – ganz gleich, welche Definition man hier verwendet –, sich eben nur auf eine ganz bestimmte Anzahl D-Mark beläuft und damit fertig. Wenn es darum geht, festzustellen, wieviel Geld man hat, ist die Zeitspanne, in der das geschieht, irrelevant; das Einkommen einer Person dagegen wird in D-Mark pro Zeitraum ausgedrückt. Es ist natürlich besser, wenn eine bestimmte Menge an D-Mark in einer Woche verdient wird, als wenn es einen Monat dauert, bis man sie endlich beisammen hat. Damit sollte dann jetzt auch klargeworden sein, daß man arbeitet, um ein *Einkommen* zu erhalten, das in Form von *Geld* ausgezahlt wird. Diese Unterscheidung zwischen Geld und Einkommen ist wichtig! Wir werden im weiteren zum Beispiel sehen, daß Inflation entsteht, wenn in einem Land zu viel Geld umläuft. Jawohl, es kann nämlich durchaus zu viel Geld geben! Dagegen ist es höchst unwahrscheinlich, daß jemals jemand der Meinung ist, ein Land habe ein zu hohes Einkommen, insbesondere ein zu hohes Realeinkommen.

Kann ein einzelner Mensch oder ein Land auch zu viel Geld haben?

Auch hier ist die Antwort: Ja. Jetzt, da wir wissen, was der Begriff Geld wirklich umfaßt, können wir auch beweisen, daß auch ein einzelner zu viel Geld haben kann. Um die Sache nun aber nicht unnötig zu komplizieren, nehmen wir einfach einmal das M_1 einer Person, d.h. das Bargeld und das Giroguthaben, und gehen dann davon aus, daß der reale Zinssatz bei vollkommen risikofreien Sparkassenbriefen bei knapp 5 Prozent liegt. Wie käme sich dieser Mensch nun wohl mit dem Geld in der Tasche oder auf dem Girokonto vor, wenn der Zinssatz bei diesen sicheren Sparkassenbriefen auch noch auf 10 Prozent jährlich stiege? Jede Mark in der Tasche oder auf dem Girokonto würde bei einem solchen Zinssatz von 10 Prozent einen Verlust von 10 Pfennig im Jahr mit sich bringen, wenn man einmal die nichtgenutzte Gelegenheit mit einbezieht. Diese 10 Pfennig werden vom Ökonomen als Opportunitäts- oder Alternativkosten bezeichnet. Man kann deshalb auch durchaus davon ausgehen, daß einige Leute das Bedürfnis haben, ihren Geldbestand zu reduzieren und deshalb Sparkassenbriefe kaufen – die selbst ja kein Geld sind –, wenn die Zinssätze steigen. Die ursprüngliche Geldmenge wird dann also von ihnen tatsächlich als «zu groß» angesehen.

Warum hat man dann überhaupt noch Geld?

Es stimmt, daß man Verluste macht, wenn man sein Geld mit sich herumträgt oder auf einem Girokonto deponiert, anstatt es in Wertpapieren anzulegen. Aber ist es überhaupt möglich, alles, was man an Geld besitzt, so anzulegen, daß man dafür Zinsen oder Dividenden erhält? Man darf schließlich nicht vergessen, daß es, nur um einmal ein Beispiel zu geben, doch ziemlich schwierig ist, mit einem Bundesschatzbrief ein Würstchen zu kaufen. Die gleichen Probleme ergeben sich auch, wenn man einen neuen Pullover erstehen oder eine Arztrechnung begleichen möchte. Es wäre auch keineswegs besonders bequem und einfach, jedesmal einen Bundesschatzbrief einzulösen, wenn man schnell mal um die Ecke ein paar Lebensmittel einkaufen will. Geld in der Tasche oder auf der Bank ist da als Zahlungsmittel wirklich geeigneter – und genau das ist der Grund, warum man auch weiterhin Geld braucht. Für diese Bequemlichkeit bezahlt man aber, indem man die Möglichkeit, durch Zinsen einen Gewinn zu machen, nicht nutzen kann.

Welche Erscheinungsformen von Geld sind nun am praktischsten? Um das zu beantworten, müssen wir zunächst einmal eine andere Frage stellen:

Welche Eigenschaften muß Geld haben?

In der Vergangenheit sind die verschiedensten Arten von Geld benutzt worden, um vom Tauschhandel – dem direkten Austausch von Gütern und Dienstleistungen – wegzukommen. Die häufigste Verwendung fanden in diesem Zusammenhang Gold und Silber. Alles jedoch, was als Zahlungsmittel eingesetzt wird, muß bestimmte Eigenschaften besitzen. Da ein Teil unseres Vermögens im Geld «gespeichert» wird, muß der verwendete Stoff zunächst einmal dauerhaft sein. Und da Geld auch oft von Ort zu Ort transportiert werden muß, wenn Zahlungen zu leisten sind, sollte es zudem leicht zu befördern sein. Das bedeutet, daß schon eine kleine Menge des Geldstoffes unserer Wahl einen hohen Wert haben muß; alles andere wäre unpraktisch. Um zu verhindern, daß andere das, was man selber als Geld benutzt, fälschen, muß dieses Geld leicht zu erkennen und schwierig nachzumachen sein oder aber selbst als Stoff einen solchen Wert haben, daß es sich einfach von vornherein nicht lohnt, es nachzumachen. Außerdem sollte die Qualität des Geldstoffes standardisiert sein, so daß die einzelnen «Mengen» davon miteinander verglichen werden können und damit sie als Rechnungseinheiten zu verwenden sind. Darüber hinaus müssen diese Mengen auch noch ohne Schwierigkeiten in kleinere Teile zerlegt oder zu größeren Summen zusammengefügt werden können, damit es möglich ist, sie ebensogut als Zahlungsmittel für einen Scheffel Weizen wie für ein ganzes Landgut zu verwenden. Bargeld und Einlagen bei der Bank erfüllen alle diese Bedingungen und fallen damit unter unsere Definition von Geld. Warum das so ist, liegt auf der Hand. Aber gehört zum Geld vielleicht noch mehr? Zum Beispiel:

Sind Kreditkarten auch Geld?

Im Moment sieht es noch so aus, daß Kreditkarten nicht zur Geldmenge gehören. Es ist nicht ganz klar, ob sie einbezogen werden sollten oder nicht, und die Wirtschaftswissenschaftler haben erst in letzter Zeit begonnen, sich mit diesem Problem auseinanderzusetzen. Es ist ganz eindeutig, daß Kreditkarten in der Beziehung dem Geld ähnlich sind, als sie für die verschiedensten Zahlungen verwendet werden können. Leider muß man jedoch der Kreditkartengesellschaft irgendwann einmal den Betrag, den man ausgegeben hat, wiedererstatten. Die Kreditkartengesellschaften erfüllen also genau die Funktion, auf die ihr Name schon hinweist: Sie geben Kredite. Erst am Monatsende, wenn einem die Abrechnung ins Haus flattert, ist die Zahlung dann fällig. Vielleicht sogar erst später – dann wird der Spaß allerdings auch etwas teurer. Kreditkarten stellen also eine Form des Kredits dar. Ob sie allerdings auch Geld sind, läßt sich nicht so eindeutig beantworten. Es hängt wohl davon ab, wie der Kreditkarteninhaber selber das sieht. Man kann jedoch mit Bestimmtheit sagen, daß Kreditkarten dazu beitragen, die Bedeutung anderer Geldarten – insbesondere von Bargeld und Schecks – zu verringern. Mit einem einzigen Scheck kann man nämlich als Kreditkarteninhaber am Monatsende alle Zahlungen, die im Laufe des gesamten Monats angefallen sind, begleichen.

In der Gesamtwirtschaft spielt Geld vor allem eine Rolle, wenn die Geldmenge verändert wird. Wir sollten deshalb hier die Frage stellen, wie es zu derartigen Veränderungen kommt; vor allem:

Wie kann die Geldmenge vergrößert werden?

Wir tun oft so, als ob die Geldmenge ganz einfach durch das Drucken von neuen Banknoten vergrößert wird. Zum Geld gehören jedoch, wie wir bereits gesehen haben, das Bargeld und die Bankguthaben; das mit den hübschen Bildchen bedruckte Papier ist als Bargeld also nur ein Teil der gesamten Geldmenge. Die größten Veränderungen dieser Geldmenge finden aber bei den Bankguthaben, die den Löwenanteil ausmachen, statt. Wir müssen uns deshalb auch damit befassen, wie die Banken «Geld machen».

Im wesentlichen funktioniert das in allen Ländern – freilich mit Ausnahme der sozialistischen – auf dieselbe Weise. Nur hat dann die Zentralbank einen anderen Namen, zum Beispiel Deutsche Bundesbank in der Bundesrepublik, Federal Reserve System in den USA, Bank von England in England usw.

Wer kontrolliert in der Bundesrepublik die Geldmenge?

In der Bundesrepublik kontrolliert die Deutsche Bundesbank die Geldmenge, d.h., sie versucht es wenigstens. Sie ging aus der nach dem Kriege im Zuge der großen Währungsreform geschaffenen Bank Deutscher Länder hervor und hat unter anderem die Aufgabe, den Geldumlauf und die Kreditversorgung zu regeln und die Währung zu sichern. Hierzu hat die Bundesbank einen Zentralbankrat, der entscheidet, was zu tun ist, ein Direktorium, in jedem Bundesland eine Landeszentralbank, und diese haben wiederum in den größeren Städten Filialen. Anders als in den USA, wo die Federal Reserve rechtlich ihren Kunden, d.h. den verschiedenen – aber nicht allen – Banken gehört, ist die Deutsche Bundesbank eigentlich Eigentum des Staates, aber ohne daß zum Beispiel die Regierung ihr ständig hineinreden könnte. Die Bundesbank soll zwar die Bundesregierung in ihrer allgemeinen Wirtschaftspolitik unterstützen, wie sie das tut, ist aber ihre Angelegenheit. So ist es unvermeidlich, daß

Regierung und Bundesbank gelegentlich böse aufeinander sind. Aber das ist ganz gut so.

Jeder von uns trägt – sofern er nicht völlig verarmt ist – gelegentlich Papiergeld mit sich herum, vermutlich ohne sich der Lektüre der Schrift darauf zu widmen (vielleicht mit Ausnahme des Kleingedruckten, das schlimme Strafen für den Fall androht, daß man versucht, bessere Banknoten herzustellen als die Bundesbank). Es steht zum Beispiel drauf, was es ist, nämlich eine Banknote, wieviel sie wert ist und wer sie gemacht hat, nämlich die Deutsche Bundesbank. Dazu noch die Unterschrift des Bundesbankpräsidenten und seines Vize. Die Bundesbank gibt also das Papiergeld heraus. Doch nicht genug damit. Sie ist gleichzeitig die Bank der Banken. Zwar kann man auch als Privatperson versuchen, bei der nächsten Zentralbank ein Konto einzurichten; der Nachteil dabei ist aber, daß man ein solches Konto nicht überziehen darf. Üblicherweise haben die Banken bei der Bundesbank ihre Konten, übrigens auch der Bund, die Länder, die Post und die Bundesbahn. Theoretisch können all diese von derartigen Konten Geld bar abheben, genauso wie Bankkunden dies mit ihren Guthaben bei der Bank tun können. Man kann deshalb alle Guthaben, die auf Konten bei der Bundesbank und ihren Filialen liegen, genauso als Zentralbankgeld ansehen wie die Banknoten, die man bar mit sich herumträgt oder die in den Tresoren der Banken lagern. Doch können die Banken, sehr zu ihrem Leidwesen, nicht über ihr gesamtes Zentralbankguthaben frei verfügen; sie sind nämlich verpflichtet, einen bestimmten Teil davon unangetastet zu lassen. Ganz genau genommen muß diese Mindestreserve im Monatsdurchschnitt eingehalten werden, sonst macht das nicht nur einen schlechten Eindruck, sondern kostet Strafzinsen. Der Umfang dieser Mindestreserve wird als Prozentsatz der Kundeneinlagen der Bank berechnet, also der Sicht-, Termin- und Sparguthaben. Steigen die Kundeneinlagen, steigt das Mindestreservesoll automatisch mit, nehmen die Einlagen ab, sinkt es entsprechend. Wie wichtig dieser Zusammenhang ist, werden wir gleich erfahren, denn die Banken werden dadurch bei ihrer Lieblingsbeschäftigung, der Kreditvergabe an Kunden, eingeschränkt.

Erhöhen Bankkredite die Geldmenge?

Wir wissen schon, daß Bankguthaben, also Sichtguthaben oder Giralgeld, einen Teil der Geldmenge ausmachen. Wenn Ihnen Ihre Bank nach Prüfung Ihrer Zuverlässigkeit als Schuldner einen Kredit von 10000 DM gewährt, heißt das, daß sie Ihrem Konto mit nicht mehr als einem Federstrich 10000 DM gutschreibt, als Darlehen für die Renovierung ihrer Wohnung zum Beispiel. Mehr ist nicht nötig. Sie haben 10000 DM auf dem Konto und können sie ausgeben wie Geld. Und genau das ist es: Geld. Dem Guthaben ist nicht anzusehen, daß es Ihnen nur geliehen wurde und Sie es eines Tages zurückzahlen müssen. Und woher hat die Bank das Geld, das sie Ihnen geliehen hat? Die Antwort ist verblüffend: Sie hat es selbst gemacht! Mit einem Federstrich. Offenbar können also Banken, ohne gegen das Gesetz gegen Falschmünzerei zu verstoßen, Geld in Umlauf bringen, indem sie ihren Kunden Kredite geben. Sie können also, indem sie Kredite geben, die Geldmenge erhöhen, soviel sie wollen. Oder?

Geht das unbegrenzt?

Aber die Banken müssen sehr aufpassen, denn es gibt gute Gründe dafür, daß sie sich zurückhalten und genau rechnen. So ist gut vorstellbar, daß Sie von diesem neugeschaffenen Guthaben gleich ein paar Tausender für die nötigsten Anschaffungen abheben wollen. In bar! Oder daß Sie eine Handwerkerrechnung bezahlen wollen, durch Scheck oder Überweisungsauftrag. Hat nun Ihr Maler sein eigenes Konto bei einer anderen Bank, so wird sich diese vielleicht nicht mit einer Gutschrift begnügen, sondern darauf bestehen, daß ihr dies bar oder durch Überweisung auf ihr eigenes Zentralbankkonto zukommt. Beide Beispiele zeigen, daß sich Ihre Bank mit dem Kredit an Sie ein Problem eingehandelt hat: sie muß eine Art von Geld herausrücken, das sie nicht selber – durch Federstrich – machen kann, nämlich Bargeld oder einen Teil ihres Zentralbankguthabens, beides also Zentralbankgeld. Aber nicht genug damit.

Von Ihrem Guthaben ist ja noch einiges vorhanden, und darauf muß die Bank auch noch Mindestreserve halten, wie wir wissen, in der Form von Zentralbankgeld. Kurzum, will die Bank einen Kredit geben, muß sie sicher sein, daß sie entweder genügend Bargeld im Safe oder Zentralbankguthaben hat oder daß sie die Möglichkeit hat, sich schnell und problemlos solches zu beschaffen. Sie braucht also etwas, was man als freie Liquiditätsreserve bezeichnet.

Was ist die freie Liquiditätsreserve?

Zunächst gehört dazu alles Bargeld in der Kasse und das Guthaben bei der Zentralbank, soweit es nicht durch die Mindestreserveverpflichtung blockiert ist, also die Überschußreserve. Dazu kommen noch alle Wertsachen im Besitz der Bank, die sie bei der Bundesbank gegen Zentralbankgeld verkaufen oder verpfänden kann. Das sind zum einen Wechsel aus Handelsgeschäften, die die Bank ihrerseits von Kunden angenommen hat. Die Bundesbank ist grundsätzlich bereit, den Banken Handelswechsel gegen Zentralbankgeld abzunehmen. Doch erhält die Bank nicht den vollen Wert des Wechsels gutgeschrieben; die Bundesbank gibt ihr ja nur einen Kredit und zieht den Zinssatz gleich ab. Dieser Zinssatz heißt Diskontsatz und ist von allen anderen Zinssätzen, die die Bundesbank festlegen kann, traditionellerweise der wichtigste. Auch kann sich die Bank bei der Bundesbank auf diese Weise nur Zentralbankgeld beschaffen, wenn sie noch nicht zu viele Wechsel eingereicht, d. h. rediskontiert, hat. Es gibt also eine Begrenzung, das Rediskontkontingent. Gelegentlich ist die Bundesbank auch bereit, der Bank einen Kredit zu geben, für den sie, wie im Leihhaus, ein Pfand, nämlich eine bestimmte Sorte von Wertpapieren, hinterlegen muß. Dieses Geschäft heißt Wertpapierlombard, der von der Bundesbank in Rechnung gestellte Zins der Lombardsatz. Schließlich kann die Bank der Bundesbank bestimmte Wertpapiere, Staatsschuldtitel, verkaufen, nicht alle, sondern nur ganz bestimmte, bei denen die Bundesbank von vornherein die Abnahme zugesichert hat.

Will nun die Bundesbank die Geldmenge kontrollieren, d.h. ihr Wachstum hemmen oder verstärken, setzt sie meist an der freien Liquiditätsreserve an. Dazu stehen ihr eine ganze Reihe möglicher Instrumente im Rahmen der Geld- und Kreditpolitik zur Verfügung.

Welches sind die Instrumente der Geld- und Kreditpolitik?

Mit ihren Instrumenten kann die Bundesbank es den Banken erleichtern, Kredite zu vergeben – man sagt dann, sie verfolgt eine expansive Politik –, oder die Fähigkeit, Kredite zu geben, bremsen – man spricht dann von einer restriktiven Politik. Wir werden zeigen, was sie tun kann, wenn sie das Geldmengenwachstum verlangsamen will, also restriktiv wirkt. Die expansive Politik ist dann gerade das Gegenteil davon.

Fangen wir gleich mit der dicksten Keule an, der Mindestreservepolitik. Erhöht nämlich die Bundesbank die Mindestreservesätze – es gibt für die verschiedenen Einlagetypen verschieden hohe Sätze –, wird sofort ein zusätzlicher Teil der Guthaben der Banken bei der Bundesbank eingefroren; falls Banken nun eine sehr kleine oder gar keine Überschußreserve unterhalten, können sie zum Beispiel zuerst von anderen Banken Zentralbankgeld leihen, die vielleicht welches übrig haben. Hierfür gibt es den Geldmarkt. Die Geldmarktzinsen werden dadurch in die Höhe getrieben, was genau in der Absicht der Bundesbank liegt. Oder die Banken können versuchen, ihre Kunden dazu zu überreden, Bargeld bei ihnen einzuzahlen, statt es auszugeben, und versprechen höhere Zinsen für Spar- und Termineinlagen. Auch dies ist genau im Sinne der Bundesbank; denn wenn die Leute weniger kaufen, dämpft das immer ein wenig den Preisauftrieb. Oder falls auch das den Banken nicht weiterhilft, können die Banken der Bundesbank Wechsel und Wertpapiere anbieten, um hierfür so viel Zentralbankgeld zu erhalten, daß das Mindestreservesoll erfüllt werden kann und das Kreditgeschäft nicht ganz zum Erliegen kommt. Wenn's dann immer noch nicht reicht, kann es sogar dazu kommen, daß Kredite gekündigt werden. Auch dies entspricht genau dem Ziel der Bundesbank, denn es könnte die antiinflationäre Politik unterstützen.

Doch mit der Mobilisierung der freien Liquiditätsreserve hat das einen Haken. So kann die Bundesbank die Kredite, die sie an die Banken gibt, verteuern, indem sie den Diskont- und den Lombardsatz erhöht. Die Banken müssen dann genau überlegen, was ihnen mehr wehtut: die hohen Zinsen, die sie der Bundesbank zu zahlen haben, oder die entgangenen Zinseinnahmen, wenn sie weniger Kredite vergeben. Noch mehr in die Klemme geraten die Banken, wenn dazu auch noch der Gesamtwert der Handelswechsel, die sie – egal zu welchem Diskontsatz – versilbern könnten, durch eine Kürzung der Rediskontkontingente verkleinert wird oder dasselbe mit den lombardfähigen Papieren geschieht. Fast schon hinterlistig ist es, wenn die Bundesbank den Banken in einer solchen Lage Staatsschuldtitel mit attraktiven Zinsen verkauft, d.h. eine restriktive Offenmarktpolitik betreibt. Zwar können die Banken etwas verdienen, wenn sie einen Schatzwechsel für 920 DM kaufen und nach einem Jahr für 990 DM der Bundesbank zurückgeben können, aber das Ziel der Bundesbank ist damit erreicht: Die Banken haben weniger Zentralbankgeld zur Verfügung, das sie bei der Kreditgewährung an ihre Kunden so nötig brauchen würden.

Wenn der Kurs der Bundesbank auf Expansion steht, geht alles genau umgekehrt vonstatten: Mindestreservesätze, der Diskont- und der Lombardsatz werden gesenkt, die Rediskontkontingente erhöht, Offenmarktpapiere den Banken abgekauft. Alles scheint also in der Hand der Bundesbank zu liegen: Sie hat die Geldmenge fest im Griff. Aber ...!

Gibt es Schlupflöcher?

Eines ist, in der Bundesrepublik zumindest, recht gut verstopft. Wie man weiß, ist Geben seliger denn Nehmen, und es gibt kaum einen Politiker, der nicht nach dieser Devise handelt. Man gibt eben gerne mal einen aus, was einerseits nicht sehr schmerzt, da es sich nicht ums eigene Geld handelt, andererseits die ständigen Wahlen den Arbeitsplatz manchen Parlamentariers akut bedrohen können. Regierungen geben zu gerne mehr aus, als sie durch die Steuern hereinbekommen. Und die Differenz? Wozu hat man denn eine Zentralbank, die das nötige Geld einfach drucken kann? Vor knapp 60 Jahren hat man das in Deutschland mit sehr zweifelhaftem Erfolg ausprobiert und konnte einmal so richtig aus dem vollen schöpfen. Die Folge: Deutschland stellte in Sachen Inflation einen Weltrekord auf. Deshalb ist es der Bundesbank nicht gestattet, staatliche Haushaltsdefizite mittels der Notenpresse zu finanzieren oder, was im Endeffekt dasselbe ist, dem Staat Kredite zu geben. Es gibt nur eine Ausnahme: Wenn ein Posten Panzer oder einige Kilometer Autobahn gerade dann zu bezahlen sind, wenn die Steuereinnahmen noch nicht eingegangen sind. In allen anderen Fällen muß sich die Regierung an den Kapitalmarkt halten, wie Sie und ich und die BASF und die Allianz-Versicherung. Davon nimmt die Geldmenge nicht zu, denn der Staat gibt dann nur das Geld aus, das jemand anders, nämlich der Erwerber eines Staatsschuldtitels, nicht ausgeben will, und die Bundesbank ist mit ihrer Geldpolitik aus dem Schneider.

Viel mehr Sorgen haben die Währungshüter, wenn sie ausländisches Geld – Devisen – kaufen oder verkaufen müssen, um den Wechselkurs zu stabilisieren. Wird es zum Beispiel für inländische Banken zu teuer, sich auf dem Geldmarkt oder bei der Bundesbank Geld zu leihen, weil die Bundesbank eine restriktive Politik betreibt, können sie sich vielleicht in den USA zu günstigeren Bedingungen verschulden. Oder amerikanische Banken entdecken, daß in der Bundesrepublik die Zinsen viel höher sind als bei sich zu Hause, und wollen ihr Geld hierzulande anlegen. Damit nun der Wechselkurs des Dollars nicht sinkt, weil zu viel davon angeboten wird, kauft die Bundesbank Dollars und gibt damit D-Mark frei und vergrößert unfreiwillig, aber ohne viel dagegen tun zu können, den Geldumlauf. Anfang der 70er Jahre nahm dies zum Teil dramatische Dimensionen an, wenn die Bundesbank Dollars gleich milliardenweise aufkaufen mußte. Umgekehrt kann es geschehen, daß eine expansive Geldpolitik, die die Geldmenge ja vergrößern will, dadurch unterlaufen wird, daß Banken ihr nun reichlich vorhandenes Geld lieber im Ausland anlegen, wo höhere Zinserträge winken. Dann muß die Bundesbank möglicherweise Dollars verkaufen, damit der Kurs nicht zu hoch steigt, nimmt dabei gleichzeitig D-Mark ein und verringert den Bargeldumlauf und die Geldmenge.

Wie wir in Kapitel IV noch sehen werden, schwankt der Wechselkurs der D-Mark gegenüber dem Dollar und den meisten anderen Währungen seit einiger Zeit frei, und die Bundesbank kauft oder verkauft Devisen nach eigenem Ermessen. Das Haar in der Suppe ist nur, daß die D-Mark mit einigen europäischen Währungen im Europäischen Währungssystem wieder zu fixen Wechselkursen verpflichtet ist, doch ist dies gegenüber der Lage vor zehn Jahren vergleichsweise harmlos.

Welche Geschichte hat das Geld?

Geld wurde nicht einfach über Nacht erfunden, sondern entwickelte und veränderte sich über die Jahrhunderte hinweg. Früher wäre Papiergeld nicht einmal das Papier, auf dem es gedruckt worden wäre, wert gewesen. Man kann übrigens durchaus überzeugend die Meinung vertreten, daß wir uns gerade jetzt mit Riesenschritten wieder auf einen solchen Punkt hinbewegen. Damals bestand die Ursache dieses Problems allerdings nicht darin, daß es zu viel Papiergeld gab, sondern darin, daß man überhaupt keins verwendete.

In längst vergangenen Zeiten überwand man die Unbequemlichkeit des Tauschhandels durch die Einführung von Warengeld, wie zum Beispiel Gold. Gold ist teilbar, verdirbt nicht, kann ohne Schwierigkeiten transportiert werden und ist im allgemeinen auch klar zu erkennen und leicht von anderen Stoffen zu unterscheiden. Die damalige Welt gedieh mehr oder weniger gut mit einem System, bei dem die Zahlungen mit verschiedenen Goldmengen geleistet wurden.

Vielleicht gab es damals allerdings auch noch mehr Leute als heute, denen es ein Vergnügen war, ihre Mitmenschen von der großen Last ihres Reichtums zu befreien. Da nun die tatkräftige Hilfe durch ein hochentwickeltes Versicherungswesen fehlte, stellte die Möglichkeit, bestohlen zu werden, ein Risiko dar, das die wenigsten sich leisten konnten. Die Menschen damals benötigten also, weil sie ja, während sie sich den Kopf darüber zerbrachen, was sie für ihr Gold kaufen sollten, dieses Gold auch irgendwo aufbewahren mußten, dazu ein sicheres Plätzchen.

Wo bewahrte man damals sein Gold auf?

Bevor es Banken im heutigen Sinne gab, hatten nur sehr wenige Leute Tresore oder Safes, um ihre Wertgegenstände zu verwahren. Nur Goldschmiede, die schon von Berufs wegen mit Gold und Edelsteinen umgingen, verfügten über derartige Einrichtungen. Leute, die sehr viel Gold besaßen, wandten sich nun an ihren Goldschmied mit der Bitte, dieses für sie aufzubewahren; für eine geringe Gebühr waren die Goldschmiede dann auch meistens dazu bereit.

Es liegt in der Natur des Geldes, daß es selbst nicht konsumiert wird und auch nicht in ständigem Gebrauch ist. Selbst wenn die Goldschmiede das nicht schon von vornherein gewußt hätten, wäre es ihnen sehr schnell klargeworden; sie sahen ja, wie lange das Gold bei ihnen nutzlos im Tresor herumlag. Und sie merkten dann auch ziemlich bald, wie sie diese ungenutzten Werte zu ihrem eigenen Vorteil verwenden konnten.

Damals war es durchaus üblich, daß Leute, die das Vertrauen der Goldschmiede genossen, zu ihnen gingen und sie um Darlehen baten. Warum sollte man eigentlich als Goldschmied auch nicht einen Teil des Goldes aus dem Tresor, natürlich gegen Zinsen, ausleihen? Schließlich würden sich die Eigentümer dieses Goldes ja sowieso für lange Zeit nicht blicken lassen! Da höchstens ein kleiner Prozentsatz derjenigen, die dem Goldschmied ihre Goldbarren anvertraut hatten, an ein und demselben Tag auftauchen würden, um ihr Eigentum abzuholen, konnten die Goldschmiede es sich durchaus leisten, einen doch nicht unerheblichen Teil des gesamten Goldes zu verleihen und dabei dennoch genug für den täglichen Bedarf zu behalten.

Die Situation des Goldschmiedes als Verleiher von Gold gegen Zinsen wurde zudem noch dadurch verbessert, daß einige der Einleger überhaupt so gut wie nie wieder zurückkamen, um ihr Gold abzuholen. Die Goldschmiede gaben nun, um den Überblick über die ihnen anvertrauten Einlagen zu behalten, Papierquittungen aus, auf denen etwa gestanden haben könnte: «Der Inhaber dieser Quittung hat mir eine Unze Feingold zur Aufbewahrung anvertraut.» Wenn ein Besitzer eines solchen Papiers nun von einem anderen etwas kaufen wollte, wofür die Zahlung einer Unze Feingold erforderlich war, konnte er seiner Verpflichtung durchaus auch mit seiner Quittung nachkommen. Um ihren Kunden die Zahlungen noch zu erleichtern, war es sogar möglich, daß die Goldschmiede mehrere Quittungen über kleinere Goldmengen ausstellten, die zusammen der gesamten zur Aufbewahrung anvertrauten Menge bzw. Summe entsprachen. Und genau das war dann auch die Geburtsstunde des Papiergeldes.

Seit wann gibt es die sogenannte Teildeckung?

Für die Goldschmiede erwies es sich als so lohnend, Kredite zu vergeben, daß viele von ihnen ihr Goldschmiedehandwerk an den Nagel hängten. Durch die Ausgabe von Noten auf die von ihnen verwahrten Reserven konnten sie über ein regelmäßiges Zinseinkommen verfügen. Sie gingen dann schließlich sogar nach und nach dazu über, mehr Papier herauszugeben, als durch die Goldmenge gedeckt war, da das Papier ja meistens sowieso einfach nur weitergegeben wurde und nur eine begrenzte Anzahl von Leuten jeweils auf einmal ihr Gold zurückforderte. Dieses System nennt man nun das System der Teildeckung. Es gibt jedoch eine Begrenzung bei der Ausgabe dieser Papiere durch die Goldschmiede, und zwar wird diese durch die Menge der

Goldvorräte bestimmt. Schließlich gebot es schon die Vorsicht, nicht so viele Papiere in Umlauf zu bringen, daß unter Umständen das Gold nicht mehr ausreichen würde. Je mehr Gold ein Goldschmied also in Verwahrung hatte, desto mehr Geld konnte er, indem er einfach Papier bedruckte, verleihen. Je mehr Papier er wiederum ausgab, desto mehr konnte er dann auch an den Zinsen verdienen.

Auf diese Weise kam es dann zu einem Wettbewerb zwischen den einzelnen Goldschmieden um die Aufbewahrung von Gold; die Gebühren wurden gesenkt, und einige Goldschmiede boten den Leuten, die ihr Geld lagern wollten, sogar Zinsen dafür an. Es entwickelte sich so ein Privatbanksystem, das eigene Noten in Umlauf brachte und eigene Goldreserven hatte. Allerdings blieb dieses System nicht lange in privater Hand, da sehr bald auch die Regierungen begannen, sich einzumischen.

Es gibt kaum gewinnbringende Unternehmungen, die dem wachsamen Auge der gierigen Regierung entgehen. Als damals klarwurde, daß sich eine neue Möglichkeit auftat, Gewinne zu machen, erklärten sich fast alle bestehenden Regierungen für ausschließlich berechtigt, Geldbelege zu drucken und eigene Goldreserven zu besitzen. Geld wurde bald darauf zum gesetzlichen Zahlungsmittel erklärt, und es wurde sogar möglich, die Goldeinlösungspflicht abzuschaffen. Auf diese Weise entstand dann Geld als Zahlungsmittel, das nicht durch den Wert eines Metalles gedeckt war, aber doch allgemein akzeptiert wurde.

Selbst bei Silbermünzen kann der Staat noch ein Geschäft machen. Es ist nämlich möglich, den vorhandenen Silbervorrat zu «strecken», wenn man durch Hinzufügung unedler Metalle Silbermünzen gewissermaßen verdünnt. Oder indem man sogar überhaupt kein Silber mehr verwendet, sondern eine Kupfer-Nickel-Legierung, aber auf die Münzen weiterhin «5 DM» prägt. Der Gewinn, der durch eine solche Verringerung des Edelmetallgehalts in Münzen erzielt wird, ist auch unter dem Begriff «Münzgewinn» bekannt. Was geschieht aber, wenn sowohl Münzen mit verringertem Edelmetallgehalt als auch solche aus reinem Edelmetall im Umlauf sind?

Es gibt eine interessante Regel, die sich auf den Umlauf von Münzen mit verringertem Edelmetallgehalt neben solchen aus reinem Edelmetall bezieht. Wenn man eine Zahlung zu leisten hat und sowohl Münzen aus reinem Silber als auch solche, denen ein anderes, unedles Metall beigemischt worden ist, zur Verfügung stehen, benutzt man eher die letzteren. Diese Regel, d.h., daß «schlechtes Geld» «gutes Geld» vertreibt, ist als das Greshamsche Gesetz bekannt.

Was ist in diesem Jahrhundert geschehen?

Die einzigen Banken, die heute noch irgendeine Art von Reserve unterhalten müssen, sind die Geschäfts-, Kredit- und sonstigen Banken, die in der Bundesrepublik allesamt als Kreditinstitute bezeichnet werden. Diese Reserve ist die bereits bekannte Mindestreserve, die ganz aus Zentralbankgeld besteht. Auch wenn die Banken diese Mindestreserveverpflichtung nicht sehr lieben, so haben sie sich daran mehr oder weniger gut gewöhnt. Doch eine irgendwie geartete Deckung des Geldumlaufs in Form von Edelmetallen im Keller der Bundesbank gibt es nicht.

Bis zum Ersten Weltkrieg, als es allenthalben sogar noch Geld in Form von Goldmünzen gab, war das umlaufende Papiergeld durch Gold gedeckt. Entweder vollständig, was selten war, oder teilweise, nach einem bestimmten Schlüssel. Der Versuch, nach dem Ersten Weltkrieg zum Goldstandard mit seiner Deckungspflicht und einer Reihe weiterer Spielregeln zurückzukehren, schlugen meist kläglich fehl. Nur in den USA blieb die Golddeckung des Dollars noch längere Zeit erhalten, wurde aber in den 70er Jahren auch aufgehoben. Die Wirrnisse während der Weltwirtschaftskrise der 30er Jahre, des Zweiten Weltkriegs und der Nachkriegszeit ließen es in den übrigen kapitalistischen Ländern geraten erscheinen, besser ganz auf durch Gold gedeckte Währungen zu verzichten. Goldmünzen waren ja sowieso schon lange verschwunden. Seit den 70er Jahren ging auch das schöne alte Silbergeld den Weg alles Irdischen: es ist so gut wie ausgestorben, und wenn jemand noch ein silbernes 5-Franken-Stück findet, trägt er es zum Juwelier und bekommt für das enthaltene Silber 10 Franken. Edle Metalle haben also ihre Rolle als Geld ausgespielt und sind für die Währungspolitik ohne Bedeutung. Ob ein Land etwas mehr oder weniger Gold besitzt, ist ziemlich gleichgültig – es sei denn, es gehört einem selbst.

Damit können wir uns wieder der Gegenwart zuwenden. Wird das Bankwesen so bleiben, wie es ist?

Wie sieht es nun mit der Zukunft des Geldes aus?

Auch das Geld konnte dem Zeitalter der elektronischen Datenverarbeitung nicht entkommen, und es ist jetzt schon abzusehen, wohin die bereits begonnene Entwicklung noch führen kann.

Es wäre durchaus vorstellbar, daß jedes Unternehmen an einen riesigen Computer angeschlossen wäre, der alle Zahlungsein- und -ausgänge erfaßt. Dieser Computer speicherte auch Informationen über *Ihr* Einkommen und führte *Ihr* Konto. Wenn Sie nun irgendwelche Einkäufe tätigten – ganz gleich, in welcher Größenordnung –, würden Sie Ihren Code angeben oder Ihre Ausweiskarte vorzeigen, und die Firma, bei der sie etwas kaufen wollten, fütterte diese Angaben einfach in ihr Anschlußgerät. Der riesige Computer belastete dann Ihr Konto mit der entsprechenden Summe und schriebe sie der Verkaufsfirma gut; diese Operation ginge so schnell vonstatten, wie sich Signale über Draht fortsetzen. Es würde dann damit überflüssig, Schecks auszustellen oder am Monatsende Rechnungen zu bezahlen.

Der oder die Computer, die für ein solches System benötigt würden, müßten riesige Kapazitäten haben. Zudem wäre noch eine ganze Reihe von Problemen zu lösen. Wie könnte man zum Beispiel sicherstellen, daß bei der Kontoführung keine Irrtümer unterliefen, und wie könnte man Fehler, falls sich allen Vorkehrungen zum Trotz welche einschlichen, aufdecken und beheben? Wie würde man verhindern, daß Leute das System anzapften, um sich über den Kontostand anderer zu informieren oder um herauszufinden, wo diese anderen gewesen sind und was sie gemacht haben, indem sie ihre Geldbewegungen durchforschen? Und wie würde man für Bus- und Taxifahrten bezahlen?

Nun, bevor ein solches «elektronisches Geldtransfersystem» im großen Stil eingeführt werden könnte, wäre erst noch eine ganze Reihe von Problemen zu lösen; einige unserer althergebrachten Geldarten würden wohl auch trotzdem überleben. Eines jedoch ist sicher: Die Entwicklung unseres Währungssystems ist noch lange nicht abgeschlossen.

Wir sind jetzt soweit, daß wir uns der Erklärung von Arbeitslosigkeit und Inflation zuwenden können. Deshalb wird im weiteren aufgezeigt, wie ein beschleunigtes Wachstum der Geldmenge die Inflation in die Höhe treibt und wie der entgegengesetzte Vorgang, d.h. eine Verlangsamung des Geldmengenwachstums, zu einer Zunahme der Arbeitslosigkeit führt.

4. Wie entstehen Inflation und Arbeitslosigkeit?

Ich glaube eigentlich nicht, daß der Präsident weiß, warum es gleichzeitig eine hohe Inflationsrate und eine hohe Arbeitslosenquote gibt. Aber schließlich weiß das sonst ja auch kein Mensch.
Hoher Beamter im amerikanischen Finanzministerium

Kann überhaupt irgend jemand diese Frage beantworten?

Wenn die Wirtschaftswissenschaftler tatsächlich wissen, wie Inflation und Arbeitslosigkeit entstehen, warum stellen wir sie dann nicht dafür an, daß sie beide Probleme beseitigen? Die Antwort auf die erste Frage ergibt sich aus der Antwort auf die zweite. Da wir uns alle darüber einig sind, daß Inflation und Arbeitslosigkeit etwas Schlechtes sind und wir sie gerne ein für allemal beseitigen würden, ist allein schon die Tatsache, daß es sie immer noch gibt, ein deutlicher Beweis dafür, daß wir *nicht* wissen, wie wir uns ihrer erwehren können. Wir wissen es nicht, weil die Wirtschaftswissenschaftler sich nicht darüber einig sind, wo die Wurzeln des Übels zu suchen sind. Das bedeutet natürlich nicht, daß nicht trotzdem jeder Ökonom fest davon überzeugt ist, *er* könnte dieses Problem lösen. Die Schwierigkeit besteht nur darin, daß sich die Wirtschaftswissenschaftler nun leider untereinander nicht einigen können. Das sollten Sie sich immer vor Augen halten, wenn zum Beispiel auf einer Cocktailparty über Wirtschaft geredet wird und Sie sich nicht trauen, auch mal den Mund aufzumachen. Sie liegen nämlich immer richtig, wenn Sie allem, was gesagt wird, widersprechen; ja, wenn Sie nicht widersprechen, werden die anderen Partybesucher sofort daran zweifeln, ob Sie überhaupt eine Ahnung von der Sache haben. Es ist charakteristisch für die Ökonomen, daß sie sich untereinander nicht einigen können, und wenn es um die Faktoren geht, die zu Inflation und Arbeitslosigkeit führen, tritt dieser Charakterzug besonders deutlich hervor. Ganz gleich also, was Sie zur Diskussion beitragen, einige Ökonomen werden Ihnen zustimmen, andere dagegen nicht; bestehen Sie deshalb immer auf Ihrer Meinung.

Aus den vielen verschiedenen Ansichten darüber, was die Gründe für Inflation und Arbeitslosigkeit sind, kristallisieren sich zwei führende Schulen oder Lager heraus: die Monetaristen und die Keynesianer; die letzteren sind übrigens nach dem britischen Ökonomen Lord John Maynard Keynes benannt. Jeder, aber auch jeder Ökonom wird einer dieser beiden Schulen zugeordnet. Um zu erklären, was es bedeutet, ein Monetarist oder Keynesianer zu sein, muß man sich einfach einmal ihre Meinung dazu vornehmen, wie Inflation und Arbeitslosigkeit entstehen und wie sie zu beheben sind. Die Unterschiede zwischen diesen beiden Richtungen sind zwar tatsächlich sehr ausgeprägt, ihre Anhänger neigen jedoch aus einem Loyalitätsdenken heraus dazu, sie noch zu überzeichnen. Zunächst einmal zu den Monetaristen und ihrer Ansicht über die Ursachen der Inflation.

Die Monetaristen

Was sind nach Ansicht der Monetaristen die Gründe für Inflation?

Die Monetaristen argumentieren, daß Inflation dadurch entsteht, daß es im Verhältnis zu den vorhandenen Gütern zu viel Geld (und dazu gehören, wie bereits erwähnt, das Bargeld und bestimmte Guthaben) gibt. Diese Erklärung oder Theorie ist unter dem Namen Quantitätstheorie des Geldes bekannt.

Was ist die Quantitätstheorie des Geldes?

Stellen wir uns einmal ein Land vor, in dem eseine ganz besondere Baumart gibt: Die Früchte, die dieser Baum trägt, haben die wunderbare Eigenschaft, daß man sie essen und anziehen kann und daß sie außerdem zur Erzeugung von Wärme und Licht zu verwenden sind. Alle Bedürfnisse des Landes können also durch diese Frucht gedeckt werden. Deshalb ist es auch nicht verwunderlich, daß es nicht genügend von den Bäumen gibt, daß nur 1000 Früchte jährlich geerntet werden können und daß alle Bäume derselben Gesellschaft gehören, die diese Früchte an die verkauft, die sie brauchen.

Stellen wir uns weiter vor, daß es in unserem Land auch 1000 Stück blaues Papier gibt, die das Bild eines Schiffes unter vollem Segel aufweisen (die von der Regierung herausgegeben werden) und auf denen steht: «Banknote». Das sind 10-Mark-Scheine.

Wenn nun jedes dieser Papierstücke einmal im Jahr benutzt werden würde, beliefe sich die gesamte Geldmenge, die sich im Umlauf befände, auf 10000 DM. Und wenn man nun eben diese 10000 DM innerhalb eines Jahres zum Erwerb der 1000 Früchte verwendete, wie hoch wäre dann der Durchschnittspreis dieser Früchte? Ganz klar – 10 DM pro Stück.

Nehmen wir nun einmal an, die Regierung würde sich entschließen, weitere 1000 Stück des gleichen blauen Papiers zu bedrucken, und die gesamten 2000 Stück wechselten einmal im Jahr ihren Besitzer, so wie vorher die 1000 Stück. Die Geschwindigkeit des Geldumlaufs bliebe damit unverändert. Wenn es nun einerseits 1000 Früchte und andererseits 20000 DM gäbe, müßte eine Frucht im Durchschnitt 20 DM kosten.

Wenn dann die 2000 Stück Papier einmal pro Jahr weitergegeben würden, könnte der Preis der Früchte nur dann 10 DM bleiben, wenn sich ihre Anzahl verdoppelte, es dementsprechend auch 2000 Früchte pro Jahr gäbe. Wir sehen daraus also, daß, wenn die Zahl der Papierstücke schneller zunimmt als die der Güter, die Preise steigen. Deshalb kann man auch sagen, daß Inflation dann entsteht, wenn es zu viel Geld und zu wenige Güter gibt. Zur Inflation kommt es, wenn die Geldmenge zu schnell vergrößert wird – so argumentieren zumindest die Monetaristen.

Vielleicht überlegen Sie sich jetzt: «Was würde denn nun passieren, wenn die Papierstücke, nachdem man ihre Anzahl verdoppelt hat, nur alle zwei Jahre den Besitzer wechselten?» Oder, anders ausgedrückt, was passierte, wenn sich nach der Verdoppelung der Geldmenge die Umlaufgeschwindigkeit des Geldes halbierte?

Nun, dann existierten zwar 2000 Stück Papier, doch wechselten nur 1000 im Jahr den Besitzer, und der Wert der getätigten Transaktionen beliefe sich auf 10000 DM. Wenn in einem solchen Fall 1000 Früchte für diese 10000 DM gekauft würden, läge ihr Durchschnittspreis damit bei 10 DM. Damit kommen wir zu einer wichtigen Frage: Verringert sich die Umlaufgeschwindigkeit des Geldes genau in dem Maße, in dem die Geldmenge vergrößert wird? Eine Anzahl von Untersuchungen, die in verschiedenen Ländern über Jahre hinweg durchgeführt wurden, zeigt, daß das nicht so war. Die Umlaufgeschwindigkeit des Geldes bleibt relativ unverändert. Und aus diesem Grunde steigen dann eben die Preise, wenn mehr Geld da ist. Genau das besagt auch die Quantitätstheorie des Geldes: Je größer die Geldmenge ist, desto höher sind die Preise.

Warum druckt die Regierung dann mehr Geld?

Das ist nun eine sehr heikle Frage. Zwar darf die Regierung das – jedenfalls in der BRD – nicht. Aber es ist in anderen Ländern möglich, und es bleibt zu hoffen, daß es nicht auch eines Tages bei uns dazu kommt. Dennoch, nehmen wir einmal an, es ginge, und sehen wir, was dann geschieht. Mit dem zusätzlichen Geld, das die Regierung drucken läßt, könnte sie zum Beispiel selbst mehr Güter und Dienstleistungen kaufen. Und genau so kommt das Geld dann auch in Umlauf. Die Regierung kann das von ihr gedruckte Geld nämlich dazu benutzen, Dinge zu kaufen. Damit wird sie auch der Schwierigkeit enthoben, die für diese Käufe notwendigen Mittel durch Besteuerung der Bürger aufzubringen. Anders ausgedrückt: Die Regierung hat dann ein Interesse daran, mehr Geld in Umlauf zu bringen, wenn die Bürger sich gegen zusätzliche Steuern wehren.

Stellt das Drucken von Geld eine Art Steuer dar?

Im Prinzip: Ja! Es handelt sich dabei allerdings um eine Art versteckte Steuer. Die Regierung bekommt nämlich, indem sie Geld druckt, einen größeren Anteil des «nationalen Kuchens». Dabei zieht sie ihren Bürgern nicht ganz offen einen Teil ihres Lohnes oder Gehaltes ab, sondern bedient sich sozusagen hintenherum, ohne daß die Bürger dies merken. Damit drängt sich nun die Frage auf: Wer zahlt dann die Steuer, die im Drucken von Geld besteht?

Nun, irgend jemand muß ja wohl bezahlt haben, sonst hätte die Regierung die Güter und Dienstleistungen nicht bekommen. Es wurde aber doch keinem Bürger etwas abgezogen, wer hat dann also diese Steuer bezahlt? Die Antwort auf diese Frage lautet: Diejenigen, die Geld besitzen, zahlen die Steuer, die auf die Erhöhung des Geldumlaufs zurückgeht. Man kann das anhand des vorigen Beispiels erklären:

Bevor zusätzliches Geld gedruckt wurde, gab es 1000 10-DM-Einheiten Papiergeld. Bei einem Preis von 10 DM pro Frucht konnte man mit diesen 1000 Scheinen 1000 Früchte kaufen. Nachdem nun die Regierung weitere 1000 Stücke Papier bedruckt hatte, stieg, wie wir wissen, der Preis der einzelnen Frucht auf 20 DM. Was bedeutete das nun für die Leute, die im Besitz der ursprünglichen 1000 10-DM-Scheine waren? Ganz einfach: Bei einem Preis von 20 DM pro Frucht konnten sie nur noch 500 Früchte kaufen. Wer bekam dann den Rest? Die Regierung, und zwar für das von ihr neu gedruckte Geld. Diejenigen, die die ersten 1000 Scheine besaßen, waren es dann also, die diese Steuer – die dem Wert von 500 Früchten entspricht – bezahlten.

Kann man diese «Steuer durch Inflation» auch noch anders verdeutlichen?

Ja, die versteckte Steuer durch Inflation kann durchaus noch anders erklärt werden. Zum Beispiel auf die sehr amüsante Art und Weise wie einmal in einer äußerst raffinierten Examensfrage an der Universität von Chicago. Folgendes Problem wurde dargestellt:

«Es war einmal ein höchst ehrenwerter und seriöser Engländer, der seinen Sommerurlaub regelmäßig auf einer netten kleinen Insel im Ägäischen Meer zu verbringen pflegte. Er war so oft dort gewesen, daß seine Kreditwürdigkeit bei den Inselbewohnern über jeden Zweifel erhaben war. Es schien ganz einfach unvorstellbar, daß die Bank des Engländers sich jemals weigern könnte, einen von ihm ausgestellten Scheck einzulösen, und bisher war das auch noch kein einziges Mal der Fall gewesen.

Da dieser Engländer nun so außerordentlich kreditwürdig war, hatten die Inselbewohner keinerlei Einwände dagegen, daß er alles per Scheck bezahlte; man hatte ja schließlich auch die Gewißheit, daß alle Schecks gedeckt waren. Der Engländer war auf dieser winzigen Insel schließlich allen so wohlbekannt und genoß ein so großes Vertrauen, daß die Inselbewohner sich sogar untereinander mit diesen Schecks bezahlten. Wenn zum Beispiel der Restaurantbesitzer einen Teil seiner Zahlungen an den Lebensmittelhändler mit einem Scheck, den er für ein Essen erhalten hatte, leisten wollte, war das dem Lebensmittelhändler nur recht. Er konnte dann mit dem Scheck seine Benzinrechnung begleichen, und auf diese Art und Weise zirkulierten die Schecks des Engländers auf der ganzen Insel. Das ging dann sogar so weit, daß sie nie die Londoner Bank des Engländers zur Einlösung erreichten.»

Die Examensfrage an der Universität von Chicago lautete: «Wer hat dann die Ferien des Engländers bezahlt?» Nun, wer war's?

Wer hat die Ferien bezahlt?

Nun, der Engländer selbst jedenfalls nicht, da seine Schecks ja nie in London eingelöst wurden. Dann mußten es also die Inselbewohner gewesen sein, aber wer genau? Da es keinen «Endinhaber» der Schecks gab – jeder konnte ja mit ihnen alles bezahlen, da sie allgemein als Zahlungsmittel akzeptiert wurden –, traf es also auch nicht die Person, die die Schecks jeweils zuletzt hatte. Wen aber dann?

Die Antwort auf diese Frage: Alle Inselbewohner bezahlten, nicht nur die, die dem Engländer irgend etwas verkauft hatten. Sie alle kamen für seine Ferien auf, weil ihre Bereitschaft, die Schecks des Engländers anzunehmen, ihn sozusagen in die Lage versetzte, sein eigenes Geld zu «drucken». Er befand sich dadurch etwa in der Situation der Bundesbank oder Zentralbank in den verschiedenen Ländern, die Geld herausgeben können, das die Leute dann auch als Zahlungsmittel akzeptieren (sie müssen das sogar tun, da dieses Geld gesetzliches Zahlungsmittel ist und es unmöglich wäre, es nicht anzunehmen). Der Engländer vergrößerte die Geldmenge, die sich auf seiner winzigen Ferieninsel in Umlauf befand, indem er auf diese Art und Weise sein eigenes Geld «druckte». Wie uns von der Quantitätstheorie des Geldes her bekannt ist, werden die Preise durch das zusätzliche Drucken von Geld in die Höhe getrieben. Auf welche Art und Weise haben die Inselbewohner dann für die Ferien des Engländers bezahlt? Ganz einfach: Indem nämlich die höheren Preise ihre Kaufkraft verringerten. Sie bezahlten also durch die Inflation, die durch den Umlauf der Schecks entstand.

Woher kommen die Güter und Dienstleistungen?

Da der Engländer Güter und Dienstleistungen konsumiert, für die er mit seinem neu «geschaffenen» Geld bezahlt, bleiben, wenn die Produktion von Gütern und Dienstleistungen insgesamt sich auf der Insel nicht verändert, weniger Güter und Dienstleistungen für die Inselbewohner. Der Staat hat nun überall auf der Welt das Recht, Geld zu drucken; wenn er das tut, wirkt sich das genauso aus wie die «Geldherstellung» des Engländers in seinen Ferien. Der Staat wird durch das Drucken von Geld in die Lage versetzt, einen Teil der Güter und Dienstleistungen, die ein Land produzieren kann, in Anspruch zu nehmen, ohne dafür bezahlen zu müssen. Er bekommt diesen Teil gratis, weil die Herstellung des von ihm gedruckten Geldes nicht mehr kostet als das Papier und die Druckerschwärze – ein paar Pfennige also, nicht mehr. Indem er jedoch zum Beispiel «10 DM» auf ein Stück Papier druckt, kann er Güter und Dienstleistungen im Wert von 10 DM erhalten. Und wenn es sich schon lohnt, einen 10-DM-Schein zu drucken – wie sieht es dann erst bei 100ern oder 500ern aus!! Man braucht nur etwas andere Farben, mehr Nullen und einen dicken Adler oder eine alte Burg. Sogar simple Gutschriften auf dem Konto der Regierung bei der Zentralbank genügen. Diese sehr billig zu produzierenden Zahlungsmittel versetzen den Staat dann immerhin in die Lage, große Mengen von Gütern und Dienstleistungen zu bekommen. Er kann dafür Mittagessen kaufen, Flugtickets für Reisen zu Handelskonferenzen in fernen Ländern, Jets, Bomben, Schreibmaschinen, Einkommenssteuerformulare, die Dienstleistungen einer Sekretärin und vieles andere mehr.

Der Staat kann auch all die Dinge, die er haben möchte, bezahlen, indem er seinen Bürgern ganz offen zum Beispiel Einkommens- und Körperschaftssteuern auferlegt. Er kann aber genau den gleichen Effekt erzielen, indem er Geld druckt, so daß es sich also dabei auch um eine Art von Steuer handelt: Der Teil des «Kuchens», der an die Regierung geht, wird vergrößert. Wir als Bürger zahlen diese Steuer über die Inflation. Wie bei jenem Engländer auf seiner Ferieninsel mindert die Inflation, die durch das zusätzliche Geld entsteht, den Wert des schon vorher existierenden Geldes. Die Güter und Dienstleistungen, die vor der Inflation mehr für das Geld erhältlich gewesen wären, sind genau die, in deren Genuß die Regierung durch die versteckte Besteuerung gelangt. Die Regierung kann das deshalb so machen, weil nur sehr wenige Leute sich darüber im klaren sind, daß das Drucken von Geld – und die dadurch entstehende Inflation – eine versteckte Besteuerung darstellt. Je mehr Bürger darauf aufmerksam werden, desto eher wird die Regierung das sein lassen müssen.

Wie wirkt sich nun aber eine Verringerung der Geldmenge aus?

Um dies zu verstehen, braucht man sich nur einmal zu überlegen, was für einen Effekt es hat, wenn Geld vernichtet wird. Also, was hat es für Folgen, wenn man 10-DM-Scheine verbrennt?

Manchmal hört man von Leuten, die uns über die Roheit derer aufklären wollen, die zur Zeit der industriellen Revolution Riesengewinne einstrichen, Geschichten von protzigen Bällen fetter Kapitalisten, die sich ihre Zigarren mit 100-DM-Scheinen anzustecken pflegten (vielleicht waren es auch nur 50er, aber warum sollen wir im nachhinein knickrig sein?). So etwas von Verschwendung, und das, wo Millionen dem Verhungern nahe sind! Wahrscheinlich werden Sie jetzt höchst überrascht sein, zu hören, daß diese Art des Amüsements keinerlei Verschwendung darstellt. Ganz im Gegenteil, die fetten Kapitalisten erwiesen sich als höchst großzügige Leute!

Was damals bei der Zurschaustellung des Reichtums zerstört wurde, war schließlich nichts weiter als Papier. Als Folge dieser Papiervernichtungsaktion war unser fetter, geldverbrennender Kapitalist dann nicht mehr in der Lage, loszugehen und sich für die verbrannten 100 DM etwas Nettes zu kaufen. Was passierte nun mit den Gütern und Dienstleistungen, die er ansonsten für das Geld hätte erstehen können? Denn für die Gesellschaft kommt es auf diese Güter und Dienstleistungen an, nicht auf das Stück Papier, und sie nahmen in Wirklichkeit ja keinerlei Schaden. Die fetten Kapitalisten verringerten nur ihre Möglichkeit, Dinge zu kaufen. Diese standen deshalb weiterhin zur Verfügung, und andere konnten sie kaufen und genießen. Wie handelten sie doch also selbstlos, unsere fetten Kapitalisten, indem sie die vorhandene Geldmenge verringerten und die Kaufkraft ihrer Mitmenschen auf diese Weise erhöhten. Und der Flugzeugentführer, der mit einem Lösegeld von einigen 100000 DM aus dem Flugzeug springt und sie nie ausgeben kann – auch er tut uns (außer denjenigen, die das Geld zunächst einmal aufgebracht haben) einen großen Gefallen. War das jetzt ein Trick mit Netz und doppeltem Boden?

Nun, vielleicht sind Sie aber auch der Meinung, daß es noch andere Faktoren gibt, die außer acht gelassen wurden – Faktoren, wie zum Beispiel der Ölpreis, der ja auch einen Einfluß auf die Inflation hat. Nun, damit kommen wir zu der Frage:

Kann man die Inflation erklären, ohne dabei einzelne Preise (zum Beispiel Ölpreise) zu berücksichtigen?

Als Inflation bezeichnen wir, wie bereits erwähnt, die Zuwachsrate des allgemeinen Preisniveaus; da Öl ein sehr wichtiges Gut ist, sollte man doch annehmen, daß die Inflationsrate durch den steigenden Ölpreis erhöht wird. Das ist in der Tat der Fall, da er sich in den Transportkosten von fast allem, was wir kaufen und in den Produktionskosten so gut wie aller Güter niederschlägt, und deshalb sollte man doch annehmen, daß ein Ansteigen der Ölpreise die Inflation anheizt. Das scheint zumindest logisch zu sein. Wäre es nicht überraschend für Sie zu erfahren, daß der Ölpreis selbst tatsächlich keinen besonderen Einfluß auf die Inflation hat? Sie sind bestimmt ganz konsterniert ob dieser Behauptung, deshalb wollen wir das begründen.

Wir sind uns alle der Grenzen dessen bewußt, was wir zum Ausgeben zur Verfügung haben. So wie das Volkseinkommen aufgrund der Knappheit der Ressourcen begrenzt ist, hat auch der einzelne keine unendlich großes Einkommen zu seiner Verfügung. Wenn Sie zum Beispiel nach Abzug aller Steuern und Abgaben von Ihrem Lohn oder Gehalt noch, sagen wir einmal, 2000 DM übrig haben, können Sie ganz allein entscheiden, wofür Sie die ausgeben möchten. Vielleicht müssen Sie eine Hypothek tilgen, haben einen Ratensparvertrag oder etwas Ähnliches abgeschlossen – nun, es bleibt für Sie in jedem Fall nur ein bestimmter begrenzter Betrag übrig.

Nehmen wir einmal an, Sie sind auf Ihr Auto angewiesen, um täglich zur Arbeit zu fahren oder um andere, für Sie wichtige Strecken zurückzulegen, und es ist Ihnen deshalb nicht gut möglich, Ihren Benzinverbrauch einzuschränken.

Wenn nun jede Tankfüllung 60 DM kostet und Sie viermal im Monat tanken müssen, nun, dann haben Sie 240 DM weniger für andere Ausgaben zur Verfügung. Nehmen wir dann weiter an, der Benzinpreis steigt um 100 Prozent. Dann brauchen Sie die nicht unerhebliche Summe von 480 DM im Monat, nur für Benzin. Das heißt, Sie haben noch einmal 240 DM weniger für andere Dinge wie Essengehen oder neue Jeans. Irgendwo müssen Sie dann sparen, und wo immer das auch sein mag – auf jeden Fall bekommen die Leute, bei denen Sie all das sonst gekauft haben, weniger Geld von Ihnen.

Grundsätzlich ist es natürlich gar keine Frage, daß ein Anstieg der Ölpreise auch zu einem Ansteigen der Lebenshaltungskosten führt. Bei vielen Dingen steigen die Preise, so eben auch bei Heizöl und Benzin, und daß etwas billiger wird, kommt kaum vor. Was passiert aber mit den Gütern und Dienstleistungen, die nicht verkauft werden, da einfach nicht genügend Einkommen verfügbar ist? Ihre Preise werden deshalb nicht rapide sinken; aber das ist auch gar nicht nötig. Um die Inflation zu bremsen, muß man nur erreichen, daß diese Preise dann eben weniger schnell steigen. Und genau das passiert auch, wenn niemand mehr die Güter und Dienstleistungen nachfragt, z. B., weil mehr Geld als früher für Heizöl und Benzin benötigt wird.

Heute gibt es allerdings kaum ein Land, in dem das passiert und die Inflationsrate bei anderen Produkten als Heizöl und Benzin sinkt. Bevor die Preise – oder auch nur die Zuwachsraten beim Preisanstieg – fallen, entsteht dadurch, daß ein so großer Teil des Einkommens für Öl aufgewendet werden muß, anderswo Arbeitlosigkeit. Wir haben das schon erlebt. Um zu verhindern, daß das Problem der Arbeitslosigkeit zu drängend wird, druckt die Regierung Geld, stimuliert damit die wirtschaftliche Aktivität und «fängt» so den Ölpreisanstieg «auf». Aber nach der Quantitätstheorie werden gerade durch diese Schaffung von neuem Geld die Preise in die Höhe getrieben und nicht durch den Ölpreisanstieg an sich. Und es ist dem Ölpreis noch weniger zuzuschreiben, wenn wir durch Sparmaßnahmen unseren Verbrauch einschränken können. So sehen es jedenfalls die

Monetaristen. Viele andere Ökonomen würden dem nicht zustimmen.

Wenn der Anstieg der Ölpreise aber nicht zu einer stetigen Zunahme der Inflationsrate führt, wie sieht es dann bei den Löhnen aus? Können Lohnforderungen die Inflation auslösen? Meinen die Monetaristen etwa, daß Lohnerhöhungen *nicht* zu einem Ansteigen der Inflationsrate führen können?

Aus dem bisher Gesagten könnte man schließen, daß die Monetaristen nur die Geldmenge für wichtig halten und der Ansicht sind, höhere Löhne könnten nicht die Inflation in Gang setzen und in Gang halten. Bei Diskussionen über die Inflation gab es früher die recht weit verbreitete Unterscheidung zwischen der Kosteninflation und der Nachfrageinflation. Die Kosteninflation ist auf übermäßige Lohnerhöhungen zurückzuführen. Eine solche Inflation aufgrund höherer Löhne tritt dann ein, wenn die Unternehmen die Preise erhöhen, um auf diese Weise die Lohnsteigerungen aufzufangen und eine Gewinneinbuße zu vermeiden. Und wenn die Preise der Produkte, die ja auch von den Arbeitern gekauft werden, steigen, führt das automatisch zu weiteren Lohnforderungen, die wiederum eine Erhöhung der Preise nach sich ziehen und so weiter. Die Nachfrageinflation beginnt dagegen mit einem Anstieg der Gesamtnachfrage nach Gütern und Dienstleistungen. Das führt zu Preissteigerungen, denen Lohnforderungen auf dem Fuße folgen. Der einzige Unterschied zwischen diesen beiden Ansätzen zur Erklärung der Inflation besteht in den Ursachen. Die Kosteninflation geht von den Arbeitnehmern aus – insbesondere, wenn diese gewerkschaftlich organisiert sind –, die Nachfrageinflation dagegen ergibt sich aufgrund der Gesamtnachfrage.

Es liegt auf der Hand, daß Lohnerhöhungen nicht gerade hilfreich für die Bekämpfung der Inflation sind; und wenn Sie zu Ihrem Arbeitgeber gehen und einen Stundenlohn von 500 DM von ihm verlangen, werden Sie sicherlich in kürzester Zeit woanders etwas bescheidener auftreten. Die Monetaristen sagen, daß eine vorgegebene Geldmenge sehr schnell umlaufen müßte, damit jeder einen Stundenlohn von

500 DM oder mehr haben könnte. Da die Umlaufgeschwindigkeit des Geldes aber nun einmal begrenzt ist, können die Löhne bei einer ebenfalls begrenzten Geldmenge diese astronomischen Höhen niemals erreichen. Es ist zwar möglich, daß Lohnerhöhungen Preissteigerungen nach sich ziehen, aber es gibt doch gewisse Grenzen, sonst müßte mancher Betrieb den Konkurs anmelden, und die Arbeiter sind dadurch zur Mäßigung gezwungen.

So sieht es aus, vorausgesetzt, daß die Regierung sich geschickt anstellt. Was aber, wenn sie das nicht tut?

Was geschieht, wenn die Regierung Lohnerhöhungen möglich macht?

Eine nicht besonders geschickte Wirtschaftspolitik kann die Inflation, die durch die übermäßigen Lohnforderungen hervorgerufen wurde, noch zusätzlich beschleunigen. Wenn es Arbeitslose gibt, weil die Löhne zu hoch sind, könnte die Regierung zum Beispiel versuchen, die Gesamtnachfrage anzukurbeln. Dadurch würde mehr Geld in Umlauf kommen, so daß sowohl die höheren Löhne als auch die höheren Preise aufrechterhalten werden könnten. Wiederum würden Lohnerhöhungen auf Preiserhöhungen folgen, und wenn die Regierung versuchte, durch eine Steigerung der Gesamtnachfrage die Vollbeschäftigung zu sichern, wäre das Ergebnis zwangsläufig eine Steigerung der Inflationsrate. Obwohl diese Inflation ursprünglich durch einen Kostenanstieg hervorgerufen wurde, war auch die Regierung beteiligt, da sie dazu beitrug, eine übermäßige Nachfrage zu schaffen. Aus diesem Grunde sind die Monetaristen der Meinung, daß es für einen Ökonomen genauso sinnvoll ist zu versuchen, herauszufinden, ob die Inflation auf die Entwicklung der Preise oder aber der Kosten zurückzuführen ist, wie sich darüber den Kopf zu zerbrechen, was zuerst da war – das Huhn oder das Ei. Nachdem wir uns jetzt mit der Meinung der Monetaristen zur Inflation beschäftigt haben, stellt sich die Frage, worin sie die Arbeitslosigkeit begründet sehen.

Zunächst einmal sollten Sie sich noch einmal ins Gedächtnis rufen, daß Vollbeschäftigung auch dann herrscht, wenn nicht alle einen Arbeitsplatz haben bzw. einige nach einer Stelle suchen. Wir sind bei der Definition von Vollbeschäftigung davon ausgegangen, daß man auch noch bei einer Arbeitslosenquote von 2 oder sogar 3 Prozent von Vollbeschäftigung sprechen kann, wenn diese von Nachfrageverschiebungen zwischen unterschiedlichen Produkten herrührt oder jene Leute mitgezählt werden, die auf der Suche nach besseren Beschäftigungsmöglichkeiten von sich aus gekündigt haben. Diese Art der Arbeitslosigkeit – man kann sie strukturelle oder friktionelle Arbeitslosigkeit nennen – ist nicht unbedingt von Übel und läßt sich einzig und allein darauf zurückführen, daß die Welt, in der wir leben, sich nun einmal ständig ändert. Wenn wir also nach den Ursachen der Arbeitslosigkeit suchen, meinen wir in Wirklichkeit die Ursachen der Arbeitslosigkeit, die über 2 oder 3 Prozent hinausgeht. Und hiermit kommen wir dann auch schon zur monetaristischen Erklärung von höherer Arbeitslosigkeit.

Arbeitslose sind Leute, die nach Arbeit suchen. Wenn zum Beispiel monatlich eine Million Menschen ihren Arbeitsplatz verlassen – entweder freiwillig oder aber gezwungenermaßen – und sich nach einer neuen Stelle umsehen und wenn jeder einzelne von ihnen einen Monat braucht, um eine solche zu finden, sind im Durchschnitt ständig eine Million Leute auf der Suche nach Arbeit. Wenn nun die gleiche Anzahl von Leuten – also eine Million – ihren Arbeitsplatz verläßt, aber zwei Monate braucht, um einen neuen zu finden, dann haben wir ständig zwei Millionen Arbeitslose. Anders ausgedrückt: Wenn man nur von einem normalen Wechsel des Arbeitsplatzes ausgeht, gilt, daß je länger der einzelne – freiwillig oder gezwungenermaßen – braucht, um einen neuen Arbeitsplatz zu finden, desto höher die Arbeitslosenquote ist. Für eine Erklärung der höheren Arbeitslosenquote muß man deshalb herausfinden, warum manche Leute mehr Zeit darauf verwenden, eine neue Stelle zu finden, die ihren Wünschen und auch ihren Fähigkeiten entspricht.

Wovon hängt es ab, wann Sie eine Stelle annehmen?

Jeder von uns hat eine ungefähre Vorstellung davon, was er «wert ist», und von dieser Vorstellung hängt es dann auch ab, was man akzeptiert oder nicht akzeptiert. Wenn Sie ein leitender Angestellter mit einem monatlichen Gehalt von 10000 DM wären, würden Sie wohl kaum für 7000 DM eine ansonsten vergleichbare Stelle annehmen. Und erst recht nicht würden Sie sich bereit finden, als Busfahrer zu arbeiten. Wenn Sie als Lehrer 3000 DM im Monat bekämen, würden Sie wohl auch kaum an eine Privatschule wechseln, an der Sie nur 2500 DM im Monat verdienten, und erst recht nicht für 10 DM die Stunde als Hausmeister tätig werden. Jemand, der für 10 DM die Stunde als Hausmeister arbeitet, wäre wiederum wohl nicht bereit, sich für 5 DM die Stunde als Tellerwäscher zu verdingen, und wenn er schon freiwillig kündigte, ist es höchst unwahrscheinlich, daß er dann eine Stelle annähme, bei der er weniger als vorher verdiente.

Nein, es müßte schon eine Arbeit sein, die besser als die vorherige bezahlt ist, bei der der Stundenlohn also über 10 DM liegt; denn unser Hausmeister will ja seine Stelle wechseln, weil ihm die Bezahlung seiner Arbeit nicht ausreicht.

Selbst in wirtschaftlich relativ schlechten Zeiten gibt es offene Stellen. Wenn Sie das nicht glauben, nehmen Sie sich doch nur einmal die Stellenanzeigen in den Zeitungen vor oder setzen Sie sich mit dem Arbeitsamt oder privaten Vermittlungen in Verbindung. Sobald uns das erst einmal klar ist, sind wir auch in der Lage, die wirklichen Gründe für Arbeitslosigkeit zu verstehen. Zwei Dinge müssen dabei jedoch berücksichtigt werden: Zum einen, daß die Arbeitslosenquote um so höher liegt, je länger sich Leute bei der Suche nach einer neuen Arbeitsstelle Zeit lassen – das haben wir bereits mit unserem Beispiel von der ein- bzw. zweimonatigen Arbeitssuche erläutert. Zum anderen darf man nicht übersehen, daß es immer offene Stellen gibt, manchmal jedoch mehr und manchmal weniger. Die beiden großen Theorien zur Begründung der Arbeitslosigkeit gehen auf diese Erkenntnisse zurück, obwohl jeweils unterschiedliche Akzente gesetzt werden. Die Theorie der Monetaristen ist unter dem Namen «Suchtheorie» bekannt.

Was besagt die Suchtheorie?

Die Suchtheorie, die man im allgemeinen mit den Monetaristen in Verbindung bringt, besagt, einfach ausgedrückt, folgendes: Bei einer konstanten Inflationsrate von, sagen wir einmal 8% und Lohn- und Gehaltsteigerungen von etwa 10% (die Differenz von 2% oder auch der reale Zuwachs ist das Ergebnis der Produktivitätssteigerung, die im entsprechenden Zeitraum erreicht wurde) gibt es immer eine gewisse normale, also natürliche Arbeitslosenquote. Diese entsteht ganz einfach dadurch, daß immer einige Leute versuchen, sich beruflich zu verbessern, ihre Stelle aus anderen Gründen aufgeben oder sonstwie eine Verbesserung ihrer Lage anstreben. Jemand, der eine Stelle, bei der der Stundenlohn bei 10 DM liegt, kündigt, kann durchaus versuchen, irgendwo anders 11 DM zu bekommen, und wird auch irgendwann sicher Erfolg haben – und wenn es nur aufgrund der Inflation ist. Lohn- und Gehaltserhöhungen sind also sogar notwendig, um gestiegene Preise ausgleichen zu können.

Die Suchtheorie geht nun davon aus, daß, wenn die Inflationsrate nun auf, sagen wir einmal 5% zurückgeht, die Lohn- und Gehaltszuwächse auch nur noch bei zum Beispiel 7% liegen dürften. Derjenige, der eine Stelle mit einem Stundenlohn von 10 DM aufgegeben hat, um zu versuchen, 11 DM pro Stunde zu bekommen, wird nun wohl länger suchen müssen. Und wie wir bereits gesehen haben, führt eine solche Verlängerung der Suche nach einer neuen Stelle zu einem Ansteigen der Arbeitslosigkeit. Anders ausgedrückt: Die Arbeitslosigkeit steigt, wenn die Inflationsrate zu fallen beginnt. Oder, um es noch genauer zu sagen: Die

Arbeitslosenquote steigt, wenn die Inflation niedriger ist, als vorher angenommen wurde. Bei einer solchen Inflationsrate, die niedriger als geschätzt ausfällt, ist ein Stundenlohn von 10,50 DM genausogut wie einer von 11 DM bei der vorausgesagten höheren Inflation. Sobald diejenigen, die auf der Suche nach einer Arbeit sind, das erkennen, nehmen sie auch die entsprechenden Stellen an – aber bis sie erst einmal dahinterkommen, suchen sie weiter und bleiben damit arbeitslos.

Was führt dann zu einem Rückgang der Arbeitslosenquote?

Die Argumentation der Anhänger der Suchtheorie funktioniert auch anders herum. Wenn die Inflationsrate von 5% auf zum Beispiel 10% ansteigt und auch die Löhne und Gehälter schneller erhöht werden – sagen wir einmal von 7% auf 12% –, dann werden die Leute weniger Zeit für die Suche nach einer neuen Stelle aufwenden. Jemand, der für 10 DM die Stunde arbeitet, mag auf eine neue Arbeit mit einem Stundenlohn von 10,50 DM eine Zeitlang warten müssen, wenn Löhne und Gehälter im Jahr durchschnittlich um bisher 5% gestiegen sind. Liegen die Zuwachsraten aber bei 12% jährlich, wird er eine Stelle mit einem Stundenlohn von 10,50 DM sehr viel schneller finden. Wenn die Wartezeit sich verkürzt, verringert sich die Arbeitslosenquote. Wenn die Inflationsrate schneller ansteigt, als vorausgesagt worden ist, sind die Leute eher bereit, eine Stelle anzunehmen. Als Konsequenz daraus nimmt die Arbeitslosigkeit tendenziell ab. Wenn sich nun die Leute über die neue Höhe der Inflation im klaren sind und die Inflationsrate richtig einschätzen, verhalten sie sich bei der Stellensuche so wie vorher und sind nicht bereit, schneller zuzugreifen als sonst. In einem solchen Fall sprechen wir von einer normalen oder auch natürlichen Arbeitslosenquote.

Diese einfache Beziehung, die beinhaltet, daß die Arbeitslosigkeit sinkt, wenn die Inflation steigt und umgekehrt, ist als «Phillips-Kurve» bekannt, nach A. W. Phillips von der London School of Economics und der Australian National

University. Wir haben gerade behauptet, daß die Arbeitslosenquote nach Meinung der Monetaristen niedriger ist, wenn die Inflationsrate schneller als vorausgesagt steigt; diese Ansicht ist jedoch von Leuten, die meinen, daß die Arbeitnehmer sich rational verhalten, angezweifelt worden.

Was passiert, wenn Arbeitnehmer sich rational verhalten?

Einige Wirtschaftswissenschaftler, unter ihnen zum Beispiel Robert Lucas und Thomas Sargent, argumentieren, daß sich die Arbeitnehmer langfristig richtig verhalten, wenn sie die ihnen zugänglichen Informationen über die Faktoren, die die Arbeitslosigkeit beeinflussen, nutzen. Die Inflationsrate wird dann nur kurzfristig von den antizipierten Werten abweichen. Wenn das zutrifft, wird die Arbeitslosigkeit nur zufallsbedingt um die natürliche Arbeitslosenquote herum pendeln. Eine Wirtschaftspolitik, die durch inflationistische Maßnahmen eine Reduzierung der Arbeitslosigkeit anstrebt und hofft, daß die Öffentlichkeit die Inflationsrate unterschätzt, funktioniert nicht mehr. Die Geldmenge wird somit in bezug auf die Arbeitslosigkeit, den realen Output usw. «neutral».

Diese Meinung hinsichtlich des rationalen Verhaltens hat sicherlich viel für sich, doch besteht kein Zweifel darüber, daß die Arbeitnehmer immer wieder Fehler bei der Einschätzung der Entwicklung der Inflationsrate gemacht haben, so daß diese monetaristische Theorie nur zu bestimmten Zeiten zutrifft. Aber ist für ebendiese Zeiten die monetaristische Theorie die einzige, oder, wenn das nicht der Fall sein sollte, gibt es eine andere, die immer zutrifft? Die Keynesianer benutzen ein und dieselbe Theorie zur Erklärung von sowohl Arbeitslosigkeit als auch Inflation. Sie meinen, daß ihre Theorie immer stimmt.

Die Keynesianer

Wie gehen die Keynesianer vor?

Die Keynesianer konzentrieren sich auf den Einkommenskreislauf, d.h. den Einkommensstrom, von den Unternehmen zu den Konsumenten in Form von Löhnen und Gehältern und dann zurück an die Firmen zur Bezahlung der Produkte, die die Verbraucher kaufen. Die Keynesianer sind der Ansicht, daß dieser Einkommensfluß, solange er selbst gleichmäßig abläuft, mit stabilem Preis- und Beschäftigungsniveau verbunden ist. Es treten jedoch «Abflüsse» bzw. «Zuflüsse» auf, die diese Ströme beeinflussen. Die Lecks oder auch «Abflüsse» sind dadurch bedingt, daß die meisten Verbraucher nicht alles, was sie verdienen, ausgeben sowie durch die Tatsache, daß der Staat Steuern erhebt. Die Zuflüsse andererseits kommen zustande, wenn die Unternehmen investieren und zusätzliche Anlagen und Maschinen anschaffen und wenn die Regierung Ausgaben tätigt.

Das Verhältnis zwischen diesen Ab- und Zuflüssen bildet den Hintergrund für die keynesianische Überlegung hinsichtlich der Arbeitslosigkeit und der Inflation. Wenn die gesamten Zuflüsse größer sind als die Abflüsse, kommt es nach Ansicht der Keynesianer zur Inflation, im umgekehrten Fall ist Arbeitslosigkeit die Folge. Zur Veranschaulichung ihrer Theorie benutzen sie das Beispiel einer Badewanne oder eines Waschbeckens: Wenn in eine solche Wanne oder in ein derartiges Becken mehr Wasser zufließt als abfließen kann, steigt der Wasserspiegel, und es kommt schließlich zu einer Überschwemmung. Wenn nun die Unternehmen mehr investieren und die Regierung mehr ausgibt – beides Zuflüsse – als die Verbraucher sparen und die Regierung an Steuern einnimmt – dieses sind die Abflüsse –, ist die Situation durchaus vergleichbar. Es kommt dann zu einer «Überschwemmung» der Wirtschaft und zu dem, was die Keynesianer eine inflatorische Lücke nennen. Die Inflation wird also darauf zurückgeführt, daß man versucht, mehr zu investieren als gespart wird, während die Regierung zur gleichen Zeit mehr ausgibt, als sie an Steuern einnimmt. Im umgekehrten Fall, d.h. wenn mehr ab- als zufließt, kommt es zur sogenannten deflatorischen Lücke, die nach Meinung der Keynesianer der Grund für die Arbeitslosigkeit ist. Zusätzliche Abflüsse treten auch dann auf, wenn die Verbraucher Güter aus dem Ausland kaufen, kompensierende Zuflüsse entstehen durch Exporte. Diese Gründe für das Auftreten der erwähnten deflatorischen bzw. inflatorischen Lücken werden gemeinhin vernachlässigt. Sie sind jedoch den obenerwähnten Ursachen durchaus ähnlich.

Worin sehen die Keynesianer die Gründe der Inflation?

Die Keynesianer meinen, daß die Inflation darauf zurückzuführen ist, daß – allerdings nur, wenn bereits Vollbeschäftigung besteht – die Zuflüsse größer als die Abflüsse sind. Wenn, bedingt durch hohe Arbeitslosigkeit, ein Nachlassen der wirtschaftlichen Aktivität vorliegt, wirken sich Zuflüsse, die von der Regierung kommen, ihrer Ansicht nach nur positiv aus und führen zur Schaffung zusätzlicher Arbeitsplätze. Nur bei Vollbeschäftigung kann es dann zur inflatorischen Lücke kommen. Die Anhänger dieser Art der Argumentation sind also für eine Feineinstellung seitens der Regierung und kommen zu Schlußfolgerungen, die denen der Monetaristen aufgrund ihrer Quantitätstheorie entgegengesetzt sind. Deshalb auch die heftige Kontroverse zwischen Keynesianern und Monetaristen. Da man aber im Laufe der Geschichte in den verschiedenen Volkswirtschaften beobachten konnte, daß Arbeitslosigkeit und Inflation durchaus gleichzeitig vorkommen, liegt es auf der Hand, daß die Behandlung dieser beiden Phänomene durch die Keynesianer so, als ob sie sich gegenseitig ausschließen würden, einer grundlegenden Revision bedarf.

Keynes beschäftigte sich mit der Arbeitslosigkeit, da sie zu seiner Zeit das größte Problem war. Seine Anhänger haben später seine Theorie modifiziert.

Worin sehen die Keynesianer die Ursachen der Arbeitslosigkeit?

Diese Frage wurde bereits beantwortet, als wir erklärten, daß die Keynesianer die Arbeitslosigkeit als das Gegenstück zur Inflation ansehen. Sie sind der Ansicht, daß die Arbeitslosigkeit auf die deflatorischen Lücken zurückzuführen ist, also darauf, daß die Gesamtheit der Abflüsse größer ist als die der Zuflüsse. Dies führt uns nun aber zu der wichtigen Frage, wie überhaupt eine derartige Situation zustande kommen kann. Die Antwort auf diese Frage: Entweder wird mehr gespart als investiert oder die Steuereinnahmen der Regierung überschreiten ihre Ausgaben – oder beides.

Die Höhe der Steuern sowie der Staatsausgaben wird vor allem durch meist politische Entscheidungen der Regierung selbst bestimmt, und wir benötigen keinerlei kluge Theorien, um zu erklären, wie es hier zu Ungleichgewichten kommen kann. Treten solche Ungleichgewichte aber zwischen Sparen und Investitionen auf, bedarf es sehr wohl einer theoretischen Erklärung.

Wie kann es dazu kommen, daß mehr gespart als investiert wird?

Sowohl das Sparen als auch die Investitionen hängen von den Zinssätzen ab. Wenn nun bestimmte Ereignisse nicht gerade dazu angetan sind, den Unternehmer dazu zu bringen, in neue Anlagen oder Maschinen zu investieren, wird er auch nicht die Mittel, die gespart wurden, benötigen. Der Überschuß von Ersparnissen, der daraus auf dem Finanzmarkt entsteht, führt dann dazu, daß diejenigen, die diese Mittel zu verleihen haben, ihre Zinsforderungen senken. Dieses wiederum hat zur Folge, daß mehr Unternehmer Kredite aufnehmen wollen, da sie bei solchen niedrigeren Zinssätzen bessere Möglichkeiten haben, die Mittel gewinnbringend einzusetzen. Auch wenn das Investitionsvolumen zunächst unter dem der Spareinlagen läge, würde der Zinssatz sinken, so daß dann mehr Leute Kredite aufnehmen und investieren wollten.

Die Senkung der Zinssätze hat aber nicht nur zur Folge,

daß mehr für Anlagen und Maschinen – also Investitionen – aufgewendet wird, sondern führt darüber hinaus auch zu einer Verringerung der Ersparnisse. Im allgemeinen geht man davon aus, daß niedrigere Zinssätze die Wirkung haben, daß die Leute weniger sparen. Daraus ergibt sich, wenn das Investitionsvolumen zurückgeht und mehr gespart als investiert wird und die Zinssätze dann sinken, daß nicht nur die Investitionstätigkeit zunimmt, sondern auch die Ersparnisse gleichzeitig abnehmen. Wird dann also mehr investiert und weniger gespart, gleicht sich die Differenz zwischen Investitionen und Spareinlagen schnell aus.

Wenn das nun wirklich zutrifft, welche Gründe kann ein Keynesianer dann für eine anhaltende Arbeitslosigkeit angeben, die darauf zurückzuführen ist, daß die Ersparnisse die Investitionen übersteigen?

Wie unterscheiden sich die Pläne der Sparer von denen der Investoren?

Keynes ging davon aus, daß Investoren sich bei ihren Entscheidungen auf ihren Instinkt verlassen. Er argumentierte folgendermaßen: Kein Geschäftsmann ist in der Lage, genau abzuschätzen, wie groß der zusätzliche Gewinn durch die Anschaffung einer neuen Maschine oder auch von zusätzlichen Produktionsmitteln während deren Lebensdauer sein wird. Investitionen sind immer langfristig angelegt. Es ist deshalb nicht nur schwierig zu sagen, welcher Gewinn aufgrund einer gegenwärtigen Investition nach 10 Jahren hereinkommen wird, ja, es ist schon sehr problematisch, auch nur den Gewinn des folgenden Jahres vorauszusagen. Aufgrund der Unsicherheit zukünftiger Entwicklungen gründen Unternehmer ihre Entscheidungen rein gefühlsmässig darauf, was die Zukunft wohl bringen mag. Ist ihr Gefühl aus irgendwelchen Gründen negativ, werden sie keine Kredite aufnehmen, ganz gleich, wo die Zinssätze liegen.

Aber ist es nicht doch möglich, daß die Zinssätze so weit sinken, daß die Vorteile der Kreditaufnahme so groß sind, daß der erwähnte Instinkt überwunden wird? Hier wartet

Keynes mit einer Erklärung auf, die mit der sogenannten Liquiditätsfalle zusammenhängt.

Was ist die Liquiditätsfalle?

In den frühen 30er Jahren lagen die Zinssätze für festverzinsliche Wertpapiere extrem niedrig – nur bei wenigen Prozent. Keynes argumentierte, daß die Öffentlichkeit kein Interesse daran haben würde, diese festverzinslichen Wertpapiere zu kaufen, wenn sich die allgemeine Überzeugung durchgesetzt habe, die Zinssätze seien so niedrig, daß sie eigentlich nur noch steigen können. Kaufte man nämlich und die Zinssätze stiegen dann auch wirklich, wäre niemand bereit, *diese* Wertpapiere wieder abzunehmen – wenn sie nicht sehr billig angeboten würden, da ja neue Wertpapiere mit höheren Zinssätzen erhältlich wären. Kurz: Man würde bei den Wertpapieren mit den niedrigen Zinssätzen einen Verlust machen. Aus diesem Grunde zögen die Leute es vor, anstatt Wertpapiere zu kaufen ihr Geld entweder gar nicht oder aber höchstens sehr kurzfristig anzulegen. Würde außerdem noch die Geldmenge von der entsprechenden Währungsbehörde erhöht, kaufte erst recht niemand festverzinsliche Wertpapiere, und die Leute bevorzugten statt dessen Geld. Wenn neugeschaffenes Geld von den Sparern nun aber nicht als Kredit den Investoren – die die Wertpapiere herausgeben – zur Verfügung gestellt wird, wird auch die Arbeitslosenquote durch diese Geldschaffung nicht gesenkt, und es liegt eine sogenannte Liquiditätsfalle vor.

Aus dieser Argumentation ergeben sich jedoch eine Reihe von Fragen. Zum Beispiel: «Wie können die Leute davon ausgehen, daß die Zinssätze steigen werden, wenn sie das zum Zeitpunkt dieser Annahme noch gar nicht tun?» Und: «Wie kann die Geldmenge vergrößert werden, wenn die Leute doch gar keine Kredite aufnehmen wollen?» Keynes' Argumentation zielt im Grundsatz jedoch in die folgende Richtung: Wenn die Arbeitslosigkeit dadurch entsteht, daß die Ersparnisse größer sind als die Investitionen und wenn eine Senkung der Zinssätze diese deflatorische

Lücke nicht schließen kann, muß die Regierung zur Lösung des Problems entweder ihre Ausgaben erhöhen oder aber die Steuern senken. Die Anhänger der geldpolitischen Maßnahmen andererseits behaupten, daß Keynes zwar für die Zeit, in der er seine Theorien aufstellte, recht gehabt haben mag; allerdings habe die Zurückhaltung beim Kauf von festverzinslichen Wertpapieren mit neugeschaffenem Geld zu anderen Zeiten in der jüngsten Vergangenheit nicht bestanden. Außerdem führen sie aus, daß, auch bei bestehender Deflationslücke zwischen Investitionen und Ersparnissen, konstant hohe Arbeitslosenquoten nicht auftreten können, wenn die Löhne und Gehälter flexibel sind. Eine Flexibilität bei Löhnen und Gehältern ermöglicht es nämlich Arbeitslosen, gegen geringe Bezahlung – in der Höhe, die der Unternehmer bereit ist, anzubieten – zu arbeiten. Die Keynesianer reagieren darauf mit der Behauptung, daß die Löhne und Gehälter nach unten starr sind.

Was für eine Rolle spielen starre Lohnsätze in Keynes' Überlegungen zur Arbeitslosigkeit?

Keynes hat erkannt, daß Arbeitslosigkeit sehr schnell beseitigt werden könnte, wenn die Arbeitslosen sowie andere Arbeitnehmer bereit wären, Lohn- und Gehaltskürzungen zu akzeptieren. Arbeitslosigkeit bedeutet nämlich ganz einfach nur, daß das Angebot an Arbeitskräften größer ist als die Nachfrage. Wenn nun der Angebotsüberschuß so lange zu Preis-, d.h. also Lohn- und Gehaltssenkungen führte, bis Angebot und Nachfrage ausgeglichen wären, gäbe es auch keine Arbeitslosigkeit mehr. Die anhaltende Arbeitslosigkeit, die nach Keynes' Ansicht nur durch eine Erhöhung der Staatsausgaben oder durch eine Reduzierung der Steuern behoben werden kann, ist einzig und allein darauf zurückzuführen, daß die Löhne und Gehälter nach unten nicht flexibel sind – so die Ansicht von Keynes.

Man kann die Diskussion noch weiter treiben, indem man zwischen der Kaufkraft der Löhne und Gehälter – also den Reallöhnen – und den nominalen Löhnen und Gehältern unterscheidet. Der Reallohn wird durch die Inflation verringert – zumindest für eine gewisse Zeit –, und die Inflation, die durch die Schaffung neuen Geldes entsteht, kann somit zeitweilig die Arbeitslosigkeit vermindern.

Ist das nun aber wirklich realistisch? Gibt es empirische Daten, die solche Behauptungen untermauern können?

Sind diese Theorien in der Praxis getestet worden?

Da nach der Keynesianischen Theorie fortdauernde Arbeitslosigkeit sowohl auf die Liquiditätsfalle als auch auf die Rigidität der Löhne und Gehälter zurückgeführt werden kann, hat man bei der Auseinandersetzung zwischen Monetaristen und Keynesianern sehr häufig versucht, praktische Beispiele dieser beiden Phänomene als Beweismaterial heranzuziehen. Ökonometriker haben Zahlenmaterial aus einer Reihe von Ländern sowie aus unterschiedlichen Zeiten untersucht.

Das von ihnen gesammelte Material scheint die Existenz von Liquiditätsfallen, in denen der Instinkt der Unternehmer verhindert, daß sie auch auf extrem niedrige Zinssätze mit Investitionen reagieren, auszuschließen. Nur während der Weltwirtschaftskrise – und seitdem nie wieder – scheint es wirklich so gewesen zu sein, daß eine Liquiditätsfalle dadurch entstand, daß keine festverzinslichen Wertpapiere gekauft wurden.

Was nun den Aspekt der starren Löhne und Gehälter in Keynes' Theorie angeht, stellt sich hier weniger die Frage, ob das Nominaleinkommen in Zeiten hoher Arbeitslosigkeit fällt, sondern vielmehr, ob bei Inflation das reale, inflationsbereinigte Einkommen sinkt, so daß Unternehmer einen Anreiz haben, mehr Arbeitnehmer zu niedrigeren, für die Unternehmer gewinnbringenderen Reallöhnen und -gehältern einzustellen. Eine solche Situation kann nicht entstehen, wenn in den Arbeitsverträgen bereits eine Klausel enthalten ist, die eine automatische Anpassung des Einkommens an die Steigerung der Lebenshaltungskosten vorsieht.

Sind solche Klauseln nicht vorhanden und fällt das

Realeinkommen bei einer Inflation, spricht man von der sogenannten Geldillusion. Ökonometrische Studien, die sich mit der Lohnentwicklung als Reaktion auf das Preisniveau befassen, zeigen auf, daß die Geldillusion normalerweise nur kurzfristig auftritt. Die Geldillusion führt dazu, daß Arbeitnehmer entweder aus Unwissenheit oder aufgrund einer Zwangslage niedrigere Reallöhne akzeptieren, aber auch dazu, daß die Arbeitslosigkeit schließlich wegen der sinkenden Reallöhne so weit abgebaut wird, daß jeder, der will, auch Arbeit findet. Da die Regierungen sich seit dem Zweiten Weltkrieg Vollbeschäftigung als Ziel gesetzt haben, waren sie nicht willens, das Wirksamwerden der Geldillusion abzuwarten. Statt dessen haben sie das Risiko einer erhöhten Inflationsrate auf sich genommen, indem sie sich entschieden, einzugreifen und die Nachfrage anzuregen. Das statistische Beweismaterial deutet darauf hin, daß es tatsächlich die Regierungen gewesen sind, die eine Verringerung der Löhne und Gehälter verhindert haben.

Die Monetaristen haben ihre Theorien überprüft, indem sie die Beziehung zwischen Geldmenge und Preisen im Laufe der Geschichte untersucht haben. Langfristig zeichnet sich hier dann auch ein deutlicher Zusammenhang ab.

Ist das Keynesianische Konzept der Arbeitslosigkeit aufgrund mangelnder privater Nachfrage mit der monetaristischen Erklärung zu vereinbaren?

Die Arbeitslosigkeit, die auf mangelnde Nachfrage zurückzuführen ist – dadurch, daß die Abflüsse größer sind als die Zuflüsse –, kann durchaus mit der monetaristischen Suchtheorie in Einklang gebracht werden. Da gemeinhin die Erklärung, die von der Nachfrage ausgeht, den Keynesianern, die Suchtheorie dagegen den Monetaristen zugerechnet wird, ist es höchst unwahrscheinlich, daß die beiden Seiten zugeben, daß ihre Ansichten doch recht häufig übereinstimmen. Sie pflegen statt dessen sogar die bestehenden Unterschiede noch zu übertreiben, um klar definierte Lager zu bilden. Wie könnten nun aber der monetaristische und der Keynesianische Ansatz zur Erklärung der Arbeitslosigkeit doch unter einen Hut gebracht werden?

Wie kann man die monetaristische und die Keynesianische Erklärung der Arbeitslosigkeit verbinden?

Im Sprachgebrauch der monetaristischen Interpretation von Arbeitslosigkeit als einem Suchprozeß bedeutet die Keynesianische Nachfragelücke einen Rückgang der offenen Stellen. Wenn es weniger offene Stellen gibt, muß derjenige, der Arbeit sucht, mehr Zeit aufwenden, um eine zu finden, die seinen Vorstellungen entspricht. Dieser verlängerte Zeitraum der Arbeitssuche – da akzeptable Angebote aufgrund mangelnder Möglichkeiten schwerer zu finden sind – bedeutet ganz einfach höhere Arbeitslosigkeit. Zusätzlich werden auch noch mehr Leute in Zeiten rückläufiger Nachfrage entlassen, so daß die Arbeitslosenquote steigt, selbst wenn sich die Zeit, die für die Suche nach einer neuen Stelle aufgewendet werden muß, im Durchschnitt nicht verlängert. Um noch einmal unser ursprüngliches Beispiel zu verwenden: Wenn pro Monat zwei Millionen Leute statt einer Million entlassen werden, diese weiterhin durchschnittlich einen Monat brauchen, um eine neue Stelle zu finden, erhöht sich die Arbeitslosenquote um 100 Prozent, d.h. von einer Million auf zwei Millionen.

Es gibt zwei Theorien der Arbeitslosigkeit. Die eine besagt, daß die Leute mehr Zeit für die Suche nach einem Arbeitsplatz aufwenden müssen, so daß die Arbeitslosigkeit steigt, wenn die Inflationsrate niedriger ist als ursprünglich erwartet. Nach der anderen steigt die Arbeitslosigkeit aufgrund mangelnder Nachfrage. Tatsächlich ist an beiden Theorien etwas Wahres. Wenn Sie bereit sind, beide Möglichkeiten als Teil einer umfassenden Theorie zu akzeptieren, und wenn Sie das bisher Gesagte wirklich verstanden haben, dann sind Sie der Wahrheit näher als viele berühmte Ökonomen.

Kann Arbeitslosigkeit jemals völlig verschwinden?

Diese Frage mag albern erscheinen, da man vielleicht der Ansicht sein mag, daß es nun einmal immer Leute geben wird, die auf der Suche nach einer Stelle sind. Ein gewisser Prozentsatz von Arbeitslosen scheint sich also nicht vermeiden zu lassen.

Es würden jedoch weniger Leute existieren, die nach einer Stelle suchen, wenn sie sich schneller über die vorhandenen offenen Stellen informieren könnten. Derjenige, der sich ein paar Monate Zeit nimmt, bevor er sich für eine Stelle entscheidet, tut das, um sicherzugehen, daß er nicht irgendeine Chance verpaßt. Wie wäre es dann, wenn man in jeder Stadt allen Arbeitslosen umgehend Informationen über alle offenen Stellen zukommen ließe? Die Entwicklung der Kommunikation via Bildschirm läßt eine solche Möglichkeit durchaus denkbar erscheinen. Ein Arbeitssuchender könnte dann ganz einfach seinen Fernseher anstellen und Informationen über in Frage kommende Stellen auf dem Bildschirm vor sich ablesen. Er wäre in der Lage, Genaueres über den gebotenen Lohn oder das Gehalt, die außertariflichen Leistungen und andere wichtige Einzelheiten zu erfahren und könnte sich entscheiden, ohne besonders viel Zeit und Energie aufwenden zu müssen. Wenn insgesamt weniger Zeit bei der Suche nach neuen Stellen aufgewendet werden würde, verringerte sich dadurch die Arbeitslosenquote. Auch wenn es wohl nie möglich sein wird, eine «Nullarbeitslosigkeit» zu erreichen, wäre eine Verbesserung der Informationsübermittlung über offene Stellen eine bessere Methode, die Arbeitslosigkeit zu verringern, als eine Steuerung der Gesamtnachfrage durch geld- oder fiskalpolitische Maßnahmen. Allein schon deshalb, weil eine Feineinstellung der Nachfrage so schwierig ist. Wir werden das im folgenden noch genauer sehen, wenn wir die Debatte zwischen den Monetaristen und Fiskalisten näher untersuchen. Tun wir das also als nächstes.

5. Wie heilt man die Leiden der Wirtschaft? Geldpolitik kontra Fiskalpolitik

Ein weiterer Unterschied zwischen Milton [Friedman] und mir ist, daß sich Milton durch alles und jedes an die Geldmenge erinnert fühlt; nun, ich kann machen, was ich will, mich erinnert alles an Sex – nur versuche ich, mir das in meinen Veröffentlichungen nicht anmerken zu lassen.
Robert Solow

Um welche politischen Ansätze geht es eigentlich?

Bei der Debatte zwischen den Monetaristen und den Keynesianern geht es nicht nur um die Ursachen unserer wirtschaftlichen Probleme, sondern genauso darum, wie man sie beheben kann. Der Hauptstreitpunkt ist der, ob die wichtigen Ziele, Inflation und Arbeitslosigkeit niedrig zu halten, am ehesten dadurch erreicht werden können, daß die Geldmenge von der Bundesbank kontrolliert wird, oder dadurch, daß das Finanzministerium Staatsausgaben und Steuern beeinflußt. Es gibt Wirtschaftswissenschaftler, die beide Ansätze für sinnlos halten und der Meinung sind, gar keine Kontrolle sei in jedem Fall besser als die Einflußnahme irgendwelcher Institutionen oder Behörden. Diese Ansicht basiert entweder auf dem Glauben, daß wirtschaftspolitische Maßnahmen in einer Welt, in der alle Handlungen von der Vernunft ihrer Bewohner gesteuert werden, sowieso wirkungslos sind, oder aber auf der Überzeugung, daß alle Versuche seitens der Verantwortlichen, bewusst in den Ablauf der Wirtschaft einzugreifen, alles nur noch schlimmer machen. Um zu klären, welche Seite in dieser Debatte eigentlich recht hat, müssen wir zunächst einmal herausfinden, was Geld- bzw. Fiskalpolitik eigentlich ist.

Was ist Geldpolitik?

Diese Frage ist viel schwieriger zu beantworten, als es zunächst einmal den Anschein haben mag. Das liegt daran, daß es zwei verschiedene Zielrichtungen der Geldpolitik und damit auch zwei Wege gibt, die man bei ihrer Beschreibung beschreiten kann: zum einen den über die Zinssätze, zum anderen den über die Geldmenge. Obwohl es eine recht langwierige Angelegenheit ist, kann man doch zeigen, daß es weniger problematisch ist, als Indiz für die Wirksamkeit der Geldpolitik die Geldmenge heranzuziehen.

Warum sollten wir die Geldpolitik an der Geldmenge messen?

Es heißt oft, daß die Geldpolitik an ihrem Einfluß auf die Zinssätze zu messen sei und daß Geldpolitik als restriktiv bezeichnet werden kann, wenn die Zinssätze hoch sind. Aber wann kommt es zu solchen hohen Zinssätzen? Zinsen sind Zahlungen, die an eine Person oder eine Institution dafür geleistet werden, daß diese auf die Nutzung ihrer Mittel für einen gewissen Zeitraum verzichtet. Wenn man nun mit einer Inflationsrate von 6% für die kommenden 12 Monate rechnet und einem jemand – das kann sogar die Regierung sein – 5% Zinsen anbietet, dann liegt es nahe, daß man sagt: «Wenn ich mein Geld mit den 5% Zinsen zurückbekomme und sämtliche Preise bis dahin um 6% gestiegen sind, dann kann ich sogar mit den Zinsen weniger dafür kaufen als jetzt.» Selbst wenn der Zinssatz gleich der erwarteten Inflationsrate ist, hat man eben auch nur genausoviel wie vorher, wenn man sein Geld wieder zurückbekommt. Um aber nach Abzug der Inflationsrate noch wenigstens einen kleinen Betrag – sagen wir 2% – dafür zu erhalten, daß man sein Geld jemandem anderem zur Verfügung gestellt hat, muß man bei einer geschätzten Inflationsrate von 6% schon das Glück haben, einen Zinssatz von 8% für das verliehene Geld zu erhalten. Manchmal mag das vielleicht schwierig sein, aber im allgemeinen kann man davon ausgehen, daß, zumindest innerhalb gewisser Grenzen, die Zinssätze immer dann steigen, wenn eine Erhöhung der Inflationsrate erwartet wird. Das liegt ganz einfach daran, daß sowohl Sie selber als auch andere mehr für das Verleihen ihres Geldes verlangen, wenn die Inflationsrate voraussichtlich steigt, und daß die Gläubiger bereit sind, mehr zu zahlen, da sie ja wissen, daß der Wert der Summe, die sie zurückzahlen müssen, durch die erwartete Inflation verringert wird.

Zusammenfassend läßt sich also sagen, daß die Zinsen hoch sind, wenn eine hohe Inflationsrate erwartet wird. Aber wann kommt man zu solchen Voraussagen? Zum einen kann man davon ausgehen, daß die Inflationsrate auch in Zukunft hoch sein wird, wenn sie bereits zum Zeitpunkt der Voraussage sehr hoch ist. Damit können wir begründen, warum hohe Zinssätze nicht automatisch bedeuten, daß eine restriktive Geldpolitik betrieben wird, und warum wir aus diesem Grunde die Geldpolitik eher an der Geldmenge messen sollten.

Wenn die Geldmenge innerhalb eines kurzen Zeitraumes stark vergrössert wird, steigen die Preise sprunghaft an. Wir haben dieses bereits bei der Quantitätstheorie des Geldes gesehen. Wenn nun aber die Preise sprunghaft ansteigen, wird auch eine starke Inflation erwartet, wodurch sich die Zinssätze erhöhen. In diesem Fall bedeuten hohe Zinssätze lediglich, daß die Geldmenge sehr schnell gewachsen ist. Unter einer restriktiven Geldpolitik verstehen wir aber normalerweise etwas anderes. Hohe Zinssätze können deshalb zwar anzeigen, daß die Geldpolitik in der jüngeren Vergangenheit expansiv gewesen ist, nicht aber etwa, daß sie im Moment restriktiv ist. Man kann das Ganze auch umdrehen: Wird ein Sinken der Inflationsrate erwartet, gehen auch die Zinssätze herunter, und es läßt sich daran dann ablesen, daß die Geldpolitik restriktiv gewesen ist – jedoch nicht, daß zur Zeit der Entwicklung gerade eine expansive Politik betrieben wurde.

Dies zeigt, daß man die Höhe der Zinsen nicht einfach als Maß für die Geldpolitik heranziehen kann. Ziehen wir hierfür aber das Wachstum der Geldmenge heran – ganz gleich, ob wir M1 oder M2 nehmen –, vermeiden wir die erwähnten Probleme. Bei starkem Geldmengenwachstum liegt eine expansive Geldpolitik vor. Wenn umgekehrt die Geldmenge nur langsam zu- oder sogar abnimmt, haben wir eine restriktive Geldpolitik. So einfach ist das also.

Führt nun die Unklarheit über restriktive und expansive Geldpolitik und hohe und niedrige Zinssätze dazu, daß die für die Geldpolitik Verantwortlichen Fehler begehen?

Ja, es werden aufgrund der erwähnten Unklarheit erhebliche Fehler gemacht.

Irrtümlicherweise haben nämlich die Zentralbanken – insbesondere die amerikanische Federal Reserve – lange Zeit hohe Zinssätze als Zeichen gewertet, daß ihre Geldpolitik zu restriktiv ist. Infolgedessen erhöhten sie dann, um die Zügel etwas zu lockern, die Geldmenge. Doch wie wir bereits wissen, muß so etwas zu Preissteigerungen führen. Die Ausweitung der Geldmenge beschleunigt also die Inflation; dies wiederum treibt die Zinsen weiter in die Höhe, was die Zentralbanken um so mehr davon überzeugt, daß ihre Geldpolitik immer noch zu scharf ist, und weiter geht es wie gehabt: Erhöhung der Geldmenge, um den scheinbaren Mangel an Geld zu mildern. Und so geht das böse Spielchen fort, mit noch höheren Zinsen, die zu einer weiteren Ausdehnung der Geldmenge Anlaß geben, dadurch weitere Beschleunigung des inflationären Preisauftriebs, steigende Zinsen usw.

Man fädelt nun die Geldpolitik anders ein. Einer der Gründe ist, daß man den Fehler eingesehen hat, den man unweigerlich machen wird, wenn man sich bei der Geldpolitik an der Höhe der Zinssätze orientiert. Ein weiterer Grund für die Abkehr von der traditionellen Richtung ist, daß man – Milton Friedman folgend – die grundsätzliche Wirksamkeit der Geldpolitik zwar anerkennt, sich aber nicht so sicher ist, wie stark sie wirkt und mit welcher Verzögerung die beabsichtigten Wirkungen eintreten. (Wir kommen später darauf wieder zurück.) Die Zentralbanken haben gewissermaßen Angst vor ihrer eigenen Macht bekommen. So entschieden sie sich zu einer Abkehr von der «Flickenteppich»-Geldpolitik, die mal hier und mal da mit den verschiedenen Instrumenten «herumfummelte», je nachdem, wie sich die Zinssätze gerade entwickelten.

Verstetigung des Geldmengenwachstums ist nun das Leitmotiv. Man entschied sich, die Geldmenge als Zielgröße zu nehmen und die Geldpolitik so auszurichten, daß die Geldmenge gerade so viel wachsen kann, daß das reale Wachstum des Sozialprodukts und eine für unvermeidlich erachtete Inflation finanziert werden können. Für die Deutsche Bundesbank ist die Orientierungsgröße der Zuwachs des volkswirtschaftlichen Produktionspotentials, d. h. des mit den vorhandenen Ressourcen – Arbeitskräfte, Kapitalausrüstung, Rohstoffe, Energie und technisches Wissen – produzierbaren Sozialproduktes unter der Nebenbedingung, daß keine Inflation infolge Überhitzung eintritt oder Zahlungsbilanzprobleme auftauchen. Erwartet also die Bundesbank, daß in einem Jahr das Produktionspotential um 5% steigt, und akzeptiert eine Inflationsrate von 3% als unvermeidlich, wird sie ein Wachstum der Zentralbankgeldmenge von 8% zulassen. Wie das geht, haben wir schon gesehen. Die Geldvolumen M_1 und M_2 werden dann, so hofft man, im selben Ausmaß zunehmen. In den USA geht man seit 1979 sogar so weit, das Wachstum von M_1 und M_2 direkt als Zielgröße zu nehmen, wie Paul Volcker, der Chef der Federal Reserve, ankündigte. Ganz neu war das nicht, man versuchte das schon seit der Mitte der 70er Jahre, doch wurde offenbar nie wirklich ernsthaft versucht, das angekündigte Geldmengenziel auch einzuhalten.

Zahlreiche Zentralbanken haben sich der neuen Linie angeschlossen: Geldmengen- statt Zinssteuerung. Die Bank von Kanada und die Bank von England gingen sogar so weit, ein Geldmengenziel gleich für mehrere Jahre im voraus festzulegen.

Wie wirkt sich all das nun aus? Folgt man der Quantitätstheorie, müßte sich die Inflation damit in den Griff bekommen lassen. Doch was geschieht in Wirklichkeit?

Wie funktioniert die Geldpolitik?

Wenn man die Geldpolitik an der Entwicklung der Zinssätze messen würde, wäre es nicht schwer, ihre Mechanik zu erklären. Man könnte nämlich einfach die Ansicht vertreten, daß niedrigere Zinssätze den Konsum und die Investitionstätigkeit anregen, da Kredite billig sind, und daß die Erhöhung der Ausgaben das Einkommen und die Produktion steigern wird. Aber wie kann man die Funktionsweise der Geldpolitik, interpretiert als die Veränderung der Zahlungsbestände, d. h. des Geldangebots, erfassen? Beeinflussen Veränderungen der Geldmenge die Zinssätze und damit auch den zinsempfindlichen Konsum und die ebenso zinsempfindlichen Investitionen? Oder sind es Mechanismen, die sich auf andere Weise auf die Wirtschaft auswirken? Nun, man kann sagen, daß Veränderungen der Geldmenge sehr direkte Auswirkungen haben. Die Öffentlichkeit reagiert nämlich auf eine ganz bestimmte Weise, wenn zwischen der gewünschten oder nachgefragten Geldmenge – der Liquiditätspräferenz – und der tatsächlich verfügbaren – dem Geldangebot – ein Unterschied besteht.

Was passiert, wenn beim Geld Angebot und Nachfrage nicht ausgeglichen sind?

Wir haben bereits gesehen, daß nur eine begrenzte Nachfrage für Geld besteht. Nehmen wir einmal an, jeder von uns hat, neben anderen Formen des Eigentums, auch die von ihm gewünschte Geldmenge, und die Gesamtgeldmenge wird dann plötzlich vergrößert. Zum Beispiel, um das Ganze besonders drastisch zu veranschaulichen, indem irgend jemand zusätzliches Geld aus einem Hubschrauber abwirft. Wenn bis dahin die Geldmenge auch genau unseren Wünschen entsprach, d. h. Angebot und Nachfrage ausgeglichen waren, übersteigt jetzt plötzlich das Angebot die Nachfrage. Das führt dazu, daß alle nun plötzlich der Meinung sind, daß sie, im Vergleich zu anderen Arten des Vermögens wie zum Beispiel Aktien, Wertpapieren, Landbesitz, Kleidung, Antiquitäten usw., zu viel Geld haben. Um das zu ändern, werden sie ihr Geld nehmen und dafür Wertpapiere, Güter usw. kaufen. Dadurch kommt es dann zu einer Steigerung der Nachfrage. Mit dem Geld ist es nun aber wie mit heißen

Kartoffeln: Man kann es zwar jemandem anderem in die Hand drücken, wenn man etwas dafür kauft, aber damit wird es ja nicht vernichtet, sondern zirkuliert weiter. Wenn aber die Geldmenge eines Landes zu groß ist, d.h., wenn es mehr Geld gibt, als die Leute bereit sind, zu behalten, dann werden jeweils die, die das Geld als Bezahlung für Güter oder Dienstleistungen erhalten, es schleunigst weiter ausgeben. Die Bemühungen, das Geld unter die Leute zu bringen, werden verstärkt, und das führt, wie wir bereits bei der Quantitätstheorie gesehen haben, zu einer Erhöhung der Nachfrage und damit auch der Preise.

Was passiert, nachdem die Preise angezogen haben?

Wenn die Preise entsprechend der Zunahme der Geldmenge angestiegen sind, ist der Überschuß bei der Geldmenge abgebaut. Das ist dadurch zu erklären, daß bei den höheren Preisen mehr Geld nötig ist, um die Dinge des täglichen Lebens einkaufen zu können. Wenn zum Beispiel Ihr Mittagessen, Ihre Zeitung, Ihr Kaffee und Ihr Benzin doppelt so viel kosten wie zuvor, werden Sie auch morgens, wenn Sie aus dem Haus gehen, notgedrungen die doppelte Menge Geld mitnehmen. In dem Maße, wie die Preise dadurch steigen, daß die Leute ihr überflüssiges Geld ausgeben, steigt letztlich auch die Nachfrage nach dem neugeschaffenen Geld, und wenn die Preise im gleichen Maße gestiegen sind, wie die Geldmenge vergrößert wurde, wird auch das gesamte Geld nachgefragt. Zu ebendiesem Schluß kommt die Quantitätstheorie, und wir haben gesehen, daß die Situation sich wie beschrieben entwickelt, weil die Öffentlichkeit immer versucht, genau die von ihr gewünschte Geldmenge zur Verfügung zu haben.

Was genau wird gekauft, wenn man versucht, seine Zahlungsmittelbestände den Gegebenheiten anzupassen?

Nun, im Prinzip kann alles gekauft werden. In dem Maße, in dem das überschüssige Geld in festverzinslichen

Wertpapieren angelegt wird, haben diejenigen, die Kredite aufnehmen wollen, mehr Geld zu niedrigeren Kosten – d. h. zu niedrigeren Zinsen – zur Verfügung. Dadurch sinken die Opportunitätskosten der Kassenhaltung, was wiederum – in Verbindung mit den steigenden Preisen – dazu führt, daß die Nachfrage nach Geld größer wird. Außerdem fördern niedrigere Zinssätze die Investitionstätigkeit. Das ist auch die Ansicht, die für gewöhnlich über die Auswirkungen von Veränderungen der Geldmenge vertreten und sogar von einigen Keynesianern geteilt wird.

Wir sollten uns jedoch darüber im klaren sein, daß ein Überschuß bei der Geldmenge auch dazu verwendet werden kann, direkt zusätzliche Güter, Aktien usw. anstatt festverzinsliche Wertpapiere zu kaufen. Das führt dann dazu, daß, obwohl die Zinssätze nicht gesunken sind oder selbst wenn die Investitionstätigkeit nicht auf ein Absinken der Zinssätze reagiert – und das sind zwei Merkmale der Keynesianischen Theorie –, die Geldpolitik immer noch funktioniert. Geld beeinflußt die Gesamtnachfrage zum einen direkt, zum anderen aber auch indirekt über die Zinssätze und die Investitionstätigkeit.

Wie wirkt sich eine Veränderung der Geldmenge aus?

Eine Verringerung der Geldmenge – wir können uns hier einen riesigen fliegenden Staubsauger vorstellen, der das Geld einfach in sich hineinfrißt – führt zu einem Rückgang bei den Ausgaben. Wenn das Geldangebot unter der Nachfrage liegt, werden die Leute, um wieder die gewünschte Geldmenge zu ihrer Verfügung zu haben, andere Aktiva wie Aktien, festverzinsliche Wertpapiere usw. veräußern, um dafür Geld zu bekommen. Hier findet dann also lediglich eine Umverteilung des Geldes statt, keine Schaffung von neuem Geld. Trotzdem sinkt die Nachfrage, was wiederum einen Rückgang bei den Preisen zur Folge hat. Wenn dann die Preise im gleichen Maße gesunken sind, in dem die Geldmenge verringert wurde, reicht die Geldmenge aus, die Kaufbedürfnisse des täglichen Lebens zu befriedigen, und

Angebot und Nachfrage sind ausgeglichen. Hier haben wir wieder die Quantitätstheorie, wie sie in umgekehrter Richtung funktioniert.

Was ist Fiskalpolitik?

Jetzt, da wir wissen, daß die Geldpolitik danach beurteilt werden sollte, wie schnell die Geldmenge wächst – wobei ein schnelleres Wachstum auf eine expansive Geldpolitik hinweist –, können wir uns fragen: Was ist dann Fiskalpolitik? Nun, Fiskalpolitik bedeutet, daß die Regierung – in der Hoffnung, damit einen Einfluß auf die Wirtschaft nehmen zu können – Veränderungen am Steueraufkommen sowie an den Staatsausgaben vornimmt. Normalerweise herrscht die Meinung vor – jedenfalls bei den Keynesianern, wenn auch nicht bei besonders vielen Monetaristen –, daß Steuersenkungen oder Erhöhungen der Staatsausgaben einen expansionistischen Effekt haben und die Wirtschaft stimulieren.

Wie funktioniert die Fiskalpolitik?

Steuersenkungen haben zur Folge, daß man mehr Einkommen zum Ausgeben hat. Das Einkommen nach Steuerabzug bezeichnet man als «frei verfügbares Einkommen». Zusätzliches frei verfügbares Einkommen führt, wenn es ausgegeben wird, zu einem Anstieg bei der Gesamtnachfrage. Aber die Auswirkungen gehen noch viel weiter. Wenn zum Beispiel die Steuern gesenkt werden, so daß jeder Steuerzahler 100 DM weniger zu zahlen hat, und von diesen 100 DM jeweils 80 DM von jedem ausgegeben werden, dann geht dieses Geld ja an irgend jemanden anderen, der vielleicht auch schon in den Genuß derselben Steuersenkung gekommen ist. Da die 80 DM, die von der ersten Person ausgegeben werden, für die nächste Person ein zusätzliches Einkommen darstellen, ist es durchaus möglich, daß diese nächste Person nun losgeht und zum Beispiel 64 DM dieses unerwarteten, zusätzlichen Einkommens weiter ausgibt. Derjenige, der dann diese 64 DM erhält, gibt vielleicht ebenfalls wieder einen Teil weiter aus, und dieser Prozess kann sich immer weiter fortsetzen. Wir sehen also, daß Steuersenkungen dazu führen können, daß wesentlich mehr ausgegeben wird – und zwar ein Vielfaches des Betrages der ursprünglichen Steuersenkung, da sich der Effekt durch die gesamte Wirtschaft fortsetzt. Damit könnte man auch erklären, daß für eine Regierung bei einem Rückgang des Steueraufkommens um ein paar Milliarden die Vorteile die Nachteile überwiegen.

Eine Erhöhung der Staatsausgaben hat im großen und ganzen die gleichen Auswirkungen wie eine Steuersenkung. Wenn der Staat sich daran macht und zusätzliche Arbeitskräfte einstellt, um auf diese Weise die Arbeitslosenquote zu senken, dann erhalten diese Leute ein Einkommen, das sie sonst nicht bekommen hätten. Wenn ein Teil dieses Einkommens nun wieder ausgegeben wird – sagen wir einmal 80 DM von jeden verdienten 100 DM –, dann kommt dieses Geld ja wieder anderen Leuten zugute. Die werden dann vielleicht 64 DM der erhaltenen 80 DM ausgeben; auch dieser Prozeß setzt sich dann weiter fort, und das Einkommen der Bürger insgesamt steigt um ein Vielfaches der ursprünglichen zusätzlichen Ausgaben der Regierung. Diese zusätzlichen Ausgaben pflanzen sich nämlich durch die gesamte Wirtschaft hindurch fort, und das Vielfache, um das die erwähnten zusätzlichen Ausgaben der Regierung überschritten werden, wird, phantasievollerweise, als «Multiplikator» bezeichnet.

Wie groß ist der Multiplikator?

Da die Staatsausgaben sich durch die ganze Wirtschaft hindurch auswirken und zu einer Verfielfachung der Summe der ursprünglichen Ausgaben führen, die weit über die ursprüngliche «Spritze» hinausgeht, ist die Größe des Multiplikators natürlich wichtig, um die Auswirkungen der Ausgaben bzw. steuerpolitischen Maßnahmen ermessen zu können. Niemand wird bestreiten wollen, daß das Volumen der zusätzlichen Ausgaben davon abhängt, welcher Anteil des Extra-Einkommens ausgegeben wird.

Wir gehen einmal davon aus, daß, wenn die Regierung (so wie in unserem ursprünglichen Beispiel) 100 DM zusätzlich in die Wirtschaft fließen läßt, diejenigen, die diese 100 DM erhalten, 80 DM weiter in Umlauf bringen und daß die Empfänger dieser 80 DM ebenfalls wieder 80% ausgeben – also 64 DM –; dann werden die, die diese 64 DM bekommen, auch wieder 80%, also 51,20 DM, unter die Leute bringen usw., usw., usw. Insgesamt steigt das Ausgabevolumen also zunächst um 100 DM, dann kommen weitere 80 DM dazu, dann 64 DM, dann 51,20 DM und dann immer wieder 80% des induzierten zusätzlichen Einkommens, das jeweils zur Verfügung steht. Die Höhe der zusätzlichen Ausgaben konvergiert schließlich gegen Null; bis zu diesem Zeitpunkt ist das Gesamtvolumen der Extraausgaben auf 500,00 DM aufgelaufen. Das mag nicht unmittelbar einleuchtend erscheinen, aber wenn man die 100 DM, die 80 DM, die 64 DM usw. zusammenzählt, sieht man sehr schnell, daß die Gesamtsumme etwa bei 500 DM liegen muß.

Wir ändern unser Beispiel nun einmal etwas ab und gehen davon aus, daß nur die Hälfte des zusätzlichen Einkommens wieder unter die Leute gebracht wird. Zusätzlich vom Staat ausgegebene 100 DM werden dann wieder stufenweise zu Extraausgaben seitens der Empfänger, diesmal jedoch von 50 DM, 25 DM, 12,50 DM, 6,25 DM usw., führen. Die Gesamtsumme der Ausgaben beläuft sich dann auf insgesamt 200 DM. In unserem ersten Beispiel beträgt der Multiplikator 5, da die ursprünglichen Ausgaben von 100 DM sich auf 500 DM verfünffachen. Im zweiten haben wir einen Multiplikator von 2.

Wie bereits erwähnt, ist es für den Multiplikator und damit auch für die Effektivität der Fiskalpolitik entscheidend, welcher Anteil des zusätzlichen Einkommens im Umlauf bleibt. Dieser Anteil hat die etwas einschüchternde Bezeichnung «Grenzneigung zum Konsum» oder, noch imposanter, «marginale Konsumquote». Diese Grenzneigung beträgt 0,8%, wenn 80% des zusätzlichen Einkommens ausgegeben werden bzw. 0,5 bei 50% usw. Da man das, was man nicht ausgibt, spart, werden also, wenn man 80% seines zusätzlichen Einkommens ausgibt, die übrigen 20% auf die hohe Kante gelegt. Der Teil des zusätzlichen Einkommens, der gespart wird, bestimmt dann die «Grenzneigung zum Sparen» oder «marginale Sparquote». Diese Grenzneigung liegt bei 0,2, wenn 80% des zusätzlichen Einkommens ausgegeben werden bzw. bei 0,5 bei 50% usw.

Kennt man erst einmal die Grenzneigung, weiß man auch über die Größe des Multiplikators Bescheid. Wenn die Grenzneigung zum Konsum bei 0,8 und die zum Sparen bei 0,2 liegen, beträgt der Multiplikator für die Staatsausgaben 5. Zu dieser Zahl kommt man, wenn man 1,0 durch die Grenzneigung zum Sparen, nämlich 0,2, dividiert. Wenn die Grenzneigung zum Sparen und die zum Konsum sich auf 0,5 belaufen, erhalten wir einen Multiplikator von 2 für die Staatsausgaben: 1,0 dividiert durch die Grenzneigung zum Sparen, d.h. 0,5. Man erhält also den Multiplikator für die Staatsausgaben, indem man die Zahl 1,0 durch die Grenzneigung zum Sparen dividiert. Das macht die Grenzneigung zum Sparen – und damit natürlich auch die zum Konsum – zu einer wichtigen Größe.

Wie groß ist die Grenzneigung zum Konsum?

Da nun der Multiplikator von der Grenzneigung zum Sparen abhängt (und diese wird bestimmt, indem man die Grenzneigung zum Konsum von der Zahl 1,0 subtrahiert), ist es von größter Wichtigkeit, das Ausmaß dieser Grenzneigungen schätzen zu können. Als Keynes seine Sicht der Wirtschaft darlegte und als Heilmittel gegen die Weltwirtschaftskrise der Öffentlichkeit die von ihm vorgeschlagene Fiskalpolitik unterbreitete, legte er das Schwergewicht seiner Argumentation auf die Grenzneigungen. Wegen ihrer Bedeutung haben zahlreiche Ökonomen versucht, ihre Größe zu messen. Es gibt nun zwei Arten, an dieses Problem der Schätzung heranzugehen. Zum einen kann man Untersuchungen über das Ausgabeverhalten von Haushalten heranziehen und analysieren, um wieviel höher die Konsumausgaben der Haushalte mit hohem Einkommen als die der mit niedrigem Einkommen sind. Der andere Weg besteht darin, daß man den gesamten Konsum eines Landes und das Volkseinkommen, wie man sie in der volkswirtschaftlichen Gesamtrechnung findet, über eine Reihe von aufeinanderfolgenden Jahren hinweg analysiert. Die Entwicklung von Konsum und Einkommen in diesem Zeitraum ermöglicht es dem Wirtschaftswissenschaftler, Aussagen darüber zu machen, welcher Anteil des zusätzlichen Volkseinkommens im entsprechenden Zeitraum für zusätzlichen Konsum ausgegeben wurde.

Kommt man mit den beiden Methoden zu übereinstimmenden Ergebnissen?

Wirtschaftswissenschaftler, die Datenmaterial untersuchten, das mittels Befragung einer großen Anzahl von Haushalten über ihr Einkommen und ihr entsprechendes Ausgabeverhalten gewonnen wurde, erhielten als Ergebnis ihrer Arbeit eine niedrige Grenzneigung zum Konsum, die etwa bei 0,5 lag. Anders ausgedrückt: Obwohl Haushalte mit höherem Einkommen mehr ausgaben als solche mit niedrigerem Einkommen, wurde vom zusätzlichen Einkommen nur relativ wenig, nämlich etwa 50%, ausgegeben bzw. konsumiert; der Multiplikator liegt damit wie bei unseren Beispielen bei 2. Dieses Ergebnis war durchaus mit dem vergleichbar, das andere Wirtschaftswissenschaftler, die Einkommen und Konsum über relativ kurze Zeiträume hinweg untersuchten, erhielten. Ökonomen dagegen, die die Beziehung zwischen Einkommen und Ausgabeverhalten über lange Zeiträume hinweg beobachteten, fanden heraus, daß ein sehr hoher Prozentsatz des zusätzlichen Einkommens für den Konsum verwendet wurde, ja, daß die Grenzneigung sogar über der von 0,8 in unserem Beispiel, die ja einen Multiplikator von 5 ergibt, lag.

Konnte man diese Ergebnisse nun miteinander vereinbaren?

Milton Friedman war derjenige, dem es in seinem Buch «A Theory of the Consumption Function» (1957) (Eine Theorie der Konsumfunktion – das Buch liegt nicht in deutscher Übersetzung vor) gelang, diese sich scheinbar widersprechenden Ergebnisse in seiner Hypothese über das Lebenseinkommen miteinander zu vereinbaren. Friedmans These sagt, daß Konsumentscheidungen nicht auf der Basis des laufenden Einkommens von einem Monat oder auch einem Jahr getroffen werden, sondern statt dessen aufgrund des Dauer- oder auch des normalen Einkommens. Entspricht das laufende Einkommen dem normalen oder Dauereinkommen, gibt es keine Probleme. Wenn man jedoch Leute über ihr Einkommen und ihre Ausgaben befragt oder wenn man nur einen relativ kurzen Zeitraum betrachtet, dann gibt es durchaus Fälle, in denen das laufende Einkommen nicht dem entspricht, was als normal und damit auch als dauerhaft angesehen wird.

Was passiert, wenn das Dauereinkommen und das laufende Einkommen voneinander abweichen?

Untersuchungen haben ergeben, daß es unter den Leuten mit sehr hohem Einkommen eine große Zahl gibt, denen es gerade zur Zeit der Umfragen wirtschaftlich besonders gut geht. Deshalb werden sie auch in die entsprechende Kategorie «hohes Einkommen» eingeordnet. Es kann sich hier zum Beispiel um Grundstücksmakler oder Automobilverkäufer handeln, die zufällig gerade einen besonders guten Monat hatten. Deshalb liegt es nahe, anzunehmen, daß sie langfristig mit einem geringeren Einkommen als dem rechnen, das sie gerade zum Zeitpunkt der Umfrage hatten. Logischerweise werden sie auch dementsprechend weniger ihres Einkommens ausgeben als jemand, der erwarten kann, daß sein derzeitiges hohes Einkommen auch langfristig nicht sinken wird. Ebenfalls wird es bei den Leuten mit niedrigem Einkommen einen hohen Prozentsatz geben, die normalerweise mehr als zum Zeitpunkt der Umfrage verdienen. Es kann sein, daß sie gerade arbeitslos sind und nur beschränkte Mittel zur Verfügung haben – trotzdem aber konsumieren sie möglicherweise mehr, als sie verdienen. Sie können sich das auch zumindest eine Zeitlang erlauben, indem sie auf ihre Ersparnisse zurückgreifen. Vielleicht tun sie dies, weil sie hoffen und glauben, daß sich ihre Lage in nicht allzu ferner Zukunft wieder bessern wird.

Bei einer solchen Untersuchung von verschiedenen Haushalten oder auch bei einer Studie, die sich nur auf einen relativ kurzen Zeitraum bezieht, findet sich unter den Haushalten mit niedrigem Einkommen ein großer Anteil, deren Einkommen zur Zeit der Untersuchung unter ihrem langfristigen Einkommen liegt. Einigen mag es wirtschaftlich vielleicht besser gehen als gewöhnlich, die Mehrzahl hat jedoch eher ein niedrigeres Einkommen als üblich. Da ihr Konsum sich nach ihrem Dauereinkommen richtet, geben sie einen relativ hohen Prozentsatz ihres laufenden Einkommens – das eben nicht dem Dauereinkommen entspricht – aus. Bei der Gruppe mit hohem Einkommen gibt es ebenso eine relativ große Anzahl von Leuten, deren laufendes Einkommen das permanente oder Dauereinkommen übersteigt. Da ihr Konsum sich an dem erwarteten niedrigeren Dauereinkommen ausrichtet, macht er nur einen recht kleinen Teil ihres derzeitigen oder laufenden Einkommens aus.

So sieht es also grundsätzlich aus. Bei der Untersuchung von Haushalten finden wir, daß, je höher deren Einkommen ist, es um so mehr darunter gibt, deren laufendes Einkommen ihrem Dauereinkommen davoneilt und die demzufolge nur einen relativ geringen Anteil ihres laufenden Einkommens für den Konsum aufwenden. Sie wissen schließlich, daß ihre Lage nicht immer so gut sein wird. Dadurch scheint es nun so – und auf diese Weise entsteht ein falsches Bild –, daß es Leute gibt, die nur einen kleinen Teil ihres laufenden Einkommens ausgeben. Wenn das Dauereinkommen dieser Leute nämlich höher wäre, würde auch der Anteil, der auf den Konsum verwendet wird, steigen. Deshalb sollten wir Untersuchungen von Einzelhaushalten sowie solche, die sich nur auf kurze Zeiträume beziehen, mit Vorsicht genießen.

Langfristige Studien andererseits liefern uns brauchbare Ergebnisse. Bei ihnen besteht das Problem des Unterschieds zwischen laufendem und permanentem Einkommen nämlich nicht. Die Ergebnisse langfristiger Untersuchungen geben genaue Auskunft über den Anteil des zusätzlichen Einkommens, der ausgegeben wird und den wir zur Bestimmung des Multiplikators benötigen. Bei einer Grenzneigung zum Konsum von etwa 0,8 und einer Grenzneigung zum Sparen von 0,2 haben wir, wenn keine weiteren Einflüsse hinzukommen, einen Multiplikator von 5.

Nun gibt es jedoch sehr wohl solche anderen Einflüsse. Zum einen existiert neben dem Multiplikator noch ein wirtschaftstheoretischer Faktor, der als Investitionsakzelerator bekannt ist.

Was ist der Investitionsakzelerator?

Für einen Ökonomen bedeuten Investitionen die Herstellung oder den Kauf von Produktionsanlagen oder von Kapitalgütern. Investitionen müssen also unbedingt vom Konsum unterschieden werden. Der Konsum umfaßt alles, was wir zu unserer relativ unmittelbaren Bedürfnisbefriedigung kaufen. Investitionen dagegen sind das, was unserem zukünftigen Genuß dient, da wir durch sie die Produktion steigern können. Man investiert also nicht, wenn man Aktien oder Rentenpapiere kauft. Das sind Formen des Sparens, und Sparen ist das genaue Gegenteil zum Investieren – in dem Sinne, daß man Mittel, die sonst ausgegeben würden, abzieht, während Investieren bedeutet, daß man solche Mittel zuführt. Wirtschaftswissenschaftler verwenden den Begriff Investition ganz anders, als Bankiers oder Börsenmakler dies tun würden.

Für einen Ökonomen investiert man entweder in neue Maschinen, um die zu ersetzen, die abgenutzt sind – man spricht dann von Abschreibung –, oder um die Gesamtzahl der Maschinen zu erhöhen. Im letzteren Fall handelt es sich um Nettoinvestitionen. Wenn wir uns mit dem Investitionsakzelerator befassen, sollten wir dabei immer die Nettoinvestitionen, d.h. also die Steigerung der Zahl der Maschinen, vor Augen haben.

Das Konzept des Investitionsakzelerators basiert auf der Vorstellung, daß die Größe des Gesamtmaschinenparks, den ein Unternehmer benötigt, von dem von ihm angestrebten Produktionsvolumen abhängt. Um mehr zu produzieren, braucht man nun einmal mehr Maschinen. Man kann sogar so weit gehen zu behaupten, daß, wenn ein Unternehmer damit rechnet, seinen Umsatz verdoppeln zu können und er bereits seine gesamte Produktionskapazität ausgeschöpft hat, er wohl eine Verdoppelung seiner Maschinen ins Auge fassen würde.

Wenn der Absatz und die Nachfrage dagegen konstant bleiben, reicht die bestehende Anzahl der Maschinen aus, und es besteht keinerlei Notwendigkeit für zusätzliche Nettoinvestitionen – d.h., die Nettoinvestitionen würden gleich Null sein. Sollten nun aber die Absatzziffern ansteigen, würden auch mehr Maschinen benötigt. Während diese Maschinen nun produziert werden, gibt es Investitionen. Nachdem die Produktion der Maschine abgeschlossen ist, müssen die Investitionen, selbst wenn der Absatz gleichbleibt, abnehmen. Das kommt daher, daß, sobald die neuen Maschinen einmal produziert und angeschafft worden sind, die Unternehmer alle Maschinen zur Verfügung haben, die sie brauchen, so daß die Produktion neuer Maschinen wieder eingestellt werden kann. Wenn Verkaufszahlen also erst ansteigen und dann konstant bleiben, nehmen die Investitionen zunächst zu, später dann wieder ab. Die zusätzlich getätigten Investitionen haben einen Multiplikatoreffekt, der mit dem Multiplikator der Staatsausgaben vergleichbar ist. Das gleiche trifft auch für den Investitionsrückgang zu.

Wenn man den Multiplikator und den Akzelerator gleichzeitig betrachtet, gelangt man zu einer höchst eleganten und dynamischen Analyse der Volkswirtschaft. Die Dynamik des Modells macht das Auf und Ab von Produktion und Volkseinkommen sichtbar. Der Multiplikator verstärkt die Schwankungen und vermittelt ein recht realistisches Bild vom Konjunkturzyklus. Die Dynamik, die in der Kombination von Multiplikator und Akzelerator steckt, wurde von Paul Samuelson, einem Wirtschaftsprofessor und Nobelpreisträger vom Massachusetts Institute of Technology, beschrieben.

Nachdem wir, unter Verwendung der Begriffe des Multiplikators und des Akzelerators sowie der ihnen zugrunde liegenden Konzepte der Grenzneigung zum Konsum und zum Sparen, nun die Faktoren beschrieben haben, die die Wirkungsweise der Fiskalpolitik bestimmen, können wir uns nun der Messung der Wirksamkeit der Fiskalpolitik an sich zuwenden. Da die Fiskalpolitik die beiden Dimensionen Staatsausgaben und Steuern besitzt, soll im folgenden untersucht werden, wie diese Ansatzpunkte miteinander verknüpft werden können.

Wie können die Auswirkungen der gesamten Fiskalpolitik gemessen werden?

Da sowohl das Steueraufkommen als auch das Volumen der Staatsausgaben sich ständig ändern, wird üblicherweise die Differenz zwischen diesen beiden Größen als Maßstab für die Fiskalpolitik verwendet. Diese Differenz wird als Haushalts- oder Budgetdefizit bezeichnet und entspricht ganz einfach den Staatsausgaben abzüglich des Steueraufkommens. Wenn die Ausgaben also höher sind als die Steuereinnahmen, weist der Staatshaushalt ein Defizit auf. Sind die Ausgaben dagegen geringer als die Einnahmen, liegt ein Überschuß vor; wir wissen jedoch nur zu gut, daß Defizite wesentlich häufiger vorkommen als Überschüsse. Bei der Bewertung der Fiskalpolitik heißt es für gewöhnlich: Je größer das Defizit, desto expansionistischer der Haushalt, denn dieses Defizit entsteht entweder aufgrund höherer Staatsausgaben oder niedrigerer Steuern – und beides kurbelt die Wirtschaft an. Der Vorteil, den die Heranziehung des Haushaltsdefizits bei der Bewertung der Fiskalpolitik bietet, liegt darin, daß er sowohl die Auswirkungen der Steuern als auch der Staatsausgaben einbezieht, so daß man die gesamten Auswirkungen auf die Fiskalpolitik abschätzen kann. Aber selbst hier entstehen wieder gewisse Probleme.

Das ist auf zwei Ursachen zurückzuführen, mit denen wir uns im weiteren beschäftigen werden.

Warum ist das Haushaltsdefizit nur ein unzureichender Maßstab für die Fiskalpolitik?

Sie werden wahrscheinlich glauben, daß sich die von der Regierung ausgeübte Unterstützung der Konjunktur nicht verändert, wenn sich das Steueraufkommen und die Staatsausgaben um den gleichen Betrag erhöhen. «Wenn die Regierung genausoviel aus der Wirtschaft abzieht, wie sie selber dann auch wieder hineinpumpt, kann die Wirkung nur gleich Null sein», so werden Sie argumentieren. Nun, wenn Sie wirklich davon überzeugt sind, liegen Sie leider falsch – und zwar aus einem nicht sofort ersichtlichen Grund. Der Umfang des Haushaltsdefizits ist nämlich nur ein unzureichender Maßstab für die Fiskalpolitik, da ein Defizit desselben Umfanges unterschiedliche Auswirkungen haben kann. Warum ist das nun so?

Nehmen wir einmal an, Ihr verfügbares Einkommen würde um 100 DM verringert werden, da Sie ebendiesen Betrag mehr an Steuern zahlen müßten; Sie würden dann wahrscheinlich 20 DM weniger sparen und 80 DM weniger ausgeben. Die Auswirkungen dieses Vorgehens pflanzten sich nun aber durch die gesamte Volkswirtschaft fort. Wichtig ist hierbei, daß eine Steuererhöhung um 100 DM dazu führt, daß auf der Ausgabenseite zunächst nur 80 DM weniger erscheinen und die restlichen 20 DM bei der Einschränkung des Sparens zu Buche schlagen. Wenn die Regierung nun aber gleichzeitig mit der Steuererhöhung ihre eigenen Ausgaben um 100 DM erhöht, wird diese Steuererhöhung so also mehr als ausgeglichen. Die zusätzlichen Staatsausgaben von 100 DM stehen dann nämlich einer Verringerung der Ausgaben der Verbraucher von nur 80 DM gegenüber. Man darf dabei jedoch nicht vergessen, daß dieser Rückgang bei den Verbraucherausgaben um 80 DM das Ergebnis einer Steuererhöhung um 100 DM ist. Daraus ergibt sich nämlich die Schlußfolgerung, daß eine gleichzeitige Erhöhung sowohl der Steuern als auch der Staatsausgaben um den gleichen Betrag per Saldo zusätzliche Ausgaben von 20 DM nach sich zieht. Diese 20 DM setzen sich dann durch die gesamte Wirtschaft in einem Multiplikatorprozeß fort. Wenn sowohl Steuern als auch Staatsausgaben also im gleichen Maße erhöht werden, wirkt sich dies, obwohl das Haushaltsdefizit sich nicht ändert, konjunkturbelebend aus. Durch die Steuererhebung werden die Ausgaben weniger verringert, als sie durch den revitalisierenden Effekt der Erhöhung der Staatsausgaben belebt werden. Es ist sogar so, daß diese «Belebung» um 20 DM die Gesamtausgaben um genau den Betrag der ursprünglichen Steuererhöhung bzw. Erhöhung der Staatsausgaben, nämlich 100 DM, ansteigen läßt. Dieser Zusammenhang, der nicht ganz einfach zu erklären ist, hat seinen Namen von dem, der ihn vor über 35 Jahren als einer der ersten untersucht hat, und wird als das Havelmosche Theorem bezeichnet.

Was ist das Havelmosche Theorem?

Zunächst einmal sollten Sie sich in Erinnerung rufen, daß, wie bereits im Beispiel gezeigt wurde, bei einer Grenzneigung zum Konsum von 0,8 der Multiplikator 5 beträgt. Aus dem Beispiel geht weiterhin hervor, daß, wenn sowohl die Steuern als auch die Staatsausgaben um 100 DM (eine Erweiterung bei einem ausgeglichenen Haushalt) steigen, zunächst 20 DM effektiv mehr ausgegeben werden. Multipliziert man diesen Betrag mit 5, erhöhen sich diese zusätzlichen Ausgaben auf 100 DM. Daraus ergibt sich also, daß bei einer Erhöhung der Staatsausgaben und des Steueraufkommens um den gleichen Betrag die gesamten Ausgaben ebenfalls um genau diesen Betrag steigen, was einen Multiplikator von 1 ergibt.

Das Havelmosche Theorem ist unabhängig von der Höhe der Grenzneigung zum Konsum. Wenn diese zum Beispiel, bei einem Multiplikator von 2, 0,5 beträgt, führt eine Aufstockung des Steueraufkommens und der Ausgaben der öffentlichen Hand um 100 DM zunächst einmal zu einem Nettozufluß von 50 DM. Warum? Ganz einfach: Die zusätzlichen Steuern von 100 DM verringern die Ausgaben der Konsumenten nur um 50 DM, die wiederum den Extraausgaben des Staates von 100 DM gegenüberstehen. Dieser Nettozufluß von 50 DM bedeutet bei einem Multiplikator von 2, daß insgesamt die Ausgaben um 100 DM steigen – um den gleichen Betrag also, um den – bei einem Multiplikator von 1 – die Regierung ursprünglich sowohl Steuern wie auch Ausgaben erhöhte.

Welche anderen Gründe gibt es dafür, daß das Haushaltsdefizit nur ein unzulänglicher Maßstab für die Fiskalpolitik ist?

Wenn die Arbeitslosigkeit, wie etwa in Zeiten der Rezession, sehr hoch ist, führt dies allein schon zur Entstehung eines Haushaltsdefizits. Bei hoher Arbeitslosigkeit fließen dem Staat weniger Einkommenssteuern und andere Steuern zu, da das Einkommen ja auch insgesamt geringer ist; zusätzlich erhöhen sich die Ausgaben der öffentlichen Hand durch die vermehrte Inanspruchnahme von Sozialleistungen, Arbeitslosengeld usw. Da nun weniger Geld durch Steuern hereinkommt, die Ausgaben aber ansteigen, entsteht ein Haushaltsdefizit. Würde man deshalb behaupten, daß die Regierung eine expansive oder stimulatorische Politik verfolgt? Natürlich nicht! Das entstehende Defizit geht nämlich ganz einfach und ausschließlich auf die Arbeitslosigkeit zurück. Zwar trägt die Vergrößerung des Haushaltsdefizits dazu bei, daß die Wirtschaft wieder etwas stimuliert wird – doch nicht durch eine gezielte Regierungsentscheidung. Es handelt sich statt dessen um eine rein automatische Stimulierung, und Einkommenssteuern, Sozialleistungen, Arbeitslosenunterstützung usw. werden dementsprechend «automatische» oder «eingebaute Stabilisatoren» genannt.

Da es nun also nicht möglich ist, nach einem Blick auf den Umfang des Haushaltsdefizits gleich zu erklären: «Da das Defizit sehr groß ist, fördert der Staat die Wirtschaft in höherem Maße, als das bei einem kleinen Defizit der Fall wäre», muß man sich fragen, welche Aussagen der Umfang des Defizits überhaupt erlaubt. Wir müssen deshalb versuchen, herauszufinden, wie groß das Haushaltsdefizit für das entsprechende Jahr wäre, wenn es keine Arbeitslosigkeit gäbe, das heißt also, wenn Vollbeschäftigung geherrscht hätte. Hierzu sind einige nicht ganz einfache Berechnungen erforderlich; wenn es uns jedoch gelingt, eine Aussage über die Größe des Haushaltsdefizits bei Vollbeschäftigung zu machen, können wir daraus auch noch viel mehr ableiten. Es wird dann auch klar, daß das Defizit, mit dem wir uns befassen, nicht von der gerade herrschenden Arbeitslosigkeit herrührt. Und wenn wir herausfinden, daß das Haushaltsdefizit zu einem bestimmten Zeitpunkt höher ist als zu einem anderen (beide Male ausgehend von der Vollbeschäftigung), dann können wir die folgende Aussage machen: Wenn das Vollbeschäftigungs-Haushaltsdefizit größer ist, unternimmt die Regierung stärkere Anstrengungen, die Wirtschaft zu stimulieren. Das größere Defizit ist dabei eindeutig nicht das Ergebnis höherer Arbeitslosigkeit, da wir das ja ausgeschlossen haben, indem wir von vornherein vom Zustand der Vollbeschäftigung ausgegangen sind.

Wie berechnet man das Vollbeschäftigungshaushaltsdefizit?

Wie sehen nun die obenerwähnten, nicht ganz einfachen Berechnungen aus? Nun, um alles auf den Zustand der Vollbeschäftigung umzurechnen, muß man folgendermaßen vorgehen: Zunächst einmal ist herauszufinden, wie hoch das Steueraufkommen bei Vollbeschäftigung gewesen wäre. Dazu muß erst einmal geschätzt werden, wieviel die, die arbeitslos sind, verdient und wieviel Steuern sie für dieses Einkommen gezahlt hätten. Dies wird dann als Vollbeschäftigungssteueraufkommen bezeichnet. Wenn es nun Arbeitslosigkeit gibt, ist das Steueraufkommen natürlich geringer als der für den Fall der Vollbeschäftigung berechnete Betrag.

Nachdem wir nun herausgefunden haben, wieviel Steuern bei Vollbeschäftigung gezahlt worden wären, müssen wir jetzt ermitteln, welche Höhe die Staatsausgaben in einem solchen Fall gehabt hätten. Man spricht dabei dann von den sogenannten Vollbeschäftigungsstaatsausgaben. Wir wissen, daß der Staat bei Arbeitslosigkeit mehr ausgibt als bei Vollbeschäftigung. Herrscht nämlich Vollbeschäftigung, ist er nicht gezwungen, für bestimmte Sozialleistungen – wie z. B. Arbeitslosengeld usw. – für diejenigen aufzukommen, die keine Stelle haben.

Das Vollbeschäftigungshaushaltsdefizit beläuft sich also auf die Differenz zwischen den Einnahmen und den Ausgaben des Staates bei Vollbeschäftigung. So wäre es zum Beispiel auch durchaus denkbar, daß der rechnerische Vollbeschäftigungshaushalt einen Überschuß ausweist, während tatsächlich ein Defizit besteht. Man sagt, daß diese Art der Buchhaltung es der Regierung ermöglicht, sich in den roten Zahlen zu befinden und trotzdem davon überzeugt zu sein, daß die Lage rosig sei. Der Vollbeschäftigungshaushalt ist jedoch der beste Maßstab für die Entschlossenheit einer Regierung, die Wirtschaft zu stimulieren.

Zum Glück gibt es nun eine ganze Reihe von Leuten, die bereit sind, sich mit den nicht ganz einfachen Berechnungen abzugeben, die notwendig sind, um das Vollbeschäftigungsdefizit zu bestimmen. Man braucht sich nur einmal nach Jahresberichten von Banken umzusehen oder in den Zeitungen und Sachverständigengutachten nachzulesen. Die meisten meinen jedoch, wenn sie vom Defizit sprechen, das gewöhnliche Defizit, da sie das Konzept des Vollbeschäftigungsdefizits – das häufig viel sinnvoller zu verwenden ist – nicht verstehen. Sie können nun also diese Leute zutiefst mit Ihrem Wissen darüber beeindrucken, wie man das fiskalpolitische Vorgehen des Staates besser beurteilen kann.

Ist das Haushaltsdefizit – ob nun auf der Grundlage der Vollbeschäftigung oder sonstwie gemessen – das einzige Defizit, das es gibt?

Nein. Sehr oft wird nämlich auch das Zahlungsbilanzdefizit erwähnt. Dieses Zahlungsbilanzdefizit ist definiert als die Differenz zwischen den Einkünften aus dem Ausland (aus Exporten, dem Verkauf von Wertpapieren usw.) einerseits und den Zahlungen, die an andere Länder geleistet werden (für Importe, den Ankauf von Wertpapieren usw.) andererseits. Das Zahlungsbilanzdefizit hat mit dem Haushaltsdefizit überhaupt nichts zu tun, und man sollte sich davor hüten, die beiden zu verwechseln.

Sind alle Steuern, die wir zahlen, in der Fiskalpolitik enthalten?

Alle Arten von sichtbaren Steuern werden als Staatseinkünfte aufgeführt; es gibt jedoch noch eine versteckte Steuer von großer Bedeutung. Dieser Art der Steuer sind wir bereits in unserem Beispiel mit dem Briten, der erstaunlich billige Ferien auf seiner reizenden Ägäisinsel verbrachte, begegnet. Da er nun diese Ferien schon im vorangegangenen Kapitel genoß, besteht hier nicht die Notwendigkeit, noch einmal darauf einzugehen. Wir sollten jedoch nicht vergessen, daß die Steuer durch Inflation von uns gezahlt wird, auch wenn sie auf unseren Einkommenssteuererklärungen nie auftaucht und die meisten von uns nicht auf Ferieninseln von über allen Zweifel erhabenen Briten ihr Dasein fristen.

So wie die Geldpolitik zu einer Art der versteckten Besteuerung führen kann, bestehen ähnliche Gefahren auch bei der Fiskalpolitik. Es ist für jede Regierung eine große Versuchung, sich zu bemühen, durch eine Erhöhung der Zahl ihrer Bediensteten und vermehrte Käufe die Nachfrage zu stimulieren, um sich so «aus der Rezession herauszukaufen». Leider besteht ein nicht sehr positives Merkmal eines jeden Staates darin, daß er sehr viel leichter Leute einstellen als sie hinterher wieder auf die Straße setzen kann. Daraus ergibt sich, daß, wenn eine Rezession vorbei ist und die Nachfrage von sich aus wieder anzieht, der Staat seine Ausgaben nicht wieder senkt. Er befindet sich sozusagen in einer Einbahnstraße und kann nicht mehr zurück.

Was für praktische Erfahrung hat man nun gemacht, wenn es um Geldpolitik gegen Fiskalpolitik geht?

Buchstäblich Tausende von Wissenschaftlern, Statistikern und Ökonometrikern sind bereits herangezogen worden, um bei zahlreichen Anlässen überzeugendes Beweismaterial für die Diskussion dieser beiden Ansätze zu liefern. Am häufigsten ist dabei auf Untersuchungen von Wirtschaftsdaten aus der Zeit nach dem Zweiten Weltkrieg zurückgegriffen worden. Einige Ökonomen sind noch weiter in die Vergangenheit zurückgegangen, doch existieren für frühere Perioden kaum lückenlose Zeitreihen für wirtschaftliche Größen wie Inflation, Arbeitslosigkeit usw. Eine große Zahl von hochentwickelten – und auch von weniger hochentwikkelten – ökonometrischen Techniken wurde im Rahmen der verschiedensten Modelle angewendet, um herauszufinden, mit welchen politischen Ereignissen die jeweilige wirtschaftliche Entwicklung am einleuchtendsten erklärt werden könnte. Die Untersuchungen kommen zu den unterschiedlichsten Ergebnissen, doch hat sich gezeigt, daß mit beiden politischen Ansätzen das reale Bruttosozialprodukt in gewisser Weise beeinflußt wurde. Man kann durchaus sagen, daß die Schaffung von neuem Geld, die Verringerung der Steuern und die Erhöhung der Staatsausgaben jeweils zu einer Senkung der Arbeitslosigkeit beitragen können. Über lange Zeiträume hinweg war man sich auch darüber einig, daß die Inflation vor allem von der Geldmenge abhängig sei; es besteht jedoch kein Konsens darüber, wie schnell diese Abhängigkeit sich bemerkbar macht.

Wie lange dauert es, bis Geldpolitik und Fiskalpolitik «greifen»?

Ein Grund dafür, warum es so schwierig ist, zu einer Entscheidung darüber zu gelangen, welche wirtschaftspolitischen Maßnahmen die größere Wirkung zeitigen, liegt darin, daß die Wirtschaft nicht unmittelbar auf solche Maßnahmen reagiert. Außerdem finden zu jedem gegebenen Zeitpunkt auch noch alle möglichen anderen Veränderungen statt. Deshalb ist es recht schwierig, eine Veränderung der Lage der Gesamtwirtschaft ganz konkret und direkt einem bestimmten politischen Wandel zuzuschreiben. Trotzdem kann man, wenn man nur über ausreichend lange Zeiträume hinweg untersucht, welche wirtschaftspolitischen Entscheidungen größeren wirtschaftlichen Veränderungen vorausgingen, durchaus zu gewissen Schlüssen darüber gelangen, wie lange es für gewöhnlich dauert, bis sich die Wirkung solcher wirtschaftspolitischer Maßnahmen abzeichnet.

Normalerweise geht man davon aus, daß die Geldpolitik mit langer Verzögerung «greift», wobei die Länge schwankt. Auswirkungen auf das reale Bruttosozialprodukt und die Arbeitslosigkeit lassen mindestens sechs Monate auf sich warten. Bei den Preisen machen sich Veränderungen der Geldmenge erst nach mehr als einem Jahr, am stärksten dann nach 18 Monaten, bemerkbar. Fiskalpolitische Maßnahmen werden anscheinend schneller wirksam, manchmal schon nach einigen Monaten, wobei eine Erhöhung der Staatsausgaben sich sehr rasch bei den übrigen Ausgaben bemerkbar macht. Es werden hier jedoch durchaus auch andere Meinungen vertreten, und mancher Wirtschaftswissenschaftler zweifelt sogar grundsätzlich daran, daß wirtschaftspolitische Maßnahmen überhaupt irgendwelche Auswirkungen haben.

Welche Wirtschaftswissenschaftler vertreten die Meinung, daß makroökonomische Maßnahmen keinerlei Effekt haben?

Wir haben bereits ausgeführt, daß Monetaristen und Keynesianer wechselseitig die von der jeweils anderen «Partei» vorgeschlagenen Instrumente mit Skepsis betrachten. Es gibt außerdem noch wieder andere Ökonomen, die makroökonomische Maßnahmen aus anderen Gründen als die Monetaristen und die Keynesianer für sinnlos halten.

Einige Wirtschaftswissenschaftler sind davon überzeugt, daß fiskalpolitische Maßnahmen nicht funktionieren können, da durch die Staatsausgaben der Privatsektor einfach nur verdrängt wird. Konkret heißt das, daß es nun einmal eine begrenzte Menge von Produktionsfaktoren gibt und diese, wenn sie vom Staat genutzt werden, dem privaten Sektor eben nicht mehr zur Verfügung stehen. Zu einer solchen Verdrängung kommt es, wenn die Faktorpreise oder die Zinssätze nach oben gedrückt werden. Eine Erhöhung der Zinssätze kann sich zum Beispiel daraus ergeben, daß die Regierung ein Haushaltsdefizit in Kauf nimmt, um mehr ausgeben zu können, und dieses Defizit durch die Ausgabe von Staatsanleihen finanziert. Dieses wirkt sich dann negativ auf die Privatinvestitionen aus, so daß Produktionsfaktoren freigesetzt werden, die statt vom Privatsektor nun vom Staat genutzt werden können.

Die Ökonomen, die an die rationale Erwartungshaltung glauben – wir haben sie ja im vorangegangenen bereits erwähnt –, vertreten die Ansicht, daß geldpolitische Maßnahmen die Arbeitslosigkeit nicht beeinflussen können. Sie argumentieren, daß, wenn die Erwartungen der Arbeitnehmer rational sind, sie sich langfristig nicht durch die Inflation täuschen lassen. Sie werden sich nun daran erinnern, daß ausgeführt wurde, wie durch eine entsprechende Geldpolitik die Arbeitslosigkeit gesenkt werden kann, wenn durch die entstehende Inflation Arbeitnehmer schneller bereit sind, eine Stelle anzunehmen. Wenn sich diese Arbeitnehmer nun aber in Wirklichkeit rational verhalten und sich keinen Illusionen über die Beziehung zwischen Nominal- und Reallohn hingeben, wird die Inflation und damit auch die Geldpolitik die Arbeitslosigkeit nicht verringern. Diejenigen, die an das rationale Verhalten der Arbeitnehmer glauben, stellen deshalb sogar Veränderungen der Geldmenge überhaupt in Frage und schlagen häufig vor, daß die Bundesbank angewiesen werden sollte, eine stetige Zunahme der Geldmenge um, sagen wir jährlich 4 Prozent, zu sichern, anstatt diskretionär vorzugehen.

Milton Friedman, ein Anhänger des monetaristischen Ansatzes, kam schon vor langer Zeit zum gleichen Schluß wie die Vertreter der Theorie des rationalen Verhaltens. Er befürwortete ein konstantes Geldmengenwachstum jedoch aus einem anderen Grund. Friedman glaubte von der amerikanischen Federal Reserve, die in etwa der Deutschen Bundesbank entspricht, daß sie zwar große Macht hat, aber ihren Einfluß so wenig abschätzen kann, daß sie die Lage insgesamt durch ihre Entscheidungen eher verschlechtert als verbessert. Deshalb hält er es für sicherer, wenn die Zentralbank sich aus dem Abenteuer der diskretionären Geldpolitik heraushält und stattdessen ganz mechanisch ein festgelegtes Ziel verfolgt. Wir haben hier eine interessante Situation: Auf der einen Seite gibt es diejenigen, die den rationalen Erwartungen der Arbeitnehmer vertrauen und glauben, daß die Geldpolitik nicht funktionieren kann, und auf der anderen Seite steht Milton Friedman, der sehr wohl an die Effektivität der Geldpolitik glaubt: Beide kommen aber nun zur gleichen Schlußfolgerung, daß nämlich die Geldpolitik nicht in diskretionärer Weise durchgeführt werden sollte.

Es gibt sogar Leute, die noch weiter gehen, als nur zu behaupten, daß makroökonomische Maßnahmen ohnehin keinen Effekt haben. Sie erklären nämlich, daß diese Maßnahmen genau die umgekehrte Wirkung haben als die angestrebte und daß höhere Zinssätze in Wirklichkeit ein Ansteigen der Inflation und des Bruttosozialprodukts zur Folge haben können.

Können höhere Zinssätze eine Beschleunigung der Inflation und Wachstum des Sozialprodukts hervorrufen?

Wir haben deutlich hervorgehoben, daß das Wachstum der Geldmenge und nicht der Zinssätze als Maßgröße für die Geldpolitik genommen werden sollte. Trotzdem würde man jedoch normalerweise davon ausgehen, daß höhere Zinssätze die wirtschaftliche Tätigkeit und schließlich auch die Inflation bremsen. Nun argumentieren jedoch einige Ökonomen, daß steigende Zinssätze die Produktionskosten im allgemeinen sowie die Hypothekenkosten insbesondere in die Höhe treiben. In dem Maße, wie die Kosten steigen, erhöhen sich dann auch die Preise und die Preisindizes. Aus dieser Argumentation folgt dann, daß steigende Zinssätze auch zu einem Ansteigen der Inflation führen.

Natürlich findet sich auch in dieser Argumentation ein

Körnchen Wahrheit, doch darf man nicht übersehen, daß wir es hier mit kurzfristigen Effekten zu tun haben. Hohe Zinssätze, die die Nachfrage drücken, sind deflationär, d.h. sie verlangsamen die Inflation. Bei einem Ansteigen der Zinssätze steigen auch die Lebenshaltungskosten, so wie sie zum Beispiel im Lebenshaltungskostenindex erfaßt werden. Sobald dieser Anstieg zu einem Halt kommt und ein höheres Niveau erreicht worden ist, werden Nachfrage wie auch Inflation zurückgehen. Der oben beschriebene, abnorme Effekt ist also nur von kurzer Dauer.

Der Einfluß höherer Zinssätze auf das reale Sozialprodukt, der so abnorm erscheint, ist wesentlich subtiler als die Beeinflussung der Inflation. Eine Reihe von Nichtökonomen vertritt die Ansicht, daß bei hohen Zinssätzen ein Anreiz für die Unternehmer besteht, ihre produzierten Güter schnell abzusetzen. Je schneller der Verkauf nämlich über die Runden geht, desto schneller erhalten sie dafür die Bezahlung, und desto schneller können sie entweder ihre Schulden abtragen oder selber Zinsgewinne einstecken. Da nun aber viele Güter auf Bestellung produziert werden und die Bestellungen bereits vorliegen, wenn die Zinssätze steigen, erhöht sich damit auch der Umfang der Lieferung. Das macht sich dann als kurzfristiges Ansteigen des realen Sozialprodukts bemerkbar.

All dies scheint nun durchaus plausibel zu sein. Ich persönlich weiß zwar von keiner umfassenden ökonomischen Studie auf diesem Gebiet, doch lassen zufällige Beobachtungen sowie gewisse Anzeichen durchaus den Schluß zu, daß die beschriebene Möglichkeit besteht. Als zum Beispiel im Oktober 1979 in den Vereinigten Staaten die Zinssätze sprunghaft anstiegen, waren auch die Auslieferungen in den darauffolgenden beiden Monaten sehr hoch. Selbst die Bautätigkeit zog an, da Bauunternehmer, die erst nach Vertragserfüllung bezahlt wurden, ihre Arbeit vorantrieben. Es kursieren sogar Geschichten über Klagen von Bekleidungsgeschäften, daß Konfektionshersteller schon im Dezember, zwei Monate früher als üblich, ihre Sommermodelle auslieferten und es so zu Problemen mit der Lagerkapazität kam, weil die Frühjahrsmodelle noch gar nicht verkauft waren.

Erst im März 1980 zeichnete sich dann ein Rückgang bei der Nachfrage und auch bei den Lieferungen ab. Aber führt ein solcher Nachfragerückgang auch zu einer Verlangsamung der Inflation?

Verlangsamt eine Rezession die Inflation?

Bei makroökonomischen Analysen ist es ziemlich aussichtslos, gleich zwei Ökonomen auf einmal zu finden, die der gleichen Ansicht sind. Es gibt da zum Beispiel Skeptiker, die meinen, daß eine Rezession die Inflation nicht dämpft. Andere wiederum glauben, daß eine sehr schwere Rezession die Inflation sehr wohl mildern kann, daß der Preis, den man für diesen Effekt zahlen muß, jedoch zu hoch ist. Ein Vorsitzender des Wirtschaftsberaterstabs des früheren amerikanischen Präsidenten, Arthur Okun, erklärte so zum Beispiel, daß der Einsatz einer Rezession zur Inflationsbekämpfung etwa so sei, als ob man ein Haus niederbrenne, um Brot darin zu backen.

Gewöhnlich dämpfen Rezessionen Inflationen. Während der Weltwirtschaftskrise verringerten sich die Preise – und die Geldmenge – um über 30%. Während der kurzen, aber scharfen Rezession 1974/75 ging die Inflationsrate in den USA von einer zweistelligen Zahl auf unter 5% zurück. Kleinere wirtschaftliche Abschwächungen haben eine entsprechend kleinere Wirkung. Der Grad der Rezession, den wir gewillt sind zu ertragen, reicht jedoch kaum aus, das Preisniveau zu senken – d.h. die Preise zu drücken. Er hat jedoch den Effekt, daß die Geschwindigkeit, mit der die Preise steigen, sich verlangsamt. Wie bereits ausgeführt, können die Preise auch bei einem Rückgang der Inflationsrate noch in die Höhe gehen. Wenn wir einen Rückgang bei der Gesamtnachfrage akzeptieren, muß dieser gar nicht unbedingt so erheblich sein, damit die Leute ihre Preise weniger schnell erhöhen, als sie das zuvor getan haben. Auch hierzu gibt es bei den Wirtschaftswissenschaftlern jedoch abweichende Ansichten.

Während es über die Wirksamkeit oder den Sinn makroökonomischer Maßnahmen keine einheitliche Meinung gibt, besteht bei anderen Fragen doch zumindest ein gewisser Konsens. Das trifft auch bei wichtigen Zielsetzungen der Wirtschaftspolitik zu.

6. Wichtige Ziele: Arbeitsplätze, Produktion und Inflationsbekämpfung

Ich finde Arbeit unangenehm, selbst wenn jemand anders sie tut.
Mark Twain

Gebührt den Arbeitsplätzen immer der erste Rang unter den Zielen einer guten Wirtschaftspolitik?

Wenn man einer Reihe von Wirtschaftswissenschaftlern und fast allen Leuten, die etwas mit den Gewerkschaften zu tun haben, Glauben schenken darf, dann wird man das Gefühl nicht los, daß es nichts Wichtigeres als Arbeitsplätze gibt. Sehr häufig kann man hören, daß, wenn soundsoviele Leute zusätzlich auf den Arbeitsmarkt drängen, die Regierung die Verpflichtung hat, mit der entsprechenden Wirtschaftspolitik dafür zu sorgen, daß auch alle Arbeit finden können. Oft heißt es auch, daß ausländische Elektrogeräte oder Autos, die billig hergestellt werden, eine Konkurrenz für die entsprechenden deutschen Produkte darstellen und somit deutsche Arbeitsplätze gefährden. Diese Arbeitsplätze, so wird dann weiter erklärt, sollten geschützt werden, indem man durch Zölle oder Kontingentierungen dafür sorgt, daß die ausländischen Produkte von deutschen Märkten ferngehalten werden.

Es ist nun mal aber eine Tatsache, daß wir die Produkte wollen, die an den entsprechenden Arbeitsplätzen hergestellt werden, und nicht die Arbeitsplätze selber. Wir wollen das Obst und die Steaks, die auf einem Bauernhof produziert werden, die Autos, die als Ergebnis von Anstrengungen der Arbeiter in der Autoindustrie entstehen, und wir wollen Würstchen und Hemden, saubere Kleidung und Fernsehshows. Natürlich möchten auch einige von uns ihre Arbeit behalten. Ich finde meine zum Beispiel wirklich toll. Aber wenn die Produkte, die wir haben wollen, so reichlich vorhanden wären, daß wir die Freiheit hätten, weniger zu arbeiten und uns unsere Freizeit selbst so einzuteilen, wie es uns gefällt – wäre die Welt dann nicht viel schöner? Gar keine Frage!

Das Wohlergehen unseres Landes hängt nicht davon ab, ob wirklich jeder einzelne Arbeit hat. Statt dessen kommt es darauf an, wieviel für jeden einzelnen von der Gesamtproduktion abfällt – auf das reale Bruttosozialprodukt pro Kopf der Bevölkerung also. Beim heutigen Produktivitätsniveau in der Bundesrepublik Deutschland würde es fast allen von uns, selbst wenn 10% oder 20% der Bevölkerung arbeitslos wären, immer noch besser gehen als der Bevölkerung von Indien oder Pakistan. Das liegt daran, daß bei uns pro Kopf mehr produziert wird als dort, und ist nicht etwa darauf zurückzuführen, daß wir mehr Arbeitsplätze haben.

Nachdem wir nun klargestellt haben, daß es eigentlich nicht auf die Arbeitsplätze an sich ankommt, sondern eher auf die zur Verfügung stehende Menge von Gütern und Dienstleistungen, können wir auch einige sehr umstrittene Fragen ganz eindeutig beantworten. Mit einer Reihe dieser Fragen werden wir uns nun befassen.

Sollten wir unsere Arbeitsplätze schützen, indem wir für billige ausländische Güter Importzölle und Kontingentierungen einführen?

Sehr oft hat man die Einführung von Zöllen und Kontingentierungen zum Schutz der einheimischen Industrie vor zu starkem Wettbewerb durch ausländische Produkte damit verteidigt, indem man erklärte, daß ohne einen derartigen Schutz einheimische Arbeitsplätze verlorengehen würden. Es gibt sicherlich keinen Zweifel daran, daß die Firmen, die aufgrund des zusätzlichen Wettbewerbs vom Markt gedrängt wurden, schwere Verluste hinnehmen müssen. Trotzdem, muß man nicht doch zugeben, daß wir als Land insgesamt besser dran sind, wenn wir große Mengen von Schuhen, Elektrogeräten, Autos und Stahl haben, die in anderen Ländern billiger produziert werden können als bei uns? Natürlich ist es durchaus möglich, die Meinung zu vertreten, daß man die Güter, die andere relativ billig herstellen können, genießen sollte, damit man sich selber auf die Produktion der Dinge spezialisieren kann, die im eigenen Land gut hergestellt werden können.

Da wir als Land über mehr und billigere Güter und Dienstleistungen verfügen können, wenn es keine Zölle und Einfuhrbeschränkungen gibt, sind wir in der Lage, einen Teil der auf diese Weise gewonnenen Vorteile dafür zu nutzen, diejenigen, die ihre Arbeitsplätze verloren haben, umzuschulen und ihnen neue Stellen zu beschaffen. Die entlassenen Arbeitnehmer können angeregt werden, in den Branchen Stellen anzunehmen, in denen international wettbewerbsfähige Produkte hergestellt werden. Mit dem Erlös aus dem Export dieser Güter können dann die Importe bezahlt werden. Auf diese Weise haben wir mehr Güter und auch genauso viele Arbeitsplätze, wenn alle, die durch Importe von ihrer Arbeitsstelle verdrängt wurden, umgeschult sind.

Sollten wir dadurch neue Arbeitsplätze schaffen, daß wir das Rentenalter senken?

Es ist schon des öfteren – und zwar meistens in Zeiten hoher Arbeitslosigkeit – vorgeschlagen worden, daß ältere Arbeitnehmer vorzeitig pensioniert werden sollten, um auf diese Weise den jüngeren Platz zu machen. Sind wir als Land dann besser dran? Können wir insgesamt mehr Güter und Dienstleistungen genießen, wenn wir erfahrene, fachlich versierte Arbeiter pensionieren und durch andere ersetzen, die noch keinerlei Erfahrung haben? Nein! Das einzige Resultat wäre ein Rückgang der Gesamtproduktion. Natürlich muß dafür gesorgt werden, daß den jüngeren Arbeitnehmern bei ihrer Suche nach einem Arbeitsplatz keinerlei Hindernisse in den Weg gelegt werden; die so wichtigen älteren und erfahreneren Arbeitnehmer dürfen deshalb jedoch nicht gezwungen werden, aufzuhören zu arbeiten.

Wieso gibt es so viele arbeitslose Jugendliche?

Man sollte immer sehr skeptisch sein, wenn man auf eine volkswirtschaftliche Frage, insbesondere auf eine politisch so brisante wie die Jugendarbeitslosigkeit, eine sogenannte «klare» Antwort bekommt. Etwa derart: «Die sind einfach zu faul zu arbeiten.» Abgesehen davon, daß es tatsächlich eine Fülle von Arbeiten gibt, die wirklich keinen Spaß machen und vor denen man sich nur zu gerne drücken würde, ist Faulheit wohl das Laster, das die Älteren den Jungen in jeder Generation vorwerfen und kann als Argument nicht so ernst genommen werden. Sehr häufig führt man die Arbeitslosigkeit bei den Jugendlichen – wie bei allen minder qualifizierten Arbeitskräften – auf die Existenz gesetzlich vorgeschriebener Mindestlöhne zurück. Diese wurden zwar zum Schutz der Betroffenen eingeführt, nützen letztlich aber nur denjenigen, die tatsächlich überhaupt Arbeit haben. Man behauptet nun, daß viele Arbeitswillige wegen eben dieses zu hohen Mindestlohnes nicht eingestellt würden. Die Begründung geht etwa folgendermaßen: Ein Arbeitgeber hat eine Stelle zu vergeben, deren Wert er vielleicht mit 10 DM pro Stunde einschätzt. Vielleicht so etwas wie als Hilfskraft an einer Tankstelle Benzin einfüllen, die Windschutzscheibe reinigen und nach Feierabend putzen und aufräumen. Wenn aber der gesetzliche Mindestlohn 15 DM beträgt, wird der Tankstellenpächter vielleicht seine Zapfsäulen auf Selbstbedienung umstellen und seinen Laden selber aufräumen. Man wird nun nicht bestreiten, daß für manch einen 10 DM die Stunde selbst für unangenehme Dreckarbeit akzeptabel erscheint. Für Studenten zum Beispiel, die während der Semesterferien dadurch ihr Studium finanzieren wollen, oder für Hausfrauen, die ihr Wirtschaftsgeld aufbessern oder ihren Ehemännern nicht wegen jeder Bluse auf der Tasche liegen wollen. Existiert aber der gesetzliche Mindestlohn, bekommen beide gar nichts, denn einen Lohn unter 15 DM darf der Tankstellenpächter nicht bezahlen, also läßt er es ganz.

Diese Überlegung, logisch wie sie scheint, ist aber nicht unumstritten. In der Bundesrepublik Deutschland gibt es keinen gesetzlichen Mindestlohn, aber es gibt reichlich Jugendarbeitslosigkeit. Aber wo kommt die dann her? Es gibt nur eine unumstrittene Ursache: Es gibt grundsätzlich zu wenige Arbeitsplätze! Und hierfür gibt es eine Vielzahl von Gründen: die schwache Konjunktur, mangelnde Investitionslust der Unternehmer, die Sparwelle im öffentlichen Dienst, die manch einen arbeitslosen Lehrer produziert, die Konkurrenz ausländischer Importe, den technischen Fortschritt, der es zum Beispiel möglich macht, daß eine mittlere Anlage der elektronischen Datenverarbeitung die Arbeit von 20 Buchhaltern, Lagerarbeitern usw. erledigt, die folglich aus dem Betrieb herausrationalisiert werden. Warum aber haben vor allem die Haupt- und Sonderschulabsolventen die größten Schwierigkeiten? Wenn Arbeitgeber eine Wahl haben, nehmen sie lieber die besser als die schlechter ausgebildeten Schulabgänger. So ergibt sich eine fatale Kettenreaktion: Der Numerus clausus und die schlechteren Aussichten für Hochschulabsolventen halten eine zunehmende Zahl von Abiturienten vom Studium ab. Statt dessen drängen diese in Lehrstellen in Handel, Banken und Verwaltung, bisweilen gar im Handwerk, wo früher fast nur Jugendliche mit mittlerer Reife oder Realschulabschluß zu finden waren. Dieses bemühen sich daraufhin – häufig mit Erfolg – um Ausbildungsplätze in Handwerk und Industrie, der traditionellen Domäne der Hauptschulabgänger, wo auch Sonderschüler noch unterkommen konnten, wenn sie Glück hatten. Diese beiden letzten Gruppen «beißen die Hunde», d. h., sie sitzen auf der Straße.

Mit dem gesetzlichen Mindestlohn oder durch die Gewerkschaften durchgesetzten tariflichen Mindestlöhnen oder mit staatlichen Eingriffen in die berufliche Bildung, die aus Lehrlingen Auszubildende machte und keine billigen Arbeitskräfte, hat das *auch* etwas zu tun. In Zeiten allgemein hoher Nachfrage nach Arbeitskräften hat all dies aber nie eine entscheidende Rolle gespielt.

Können wir unser aller Zukunft noch rosiger gestalten, indem wir die Sozialversicherungs- und Rentenversicherungsbeiträge erhöhen?

Wenn wir noch einmal auf die Grundregel zurückkommen, daß die Gesamtproduktion den Lebensstandard eines Landes bestimmt, können wir uns kurz besinnen und noch eine weitere Frage in diesem Zusammenhang stellen, und zwar zur Rentenversicherung. Es wird klar, wie leicht man die überragende Bedeutung der Produktion vergessen kann, wenn man nur den Rahmen etwas ändert.

Es ist eine Tatsache, daß, je mehr Vorkehrungen man für den Ruhestand trifft, desto höher der Lebensstandard dann in dieser Zeit auch sein wird. Aber ist es auch möglich, daß wir alle gemeinsam solche Vorsorge für unseren zukünftigen Konsum und einen angenehmen Lebensabend treffen? Es ist wohl jedem klar, daß der Lebensstandard, den wir alle in der Zukunft genießen werden, so wie auch schon heute von der Gesamtproduktion abhängt, die zur Verfügung steht. Und damit haben wir das Problem erfaßt. Wir vergrößern nämlich die zukünftige Gesamtproduktion nicht unbedingt dadurch, daß wir Beiträge zur Sozial- und Rentenversicherung leisten. Die Menge der Güter, die den Rentenempfängern der Zukunft zur Verfügung steht, hängt davon ab, was diejenigen, die noch im Erwerbsleben sind, erwirtschaften. Eine gute Altersversorgung versetzt also die, die sie haben, in die Lage, Geld ausgeben zu können – jedoch nur auf Kosten derer, die die Arbeit tun. Sparen im allgemeinen kann dazu beitragen, daß zukünftige Generationen mehr Kapital für ihre Produktion zur Verfügung haben, doch gibt es keine Garantie dafür, daß Sozialversicherungs- und Rentenbeiträge auch wirklich diese Funktion erfüllen.

Gibt es hier noch andere Gesichtspunkte?

Wir können die Situation auch in einem etwas anderen Licht sehen. Recht häufig wird das Argument vorgebracht, daß ein jeder Aussicht auf eine bessere Zukunft haben kann, wenn man die Entwicklung der Bevölkerung unter Kontrolle behält. Es stimmt natürlich, daß es auf unserer Erde nur begrenzten Raum gibt und daß viele unserer Ressourcen endlich sind. Bei der Verringerung der Durchschnittsgröße der Familie darf man jedoch nicht zu schnell vorgehen. Stellen Sie sich nur einmal folgende Frage: Wenn die Generation, die eines Tages in den Ruhestand treten wird, nicht viele Kinder hat und wenn die Arbeitsproduktivität nicht wächst, wer sorgt dann später für die nötige Produktion, und wie kann ein noch so gutes Rentenversicherungssystem diese Produktion sichern? Die Produktion ist der grundlegende Faktor, der unseren Lebensstandard bestimmt, auch wenn man das sehr leicht vergessen und sich mit anderen Dingen beschäftigen mag.

Wie kommt es, daß bei einer derartigen Bedeutung der Produktion einige Länder viel produzieren, andere dagegen nur so wenig? Ist das einfach Glückssache?

Worin ist der Wohlstand der Nationen begründet?

Die Leute, die das Glück haben, in einem der reicheren Länder dieser Welt zu leben, genießen einen relativ hohen Lebensstandard. Das ist allerdings nicht aufgrund ihrer eigenen Anstrengungen so, sondern weil ihre Vorfahren ihnen mehr Kapital hinterlassen haben, mit dem sie dann ihr Glück machen konnten. In den ärmeren, weniger entwickelten Ländern gibt es Menschen, die genauso intelligent und leistungsfähig wie die in den entwickelten Ländern sind, und doch ist ihr Lebensstandard viel niedriger. Wie Einzelpersonen können auch Länder ihren Reichtum erben oder aber ihn sich selbst erarbeiten. Aber wie jeder, der ganz neu beginnen muß, sehr wohl weiß, ist es nun einmal schwierig, reich zu werden, wenn man keine Grundlage hat, auf der man aufbauen kann; das gilt selbst, wenn man bereit ist, sehr lange und sehr hart zu arbeiten. Für arme Leute ist die Armut ein Teufelskreis: Weil sie arm sind, können sie es sich nicht leisten, lange in die Schule zu gehen, und haben auch keine Zeit für eine berufliche Ausbildung oder die Ansammlung von Kapital, mit dem sie dann arbeiten könnten; und weil sie weder Ausbildung noch Kapital besitzen, bleiben sie dann auch arm. Dieser Teufelskreis der Armut bei Individuen gilt mit gleicher Härte auch für ganze Länder. Arme Länder haben keine Ressourcen, kein Kapital und keine ausgebildeten Arbeitskräfte. Und weil sie arm sind, können sie es sich nicht leisten, Schulen einzurichten, um ihren Bürgern beizubringen, wie man Straßen und Fabriken baut, um mehr Güter zu produzieren. Und deshalb wird die folgende Generation auch arm sein.

Sind die natürlichen Ressourcen wesentlich für den Reichtum?

Nordamerika zum Beispiel besitzt Rohstoffe im Überfluß, auch wenn wir alle nur zu gut wissen, daß bei einigen dieser Rohstoffe ernstzunehmende Engpässe bestehen. Es gibt jedoch genügend Platz und landwirtschaftliche Nutzfläche, und europäische Besucher sind für gewöhnlich zutiefst beeindruckt, wieviel Land nicht für die Landwirtschaft oder die Industrieproduktion genutzt wird. Außerdem gibt es in Nordamerika reiche Vorkommen an Kohle und Erzen, riesige Wälder, fischreiche Binnen- und Küstengewässer und anderes mehr. Der Wohlstand hängt jedoch nicht ausschließlich von den natürlichen Ressourcen ab, obwohl diese natürlich recht hilfreich sein können. Menschen stellen für einen Staat eine mindestens ebenso wichtige Ressource dar, und eine gesunde, gut ausgebildete und motivierte Bevölkerung kann selbst großen Reichtum schaffen. Es gibt zahlreiche Beispiel dafür, daß ein fleißiges Volk auch ohne reiche Rohstoffvorkommen wirtschaftliche Erfolge erzielt hat. Wir brauchen uns nur einmal die Bundesrepublik Deutschland selbst, Japan, Singapur und Hongkong anzusehen – dort haben die Wachstumsraten in der zweiten Hälfte unseres Jahrhunderts die von Ländern mit reichen natürlichen Ressourcen glatt in den Schatten gestellt.

Die nationale Produktion eines Landes bedarf eines Inputs auf nationaler Ebene. Die grundlegenden Voraussetzungen dafür sind das Vorhandensein von Rohstoffen, Arbeitskräften, Kapital sowie dem Wissen und den verwaltungstechnischen Fähigkeiten, die ersteren effizient unter Verwendung der vorhandenen technischen Hilfsmittel einzusetzen. Rohstoffe können auf den Weltmärkten eingekauft werden, obwohl es natürlich nicht gerade ein Nachteil ist, wenn sie im eigenen Land vorhanden sind. Ein Land kann durchaus seinen Reichtum auf seinen Menschen, seinen Maschinen und seinem technologischen Know-how aufbauen. Doch müssen die Menschen zunächst einmal ausgebildet und die Maschinen hergestellt werden. Ein Land, dessen Bevölkerung auf dem Existenzminimum lebt, kann es sich nicht erlauben, daß ein Teil dieser Bevölkerung, der voll arbeitsfähig ist, in der Schule herumsitzt, anstatt dazu beizutragen, Nahrungsmittel für alle zu produzieren. Die Produktivität der reicheren Länder ist dagegen hoch genug, um Überschüsse zu erzielen, so daß viele Kinder und Jugendliche ernährt werden können, die für die Produktion wichtige Fertigkeiten lernen, die sie widerum befähigen, mehr zu produzieren. Ein Land kann sich also ein gutes Bildungswesen leisten, wenn es bereits gut ausgebildete Arbeitskräfte hat. Was hier über die Ausbildung gesagt wird, gilt genauso auch für Kapital und Maschinen. Wenn investiert wird, bedeutet das, daß ein Teil der laufenden Produktion nicht zum Konsum zur Verfügung steht; das wiederum ist jedoch nur möglich, wenn es einen Überschuß bei der Produktion gibt, der so «auf die hohe Kante gelegt werden kann». Arme Länder haben aber nun diesen Überschuß nicht und bleiben deshalb auch weiterhin arm.

Wie können wir die Entwicklung armer Länder unterstützen?

Man hört in letzter Zeit immer mehr von einer neuen Weltwirtschaftsordnung. Wenn arme Länder, in denen Millionen von Menschen hungern, eines Tages über Atombomben verfügen sollten, könnten wir uns sehr rasch gezwungen sehen, mit ihnen das, was uns jetzt noch allein zur Verfügung steht, zu teilen. Mit diesem Gedanken setzte sich unter anderem auch Robert Heilbroner auseinander, einer der weniger engstirnigen Wirtschaftswissenschaftler unserer Zeit. Einige von uns haben in der Vergangenheit unerhörtes Glück gehabt. Wir sollten uns deshalb überlegen, ob wir dieses Glück nicht mit anderen teilen sollten – eines Tages fragt sonst vielleicht niemand mehr, ob wir wollen oder nicht.

Entwicklungsökonomen beschäftigen sich damit, herauszufinden, welches der beste Weg ist, um armen Ländern aus ihrer wirtschaftlichen Misere herauszuhelfen. Natürlich muß in diesen Ländern zunächst einmal ein Überschuß geschaffen werden, damit es möglich ist, junge Leute auszubilden und außerdem noch Kapital für die Zukunft zu sammeln. Dieser Überschuß kann den Entwicklungsländern entweder in Form von Krediten oder auf irgendeine andere Weise zur Verfügung gestellt werden. Es gibt zwar bereits Entwicklungshilfe in Form von Schenkungen, Darlehen, Abnahmeverpflichtungen u. ä., doch scheint es schwierig zu sein, die Kluft zwischen arm und reich zu überbrücken. Es liegt wohl klar auf der Hand, daß die armen Länder nicht unbedingt Arbeitsplätze brauchen, sondern die Möglichkeit, die Produktion derer zu erhöhen, die bereits arbeiten. Das Problem besteht also nicht in einem Mangel an Arbeitsplätzen, sondern vielmehr in einem Mangel an Gütern.

Auch wenn nun die Produktion einen wichtigen Aspekt der Wirtschaftspolitik ausmacht, darf doch nicht vernachlässigt werden, daß es genauso wichtig ist, die Inflation unter Kontrolle zu halten – nicht etwa, weil die Inflation sich negativ auf die Lage der Gesamtwirtschaft auswirkt, sondern weil diejenigen, die direkt durch die Inflation betroffen werden, sich das am wenigsten leisten können.

Wem schadet die Inflation?

Sie mögen vielleicht zunächst einmal denken: Die Inflation schadet uns allen. Man könnte sich zwar vorstellen, daß ältere Menschen, d. h. Bezieher von festen Renten und Pensionen oder festen Zahlungen aus einer Lebensversicherung, durch die Inflation am meisten geschädigt werden, doch ist es letztlich wohl recht wahrscheinlich, daß jedem von uns Schaden erwächst. Nun, tatsächlich gibt es genauso viele Leute, denen die Inflation Vorteile bringt, wie solche, denen sie zum Nachteil gereicht. Nur gesteht man normalerweise nicht ein, daß man derartige Gewinne macht. Solche Gewinne – und auch Verluste – entstehen durch unvorhergesehene oder unantizipierte Inflation.

Was unterscheidet dann die antizipierte von der nichtantizipierten Inflation?

Allgemein sind zunächst einmal zwei Hauptarten von Inflation vorstellbar: Zum einen die, mit der die Leute rechnen, und zum anderen die, die unvorhergesehen ist. Die erste – also die antizipierte Inflation – stellt kein besonderes Problem für uns dar. Wenn man nämlich für die Zukunft auf eine bestimmte Inflationsrate vorbereitet ist, wird man fordern, daß die Erosion der Kaufkraft, die dadurch entsteht, irgendwie aufgefangen wird. Wenn man zum Beispiel einen Kredit vergibt oder festverzinsliche Wertpapiere kauft, erwartet man, daß man für die antizipierte Inflation durch die Zinsen, die man erhält, entschädigt wird. Derjenige, der diese Zinsen zahlen muß, weiß entsprechend auch, daß cr sic mit D-Mark zurückzahlt, deren Kaufkraft geringer ist, und es wird ihm deshalb nicht viel ausmachen, höhere Zinsen aufzubringen.

Auch bei Tarifverhandlungen werden die Arbeitnehmer, entsprechend der Inflationsrate, die für die Laufzeit der Tarifverträge erwartet wird, mehr Geld verlangen, und die Arbeitgeber werden dem wahrscheinlich zustimmen, da sie wissen, daß die Reallöhne aufgrund der Inflation gar nicht so hoch sind. Bei Pensionen und Renten können entsprechende Klauseln die Inflationsrate, wenn sie im voraus bekannt ist, berücksichtigen.

Unglücklicherweise ist die genaue Inflationsrate nun aber im allgemeinen nicht im voraus bekannt. Demzufolge über- oder unterschreitet dann auch die tatsächliche Inflationsrate häufig die Erwartungen. Diese Art der Inflation –

die falsch antizipierte Inflation – ist die schlimmste. Wir werden jedoch im folgenden sehen, daß, obwohl viele Leute durch sie Schaden nehmen, es trotzdem auch einige gibt, die Vorteile haben. Um das zu demonstrieren, wollen wir uns jetzt mit der Frage befassen:

Was passiert, wenn die Inflationsrate höher ist als antizipiert?

Diejenigen, die Geld verliehen haben – die Gläubiger also –, erleiden aufgrund einer Inflation, die höher liegt, als angenommen wurde, Verluste. Selbst wenn es ihnen gelingt, einen Zinssatz zu erhalten, der sie für die vorausgesagten Preissteigerungen entschädigt, reicht dieser dann doch nicht aus, um die Inflation aufzufangen, wenn sie über die geschätzte Höhe hinausgeht. Hier sind auch die Leute betroffen, die zum Beispiel ihr Geld zu einer Zeit, in der man die zukünftige Inflation zu niedrig antizipierte, in festverzinslichen Wertpapieren angelegt haben. Falls Sie selbst solche Papiere besitzen, ist Ihnen dieses Problem ja vertraut.

Aber wie sieht es nun bei denen aus, die diese Anleihen herausgeben oder sich sonstwie verschuldet haben? Was passiert mit ihrer Schuld, nachdem sie feststellen, daß die Inflation einen Teil dieser Schuld schon aufgefressen hat? Schuldner – diejenigen also, die Geld zurückzahlen müssen – machen aufgrund der nichtantizipierten Inflation einen Gewinn. Mehr noch, ihre Profite entsprechen genau den Verlusten derer, denen sie Geld schulden. Der Gewinn der Schuldner ist der Verlust der Gläubiger. Die Wirtschaftswissenschaftler bezeichnen dieses Phänomen als Umverteilung des Realeinkommens oder als Transfer innerhalb eines Null-Summen-Spiels, in dem die Gewinne den Verlusten entsprechen.

Wer sind nun diese Schuldner, die an der Inflation verdienen? Handelt es sich nur um eine ausgewählte Gruppe cleverer Geschäftsleute?

Bei den Gewinnern handelt es sich keineswegs um eine auserwählte kleine Gruppe; jeder, der zum Beispiel eine

Hypothek oder einen Kleinkredit abzuzahlen hat, macht einen Gewinn. Für solche Leute bedeutet nämlich eine Inflation, die höher liegt, als usprünglich angenommen wurde, und die sich deshalb noch nicht im Zinssatz niedergeschlagen hat, daß sie ihre Schulden einfacher abtragen können. Die Tilgungsraten machen einen immer kleineren Teil ihres Einkommens aus. Das ist natürlich nur ein schwacher Trost für die, die kein Haus gebaut haben und dementsprechend auch keine nette, kleine, festverzinsliche Hypothek aufgenommen haben. Man kann sich nun aber vorstellen, wie groß die Gruppe derer ist, die aus einer solchen nichtantizipierten Inflation einen Nutzen ziehen.

Hypotheken und Kleinkredite machen aber nur einen relativ kleinen Teil des Gesamtschuldenbestandes aus. Der größte Schuldner ist immer der Staat. Er hat diese Schulden – nämlich die Staatsschuld – bei seinen Bürgern, die Staatsanleihen und Schatzwechsel besitzen. Bei steigender Inflation schmilzt die Kaufkraft des Nominalwertes dieser Papiere für ihre Besitzer dahin. Ihr Verlust bedeutet aber für die Regierung einen Gewinn: Sie kann ihre Schuld mit billigeren D-Mark, deren realer Wert durch die Inflation gedrückt wurde, zurückzahlen.

Wer hat dann tatsächlich den Nutzen aus diesem Gewinn der Regierung?

Die Regierung – so hofft man zumindest – vertritt das Volk. Wenn die Regierung nun einen Nutzen daraus zieht, daß sie ihre Schulden mit D-Mark zurückzahlt, die an Wert verloren haben, dann muß auf irgendeine Art und Weise irgendeine Gruppe von Leuten einen Vorteil davon haben, da die Schulden der Regierung ja die Schulden des Volkes sind. Wir haben nun aber gesehen, daß diejenigen, die im Besitz der Staatspapiere sind, einen Verlust machen. Die Gewinner müssen deshalb zu einer anderen Gruppe gehören – zu der nämlich, die dem Staat Geld zur Verfügung stellt –, zu den Steuerzahlern. Oder, um es genauer auszudrücken: Diese sind zumindest die potentiellen Gewinner.

Manche Leute glauben, daß sich der Gewinn, den der Staat auf diese Weise macht, sich nicht auf die Besteuerung auswirkt und daß der Staat statt dessen nur in die Lage versetzt wird, noch mehr Geld zu verschwenden, als er es ohnehin schon tut. Ganz gleich, ob Sie dem zustimmen oder nicht – deutlich wird jedenfalls, wie kompliziert dieses Spielchen Gewinner gegen Verlierer sein kann.

Können auch Unternehmer auf diese Weise profitieren?

Auch Unternehmen geben Schuldverschreibungen heraus, durch die sie bei denen in die Kreide geraten, die diese Papiere kaufen. Bei derartigen Schuldverschreibungen handelt es sich um Industrieobligationen, die eine Möglichkeit darstellen, durch die Firmen ihre Ausgaben finanzieren. In dem Ausmaß, in dem diese Firmen nun Nettoschuldner sind, aben auch sie einen Nutzen durch die nicht-antizipierte Inflationsrate. Aber Unternehmen kaufen ihrerseits auch Obligationen anderer Unternehmen oder des Staates. Und sie geben Kredite an das Publikum; auch Banken sind ja schließlich Unternehmen. Aus diesem Grunde können Firmen ebensogut zu Nettogläubigern werden und so durch die unerwartete Inflation Verluste machen. Eine Vielzahl von Untersuchungen hat ergeben, daß etwa genauso viele Unternehmen Nettoschuldner wie Nettogläubiger sind. Demzufolge kann man sagen, daß Unternehmen als Gruppe anderen Gruppen wie zum Beispiel den Verbrauchern gegenüber keine zusätzlichen Gewinne durch die unvorhergesehene Inflation machen. Einige ziehen Nutzen daraus, andere haben Nachteile, insgesamt ist es ein Null-Summen-Spiel, gleicht sich also aus.

Warum wird dann so viel Geschrei um die Inflation gemacht?

Inflationen, die vorbei sind, gehören der Vergangenheit an. Sind sie erst einmal überstanden, hat man entweder gewonnen oder aber verloren, auf jeden Fall kann man sich glücklich schätzen, sie überhaupt hinter sich zu haben. Was uns allen schadet – und zwar wirklich jedem einzelnen von uns –, ist nicht die Inflation, über die wir Bescheid wissen und die wir bereits erlebt haben, sondern die, die noch vor uns liegt und deren Höhe wir noch nicht einschätzen können. Was uns allen Angst einflößt, ist die Unsicherheit.

Es ist nur ein recht schwacher Trost, zu wissen, daß die noch unbekannte Inflation die Situation des einzelnen unter Umständen vielleicht verbessern könnte (zum Beispiel für den, der eine Hypothek auf seinem Haus hat). Die meisten würden, wenn sie die Wahl hätten, lieber nicht das gefährliche Spiel mit der Inflation spielen. Inflation ist etwas Schlechtes, wenn sie nicht vorhersehbar ist; sie kann unsere gesamten Ersparnisse vernichten – obwohl es natürlich auch möglich ist, daß sie unsere Lage verbessert. Die Mehrheit ist sich darüber nicht im klaren und meint grundsätzlich, Inflation sei ganz einfach schlecht, ganz gleich, unter welchem Gesichtspunkt man sie betrachtet, und damit Schluß! Dabei ist die Inflation nur deshalb von Übel, weil wir ihre Höhe nie genau abschätzen können und weil wir deshalb auch nicht wissen, wie wir persönlich, im Vergleich zu anderen Leuten, sie überstehen werden.

Bietet die Indexbindung eine Lösung des Inflationsproblems?

Wenn wirklich die Unsicherheit hinsichtlich der Entwicklung der Inflationsrate für alles Schlechte in unserem Leben verantwortlich ist, dann ist es höchst sinnvoll und unbedingt zu fördern, daß alle Verträge im wirtschaftlichen Bereich eine Indexklausel enthalten sollten. Eine solche Indexierung bedeutet zum Beispiel, daß die Rückzahlungen von Schulden an die Gläubiger sich entsprechend den Preissteigerungen erhöhen. Bei einer niedrigen Inflationsrate fällt dann auch der Inflationsausgleich niedriger, bei einer höheren Inflationsrate höher aus. Auf diese Weise ist es wesentlich einfacher, mit der Unsicherheit über die Höhe der zukünftigen Inflation zu leben. Gläubiger wissen, daß sie keine Verluste zu tragen haben werden, und auch die Rentner zum Beispiel haben die Gewißheit, daß sie in der Lage sein werden, ihre laufenden Rechnungen zu begleichen. Kurz, wir könnten alle ruhiger leben.

Klauseln, die eine Anpassung an die steigenden Lebenskosten vorsehen – eine Form der Indexierung –, sind schon jetzt bei manchen Lohn- und Tarifverträgen wie zum Beispiel der Scala Mobile in Italien üblich. Im Kreditwesen müssen sie erst noch eingeführt werden.

Könnte man nicht auch in die Lohn- und Einkommenssteuer eine Indexierung einbauen?

Wenn unser Einkommen genau um die Höhe der Inflationsrate steigt, haben wir, wenn wir einmal das Bruttoeinkommen betrachten, nicht viel davon. Es kann sogar sein, daß wir durch das durch die Inflation aufgeblähte Einkommen in eine ungünstigere Steuerprogressionsstufe kommen. Schließlich gibt es bei uns die Steuerprogression, durch die sichergestellt werden soll, daß die Reichen einen größeren Teil ihres Einkommens an Steuern zahlen müssen (es gibt natürlich Schlaglöcher, die gerade das Gegenteil bewirken, nämlich eine Steuerregression, durch die die Reichen nur einen kleineren Anteil zahlen; solche Löcher sollten deshalb auch unbedingt gestopft werden). Aufgrund der Steuerprogression stehen wir durch die Inflation nach Abzug der Steuern dann plötzlich schlechter da als vorher. In dem Maße nämlich, wie Preise und Einkommen durch die Inflation aufgebläht werden, müssen wir, da wir in eine hohe Progressionsstufe hineingeraten, einen größeren Teil unseres realen Einkommens dem Bundesadler in den Schnabel stopfen.

In vielen Ländern gibt es bereits eine Indexierung der Steuerprogression bei den Freibeträgen und den Absetzungsmöglichkeiten. Dort wird das Einkommen, das für eine Steuer in bestimmter Höhe notwendig ist, um die Inflationsrate angehoben. Lag im Vorjahr die Inflation zum Beispiel bei 10%, steigen die Bemessungsgrundlagen in der Steuertabelle ebenfalls um 10%. Der Steuerzahler zahlt entsprechend nur dann höhere Steuern, wenn sein Realeinkommen auch wirklich gestiegen ist, und er läuft nicht Gefahr, durch eine inflationsbedingte Steuererhöhung geschröpft zu werden. Die Indexierung der Steuertarife ist wirklich eine sehr gute Idee; ohne sie erhält der Staat in jedem Jahr mit Inflation einen größeren Anteil der realen Einkommen. Das ist dann natürlich nicht gerade ein besonders starker Anreiz für die Regierung, den Inflationskreislauf zu durchbrechen. Der Staat sahnt auf diese Weise doppelt ab: Zum einen profitiert er durch die Schöpfung des Geldes, die erst zur Inflation führt, und zum anderen durch die Inflation selbst, da sich das Steueraufkommen für ihn erhöht.

Macht es eine solche Indexierung nicht schwerer, die Inflation zu bekämpfen?

Es stimmt natürlich, daß, wenn man den Arbeitnehmern mehr bezahlt, die Preise steigen, dieses zur Inflation führen kann; dann steigen wieder die Löhne und Gehälter usw. Dieser Prozeß kann sich jedoch nicht unendlich lange fortsetzen. Wir wissen noch von der Quantitätstheorie des Geldes her, daß es letztlich nicht möglich ist, daß eine Zeitung eine Wagenladung voll Geld kostet; dazu müßte es geradezu Berge von Geld geben, und zudem wäre man gezwungen, die Wagenladung schnell genug durch die Gegend zu bewegen, damit jeder sie zur Verfügung hat, um seine Zeitung und was er sonst noch so braucht zu kaufen. Wenn die Geldmenge und ihr Wachstum unter Kontrolle sind, kann eine Indexierung bei der Bekämpfung der Inflation hinderlich sein; sie wird es jedoch nicht grundsätzlich unmöglich machen, daß man letztendlich doch Erfolge verzeichnen kann.

Eine Indexierung kann sogar sehr sinnvoll sein, wenn es darum geht, die Sorgen, die aufgrund der Unsicherheit über die zukünftige Entwicklung der Inflation bestehen, zu verringern und dabei gleichzeitig die Inflation selbst durch eine Verlangsamung des Geldmengenwachstums unter Kontrolle zu bekommen. Doch selbst wenn es uns gelingt, das Inflationsproblem zu lösen, müssen wir uns doch immer noch mit den normalen wirtschaftlichen Hochs und Tiefs, dem Auf und Ab der Konjunktur, auseinandersetzen.

7. Die Volkswirtschaft der Booms und Pleiten

Ökonomen sind Leute, die, wenn sie mit einem Fuß auf einer heißen Herdplatte und mit dem anderen in einer Tiefkühltruhe stehen, erklären: «Durchschnittlich gesehen geht's mir nicht schlecht.»
Unbekannter Autor

Von den Voraussagen, die von Wirtschaftswissenschaftlern gemacht werden, trifft stets die Hälfte zu. Leider wissen nicht einmal sie selber im voraus, welche Hälfte das sein wird.
Unbekannter Autor

Gehören Konjunkturzyklen der Vergangenheit an?

Was läßt sich eigentlich über die regelmässigen Auf- und Abwärtsbewegungen, die man früher Konjunkturzyklen nannte, sagen? Bei der Behandlung der Makroökonomie wurden die sich wiederholenden und offenbar unvermeidlichen rhythmischen Zyklen, die die wirtschaftliche Entwicklung gekennzeichnet haben, weitgehend vernachlässigt.

Es gibt noch immer ein derartiges Auf und Ab bei der wirtschaftlichen Aktivität, doch sind sich inzwischen alle Ökonomen, ganz gleich, welcher Schule sie anhängen, darüber einig, daß größere Ausschläge verhindert werden. Dieses wird den automatischen Stabilisatoren zugeschrieben, die – wenn auch nur zufällig – durch die Erhöhung der Staatsausgaben und der Steuern zustande kommen. Obgleich sie im Vorangegangenen schon im Zusammenhang mit der Fiskalpolitik erwähnt wurden, sollten wir sie noch einmal unter die Lupe nehmen.

Haben die automatischen Stabilisatoren die Konjunkturzyklen beseitigt?

Auch wenn es nur ein sehr schwacher Trost dafür ist, daß die Einkommenssteuer den Lohn jeder Arbeit erheblich schmälert, muß man doch sehen, daß ebendiese Einkommenssteuern dazu beitragen, die Volkswirtschaft insgesamt auf geradem Kurs zu halten. Bei einer Abwärtsbewegung der Wirtschaft, bei der die Beschäftigung und die Produktion absacken, sinkt auch das Steueraufkommen. Wenn dann also insgesamt weniger der gesamten Kaufkraft abgeschöpft wird, bleibt durch die Reduzierung der Steuern der Einbruch der Nachfrage in Grenzen. Aber das ist noch nicht alles.

Neben der Möglichkeit, Steuern einzuziehen, ist die Regierung auch noch in der Lage, Ausgaben zu tätigen; wir wissen bereits, daß diese Ausgaben die Steuereinnahmen durchaus übersteigen können und daß der Differenzbetrag dann Haushaltsdefizit genannt wird. Wenn es nun darum geht, die wirtschaftliche Lage zu stabilisieren, kommen die Ausgaben des Staates zum oben beschriebenen Effekt der Steuermindereinnahmen verstärkend hinzu. Wie bereits im vorangegangenen erklärt wurde, muß die öffentliche Hand in einer Phase des wirtschaftlichen Abschwungs an bestimmte Gruppen der Gesellschaft Zahlungen – wie zum Beispiel Arbeitslosenunterstützung, Sozialhilfe u.ä – leisten. Die Extraausgaben, die der Regierung auf diese Weise entstehen, tragen dazu bei, die Nachfrage aufrechtzuerhalten und damit die Wirtschaft insgesamt zu stabilisieren. Bei einer wirtschaftlichen Überhitzung, d.h., wenn es der Wirtschaft «zu gut» geht, sollte sich eigentlich genau der umgekehrte Effekt einstellen; in der Realität besteht jedoch keine vollständige Symmetrie. Auch in – wirtschaftlich gesehen – guten Zeiten kommt es keineswegs automatisch zu Budgetüberschüssen.

Welche Bedeutung hätte ein gesetzlich vorgeschriebener Ausgleich des Haushalts für die automatischen Stabilisatoren?

Eine gesetzliche Vorschrift bezüglich eines ausgeglichenen Haushalts würde verhindern, daß die Regierung mehr ausgibt, als sie an Steuern einnimmt. Müßte der Haushalt ständig auf diese Weise ausgeglichen sein, wären die automatischen Stabilisatoren ganz sicherlich nicht voll funktionsfähig.

Es gibt jedoch noch einen anderen Weg, der die Wirksamkeit der Stabilisatoren gewährleistet, gleichzeitig aber auch den Spielraum der Regierung für finanzpolitische Willkür einschränken würde. Statt eines Ausgleichs des jeweiligen laufenden Haushalts könnte man die Regierung dazu verpflichten, einen Ausgleich auf der Berechnungsgrundlage des Vollbeschäftigungshaushaltes aufrechtzuerhalten. Der Vollbeschäftigungshaushalt, der, wie wir bereits ausgeführt haben, das Defizit einschließt, das bestehen würde, wenn Vollbeschäftigung herrschte, ist jederzeit auszugleichen, ohne daß dadurch notwendige Defizite im jeweiligen laufenden Haushalt, die durch erhöhte Ausgaben und eine Verringerung des Steueraufkommens entstehen, in wirtschaftlich schwierigen Zeiten ausgeschlossen werden. Es gibt jedoch Wirtschaftswissenschaftler, die der Meinung sind, daß es keinen Sinn habe, sich den Kopf über Haushaltsdefizite – ganz gleich, ob auf Vollbeschäftigungsbasis oder sonstwie – zu zerbrechen, sondern daß es vielmehr darauf ankäme, daß die Regierung die reale Höhe der Staatsverschuldung stabil hält. Das Konzept, das dieser Auffassung zugrunde liegt, hat etwas mit der Tatsache zu tun, daß die Staatsverschuldung durch die Inflation gemildert wird, und ist nicht unbedingt sofort einsichtig. Aus diesem Grunde soll zunächst einmal geklärt werden, was mit der Staatsverschuldung eigentlich gemeint ist.

Was ist Staatsverschuldung?

Die Staatsverschuldung – oder auch die Verschuldung der öffentlichen Hand, wie sie genannt wird – ist auf Defizite im öffentlichen Haushalt in der Vergangenheit zurückzuführen. Das Finanzministerium kann die Ausgaben, die nicht von den Einnahmen gedeckt werden, durch die Ausgabe von Schatzwechseln, Schatzanweisungen und Staatsanleihen finanzieren. Diese werden dann von den Banken und von der Öffentlichkeit gekauft. Im Laufe der Jahre führen weitere

Defizite zu einer ebenso stetig wachsenden Zahl von Schatzwechseln und Staatsanleihen im Besitz von Beamten und dem Publikum. Diese machen dann die Verschuldung der öffentlichen Hand oder auch die Staatsverschuldung aus. In der Bundesrepublik Deutschland liegt sie übrigens im Moment bei 8000 DM pro Kopf der Bevölkerung.

Immer wenn das Finanzministerium Haushaltsdefizite zu decken hat, wächst damit die Staatsverschuldung, da mehr Staatspapiere wie Schatzwechsel und Staatsanleihen verkauft werden müssen. Sind Überschüsse vorhanden, reduziert sich dementsprechend die Verschuldung der öffentlichen Hand. Diese einfache Rechnung geht immer auf, wenn keine Inflation herrscht; bei rapide steigenden Preisen müssen jedoch bestimmte zusätzliche Überlegungen angestellt werden. Das liegt ganz einfach daran, daß die Staatsverschuldung entweder durch die Verwendung von Haushaltsüberschüssen zum Rückkauf der Staatspapiere oder aber durch eine starke Inflation verringert werden kann. Durch die Inflation wird die reale Schuldenlast gesenkt; deshalb sollten wir uns einmal mit der Natur dieser Belastung auseinandersetzen.

Was ist die Belastung durch die Staatsverschuldung?

Die Schuldenlast wird häufig in den Zinsen gesehen, die an die Gläubiger gezahlt werden müssen. Wir dürfen jedoch nicht vergessen, daß es bei der Staatsverschuldung immer Gläubiger *und* Schuldner gibt. Wenn Zinsen an die Bürger eines Staates – nämlich an die Inhaber von Staatspapieren – gezahlt werden, bleiben die Mittel mehr oder weniger «in der Familie». Komplizierter wird die Sache allerdings, wenn Ausländer solche Schatzwechsel oder -anweisungen gekauft haben; doch kann im allgemeinen die Zahlung der Zinsen auf die Staatsverschuldung insgesamt kaum als Belastung bezeichnet werden. Die Verschuldung bedeutet einen Aktivposten für die einen, eine Verpflichtung für die anderen.

Bei Inflation sinkt der reale Wert der Staatspapiere, da ihr angegebener Nominalwert eine geringere Kaufkraft hat als vorher. Einige Ökonomen argumentieren nun, daß diese Tatsache eine geänderte Zielsetzung für die Regierung – nämlich ein reales Ansteigen der Staatsverschuldung – mit sich bringe. Das kann beim Haushaltsdefizit ganz einfach dadurch erreicht werden, daß man die reale Kaufkraft der ausgegebenen Staatsanleihen im Zuge der Inflation sinken läßt. Bei einer Staatsverschuldung von 8000 DM pro Kopf der Bevölkerung und einer Inflationsrate von 10% verringert sich die Verschuldung um 800 DM pro Kopf und Jahr. Solange die Zunahme der Verschuldung der öffentlichen Hand nun unter diesem Betrag von 800 DM pro Kopf und Jahr bleibt, sinkt der Realwert der Staatsverschuldung trotz des neuerlichen Defizits.

Aber wer profitiert von einer Verringerung der Staatsverschuldung?

Inhaber von Schatzwechseln und Staatsanleihen erleben, daß die Inflation ihre Kaufkraft schmälert. Ihr Verlust macht nun den Gewinn der übrigen Bürger aus. Das bedeutet jedoch keineswegs, daß die Auswirkungen der Staatsverschuldung sich aufheben und insgesamt keinerlei realen Einfluß auf die Volkswirtschaft haben.

Wenn die öffentliche Hand Kredite aufnimmt, bedeutet dies, daß weniger Mittel für die privatwirtschaftlichen Investitionen zur Verfügung stehen. Es handelt sich hier um den bereits erwähnten Crowding-out, d.h. «Herausdrängungs»-Effekt. Das Wachstum bei der Kapitalbildung im privaten Sektor wird gebremst, das zukünftige Wirtschaftswachstum dadurch verringert. Außerdem können sich die Steuern, die für den Schuldendienst der Staatsverschuldung notwendig sind, negativ auf den Leistungswillen derer auswirken, denen sie auferlegt werden.

Diese Fakten zeigen, daß die Auswirkungen, die sich aufgrund der Verschuldung der öffentlichen Hand ergeben, nicht ganz einfach zu durchschauen sind. Die Zinsbelastung einer Gruppe entspricht dem Zinsgewinn einer anderen Gruppe. Eine reale, d.h. güterwirtschaftliche Belastung ergibt sich dagegen durch die Verminderung des verfügbaren Kapitals und die negativen Auswirkungen auf den Leistungswillen. Trotzdem sind die Konsequenzen eines starken Rückgangs der Volkseinkommen noch viel besorgniserregender als die Auswirkungen einer hohen Verschuldung der öffentlichen Hand.

Sollte es je zu einem Zusammenbruch kommen – werden wir ihn sofort erkennen?

In den Vereinigten Staaten von Amerika gab es in den frühen 30er Jahren, als die Weltwirtschaftskrise begann, keinerlei Zweifel über die Lage der Wirtschaft. Neben Massenentlassungen, unermeßlicher wirtschaftlicher Not und – in einigen Teilen des Landes – mehr als 20% Arbeitslosigkeit kam es in einem noch nie dagewesenen Ausmaß zu Bankzusammenbrüchen. In wenigen Jahren mußten mehr als 8000 Banken die Schalter schließen.

Aber würden derartige Konjunkturabschwünge, falls sie heutzutage aufträten, einen ähnlichen Verlauf nehmen? Auf diese Frage gibt es eine ganz einfache Antwort, nämlich: Nein! Um zu verstehen, warum das so ist, wollen wir uns kurz einmal mit dem Funktionieren von Banken beschäftigen.

Warum machten in der Weltwirtschaftskrise so viele Banken Konkurs?

Unsere Banken operieren, wie wir bereits gesehen haben, auf der Grundlage von Mindestreserven. Die Bargeldreserven einer Bank, die zum größten Teil bei der Bundesbank gehalten werden, müssen mindestens einem bestimmten Prozentsatz des Wertes der Einlagen der Bankkunden entsprechen. Als Konsequenz daraus hat die Bank zu jedem beliebigen Zeitpunkt nur einen Teil dessen, was sie ihren Kunden «schuldet», bar zu ihrer unmittelbaren Verfügung. Wenn nun alle Kunden am selben Tag zu ihrer Bank gingen und ihre Einlagen zurückforderten, könnte die Bank diese Forderungen nicht erfüllen. Das macht aber nichts.

Unsere Banken gehen nämlich von der berechtigten Annahme aus, daß es höchst unwahrscheinlich ist, daß alle Kunden plötzlich gleichzeitig bei ihnen auftauchen. Es gibt ja immer eine ganze Anzahl von Guthaben, die jahrelang unverändert bleiben. Die Banken wissen das und nutzen deshalb die meisten Guthaben für ihre Geschäfte. Sie vergeben Kredite an die Privatwirtschaft und an die Regierung, indem sie deren Schatzwechsel und Staatsanleihen kaufen. Außerdem bieten sie ihren Kunden, die ein Auto kaufen oder ein Haus bauen wollen, Anschaffungsdarlehen an. Ein Teil der Guthaben wird jedoch stets für diejenigen in Reserve einbehalten, die in die Banken kommen, um ihr Geld abzuheben, und genau dieser Teil ist dann auch letztlich durch die entsprechende Gesetzgebung geschützt. Der Großteil der Einlagen bei den Banken wird jedoch von ihnen verliehen und bringt ihnen täglich Zinsgewinne.

Der erwähnte Reserveanteil und die ausstehenden Kredite sind sogar noch etwas mehr als die Banken brauchen, um ihre Verpflichtungen gegenüber ihren Kunden zu erfüllen. Nur haben die Banken diese Mittel eben nicht jederzeit bar zur Verfügung. Wenn einmal dringend liquide Mittel gebraucht werden, kann es unter Umständen einige Zeit dauern, bis alle vergebenen Mittel abgerufen worden sind.

Und jetzt sind wir auch in der Lage zu erklären, warum so viele Banken während der Weltwirtschaftskrise ihre Schalter schließen mußten. Nachdem zunächst in Europa und dann in den Vereinigten Staaten einige große Banken zusammenbrachen, begannen sich viele Leute darüber Sorgen zu machen, ob ihr Geld bei ihrer Bank auch wirklich gut aufgehoben sei. Um nun dieses Geld auf gar keinen Fall zu verlieren, liefen sie schleunigst hin. Ganz gleich, wie solvent die Banken zu diesem Zeitpunkt gewesen sein mögen – den Forderungen aller ihrer Kunden auf einen Schlag waren sie nicht sofort gewachsen. In dem Maße, wie nun Banken dadurch gezwungen waren, zu schließen, wuchsen auch die Befürchtungen der Kunden der noch offenen Banken. Nachdem dann eine Bank nach der anderen Konkurs anmelden mußte, wurde aus den anfänglichen leichten Zweifeln eine Flutwelle der Panik, die alle erfaßte. Die Guthaben waren jedoch durchaus die ganze Zeit vorhanden. Es dauerte nur eben etwas länger, das angelegte Geld flüssig zu machen, um den Forderungen der nervös gewordenen Bankkunden nachkommen zu können.

Kann es heute noch geschehen, daß Banken wegen einer Panik zusammenbrechen?

Zwar sind auch heute Banken nicht unsterblich, und es gab ja in den letzten Jahren einige mehr oder weniger spektakuläre Bankenzusammenbrüche, wie z. B. der der Herstatt-Bank in Köln, aber so etwas geht dann zu Lasten der Bank selbst: Vernachlässigung elementarer bankkaufmännischer Vorsichtsregeln, verlustreiche Spekulationsgeschäfte oder ähnliches. Es ist aber kaum noch vorstellbar, daß auf ein Gerücht hin ein panischer Run auf die Schalter einsetzt und ein an sich gesundes Geldinstitut ruiniert wird. Dagegen gibt es jetzt mit der Einlagensicherung eine Vorkehrung. Dies heißt, daß sich die Banken in einer Art Versicherung zusammenschließen, die jedem Kunden für den Fall einer Insolvenz seiner Bank bis zu einer Höchstgrenze seine Einlage garantiert. Sollten also einmal aus irgendeinem Grund die Kunden alle gleichzeitig in Panik geraten und ihr Geld abheben wollen, könnte die Einlagensicherung dafür sorgen, daß genügend Bargeld vorhanden ist. Der Angst der Kunden, kein Geld mehr abheben zu können, wird somit von vornherein der Boden entzogen, und wenn jedermann sicher ist, an sein Geld heranzukommen, besteht auch kein Grund mehr für eine Panik. Es muß natürlich auch erwähnt werden, daß die Bankenaufsicht dazu beiträgt, daß die Bankkunden besser schlafen können; sie hält die Banken am kurzen Zügel und untersagt allzu riskante Operationen. Bankenpleiten sind also rar geworden und fallen als Vorboten nahen konjunkturellen Unheils weg. Wenn aber der Run auf Banken als konjunktureller Indikator fehlt, woher wissen wir, wenn es abwärtsgeht?

Welche Anzeichen gibt es für einen wirtschaftlichen Abschwung?

In der Realität gibt es kein Patentrezept dafür, wie und woran man einen wirtschaftlichen Abschwung frühzeitig erkennt. Es existieren zwar bestimmte Kennziffern für die wichtigsten Frühindikatoren, die angeblich solche Prognosen ermöglichen und die verschiedene Komponenten einschließen, die nun wiederum mit den bedeutendsten wirtschaftlichen Variablen in Beziehung stehen sollen. Wirtschaftswissenschaftler, die derartige Prognosen erstellen wollen, betrachten zum Beispiel die erteilten Baugenehmigungen, die Aufträge in der Investitionsgüterindustrie, Aktienkurse, aufgenommene Kredite usw. Aber selbst bei diesen Indizes, die unter Berücksichtigung aller dieser Größen erstellt werden, können wichtige Veränderungen der allgemeinen Lage erst dann einbezogen werden, wenn sie schon aufgetreten sind. Einige der Komponenten der Indikatoren – insbesondere zum Beispiel die Entwicklung der Lagerbestände – können sogar sehr widersprüchlich sein.

Welche Indikatoren gibt es sonst noch?

Einer der Frühindikatoren, nämlich die Zahl der offenen Stellen, ist prognosekräftiger als Datenmaterial, das bereits überholt ist. Das Statistische Bundesamt veröffentlicht zum Beispiel monatlich einen Index über die Produktion im Produzierenden Gewerbe, der jedoch nur Auskunft darüber geben kann, wie die Lage im jeweils vergangenen Monat war, nicht aber darüber, wie die zukünftige Entwicklung aussehen wird. Das gleiche gilt auch für Daten über Arbeitslosigkeit, Entlassungen, Volkseinkommen und Sozialprodukt, Umsatz des Einzelhandels usw. Angaben über die Aufnahme von Bauvorhaben versetzen uns in die Lage, Aussagen über zukünftige Entwicklungen der Beschäftigung zu machen, da die Zahl der benötigten Bauarbeiter ansteigt, wenn Bauvorhaben begonnen werden. Wenn es Zahlenmaterial über die Anzahl arbeitsloser Architekten gäbe, wären entsprechende Voraussagen sogar möglich, bevor Daten über begonnene Bauvorhaben vorliegen. So wie es im Moment allerdings aussieht, wissen wir nie so viel über die Zukunft, wie wir selber – diejenigen also, die die Voraussagen machen – immer vorgeben.

Es heißt oft, wachsende Lagerbestände seien ein Zeichen dafür, daß in der Geschäftswelt allgemeine Zuversicht herrscht und daß es mit der Wirtschaft aufwärtsgeht. Man geht dabei davon aus, daß ebendiese zunehmenden Lagerbestände darauf hindeuten, daß die Unternehmen sich auf hohe Verkaufsziffern in der Zukunft vorbereiten und ihre Bestände aufstocken, um dem erwarteten Nachfrageansturm gewachsen zu sein. Doch ist hier auch genau die entgegengesetzte Interpretation möglich: Lagerbestände können nur wachsen, wenn mehr produziert als verkauft wird. Schon per definitionem gilt, daß die Veränderung der Quantität der vorrätigen Güter der produzierten minus der verkauften Menge entspricht. Wenn nun die Verkaufsziffern unerwartet sinken, wird ein Teil der Produktion nicht verkauft, und die Lagerbestände – die vorrätigen, nichtverkauften Güter – steigen dementsprechend. Das ist nun bestimmt kein besonders gutes Zeichen. Wir sehen also, daß große Lagerbestände nicht nur bedeuten können, daß allgemeine Zuversicht herrscht und man erwartet, daß die Nachfrage in naher Zukunft steigen wird, sondern auch, daß die Verkaufsziffern ganz einfach gesunken sind. Sehr leicht können solche Anzeichen als Signale für eine sich bessernde wirtschaftliche Lage gewertet werden, wenn diese sich in Wirklichkeit verschlechtert. Leider gilt das für eine ganze Reihe von wirtschaftlichen Prognosen, und deshalb können Rezessionen und Depressionen unter Umständen durchaus einmal auch ganz unerwartet kommen.

Was unterscheidet eigentlich die Rezession von der Depression?

Es heißt, daß eine Rezession vorliegt, wenn der beste Freund seine Stelle verliert, eine Depression dagegen, wenn man selber auf der Straße sitzt. Nun, es handelt sich bei der Rezession um eine abgeschwächte Form der Depression, die auch erst in der jüngeren Vergangenheit aufgetreten ist. Im Verlauf der 50er und frühen 60er Jahre wurde der wirtschaftliche Fortschritt zur von allen akzeptierten Norm, und niemand rechnete damit, daß sich dies einmal ändern könnte. Der Lebensstandard verbesserte sich ständig, und die Möglichkeit seines Absinkens rückte im Bewußtsein der Leute in immer weitere Ferne. Das wirtschaftliche Debakel der Weltwirtschaftskrise geriet zunehmend in Vergessenheit, und ein neuer Begriff mußte geprägt werden, um kurzfristige Stockungen des immerwährenden Aufschwungs zu beschreiben. Derartige geringfügige, «moderne» wirtschaftliche Schwierigkeiten wurden sodann als Rezession bezeichnet. Während der Begriff Depression einen extremen Rückgang der Gesamtproduktion eines Landes beschreibt, verwendet man den Terminus Rezession für eine geringfügige, kurzfristige Abschwächung.

Was jedoch fehlt, ist eine eindeutige und offizielle Definition. Wenn man sich nur an den realen Wachstumsraten des Bruttosozialprodukts orientiert, macht man vielleicht einen Fehler. Man kann zwar behaupten, daß eine Verlangsamung des Wachstums gegenüber dem gewohnten, dem durchschnittlichen Tempo eine Rezession sei, aber dabei gibt es Probleme: Ist das langjährige durchschnittliche Wachstum bei 8%, bedeutet eine Rate von 5% während eines bestimmten Zeitraums Rezession. Wenn man sich aber später darauf geeinigt hat, daß eben 5% das normale durchschnittliche Wachstum sein sollen, ist 5% eben keine Rezession mehr. Es ist also unbedingt notwendig, weitere Wirtschaftsgrößen heranzuziehen, wie zum Beispiel die Arbeitslosenquote, die Entwicklung der Produktion in verschiedenen Schlüsselindustrien, Umsatzzahlen, Auftragseingang, die durchschnittliche Kapazitätsauslastung.

Wann kam es in der Bundesrepublik zu größeren Rezessionen?

Während des Wiederaufbaus nach dem Krieg, der Frühphase der Bundesrepublik, ließ der enorme Nachholbedarf an Konsum- und Investitionsgütern merkliche Rezessionen gar nicht erst aufkommen. Man sprach damals vom Wirtschaftswunder Deutschlands. Der kräftige Aufschwung der deutschen Wirtschaft wurde bis 1966 kaum unterbrochen, die kleine Abschwächung nach dem Koreakrieg in den Jahren 1952–1954 und diejenige Ende 1962 prägten sich bestenfalls sehr aufmerksamen Konjunkturforschern als Rezessionen ein, sonst hat kaum jemand etwas davon gemerkt. Erst von Mitte 1966 bis Mitte 1967 gab es eine richtige Rezession, in der die Arbeitslosenzahl über eine halbe Million betrug. Auch der damalige Bundeskanzler Ludwig Erhard, von vielen als Vater des Wirtschaftswunders gepriesen, verlor damals seinen Job. Danach ging's unaufhaltsam aufwärts, mal etwas langsamer, mal etwas schneller. Erst 1974 und 1975 legte das Wachstum eine Pause ein, in der das reale BSP etwas sank und die Arbeitslosenzahl auf eine Million kletterte. Obwohl es 1976 wieder flott voranging, gelang es nicht wieder, zur Vollbeschäftigung zurückzukehren, selbst nicht, als es 1979 noch ein reales Wachstum von 4,5% gab. Seit 1980 haben wir eine richtig böse Rezession, in der das Wachstum ganz zum Stillstand kam und sogar ein leichter Rückgang des BSP zu beobachten ist. Zwei neue – und ganz unsinnige – Vokabeln erblickten in den letzten Jahren das Licht der Welt: das Nullwachstum und das Negativwachstum. Man könnte genausogut vom Garnichtwachstum und von der Positivschrumpfung reden und in der hoffentlich nicht allzufernen Zukunft, wenn es wieder aufwärtsgeht, von der Negativschrumpfung!

Wann kam es zu schwereren Rezessionen?

Wenn man diese Zahlen einmal genauer betrachtet, sieht man, daß die verschiedenen Rezessionen, die seit der Depression der frühen 30er Jahre aufgetreten sind, in ihren Anfangsdaten jeweils etwa zwischen 4 und 10 Jahren auseinander liegen. Derartige Rezessionen, die meistens im Abstand von etwas mehr als 10 Jahren aufeinander folgen, gibt es schon seit mindestens 200 Jahren. Da Sonnenflecken und entsprechende Protuberanzen ebenfalls in einem ähnlichen

Zyklus von etwas mehr als zehn Jahren auftreten, haben einige Wissenschaftler – und unter ihnen insbesondere ein britischer Ökonom, nämlich William Stanley Jevons – versucht, eine Verbindung zwischen dem Auftreten von Sonnenflecken und den Konjunkturabläufen herzustellen. Nach ihrer «Theorie» beeinflussen die Sonnenflecken das Wetter und damit dann auch Ernten und Produktion. Obwohl später sogar behauptet wurde, es bestünde ein noch weiter gehender Zusammenhang zwischen den Sonnenflecken und der gesamtwirtschaftlichen Lage, zweifeln die meisten Wirtschaftswissenschaftler wegen der Abnahme der Bedeutung der Landwirtschaft für die Gesamtwirtschaft an der Allgemeingültigkeit dieser Jevonsschen Theorie.

Gibt es noch andere Zyklen?

In graphischen Darstellungen der wirtschaftlichen Entwicklung kann man manchmal sehen, daß die regelmäßigen, in Abständen von 4 bis 10 Jahren auftretenden Fluktuationen von wesentlich längeren Zyklen, bei denen zwischen den einzelnen Hochs und Tiefs ungefähr 50 Jahre liegen, überlagert werden. Diese längeren Zyklen heißen nach ihrem russischen «Entdecker», der herausfand, daß es in den Anfangsjahren des 19. Jahrhunderts, den 1840ern, den 1890ern und den 30er Jahren unseres Jahrhunderts wirtschaftliche Abschwünge gegeben hatte, Kondratieff-Zyklen. Es gibt keine Theorie darüber, warum diese eigentlich auftreten; man weiß nur, daß man sie in der Vergangenheit beobachten konnte. Es gibt Wirtschaftswissenschaftler, die der Meinung sind, die Aufschwünge der Wirtschaft hätten etwas mit der Entwicklung bedeutender Innovationen zu tun: der Eisenbahn in den 50er Jahren des 19. Jahrhunderts, mit Autos in der Erholungsphase nach der Weltwirtschaftskrise usw. Der Grund für diese Hochs und Tiefs muß dennoch wohl eher in der geschichtlichen Entwicklung gesucht werden, da die theoretischen Ansätze keine befriedigende Erklärung liefern können. Die Regelmäßigkeit der langfristigen Zyklen ist jedoch dazu angetan, jetzt, zu Beginn der 80er

Jahre, bei einer ganzen Anzahl von Leuten ein ungutes Gefühl hervorzurufen.

Wie sollte man sich verhalten, wenn man meint, daß eine Phase des konjunkturellen Abschwungs bevorsteht?

Obwohl es sehr schwierig ist, Konjunkturprognosen zu machen – und wir haben das bereits ausgeführt –, gibt es immer wieder Zeiten, in denen die Mehrheit der Bevölkerung zu wissen glaubt, was sie erwartet. Aber was sollte man tun, um sich für das erwartete wirtschaftliche Tief zu rüsten? Hier werden wir nun mit einem der erstaunlichsten Ergebnisse konfrontiert, zu denen die Volkswirtschaftslehre jemals gekommen ist: Es hat sich gezeigt, daß die Verhaltensweisen des einzelnen im absoluten Gegensatz zu dem stehen, was der Volkswirtschaft insgesamt in einer solchen Zeit guttut. Dieser bemerkenswerte Gegensatz zwischen dem für das Individuum wünschenswert erscheinenden wirtschaftlichen Verhalten und dem, was für das Land insgesamt vorteilhaft ist, ging unter dem Begriff «Paradoxon des Sparens» in die Wirtschaftsterminologie ein.

Was ist das Paradoxon des Sparens?

John Maynard Keynes, ein wirtschaftliches Genie seiner Zeit, gebührt der Löwenanteil des Ruhms für die Entdekkung des Sparens. Er erkannte, daß der sogenannte gesunde Menschenverstand vieler seiner Zeitgenossen sie zu einem Verhalten brachte, das den wirklichen Bedürfnissen der Wirtschaft diametral entgegengesetzt war. Gemeinhin war man damals der Ansicht, daß, sobald sich eine wirtschaftliche Abwärtsentwicklung abzeichnete, der einzelne sich am besten darauf vorbereitete, indem er sich ein Polster von Ersparnissen zulegte, d. h. also insgesamt weniger ausgab. Es klingt tatsächlich nicht unlogisch, daß der einzelne, wenn er erwarten muß, daß sein Einkommen in Zukunft sinken wird, er aber nicht auf Konsum verzichten will, schon in der Gegenwart beginnen sollte zu sparen. So vernünftig dieses

Verhalten aber auch für das Individuum sein mag – für die Volkswirtschaft insgesamt kann man sich gar nichts Schlechteres vorstellen.

Um mehr zu sparen, muß man seine Ausgaben einschränken. Genau das ist aber das charakteristische Merkmal einer Rezession aufgrund mangelnder Nachfrage. Eine Rezession bedeutet ja, daß die Nachfrage nicht ausreicht, damit alle einen Arbeitsplatz haben. Es wird insgesamt eben zu wenig ausgegeben. Wenn sich nun eine Rezession abzuzeichnen beginnt, braucht man eine Erhöhung der gesamten Ausgaben, keinesfalls aber eine weitere Reduktion. Für den einzelnen dagegen ist es natürlich das Klügste, mehr zu sparen, um sich auf diese Weise für die bevorstehenden schlechten Zeiten zu rüsten.

Genau das ist nun das Paradoxon des Sparens. Was für den einzelnen das Vernünftigste ist, stellt sich für die Gesamtwirtschaft als das schädlichste Verhalten heraus, das überhaupt vorstellbar ist. Alle zusammen sollten dagegen mehr ausgeben und mehr kaufen. Es ist aber natürlich ein Ding der Unmöglichkeit, daß alle zusammen mehr ausgeben, wenn jeder für sich spart. Nach Keynes' Ansicht sollte aus diesem Grund die Regierung einschreiten und dafür sorgen, daß die Ausgaben der öffentlichen Hand zumindest die Nachfragelücke füllen. Das Paradoxon des Sparens wird manchmal im Zusammenhang mit den klassischen Mängeln des Zusammenspiels der verschiedenen Aspekte eines Ganzen erwähnt, d.h. in Fällen, in denen das Verhalten des einzelnen und die Gesamtwirkung sich entgegenstehen.

Stellen wir uns einmal vor, was passiert, wenn in Zeiten, in denen die Bevölkerung mit einer baldigen konjunkturellen Flaute rechnet, der Staat nicht eingreift. Der einzelne Bürger wird versuchen, so viel wie möglich zu sparen. Wenn er spart, wird er weniger Güter kaufen, so daß Arbeitsplätze verlorengehen. Allein schon die Überzeugung, daß die Zeiten schlechter werden, führt dann also tatsächlich zu einem konjunkturellen Abschwung. Erwartungen erfüllen sich sozusagen selbst. Wenn nur genügend Leute der Ansicht sind, daß es abwärtsgehen wird, tut es das auch tatsächlich. Genau deshalb ist es so wichtig für Volkswirtschaftler, die für die Regierung sprechen, immer den Eindruck zu vermitteln, als sei alles bestens – selbst wenn sämtliche Anzeichen nur den gegenteiligen Schluß zulassen und dieser gegenteilige Schluß auch eigentlich genau der ist, zu dem sie als «Privatmänner» kommen. Es ist aber nun einmal viel zu gefährlich zuzulassen, daß sich eine pessimistische Atmosphäre ausbreitet, und wenn positives Denken und optimistische Voraussagen seitens der Regierung die allgemeine Stimmung optimistisch halten können, nun, dann versucht die Regierung dies eben. Aber können derartige Erwartungen sich auch sonst selbst erfüllen? Kann es sein, daß eine Inflation zum Beispiel dadurch entsteht, daß jeder sie erwartet?

Kann eine galoppierende Inflation sich aus sich selbst heraus entwickeln?

Es ist verschiedentlich vertreten worden, daß, wenn die Inflation einmal außer Kontrolle gerät, die Angst vor der Inflation allein schon dazu führt, daß sich diese noch verstärkt. Dabei wird folgendermaßen argumentiert:

Wenn die Leute denken, daß die Preise der Güter, die sie kaufen wollen, in Zukunft doch nur steigen, greifen sie gleich zu. Warum sollte man schließlich erst Preissteigerungen abwarten, wenn man genausogut zu einem niedrigeren Preis kaufen kann? Deshalb wird auch gekauft, die Nachfrage wird damit angeheizt, wodurch die Preise dann auch tatsächlich steigen. Das führt wiederum dazu, daß noch mehr Leute meinen, sie sollten lieber sofort das erwerben, was sie sowieso haben wollen, solange sie es sich noch leisten können, und auf diese Weise entsteht ein Teufelskreis. So werden zumindest die Angstkäufe erklärt, die nach Meinung mancher zum schlimmsten aller wirtschaftlichen Übel, nämlich der galoppierenden oder auch Hyperinflation, führen.

Wie schlimm kann eine solche galoppierende Inflation werden?

Eine galoppierende Inflation kann sehr schlimm sein. In einigen Ländern Europas – zum Beispiel in Deutschland

Anfang der 20er Jahre und in Ungarn praktisch zur gleichen Zeit – stiegen die Preise monatlich um 100%, d.h., sie stiegen jährlich um das 4096fache oder auch um 409600%. Keynes witzelte einmal, daß die Österreicher immer gleich zwei Bier auf einmal bestellten, weil das Geld schneller an Wert verlor, als sie ihr Bier trinken konnten. (Und Sie finden, die Lage sei heutzutage nicht gerade rosig?!) Briefmarkensammler wissen, daß damals immer neue Briefmarken mit Millionen- und Abermillionen-Aufdrucken für einfache Postkarten nötig waren. Bei einer derartigen Inflationsrate würde es dann auch gar nicht lange dauern, daß man zum Kauf seiner Tageszeitung einen Handwagen für den Geldtransport benötigt. Als die galoppierende Inflation damals in Deutschland und Ungarn ihren Höhepunkt erreichte, war es teilweise so schlimm, daß die Leute ihre Löhne und Gehälter schon vor der Mittagspause erhielten, damit sie noch einkaufen gehen konnten, bevor die Preise abends, nach Dienstschluß, weiter gestiegen waren. Tauschgeschäfte waren damals an der Tagesordnung. Inflationsraten lateinamerikanischer Staaten, die bei ein paar hundert Prozent im Jahr liegen, nehmen sich im Vergleich damit geradezu harmlos aus.

Kann es wieder zu einer solchen galoppierenden Inflation kommen?

Es stimmt, daß Angstkäufe zu einem Teufelskreis führen können. Wenn die Leute erwarten, daß die Inflation zunimmt, kaufen sie, was sie benötigen, im voraus und treiben damit die Preise in die Höhe. Trotzdem ist es nicht möglich, mit einem Handwagen voll Geld für eine Zeitung zu bezahlen, wenn dieses Geld nicht vorher irgendwann einmal gedruckt worden ist. Zur galoppierenden Inflation kann es nur dann kommen, wenn auch entsprechende Geldmengen vorhanden sind bzw. gedruckt werden. Sonst muß auch die galoppierende Inflation schließlich und endlich erst in den Trab und dann in den Schritt verfallen. In der Vergangenheit haben Regierungen sich nun damit beholfen, übermäßig viel Geld zu drucken, wenn sie auf dem üblichen Weg keine Steuern mehr einziehen konnten – wie etwa nach verheerenden Kriegen usw. Eigentlich sollte man doch annehmen, daß wir genügend Menschenverstand besitzen, um zu verhindern, daß so etwas jemals wieder geschieht. Wenn es allerdings am Menschenverstand hapert, bleibt uns nur noch die Hoffnung, daß das Papier zum Gelddrucken ausgeht, bevor es wirklich zum Schlimmsten kommt.

Man kann doch wohl davon ausgehen, daß es zwischen den beiden Extremen Depression und galoppierende Inflation einen gesunden Mittelweg geben müßte, d.h. Vollbeschäftigung bei Preisstabilität. Dieser Ansicht waren auch eine ganze Anzahl Ökonomen, jedenfalls bevor in den späten 60er und 70er Jahren unseres Jahrhunderts das Problem der sogenannten Stagflation auftauchte.

Was ist Stagflation?

Stagflation ergibt sich bei stagnierender Wirtschaftsfähigkeit mit geringem Wachstum und/oder hoher Arbeitslosigkeit, die mit einer hohen Inflationsrate einhergeht. Nach Keynesianischer Lehre dürfte so etwas eigentlich gar nicht passieren. Wenn wir hohe Arbeitslosenzahlen haben, führt das Nachlassen der wirtschaftlichen Tätigkeit zu niedrigen Inflationsraten. Im Gegensatz dazu hat die wirtschaftliche Anspannung bei niedrigen Arbeitslosenzahlen eine hohe Inflationsrate zur Folge. Oder aber die Wirtschaft befindet sich irgendwo zwischen diesen beiden Extremen. Das alles zeigt die Phillips-Kurve an. Es besteht inzwischen kein Zweifel mehr daran, daß es hohe Inflationsraten und hohe Arbeitslosigkeit durchaus gleichzeitig geben kann. Das ist auch über lange Zeiträume hinweg in den verschiedensten Ländern zu beobachten gewesen. Auch gab es teilweise geringes Wirtschaftswachstum mit gleichzeitiger kräftiger Inflation. Nehmen wir nur einmal Lateinamerika: Dort haben viele Länder mit einer jährlichen Inflationsrate von über 100 Prozent und gleichzeitig mit zweistelligen Arbeitslosenquoten zu kämpfen.

Wodurch entsteht Stagflation?

Je nachdem, was wir meinen, wenn wir von Stagflation sprechen, können wir sie auch auf verschiedene Art und Weise erklären. Zum einen bezeichnet man hohe Arbeitslosigkeit mit gleichzeitig auftretender hoher Inflation, zum anderen geringes Wirtschaftswachstum gekoppelt mit hoher Inflation als Stagflation. Für diese beiden Phänomene gibt es jedoch unterschiedliche Ursachen. Beim einen handelt es sich um ein kurzfristiges Problem und beim anderen um ein langfristiges, mit dem man unter Umständen über Jahrzehnte oder sogar Jahrhunderte wird leben müssen. Wir werden uns deshalb im folgenden mit jedem der beiden Probleme einzeln auseinandersetzen.

Die Stagflation, unter der man hohe Arbeitslosigkeit und eine gleichzeitige hohe Inflationsrate versteht, ist das Ergebnis der Inflation auf dem Arbeitsmarkt. Gehen wir einmal davon aus, daß sich die Inflation über einen längeren Zeitraum hinweg aufgrund eines übermässigen Wachstums der Geldmenge entwickelt. Wie bei der Behandlung der monetaristischen Theorie zur Erklärung der Arbeitslosigkeit ausgeführt wurde, werden Preissteigerungen, die über einen längeren Zeitraum hinweg anhalten, bei wirtschaftlichen Entscheidungen einkalkuliert. Bei Tarifverhandlungen sind die Lohnforderungen in einer solchen Situation zum Beispiel von der antizipierten Inflationsrate beeinflußt. Ein Arbeiter, der sich mit einem Stundenlohn von 20 DM zufriedengibt, weil er erwartet, daß die Preise im folgenden Jahr stabil sein werden, mag sehr wohl 22 DM fordern, wenn er meint, daß die Preise in ebendiesem Jahr um mehr als 10% steigen werden.

Gehen wir nun einmal davon aus, daß das Wachstum der Geldmenge gebremst wird. Die Inflation verlangsamt sich daraufhin, sinkt vielleicht auf, sagen wir, 8%. Die in den Tarifverträgen ausgehandelten 22 DM können dann zu hoch sein, das Angebot an Arbeitskräften wird dementsprechend die Nachfrage übersteigen. Die Arbeitslosenquote nimmt daraufhin zu, weil es ja mehr Leute gibt, die willens sind, für 22 DM die Stunde zu arbeiten, als Stellen angeboten werden. Gleichzeitig liegt die Inflationsrate immer noch bei 8%, und das ist nun auch nicht gerade besonders niedrig.

Es zeigt sich also, daß hohe Arbeitslosenquoten und hohe Inflationsraten zusammen auftreten können, wenn die wirkliche Inflation hinter der antizipierten Rate zurückgeblieben ist. Bei dieser Art der Stagflation handelt es sich jedoch nur um ein kurzfristiges Problem, das sich von selbst löst, sobald die Leute sich an die tatsächliche, niedrigere Inflationsrate anpassen und ihre Lohnforderungen den Gegebenheiten entsprechend ändern.

Gibt es noch andere, ernstere Ursachen für eine Stagflation?

Für die Stagflation, die dadurch zustande kommt, daß eine hohe Inflationsrate mit einem Stagnieren des realen Wirtschaftswachstums gekoppelt ist, gibt es längerfristige und damit auch beunruhigendere Ursachen. Ein Stagnieren des realen Wirtschaftswachstums, das sich darin ausdrückt, daß sich der Lebensstandard der Bevölkerung nicht mehr verändert, muß nicht notwendigerweise auch hohe Arbeitslosigkeit mit sich bringen. Doch auch wenn es keine Arbeitslosen gibt, kann der Lebensstandard in einem Land stagnieren, wenn die Effizienz der Wirtschaft, die sich am Produktivitätsfortschritt ablesen läßt, beginnt nachzulassen. Ein derartiger Rückgang des Produktivitätsfortschritts kann zum Beispiel in den Vereinigten Staaten von Amerika schon seit längerem beobachtet werden. In den letzten 10 Jahren war dort in vielen Branchen ein Rückgang bei der Produktivität zu verzeichnen.

Wir erlangen durch unsere Wirtschaft nur einen höheren Lebensstandard, wenn wir immer mehr Produktionsfaktoren einsetzen. Je mehr man in eine Wirtschaft hineinsteckt, desto mehr kann man logischerweise auch aus ihr herausholen. Die Produktionsfaktoren, die eingesetzt werden müssen, sind Rohstoffe, Arbeitskräfte und Maschinen. Diese Faktoren werden dann miteinander kombiniert, und unter Verwendung der vorhandenen Technologie bäckt man dann den nationalen Sozialproduktskuchen. In den 70er Jahren fehlte es in den Vereinigten Staaten nun an den obenerwähnten Ingredienzien; so lautet jedenfalls die Begründung der Makroökonomen, die den Ansatz des realen Input und Output oder auch den angebotsorientierten Ansatz vertreten.

Was besagt dieser neumodische angebotsorientierte wirtschaftspolitische Ansatz?

Wirtschaftswissenschaftler verzetteln sich zwar sehr gern, aber ab und zu geht ihnen doch einmal ein Licht auf, worin ihre eigentliche Aufgabe denn nun besteht. Eine solche ‹Erleuchtung› war die Wiederentdeckung der Bedeutung des Angebots für die Wirtschaft.

Wir haben in unseren Ausführungen keinerlei Zweifel daran gelassen, daß alle wirtschaftspolitischen Maßnahmen sich vorwiegend auf das Bruttosozialprodukt konzentrieren sollten, da durch seine Höhe der Lebensstandard bestimmt wird. Zur Erzeugung dieses Sozialprodukts – oder auch Outputs – bedarf es der bereits angeführten Produktionsfaktoren, nämlich Rohstoffe, menschlicher Arbeitskraft, Maschinen und der besten und fortschrittlichsten Technologie. Nur so ist es möglich, die hohe Produktivität zu erreichen, die notwendig ist, um einen annehmbaren Lebensstandard zu sichern. Das bedeutet also, daß wirtschaftspolitische Maßnahmen – zumindest die, die darauf abzielen, die Produktion zu steigern – sich an den Inputs, die das Angebot beeinflussen, orientieren sollten. Hierbei geht es nun nicht um Maßnahmen, die zur Steigerung der Gesamtnachfrage führen – wie etwa zusätzliche Geldschöpfung, Erhöhung der Ausgaben der öffentlichen Hand usw., sondern um ganz andere, wie etwa die Gewährung von Steuerstundungen als Anreiz für Unternehmer, zu investieren, Steuersenkungen als allgemeine Leistungsanreize, Patentschutzbestimmungen zur Förderung von Erfindungen und Steuerbegünstigungen für Energieexplorationen, um die Erschließung von mineralischen und fossilen Brennstoffen voranzutreiben.

Die Tatsache, daß beim wirtschaftlichen Produktionsprozeß ein grundlegender Zusammenhang zwischen Input und Output besteht, erklärt auch, warum sich der Lebensstandard in den Vereinigten Staaten im erwähnten Zeitraum verschlechtert hat. Wenn die Weltraumforschung nicht neue, unbekannte Ressourcen entdeckt und nutzbar macht, kann der Einsatz von Rohstoffen im Produktionsprozeß aufgrund der Abnahme der bisher bekannten natürlichen Ressourcen und der Umweltschutzbestimmungen nicht so stark weiterwachsen wie bisher. Auch der Input an Arbeitskraft, der zweiten wichtigen Größe bei der Produktion, ist durch abschreckend hohe Steuern, die notwendig sind, um unserem immer umfassenderen sozialen Bewußtsein gerecht zu werden, beschränkt. Dieses Bewußtsein hat sich bereits in einer Vielzahl von Behörden institutionalisiert. Die Laffer-Kurve, die nach dem nicht von allen Ökonomen gleichermaßen anerkannten Volkswirtschaftler Arthur Laffer benannt wurde, stellt die Verbindung zwischen der Minderung des Anreizes zur Leistung und der obenerwähnten Steuerbelastung dar. Laffer ist tatsächlich der Auffassung, daß niedrigere Steuern einen derartigen Leistungsanreiz böten – und damit zu Einkommenssteigerungen führten –, daß das Steueraufkommen insgesamt dadurch sogar noch steigen würde. Außerdem sind seiner Ansicht nach Programme, die aus Steuern finanziert werden – wie etwa Arbeitslosenunterstützung, Sozialbeihilfen usw. –, dazu angetan, den Arbeitswillen und die Leistungsbereitschaft zu untergraben. Das bedeutet also im Klartext, daß sowohl die Steuerzahlungen als auch die Programme, die durch sie finanziert werden, den Einsatz von Arbeitskräften beeinflussen können.

Auch am Einsatz von Kapital, der mit dem der Rohstoffe und den Arbeitskräften kombiniert wird, mangelt es unglücklicherweise. Als eine mögliche Erklärung können auch hier wieder Sozialprogramme und Umweltschutzmaßnahmen herangezogen werden, die ja zweifellos zu einer Verringerung des Inputs an menschlicher Arbeitskraft und Rohstoffen führen. Zu diesen Programmen gibt es nämlich

Ausführungsbestimmungen, die das unternehmerische Risiko und die Kosten erhöhen und damit den Anreiz für Investitionen in neue Anlagen und Maschinen beschneiden.

Weiter wurde der Einsatz neuer Technologien, einer der wichtigsten Wege zur Sicherung des Wachstums des Sozialprodukts, von der gesunden Angst des Menschen vor den potentiellen Gefahren dieser Technologien für Leib, Leben und Umwelt eingeschränkt. Die Schwierigkeiten beim Bau neuer Kernkraftwerke und beim Einsatz von Chemikalien in der Landwirtschaft sind nur zwei besonders augenfällige Beispiele, die die Grenzen der Einführung und Nutzung neuer Technologien deutlich machen.

Die Vertreter des angebotsorientierten Ansatzes sehen in den Zuwachsgrößen der Inputs den bestimmenden Faktor für das zögernde Wachstum auf der Produktionsseite. Wenn der Input an Rohstoffen, menschlicher Arbeitskraft und Kapital nämlich nur langsam zunimmt und auch neue Technologien nur allmählich entwickelt und eingesetzt werden, kann auch der Output nur entsprechend langsam wachsen. Die gleichzeitig auftretende Inflation, die in Verbindung mit dem gebremsten Wachstum gerade die Stagflation ausmacht, kann selbst das Ergebnis der geringen Zuwachsraten sein. Wenn eine Regierung nun die Ursachen dieses langsamen Wachstums nicht erkennt, d.h. nicht sieht, daß die zögernde Zunahme der Inputs verantwortlich zu machen ist, kann es nur allzu leicht passieren, daß sie versucht, die Lage durch eine Ankurbelung der Nachfrage zu retten. Wird jedoch die Produktion durch die sehr realen äußeren Beschränkungen des Inputs, die keinen Expansionsspielraum zulassen, gehemmt, können Maßnahmen zur Stimulierung der Nachfrage nicht greifen, ganz gleich ob sie von der Seite der Geldpolitik oder der Fiskalpolitik kommen. Genau das ist nach Meinung einiger zeitgenössischer Ökonomen auch der Fehler, der bei der nachfrageorientierten Wirtschaftspolitik der Nachkriegszeit gemacht wurde: Man ging damals nämlich davon aus, daß, sobald einmal ein gewisses Nachfrageniveau erreicht sei, durch irgendwelche Zauberei auch das reale Angebot geschaffen würde. Die Versuche, unerreichbare Produktionszuwachse durch eine

Stimulierung der Nachfrage – insbesondere über eine Vergrößerung der Geldmenge – zu erzielen, sind die Erklärung dafür, daß immer die Gefahr besteht, daß die Preise nach oben gedrückt werden. Langsame oder stagnierende Wachstumsraten sind auf diese Weise stets mit Inflation einhergegangen – es sind die beiden Bestandteile eines merkwürdigen Wortes, das allerdings ein wesentlich weniger merkwürdiges Problem beschreibt: Stagflation.

Es gibt Leute, die versuchen, die Stagflation ihres eigenen Landes dadurch zu überwinden, daß sie sich auf der Wertpapierbörse betätigen; aus diesem Grunde wollen auch wir uns im folgenden einmal mit ihr befassen.

8. Die Börse: Aktien und Festverzinsliche

Oktober. Einer der gefährlichsten Monate für Börsenspekulationen. Die anderen sind Juli, Januar, April, September, November, Mai, März, Juni, Dezember, August und Februar.
Mark Twain

Es gibt zwei Situationen im Leben, in denen man seine Finger von Spekulationsgeschäften lassen sollte: Wenn man sich's nicht leisten kann und wenn man sich's leisten kann.
Mark Twain

In welchen Formen kann man sein Vermögen anlegen?

Vermögen läßt sich auf die unterschiedlichsten Weisen anlegen. Man kann zum Beispiel Sachwerte kaufen wie Grundeigentum, Ölgemälde, Gold, Sojabohnen und antike Möbel. Diese Werte sind real, und zwar nicht nur, weil man sie anfassen kann, sondern auch in dem Sinne, wie das Bruttosozialprodukt real sein kann, d.h. aus Dingen und Sachen besteht. Durch die Inflation wird ihr Wert im Vergleich zu anderen Dingen, die ihr Besitzer vielleicht kaufen möchte, nicht gemindert. Anders ausgedrückt: Ihr Nominalwert wird voraussichtlich entsprechend der Inflation zunehmen.

Nach den Sachwerten als Anlageform gibt es noch Aktien und festverzinsliche Wertpapiere wie zum Beispiel Anleihen und Obligationen. Aktien sind eine schriftliche Niederlegung der Miteigentümerschaft an dem Unternehmen, das sie herausgegeben hat. Als Miteigentümer des entsprechenden Unternehmens ist der Aktionär oder Anteilseigner berechtigt, am Gewinn des Unternehmens teilzuhaben. Bevor er jedoch seinen Teil erhält, müssen die Unternehmensüberschüsse zunächst für die Zahlungen an die Inhaber von Obligationen verwendet werden.

Obligationäre haben nämlich dem Unternehmen nur ein Darlehen gegeben und besitzen keinerlei Miteigentümerschaft an diesem Unternehmen. Die Konditionen der Obligationen legen nun fest, daß erst alle Zins- und Rückzahlungen geleistet werden müssen, ehe Gewinne an die Aktionäre ausgeschüttet werden können. Erst nachdem also die Zinsen gezahlt und die fälligen Obligationen eingelöst worden sind, erhalten die Aktionäre den Gewinn in Form von Dividenden. Wieviel Prozent des Gesamtgewinns als Dividenden ausgeschüttet werden, entscheidet sich, nachdem das Unternehmen festgelegt hat, wieviel für die Expansion verwendet wird. Der Restertrag, der neben den Zahlungen an die Obligationäre und den Rücklagen noch bleibt, kommt dann den Aktionären zu. Aber auch hier gibt es noch einmal eine Rangordnung: Zunächst werden die Gewinne an die sogenannten Vorzugsaktionäre ausgeschüttet, dann erst an die übrigen. D.h. also, daß erst, wenn die Obligationäre die ihnen zustehenden Zahlungen erhalten und die Vorzugsaktionäre vom verbleibenden Ertrag ihren Anteil bekommen haben, der Stammaktionär an der Reihe ist. Stammaktionäre sind also die letzten, die bei der Gewinnausschüttung bedacht werden, doch gibt es viele Leute, die gegen den Zusatz «Stamm» zur Bezeichnung Aktionär gar nichts einzuwenden haben.

Welche Anlageform birgt das geringste Risiko?

Da Inhaber von Obligationen als erste ausgezahlt werden, haben sie logischerweise das geringste Risiko zu tragen. Danach kommen Vorzugsaktionäre und schließlich die Stammaktionäre.

Ist Geld sicherer als Obligationen?

Da bei Obligationen das Risiko der Zahlungsunfähigkeit des Emittenten besteht, ist Geld in dieser Beziehung sicherer. Geld ist nun einmal der Teil des Vermögens, der sich durch die größte Liquidität auszeichnet. Doch kann man mit ihm auch nur den geringsten Ertrag erzielen, häufig sogar, wie zum Beispiel im Fall von Bargeld, überhaupt keinen. Aus diesem Grunde ist es alles andere als ein Zeichen von Intelligenz, wenn jemand sein Vermögen nur in Geld anlegt, da er sich auf diese Weise die Chance vergibt, durch andere Anlageformen Einkünfte zu erhalten.

Andere Möglichkeiten, Geld anzulegen, ohne größere Risiken einzugehen, bieten die von öffentlichen Stellen ausgegebenen kurzfristigen Papiere wie Schatzwechsel, die nach drei Monaten, oder Schatzanweisungen, die später – nach bis zu mehreren Jahren – zurückgenommen werden. Die öffentliche Hand nimmt damit kurzfristige Kredite auf, um kurzfristige Fehlbeträge im Haushalt zu decken. Während öffentliche Anleihen auf dem Kapitalmarkt gehandelt werden und für jedermann erhältlich sind, tauchen Schatzwechsel und -anweisungen auf dem Geldmarkt auf, der üblicherweise den Banken, der öffentlichen Hand und bestimmten Kapitalsammelstellen vorbehalten ist.

Welchen Wert haben festverzinsliche Wertpapiere?

Es gibt zwei Hauptarten von festverzinslichen Wertpapieren: Solche in Diskontform und Obligationen mit Kuponbogen. Eine Diskontobligation kann ihrem Inhaber bei einem Kaufpreis von zum Beispiel 190 DM nach Ablauf eines Jahres einen Verkaufsertrag von 200 DM bringen – beim Kauf hat er damit eine Verzinsung von 5% erhalten. Indem er 190 DM zahlt und 200 DM nach 12 Monaten erhält, macht er einen Gewinn von 5%.

Kuponbogen dagegen garantieren ihrem Besitzer ein regelmäßiges Einkommen. Er zahlt von vornherein 200 DM für seine Obligation und bekommt nach Ablauf von jeweils einem Jahr 10 DM sowie die ursprünglichen 200 DM zum festgelegten Fälligkeitstermin. Mit diesen beiden Obligationsformen werden wir uns im folgenden genauer beschäftigen, wenn wir auf den Wert von festverzinslichen Wertpapieren eingehen. Zunächst einmal soll jedoch die Frage aufgeworfen werden, wieviel jemand heute zahlen müßte, um ein garantiertes Jahreseinkommen von 10 DM über einen langen Zeitraum hinweg zu erhalten.

Welchen Wert hat eine ewige Rente von 10 DM?

Nehmen wir einmal eine Obligation, bei der das Risiko der Zahlungsunfähigkeit des Herausgebers minimal oder sogar gleich Null ist. Solche «risikofreien» Obligationen können nur von Regierungen herausgegeben werden, deren Zahlungsfähigkeit bezüglich der Zinszahlungen nur von ihrer Möglichkeit abhängt, Steuern von der Bevölkerung einzuziehen. Wir kommen nun zu folgender Frage: Wieviel wären Sie bereit, für eine Obligation zu bezahlen, die Ihnen und Ihren Nachfahren eine jährliche Einnahme von 10 DM für immer und ewig, also eine ewige Rente, garantiert? Es gibt nämlich Regierungen auf dieser Welt, die solche Dauerobligationen, auch Consols genannt, herausgeben.

Für eine jährliche Rente von 10 DM wäre man, wenn man der Meinung ist, daß der Zins bei Obligationen mit begrenzter Laufzeit stets und immerdar bei 5% liegen wird, bereit, 200 DM zu zahlen. Warum? Nun, wenn man glaubt, jährlich 10 DM an Obligationen mit 1-, 2- oder 5jähriger Laufzeit verdienen zu können, wäre es schließlich möglich, seine 200 DM anzulegen und dafür jährlich 10 DM an Zinsen zu bekommen. Weiter könnte man dann bei Fälligwerden der Obligation – auch wenn die Zinsen bereits verbracht wären – die 200 DM wieder neu investieren. Da nun diese Alternative besteht, wäre wohl kaum jemand bereit, mehr als 200 DM für eine ewige Rente von 10 DM anzulegen; würde man das nämlich tun, bliebe das Einkommen aus solchen Obligationen mit unbegrenzter Laufzeit hinter dem aus denen mit begrenzter Laufzeit zurück.

Was würde passieren, wenn der Zins auf 10 Prozent anstiege?

Nehmen wir einmal an, daß der Zins für neu herausgegebene Obligationen auf 10% pro Jahr steigt und daß man davon ausgehen kann, daß er auch auf diesem Niveau bleibt. Wieviel wären die Leute wohl dann noch bereit, für eine Obligation anzulegen, die Kupons im Werte von 10 DM für eine begrenzte Anzahl von Jahren bietet? Ganz einfach: Höchstens 100 DM! Sie wären ja auch schließlich dumm, wenn sie mehr zahlen würden, obwohl sie mit ihren 100 DM durch die neuen, 10prozentig verzinsten Obligationen auch 10 DM im Jahr verdienen könnten. Für diejenigen, die das bisher noch nicht wußten: Genau aus diesem Grund sinken nämlich auch die Kurse von Obligationen, wenn die Zinssätze steigen.

Kann man den Marktwert von ewigen Renten direkt umrechnen?

Wir haben aufgezeigt, wie der Wert von festverzinslichen Wertpapieren im Fall von ewigen Renten festzustellen ist. Für einen unbegrenzten risikofreien jährlichen Ertrag von 10 DM lohnt es sich, bei einem Zinssatz von 5% 200 DM zu bezahlen. Zu dieser Zahl kommt man, wenn man die 10 DM durch den Zinssatz (in Dezimalform, also 0,05) teilt. Steigen die Zinssätze auf 10% an, fällt der Wert der ewigen Rente in Höhe von 10 DM auf 100 DM, d.h. nämlich 10 DM geteilt durch 0,1. Es gilt also die Regel, daß der Marktwert einer ewigen Rente errechnet wird, indem man den Kuponwert durch den Zinssatz dividiert.

Der größte Teil des gesamten Einkommens wird durch die menschliche Arbeitskraft erwirtschaftet. Da nun Einkommen also sowohl aus Arbeit als auch aus festverzinslichen Wertpapieren entstehen kann, ist es möglich, auch den Wert des sogenannten Humankapitals unter Anwendung der oben für festverzinsliche Wertpapiere aufgeführten Prinzipien zu errechnen.

Wie groß ist der Wert des Humankapitals?

Als ich noch Student war, fragte mich einmal jemand, wie ich denn meinen eigenen Wert einschätzen würde – den

Wert also eines Menschen, der sich in der Ausbildung befand und einmal Volkswirtschaftsprofessor werden sollte. Ich überschlug schnell, was ich wohl verdienen würde – vielleicht 100000 DM im Jahr als Höchstverdienst, und das doch über einen Zeitraum von einer ganzen Reihe von Jahren hinweg –, und erhielt dann, wobei ich von einem Zinssatz von 5% ausging, die Zahl 2 Millionen (oder auch 100000 DM geteilt durch den Zinssatz von 0,05%). Bei dieser Berechnung machte ich mir den langen Zeitraum, über den ich mein Gehalt zu beziehen erwartete, zunutze und ging genau wie bei der Berechnung des Wertes einer ewigen Rente vor. «Stimmt nicht», war der Kommentar zu meiner Rechnung, «Sie sind etwa 4 DM wert.» Dies entspricht nämlich dem Wert der chemischen Bestandteile des menschlichen Körpers, der, damals wie heute, soundsoviel an Kalzium zu einem Kilopreis von soundsoviel D-Mark, bestimmte Mengen an Eisen usw. enthält.

Nun, es gibt gar keinen Zweifel daran, daß der ungefähre Wert der im menschlichen Körper enthaltenen Substanzen, selbst wenn man die Inflation mit einbezieht, nur bei ein paar Mark liegt. Was den Körper jedoch so wichtig macht – ganz gleich, wem er nun gehören mag –, ist, wie diese chemischen Stoffe kombiniert sind. Diese Kombination erst macht Sie oder mich zu dem, was wir sind. Da die Chemikalien nun auf so perfekte Art und Weise ein Ganzes bilden, ist der Wert des Menschen größer als der Wert der Summe der einzelnen Bestandteile seines Körpers. Deshalb sollte er auch genauso berechnet werden wie zum Beispiel der Wert von Obligationen: Soundsoviele D-Mark für einen Wirtschaftswissenschaftler und nicht etwa soundsoviele Pfennig für Kalzium, Eisen usw. aus dem Körper eines solchen. Der wahre Wert eines Menschen kann natürlich auch auf diese Weise nie ganz erfaßt werden, insbesondere gilt das logischerweise für den eigenen Wert! Der wirtschaftliche Wert des Menschen und die Art und Weise, wie der einzelne zum Beispiel durch die Entscheidung über die Art seiner Ausbildung versucht, seinen Wert zu maximieren, ist ein Aspekt der Volkswirtschaftslehre, der oft als die Theorie des Humankapitals bezeichnet wird.

Was bedeutet all das nun für die Berechnung des Volksvermögens?

Inzwischen sollte klargeworden sein, daß der Wert der Maschinen, Fabriken, Straßen, Gebäude und anderen Sachwerte nur einen Teil des Volksvermögens ausmacht. Auch der Wert, der in den Menschen steckt, sollte mit einbezogen werden. Zudem darf man nicht vergessen, daß der Gesamtwert auch noch von der besten und effektivsten Kombination der einzelnen Bestandteile der Gesamtwirtschaft abhängt. Um nun den rein wirtschaftlichen Wert des Vermögens einer Volkswirtschaft herauszufinden, geht man vernünftigerweise genauso wie bei der Berechnung des Wertes von festverzinslichen Wertpapieren vor, d.h., man nimmt das jährliche Volkseinkommen und teilt es durch den Zinssatz. Dieser Zinssatz ist allerdings sehr schwer zu bestimmen, da er von den Wachstumsaussichten, dem Risiko und noch einer Reihe weiterer Faktoren abhängt; trotzdem ist diese Verfahrensweise mindestens ebenso sinnvoll wie der Versuch, einfach die verschiedenen Bestandteile zu addieren und das Ganze dann ohne Rücksicht auf den Faktor der menschlichen Arbeitskraft und die Effizienz, mit der die unterschiedlichen Ressourcen miteinander kombiniert werden, Volkseinkommen zu nennen.

Da es nun so schwierig ist, die Höhe des Volkseinkommens zu bestimmen, sollten wir uns fragen, ob sein Wert mit den Bewegungen an der Börse steigt oder sinkt, da schließlich ein Großteil des Vermögens dort den Besitzer wechselt. Eine Frage, die sich wohl schon jeder einmal gestellt hat, ist die folgende:

Wodurch kommt es eigentlich zu Schwankungen an der Börse?

Nun, es ist wohl einleuchtend, daß man keine schlauen Bücher mehr schreiben müßte und sich überhaupt alle Anstrengungen sparen könnte, anderen Leuten beizubringen, worum es in der Volkswirtschaftslehre eigentlich geht, wenn man genau wüßte, warum die Börse sich so verhält, wie sie das nun einmal tut. Kurz und gut, ich bin nicht imstande, die obige Frage zu beantworten. Oder, anders ausgedrückt: Niemand, auch ich nicht, weiß, warum es am Aktienmarkt mal rauf und mal runter geht. Es gibt Leute, die meinen, daß solche Schwankungen etwas mit den Säumen bei Damenröcken zu tun haben müßten: Die gingen nämlich auch in den 30er Jahren nach unten, in den 60ern, der Zeit der Miniröcke, wieder nach oben, und über die Entwicklung der Damenmode in den 80ern kann man vorerst noch keine Aussage machen. In den Vereinigten Staaten von Amerika wiederum sind manche Leute mit genau der gleichen Berechtigung der Ansicht, daß ein direkter Zusammenhang zwischen dem Ausgang wichtiger Football-Spiele und den Börsenkursen besteht. Nun, zurück zu unserem Problem: Wenn wirklich jemand dank bestimmter übersinnlicher Fähigkeiten in der Lage wäre, das Geheimnis der Aktienkursschwankungen zu durchschauen, würde er wohl kaum mit seinem Wissen hausieren gehen.

Trotz diesen Binsenwahrheiten verlassen sich doch viele Leute auf den Rat von sogenannten Experten auf diesem Gebiet. Es kann jedoch nichts und niemand darüber hinwegtäuschen, daß keiner wirklich weiß, warum die Kurse steigen und fallen, da die Effektenbörse nun einmal ein effizienter Markt ist.

Was versteht man unter Markteffizienz?

Unter Effizienz kann man eine ganze Reihe von Dingen verstehen. Vor allem meint man, wenn man im Zusammenhang mit der Effektenbörse von Effizienz spricht, daß in den vorliegenden Preisen alle bekannten Informationen berücksichtigt und einbezogen worden sind. Wenn zum Beispiel voraussehbar ist, daß die großen Fluggesellschaften in naher Zukunft erhebliche Gewinne machen werden, wird die Konsequenz daraus sein, daß ihre Aktien bereits entsprechend angezogen haben. Daraus sollte jedem klarwerden, was der Begriff Effizienz noch beinhaltet: Daß es riesige Überraschungen weder im Positiven noch im Negativen geben kann. Wenn nämlich sowohl die positiven als auch die negativen Informationen in den Preis eingehen, müssen eben für die vielversprechenden Aktien auch höhere Preise gezahlt werden. Aber ist das nicht schließlich bei allen Dingen so? Es gibt nun einmal auch an der Börse nicht *das* Patentrezept dafür, schnell und ohne Mühe reich zu werden.

Die Effizienz der Effektenbörse ist aber auch noch unter einem anderen Gesichtspunkt interessant. Wenn aufgrund einer bestimmten Kräftekonstellation die Aktienpreise morgen, nächsten Monat oder nächstes Jahr mit hundertprozentiger Sicherheit sprunghaft ansteigen würden – was würden Sie dann tun? Sie verhielten sich bestimmt entsprechend und würden, in der Hoffnung auf zukünftige Gewinne, sofort Aktien kaufen. Wenn nun jedoch alle über dieses Wissen verfügten, hätten Sie keinerlei Nutzen mehr davon. Die anderen nämlich, die Ihnen ihre Aktien verkaufen wollen, würden, da sie ja auch über die erwähnte Information verfügen, hohe Preise fordern. Der Kurs stiege also nicht erst am nächsten Tag an oder weiter an – nein, er wäre bereits hoch! Und was macht der arme Investor dann? Vielleicht sollte er am besten alles so lassen, wie es ist, und einfach einmal auf die zufallsbedingten Schwankungen, die man in der Literatur auch unter der Bezeichnung «random walks», planlose Spaziergänge also, findet, bauen.

Was ist das, ein «random walk»?

Die «random walks», also die zufallsbedingten Schwankungen, stehen in direktem Zusammenhang mit der Markteffizienz. den Aktienkurs eingegangen sind, haben diese Informationen dann keine weiteren Folgen mehr. Nur neue Erkenntnisse können noch eine Wirkung haben, und da sie sowohl positiver als auch negativer Natur sein können, ist ein Ansteigen der Kurse ebenso wahrscheinlich wie ein Fallen. Wenn es geradesogut sein kann, daß Sie beim Spazierengehen in die eine oder die andere Richtung marschieren, ist Ihr Spaziergang planlos, also ein «random walk». Und genau dieses Bild wird dann auch bei den Aktienkursen verwendet. Die so bedingten Unregelmäßigkeiten bei der Kursentwicklung werden mit Hilfe der höheren Mathematik von Experten an wirtschaftswissenschaftlichen Fakultäten der verschiedenen Universitäten untersucht. Das Konzept, das diesem Phänomen zugrunde liegt, kann dabei eigentlich jedes Kind durchschauen. Wie kommt es aber dann, daß Experten Ratschläge erteilen können?

Ja, wie kommt das? Wenn Experten nicht in der Lage wären, heiße Tips und Informationen zu geben, würden sie schließlich bald verhungern. Allerdings ist es wirklich nicht sofort einsichtig, warum irgend jemand bereit sein sollte, Geld auszugeben, ohne damit seine Gewinnchancen in irgendeiner Weise zu verbessern. Aber vielleicht ist der Markt ja auch nur effizient, weil die Experten günstige Gelegenheiten entdecken und dafür sorgen, daß die Preise der betreffenden Aktien ihrem wahren Wert entsprechend verändert werden. Oder aber die Profis haben bestimmte Insiderinformationen, die uns gewöhnlichen Sterblichen vorenthalten bleiben.

Können solche Insiderinformationen Vorteile bringen?

Und wie sie das können! Genau deshalb ist es auch illegal, sie zu nutzen, und der potentielle Mißbrauch solcher Informationen wird von der Börsenaufsichtsbehörde stengstens kontrolliert. Wie bereits beschrieben, liegt es in der Natur der Markteffizienz, daß, wenn alle vorhandenen Informationen bereits in den Preis eingegangen sind, nur noch solche Informationen von Nutzen sein können, über die man exklusiv verfügt. Wenn diese nun besagen, daß ein Preisanstieg zu erwarten ist, kann man die entsprechenden Aktien kaufen, ohne daß der Verkäufer den Preis, der ihrem wahren Wert entspricht, verlangen wird. Insiderwissen über zu erwartende Riesengewinne sind zum Beispiel ein großer Vorteil, und es gibt durchaus Leute, die meinen, daß solches Wissen käuflich sei. Wahrscheinlich würde man zwar schon für die Zeit und das Geld, die man bei der Suche nach solchen Informationen aufwenden müßte, entschädigt werden, falls man an sie herankäme, doch wäre wohl kaum jemand bereit, entsprechende Informationen zu verkaufen, da nach der ersten Transaktion alle Welt Bescheid wüßte und weitere Gewinne dann kaum noch zu machen wären.

Wie kann man nun auf legale Art und Weise an der Börse Erfolg haben?

Lord John Maynard Keynes, der als Spekulant riesige Gewinne erzielte, wußte, daß man nicht notwendigerweise den genauen wahren Wert der Aktien kennen muß, um Geld zu machen. Vielmehr kommt es für eine erfolgreiche Spekulation an der Börse allein darauf an, einschätzen zu können, wie sich die Aktienkurse nach Meinung der anderen Leute entwickeln werden. Wenn diese nämlich finden, daß die Kurse eigentlich anziehen müßten, dann werden die Kurse das auch tun, ganz gleich, ob nun die Meinung dieser Leute gerechtfertigt ist oder nicht. Zu einem solchen Zeitpunkt sollte man dann auch klugerweise zugreifen. Die allgemeine Meinung ist, wenn sie das Kaufverhalten der Leute beeinflußt, die treibende Kraft der Entwicklung des Marktes. Diejenigen, die die Psychologie des Marktes einzuschätzen verstehen, spüren diese Kraft und sind in der Lage, sie sich zunutze zu machen.

Keynes veranschaulichte diese Art des Fingerspitzengefühls für die Entwicklung des Aktienmarktes durch einen Vergleich mit einem der beliebtesten britischen Zeitungspreisausschreiben: In England werden von der Regenbogenpresse oder den populären Sonntagsblättern recht oft ganze Bilderserien von verschiedenen hübschen Mädchen veröffentlicht. Der Leser muß dann bewerten, welches am schönsten, am zweitschönsten usw. ist. Derjenige, dessen Bewertung am nächsten an die einer «Expertenjury» kommt, ist dann Sieger.

Wie gewinnt man nun ein derartiges, doch wohl recht fragwürdiges «Quiz»? Im Prinzip kommt es dabei absolut nicht darauf an, daß man einen besonders geschärften Blick für weibliche Schönheit besitzt. Statt dessen braucht man vielmehr die Fähigkeit, richtig einzuschätzen, wie wohl das

Urteil der Jury aussehen wird. Es reicht also nicht aus, ein Kenner weiblicher Reize zu sein. Vielmehr muß man ein Kenner des Urteils anderer in dieser Beziehung sein. Genau das gleiche gilt nun auch an der Börse, wo zukünftige Werte genauso subjektiv bestimmt werden wie die weibliche Schönheit bei besagtem Preisausschreiben.

Wird nicht, wenn das nun alles so kompliziert ist, eine Menge Unsinn verzapft?

Nun, Unsinn ist wohlfeil, weil es einfach davon ein großes Angebot gibt. Hier ein besonders überzeugendes Beispiel von «Börsenunsinn»: «Die Aktienkurse zogen heute an, es gab erheblich mehr Käufer als Verkäufer.» Das geht einfach nicht! Es kann nämlich nicht einmal einen einzigen Käufer mehr geben als Verkäufer da sind, denn wie kann jemand etwas kaufen, wenn es ihm ein anderer nicht verkauft? Die Anzahl der verkauften Wertpapiere muß deshalb auch absolut mit der der gekauften identisch sein. Kauf und Verkauf sind nur zwei Seiten einer Transaktion, und wie bei allen Dingen auf dieser Welt gibt es eben auch hier zwei Seiten – eine Vorder- und eine Rückseite oder, in unserem Fall, einen Käufer und einen Verkäufer.

Was würden Sie von folgender Aussage halten: Die Aktienkurse gaben im Laufe des Tages nach, so daß nach einer Woche stetiger Gewinne gewisse Gewinnmitnahmen in Kauf genommen werden mußten. «Gewinnmitnahmen»? Das ist nur eine vornehme Art, zu sagen: «Wir wissen nicht genau, was sich hier heute eigentlich abgespielt hat.» Welcher Idiot würde schließlich seine Aktien verkaufen, wenn sie ständig stiegen und noch weitere Kursgewinne zu erwarten wären? Es ist genauso dumm, Aktien zu verkaufen, weil ihr Preis steigt, wie sie zu kaufen, weil ihr Kurs im Sinken begriffen ist. Und dafür wird man auch nie den Begriff «Gewinnabgabe» von Experten zu hören bekommen. Wenn Gewinnmitnahme aber bedeutet, daß man den Gewinn aufgrund von Verlusten anderer macht, wer ist dann so dumm, auf der anderen Seite solche Verluste auf sich zu nehmen? Der Terminus Gewinnmitnahme ist also ganz einfach irreführend.

Welche Strategien sind für Börsengeschäfte sinnvoll?

Es gibt keine Kaufs- oder Verkaufsstrategie, durch die Sie über Nacht reich werden – das sollte schon durch die Erklärung der Markteffizienz und ihrer Auswirkungen, insbesondere der «random walks», also der zufälligen Kursschwankungen, deutlich geworden sein. Es existieren jedoch eine ganze Reihe von Dingen, die man tun kann, um sein Risiko zu verringern, und eine solche Risikominderung kann sich unter Umständen als sehr wertvoll erweisen.

Es gibt massenhaft Finanztheorien und Computerberechnungen, die untermauern, daß man ein großes Risiko eingeht, wenn man alles auf eine Karte setzt. Nun ja, das erscheint ja auch recht logisch, selbst ohne diese aufwendigen Theorien und Computerspielereien. Karten und Kartenspiele und die entsprechenden Klischees gibt es seit geraumer Zeit. Ein gutes Aktienportefeuille zeichnet sich durch Diversifikation aus. Das bedeutet, anders ausgedrückt, daß es eine Vielzahl verschiedener Wertpapiere umfaßt. Das Risiko wird dadurch gemindert, da, wenn die Kurse einer Aktie sinken, die einer anderen vielleicht steigen und man insgesamt gesehen weder Gewinn noch Verlust macht. Was tut man aber, wenn man nicht so viel Geld zum Anlegen übrig hat?

Für Leute mit kleineren Geldbeuteln gibt es die sogenannten Investmentfonds. Diejenigen, die selber nicht genug haben, um es in einem diversifizierten Portefeuille aufzufächern, können das zumindest mit anderen gemeinsam tun. Ein Investmentfonds wird dann ein großes Portefeuille von Aktien und Obligationen kaufen. Anteile dieses derart diversifizierten Wertpapierbesitzers werden dann dem gesamten Publikum zum Kauf angeboten. So kann sich dann jeder von uns schon mit geringen Mitteln ein schön diversifiziertes Portefeuille zulegen.

Ist Investmentfonds gleich Investmentfonds?

Wie überall hat man es auch bei Investmentfonds für nützlich befunden, sich zu spezialisieren. Es gibt zum Beispiel recht risikoarme Rentenfonds und dann wiederum auch andere mit hohen Gewinn- und Verlustchancen. Auch bestehen durchaus Unterschiede bei den Kosten, die sie ausweisen, und auch natürlich bei der Gewinnausschüttung. Es lohnt sich also, sich vor einer endgültigen Entscheidung erst einmal gut umzusehen. Allgemein läßt sich sagen, daß die meisten Fonds und Aktien während Zeiten mit Inflation für gewöhnlich nicht besonders gut abschneiden.

Warum steigen die Aktienkurse nicht entsprechend der Inflationsrate?

In den 70er Jahren, als sich das allgemeine Preisniveau fast verdoppelte, fielen die Aktienkurse, wie der vielzitierte Dow-Jones-Industrial-Index deutlich zeigte. Doch selbst wenn die Kurse angestiegen wären, dieser Anstieg jedoch unter der Inflationsrate gelegen hätte, müßten wir uns wundern.

Steigen durch die Inflation die Preise und die Produktionskosten in gleichem Maße, dann sollte auch die Differenz zwischen diesen beiden Größen – nämlich der Gewinn – um den entsprechenden Prozentsatz in die Höhe gehen. Wenn also eine Firma vor der Inflation Jeans, die für 30 DM das Paar produziert wurden, für 40 DM verkauft hat, bedeutete dies einen Gewinn von 10 DM für diese Firma. Bei einem Anstieg der Produktionskosten und der Preise durch die Inflation um 20% – auf 48 bzw. 36 DM in unserem Beispiel – erhöht sich auch die Differenz, also der Gewinn, um den entsprechenden Betrag auf 12 DM pro Paar. Das bedeutet, daß der Gewinn um 20% steigt – von 10 DM auf 12 DM pro Paar –, so daß er durchaus mit der Inflation Schritt hält. Da nun in Aktien der Anspruch auf Gewinne enthalten ist, stellt sich die Frage: Warum sind die Aktienkurse nicht entsprechend der Inflation angestiegen? Unser Beispiel und der gesunde Menschenverstand sprechen doch eigentlich wirklich dafür.

Die Tatsache, daß die Aktienkurse nicht nur nicht entsprechend der Inflation gestiegen, sondern sogar gefallen sind, ist eines der ganz großen ungelösten Rätsel der 70er Jahre. Wir wissen ganz genau, daß die Gewinne der Unternehmen, deren Aktien an der Börse gehandelt werden, zumindest teilweise entsprechend der Inflation angestiegen sind, nicht jedoch die Kurse selber. Wenn nun die Dividenden mit den Gewinnen in die Höhe gehen, die Aktienkurse sich jedoch nicht verändern, erhöht sich damit die Rendite, d.h. die Dividende in Prozent des Kurses der Aktie. Ein höheres Risiko, das nicht vermieden oder diversifiziert werden kann, bzw. die Kompensation für dieses eingegangene Risiko könnte das Ansteigen der Erträge zumindest teilweise erklären; wie der andere Teil der Erklärung dagegen lautet, bleibt rätselhaft.

Leider kann die Volkswirtschaftslehre auch nicht alles begründen, und gerade der Aktienmarkt war besonders schwierig in Erklärungen der Auswirkungen der Inflation der 70er Jahre einzubeziehen. Wenn nun, wie gesagt, die Entwicklung der Aktienkurse nicht leicht zu verstehen ist, wie sieht es dann bei den Preisen für festverzinsliche Wertpapiere aus?

Was passiert mit den Kursen der festverzinslichen Wertpapiere, den Rentenkursen?

Wir haben uns bereits im vorangegangenen Abschnitt mit dem Kurs von festverzinslichen Wertpapieren auseinandergesetzt und gesehen, wie dieser steigt, wenn die Zinssätze sinken. Aber wodurch wird die Entwicklung der Zinssätze bestimmt?

Zinsen sind Zahlungen, die für das Leihen von Geld geleistet werden müssen. Wenn man die für Kredite zur Verfügung stehende Geldmenge erhöht, sinkt der Preis, nämlich der Zinssatz, den man für die Kreditaufnahme zu zahlen hat; die dergestalt niedrigen Zinsen wiederum führen zu einer Erhöhung der Kurse von festverzinslichen Wertpapieren. Wenn nun gerade zufällig die Nachfrage nach flüssigen Mitteln zunimmt, weil die Leute für alles mögliche gerade Geld benötigen, wird damit der Preis für die Kreditaufnahme auch wieder steigen. Dementsprechend fallen dann die Kurse der festverzinslichen Wertpapiere auch wieder.

Aber es gibt noch andere Kräfte, die auf die Rentenkurse einwirken. Vor fast einem Jahrhundert erkannte ein hervorragender amerikanischer Ökonom namens Irving Fisher (er ist nicht mit dem ebenfalls sehr talentierten Volkswirtschaftler unseres Jahrhunderts, Stanley Fischer [mit «c»], verwandt), daß sich Leute, die Geld verleihen, immer Sorgen wegen der Inflation machen. Er argumentierte sehr überzeugend, daß, wenn eine hohe Inflationsrate zu erwarten ist, diejenigen, die Geld für Kredite zur Verfügung stellen, schon im voraus eine Entschädigung fordern werden. Wenn die Zinssätze ohne Inflation bei 4% liegen, würden sie entsprechend bei einer angenommenen Inflationsrate von 8% auf 12% steigen, um mit den allgemeinen Preiserhöhungen Schritt zu halten. Dies wiederum hätte einen Rückgang der Rentenkurse zur Folge. Wir haben uns mit diesem Phänomen bereits beschäftigt, ohne ihm jedoch einen Namen zu geben. Allgemein nennt man es den Fisher-Effekt. Untersuchungen, die sich mit den Entwicklungen von Zinssätzen bei verschiedenen Inflationsraten befassen, haben ergeben, daß Fishers Hypothese zumindest grundsätzlich zutrifft und daß die jeweils erwartete Inflationsrate einen erheblichen Einfluß auf die Kursentwicklung der festverzinslichen Wertpapiere gehabt hat.

Spielen in diesem Zusammenhang auch Steuern eine Rolle?

Wenn es weiter oben heißt, daß bei Zinssätzen von 4% bei stabilen Preisen diese bei einer erwarteten Inflation von 8% auf 12% ansteigen würden, sind die Steuern in eine solche Kalkulation nicht einbezogen. Tatsächlich werden Einkünfte aus Zinsen jedoch als Teil des Einkommens besteuert. Ein Zinssatz von 4% ohne Inflation und mit einem Grenzsteuersatz (d.h. dem Steuersatz, der für die letzte zusätzlich verdiente D-Mark berechnet wird) von zum Beispiel 50% bedeutet einen Nettogewinn von mageren 2%. Selbst wenn Sie, wegen der erwarteten Inflationsrate von 8%, einen Zinssatz von 12% verlangen würden, hätten Sie, nach einem Steuerabzug von 50%, nur noch 6% dieser Zinsen und würden damit real 2% an Kaufkraft verlieren.

Bei einer Inflationsrate von 8% sind Zinssätze von 20% notwendig, damit nach der Inflation und dem Steuerabzug ein Gewinn von 2% erhalten bleibt. Nur bei einem solchen Zins bleiben 10% nach Abzug der Steuern, von denen 8% durch die Inflation abgehen, so daß ein realer Gewinn von 2% gemacht wird. Ist das nicht einfach unglaublich? Aber es stimmt tatsächlich: Bei einer antizipierten Inflationsrate von 8% müssen die Zinsen auf 20% steigen, damit die Kreditgeber keine Verluste erleiden.

Es wäre nun allerdings falsch, zu glauben, daß bei einer derartigen Zinsbelastung niemand mehr Kredite aufnehmen würde. Zinszahlungen an die Gläubiger können nämlich unter bestimmten Voraussetzungen von der Einkommenssteuer abgesetzt werden. Wenn aber ein Schuldner auch 50% seines Einkommens an Steuern zahlen muß, macht ein Zinssatz von 20% nach Abzug der Steuern real nur noch 10% aus, wenn 50% der Gesamtbelastung auf die Steuern angerechnet werden. Außerdem vermindert sich die Kaufkraft des geliehenen Geldes aufgrund der Inflationsrate von 8%, so daß die reale Zinsbelastung bei einem nominalen Zinssatz von 20% nur noch bei 2% liegt. Diese Argumentationskette ist wirklich in sich schlüssig – ohne Netz und doppelten Boden! Aufgrund der Besteuerung müssen Zinssätze schneller steigen als die Inflationsrate, damit die Gläubiger keine Verluste hinzunehmen haben. Und die Schuldner sind auch durchaus willens, zu zahlen. Nun, Verluste können jedoch nicht überall vermieden werden. Die Geschichte hat gezeigt, daß die Sparer nach Abzug der Steuern diejenigen sind, die Verluste einstecken müssen.

Sind alle Zinssätze gleich?

Es klingt oft so, als gäbe es nur einen einzigen Zinssatz, dabei gibt es in Wirklichkeit eine ganze Reihe verschiedener Sätze. Ihre Höhe hängt von dem Risikofaktor der jeweiligen Wertpapiere ab: Die mit dem höchsten Risiko werden auch am höchsten verzinst, damit auf diese Weise dem höheren Risiko Rechnung getragen wird. Außerdem hängt der Zinssatz auch noch von der Fälligkeit des Kredits sowie von seiner Höhe ab.

Was gibt es denn alles für Zinsen? Ein paar Beispiele

Zinsen gibt es immer dann, wenn irgend jemand, sei dies eine Bank, eine Privatperson, ein Unternehmen oder eine der vielen öffentlichen Hände, von irgend jemandem leihweise Geld oder Kapital zur Verfügung gestellt bekommt.

Da wären z. B. zunächst die Zinsen, die die Bundesbank selbst nach eigenem Gutdünken festlegt, nämlich der Diskont- und der Lombardsatz für Kredite der Bundesbank an die Banken und die Zinsen für diejenigen Staatsschuldtitel, die die Bundesbank im Rahmen ihrer Offenmarktpolitik an die Banken oder an Privatpersonen verkauft. Diese heißen Abgabesätze; wenn sie vor der vereinbarten Fälligkeit zurückgegeben werden, Rücknahmesätze. Auch Banken untereinander leihen sich Geld, zum Beispiel wenn eine Bank Zentralbankgeld benötigt, um ihre Mindestreserveverpflichtung erfüllen zu können, und eine andere zufällig gerade eine üppige Überschußreserve besitzt, für die sie sonst keine Verwendung hat. Der Markt, auf dem derartige meist kurzfristige Kredite zwischen den Banken abgewickelt werden, heißt Geldmarkt, die vereinbarten Zinssätze nennt man Geldmarktsätze. Dann folgt die lange Reihe von Zinsarten, die die Banken dafür kassieren, daß sie Nichtbanken Geld leihen, also Überziehungszinsen, Darlehenszinsen, Hypothekenzinsen usw. Auf der anderen Seite kassieren die Bankkunden Zinsen, wenn sie es sind, die der Bank Geld überlassen, nämlich Sparzinsen, Zinsen für Festgelder, für Sparkassenbriefe. Schließlich wären da noch die Zinsen auf dem Kapitalmarkt zu nennen, die für längerfristige Geschäfte zu zahlen sind und meist an irgendein Stück Papier gebunden sind, z. B. Industrieobligationen oder die schon häufig genannten Staatsschuldtitel in ihrer mannigfaltigen Ausgestaltung.

Es ist schwierig zu entscheiden, welches der wichtigste Zinssatz ist, da alle Zinssätze mehr oder weniger zusammenhängen und sich üblicherweise in derselben Richtung verändern. So ist sicherlich der Geldmarktsatz ein guter Indikator für die Durchschlagskraft der Zentralbankpolitik, während die Hypothekenzinsen Aufschluß über die zu erwartenden Tendenzen auf dem Baumarkt geben. In den USA wird als eine Art Eckzins stets die «Prime Rate», mit «Prima-Rate» mehr schlecht als recht zu übersetzen, genannt. Das ist der Zins, den die Banken ihren besten Kunden aus der Wirtschaft berechnen. Alle übrigen Kreditzinsen liegen in der Regel in einem bestimmten Abstand zu diesem, was die Prime Rate zu einer Art Leitzins macht.

Was verstehen Ökonomen von Buchführung und der Verwaltung von Finanzen im persönlichen Bereich?

Volkswirtschaftler unterscheiden sich insofern gar nicht von anderen Leuten, als sie am Monatsende höchst selten noch so viel Geld übrig haben, daß sie nicht wissen, wohin damit. Sie erinnern sich vielleicht daran, daß die einzigen Beträge, mit denen sich die Ökonomen von Berufs wegen beschäftigen, das Volkseinkommen und die Zahlungsbilanz sind. Buchhaltung und die Führung von Privatkonten gehören nicht zu ihrem Metier. Das überlassen sie den Experten auf diesem Gebiet – den Buchhaltern –, und viele Ökonomen, die sogar einen Doktortitel haben, sind sogar schon überfordert, wenn es nur darum geht, eine Einkommenssteuererklärung auszufüllen oder herauszufinden, wie sie es am geschicktesten anstellen, am Ende des Monats nicht regelmäßig in den roten Zahlen zu sein. Ökonomen studieren die Ökonomie und nicht, wie sie selber am ökonomischsten vorgehen. Volkswirtschaftler wissen nicht nur im allgemeinen sehr wenig über Buchführung und eine vernünftige Verwaltung ihrer privaten Finanzen, meistens haben sie auch wenig Ahnung von dem Jargon, der von Buchhaltern und Börsenmaklern – den Leuten also, die sich mit genau diesen Problemen auseinandersetzen – benutzt wird. Ökonomen sind sich jedoch sehr wohl darüber im klaren, was sie von diesem Jargon zu halten haben.

Wie wichtig ist der Finanzjargon?

Es gibt eine ganze Anzahl von hochtechnischen, überzogenen Begriffen, die verwendet werden, wenn es um die Beschreibung von bestimmten Finanzinstrumenten geht, die auf dem Markt für Aktien und festverzinsliche Wertpapiere eingesetzt werden.

Das Kauderwelsch, das sich auf diesem Gebiet entwikkelt hat, ist für Nichtfachleute oft nur mit Hilfe eines Nachschlagewerks entzifferbar; wer kann schon mit «Fungibilität», «geregeltem und ungeregeltem Freiverkehr», «Prolongationen», «Liquidationsschuldverschreibungen» und «Wandelanleihen» etwas anfangen?

Die Einzelheiten solcher finanztechnischer Angelegenheiten wollen wir lieber denen überlassen, die sich mit ihnen auskennen müssen, um ihren Lebensunterhalt zu verdienen. Für die Mehrzahl der Leute sind die Hochfinanz und die Finessen der Buchhaltung einfach nur sterbenslangweilig – deshalb beschäftigen sich nur relativ wenige mit diesen Dingen. Die Knappheit auf der Angebotsseite an solchen Leuten, die in der Lage und willens sind, als Börsenmakler oder Finanzbuchhalter tätig zu sein, erhöht ihren Preis, d.h. ihr Gehalt. Aufgrund der vielfältigen Freuden, die die Volkswirtschaftslehre dagegen bietet, gibt es jedoch ein sehr großes Angebot an Volkswirtschaftsprofessoren, obwohl sie eine lange und dornenreiche Ausbidung hinter sich bringen müssen und auch nicht allzu dumm sein dürfen. Dieses große Angebot an willigen Volkswirtschaftsprofessoren drückt natürlich ihren Preis – also das Gehalt, das sie beziehen. Trotzdem haben sie immer die Gewißheit, daß die nichtmaterielle Entschädigung, der Spaß an der Sache, ihnen von niemandem genommen werden kann.

Da wir uns nun so eingehend mit Angebot und Nachfrage befaßt haben, sollten wir unbedingt sicherstellen, daß wir diese Termini auch tatsächlich korrekt verwenden. Angebot und Nachfrage sind die zentralen Begriffe für die sehr interessanten Theorien, die über Konsumenten und Unternehmen aufgestellt worden sind.

III. Die Volkswirtschaft im Kleinen

9. Die Gesetze von Angebot und Nachfrage

Die gesamte zivilisierte Welt will nun unbedingt wissen, ob die hohen Lebenshaltungskosten in Zukunft noch weiter steigen, sinken oder gleichbleiben werden. Selbst bei den besten mir bekannten Voraussetzungen scheint es jedoch an einem umfassenden Verständnis der Problemstellung zu mangeln. Oft wird diese nämlich nur im Bereich des normalen Angebots und der Nachfrage gesehen, wobei man das allgemeine Niveau der Preise so diskutiert, als handle es sich um die Preise von Weizen oder irgendwelchen anderen Gütern. Dabei wird dann einfach übersehen, daß die Ursachen für Schwankungen des allgemeinen Preisniveaus von denen für solche einzelnen Güter so unterschiedlich sind wie die Ursachen der Gezeiten von denen einer einzelnen Flutwelle.
Irving Fisher, 1912

Warum ändern sich die Preise einzelner Güter?

Wir haben bereits gesehen, daß die Steigerungsrate, der die Preise insgesamt unterliegen, der Inflation entspricht und daß die allgemeinen Preise von einem Preisindex erfaßt werden. Wir haben uns außerdem schon damit beschäftigt, was für Auswirkungen Veränderungen der Geldmenge und andere makroökonomische Einflüsse auf die Inflation haben.

Bei der Diskussion der Preise einzelner Güter verwenden die Wirtschaftswissenschaftler – in diesem Fall die Mikroökonomen – jedoch einen anderen Ansatz und bedienen sich des Gesetzes von Angebot und Nachfrage, mit dem wir uns im folgenden auseinandersetzen wollen. Sie fragen sich nun vielleicht, warum Volkswirtschaftler das allgemeine Preisniveau auf eine ganz bestimmte Art und Weise erklären – z. B. unter Heranziehung der Geldmenge –, Schwankungen bei den Preisen einzelner Güter dagegen auf eine andere – nämlich mit Angebot und Nachfrage. Sie stehen nun mit Ihrer Frage keineswegs allein, sondern befinden sich in bester Gesellschaft. Viele sehr berühmte Ökonomen haben ihrem

Erstaunen darüber schon Ausdruck verliehen, oft sehr kritisch und unüberhörbar. Das hat sie allerdings in keiner Weise daran gehindert, weiterhin an die Lösung makroökonomischer Fragen ganz anders heranzugehen als an die mikroökonomischer.

Ein Weg, dieses doch etwas zweifelhafte Vorgehen zu verschleiern, besteht bei ihnen darin, daß sie die Inflation als absolutes Preisproblem, die einzelnen Preise dagegen als relatives Preisproblem bezeichnen. Die Untersuchung von Angebot und Nachfrage ist nun die Methode, mittels der man aufzeigt, warum sich einige Preise – wohlgemerkt: relative Preise – mehr oder weniger verändern als andere.

Diese Unterscheidung zwischen absoluten und relativen Preisen bietet nicht unbedingt eine überzeugende Erklärung für ein derartiges Vorgehen. Tatsächlich sind auch eine ganze Anzahl von Wirtschaftswissenschaftlern der Auffassung, daß die Mikroökonomie, so wie sie sich in Angebot und Nachfrage darstellt, die eigentliche Grundlage der Wirtschaftswissenschaft bildet. Wenn man überhaupt mikro- und makroökonomische Theorien miteinander verbinden kann, dann nur, indem man die Mikroökonomie auf die Makroökonomie ausdehnt und nicht umgekehrt. Geht man so vor, zeigt sich, daß die Inflation darauf zurückzuführen ist, daß das Geldangebot – sprich die Geldmenge – über die Nachfrage steigt. Damit verliert das Geld dann entsprechend an Wert, was genausoviel bedeutet, daß man mehr davon braucht, um das zu kaufen, was man haben möchte. Und eben das ist dann Inflation. Damit ist auch bewiesen, daß die Regeln von Angebot und Nachfrage sich auf einzelne Preise genauso wie auf die Preise im allgemeinen und damit auch auf die Inflation anwenden lassen.

Warum sollte man zwischen einzelnen Preisen und dem allgemeinen Preisniveau unterscheiden?

Wenn wir der Meinung wären – oder sogar mit Sicherheit wüßten –, daß die Inflationsrate im kommenden Jahr bei 10% liegen würde, könnten wir deshalb trotzdem noch keinerlei Aussagen darüber machen, wie sich die Preise für Heizöl oder Käse entwickelten. Trotzdem haben Leute wie zum Beispiel Landwirte, Vorstandsmitglieder von Ölgesellschaften oder einfach Menschen, die gerne essen und ungern frieren, durchaus ein Interesse an diesen Einzelpreisen. Es ist nun einmal eine Tatsache, daß Konsumenten und Unternehmen Bestandteile eines wirtschaftlichen Systems sind und, im Durchschnitt gesehen, die gleichen Höhen und Tiefen durchmachen wie die Gesamtwirtschaft. Nun sind die meisten von uns aber nicht «der Durchschnitt», sondern arbeiten in diesem oder jenem Unternehmen und kaufen diese oder jene Güter. In Betrieben, die zum Beispiel Heizöl oder Käse produzieren, würde man schon gerne wissen, wie sich die Preise der betreffenden Produkte weiterentwickeln werden. Der Verbraucher, der im hohen Norden lebt, macht sich größere Sorgen um den Ölpreis, der Käsegourmet dagegen zerbricht sich den Kopf darüber, wieviel es ihn in Zukunft wohl kosten wird, seiner Leidenschaft zu frönen.

Die Mikroökonomie beschäftigt sich nun mit den Freuden und Leiden des Individuums. Sie ermöglicht es dem Unternehmer herauszufinden, wie er sich am besten gegen die Konkurrenz durchsetzt, und dem Verbraucher festzustellen, wie er sich am erfolgreichsten mit den Kräften von Angebot und Nachfrage arrangiert, die sein Leben am Arbeitsplatz sowie die Preise der Dinge, die er benötigt, bestimmen.

Was ist das Gesetz von Angebot und Nachfrage?

Es ist durchaus üblich, das Gesetz von Angebot und Nachfrage mittels irgendwelcher Kurven oder Funktionen darzustellen. Allerdings gibt es auch eine ganze Reihe von Leuten, die lieber mit Worten hantieren als mit der Mathematik oder der Geometrie, und es besteht auch überhaupt kein Grund dafür, daß nicht auch sie das Gesetz von Angebot und Nachfrage verstehen und anwenden können. Dieses Gesetz ist nämlich ganz einfach zu durchschauen und so logisch, daß man schon in kürzester Zeit nicht mehr versteht, wie man es überhaupt jemals nicht verstehen konnte. Beschäftigen wir uns zunächst einmal mit dem Angebot und dann mit der Nachfrage. Wir beginnen damit, zu beweisen, daß Unternehmer eine größere Menge ihrer Produkte auf den Markt bringen oder, anders ausgedrückt, ihr Angebot erhöhen wollen, wenn die Preise, die sie für ihre Ware erzielen können, hoch sind. Logisch? Natürlich, aber wir sollten doch einmal aufzeigen, warum das eigentlich so ist; dann stellt sich nämlich heraus, daß diese einfache Tatsache vom Gesetz der abnehmenden Erträge abhängt.

Was besagt das Gesetz der abnehmenden Erträge?

Abnehmende Erträge machen sich letztendlich auf jedem Gebiet bemerkbar, jedoch hoffentlich nicht, was die Kenntnisse und das Vergnügen, das Sie aus der Beschäftigung mit der Volkswirtschaftslehre ziehen, anbelangt. Das Gesetz der abnehmenden Erträge wird normalerweise an Beispielen aus der Landwirtschaft erklärt, und obwohl Sie – genau wie die Mehrzahl der Wirtschaftswissenschaftler – wohl wenig praktische Erfahrung auf diesem Gebiet besitzen, dürfte das folgende Beispiel Sie schon überzeugen.

Nehmen wir einmal einen Landwirt mit einem kleinen Hof. Wenn ihm bei seiner Arbeit jemand helfen würde, könnten beide zusammen sicherlich mehr produzieren als er alleine. Seine Produktion würde sich möglicherweise verdoppeln oder sogar noch mehr steigern. Nehmen wir nun einmal weiter an, es käme noch jemand zum Helfen hinzu, dann eine vierte, eine fünfte und eine sechste Person. Es wäre dann nur noch eine Frage der Zeit, bevor die neue Hilfskraft weniger zur Produktion beitragen würde als die vorher eingestellte. Um es noch einmal ganz klarzumachen: Niemand behauptet, daß aufgrund der zusätzlich geleisteten Arbeit die Produktion sinkt; sie wird nur um immer weniger zunehmen, einfach, weil bereits so viele Arbeitskräfte auf dem begrenzten Stück Land beschäftigt sind. Wenn Sie immer noch nicht überzeugt sind: Stellen Sie sich nur einmal vor, was passierte, wenn dann schließlich ein einhundertster Landarbeiter eingestellt würde, um beim Kartoffelanbau auf einem winzigen Stück Acker mitzuhelfen.

Genau dieses Phänomen beschreibt nun das Gesetz der abnehmenden Erträge. In dem Maße, wie die Produktionsfaktoren – in diesem Fall die menschliche Arbeitskraft – aufgestockt werden, um die Produktion zu erhöhen, wird, wenn ein oder mehrere andere Produktionsfaktoren limitiert sind, die jeweilige zusätzliche Einheit des variablen Faktors weniger zur Produktionserhöhung beitragen als die vorher hinzugefügte Einheit. Anders ausgedrückt: In dem Maße, wie man versucht, höhere Erträge aus einem vorgegebenen Stück Land zu erwirtschaften, steigen auch die Kosten für jede zusätzliche Produktionseinheit. Genau das ist nun das Gesetz der abnehmenden Erträge. Es trifft für Industriebetriebe von vorgegebener Größe genauso zu wie für landwirtschaftliche Betriebe. Da nun die Kosten mit den zusätzlichen Produktionsbemühungen steigen, gibt es auf der Angebotsseite eine natürliche Begrenzung. Im folgenden soll das einmal mit einigen Zahlen veranschaulicht werden; dazu wollen wir zunächst einmal die Frage stellen:

Inwiefern beschränken steigende Kosten die Produktion?

Nehmen wir einmal an, ein Produkt kann zu einem Stückpreis von 10 DM verkauft werden und die Produktionskosten liegen zunächst bei 8 DM. Jedes Stück, das ein Betrieb verkauft, bringt dann einen Gewinn von 2 DM. Warum sollte man das Angebot an diesem Produkt in irgendeiner Weise beschränken, wenn noch mit jedem zusätzlich verkauften Stück weitere 2 DM Gewinn gemacht werden können? Je mehr produziert wird, desto größer ist schließlich auch der Gewinn. Der Absatz des Unternehmens wird also nur noch von der Nachfrage begrenzt. Für den einzelnen oder ein einzelnes Unternehmen könnte man dementsprechend die gesamte Nachfrage als unbegrenzt ansehen.

Ein Hersteller eines bestimmten Gutes wird ein Interesse daran haben, sein Angebot so lange auszudehnen, wie die zusätzlichen Produktionskosten für jedes Stück die 10-DM-Grenze nicht überschreiten. Wenn jedoch in Übereinstimmung mit dem Gesetz der abnehmenden Erträge die pro Stück hinzukommenden Produktionskosten höher liegen, führt die Erhöhung der Produktion zu einer Gewinnminderung. Es ist wohl einleuchtend, daß man, wenn man ein Produkt zu einem Preis von mehr als 10 DM herstellt, es aber für 10 DM verkauft, Verluste macht. Hieraus ergibt sich eine Regel dafür, wieviel angeboten werden sollte.

Solange man ein Produkt zu einem Preis verkaufen kann, der über den Produktionskosten jedes zusätzlichen Stücks liegt, produziert man mehr davon. Wenn diese Kosten aber aufgrund der gesteigerten Produktion genauso hoch sind wie der Verkaufspreis, sollte man die Produktion auf diesem Niveau halten. Steigen die Zusatzkosten aufgrund der abnehmenden Erträge, sollte man so lange produzieren, bis sie dem Marktpreis des Produktes entsprechen. Beim zuletzt produzierten Stück werden die Produktionskosten gleich dem Preis, der mit diesem Produkt erzielt werden kann, sein. Wenn wir nun die Kosten für eine zusätzliche Produktionseinheit als «Grenzkosten» bezeichnen, kann man sagen, daß ein Unternehmen seine Produktion so lange erweitern sollte, bis die Grenzkosten dem Verkaufspreis entsprechen.

Steigt nun aus irgendwelchen Gründen der Verkaufspreis, den ein Unternehmen für sein Produkt verlangen kann, werden bei gleichem Produktionsniveau auch mit dem zuletzt produzierten Stück noch Gewinne gemacht. Es lohnt sich dann, zu einem höheren Preis mehr zu produzieren und damit das Angebot zu erhöhen. Die Produktion sollte also so lange vergrößert werden, bis die zusätzlichen Produktionskosten pro Einheit entsprechend dem Gesetz der abnehmenden Erträge dem höheren Marktpreis angepaßt sind. Ebenso gilt, daß die Grenzkosten bei unverändertem Produktionsniveau über dem niedrigeren Preis liegen, wenn der Marktpreis fällt, den eine Firma für ein Produkt erzielt. Nur wenn Produktion und Angebot zurückgehen, sinken auch die Grenzkosten, bis sie schließlich dem geringeren Marktpreis entsprechen. Das ist das Gesetz des Angebots: Unternehmen bieten bei höheren Preisen mehr an. Und wie sieht es nun mit dem Gesetz der Nachfrage aus? So wie sich das Gesetz des Angebots auf die abnehmenden Erträge zurückführen läßt, hängt das Gesetz der Nachfrage mit den Opportunitäts- oder Alternativkosten zusammen.

Was kostet eine Alternative?

Alternativ- oder Opportunitätskosten sind im Prinzip die einzigen Kosten, auf die es wirklich ankommt. Wenn Sie ein Hemd kaufen oder essen gehen und dafür 20 DM bezahlen, nun, dann bezahlen Sie eben und fertig. Aber was müssen Sie dafür aufgeben? Sie müssen darauf verzichten, die 20 DM für etwas anderes zu verwenden – wie zum Beispiel für Jeans oder ein unterhaltsames Buch zum Thema Volkswirtschaftslehre. Diese Opportunitätskosten beziehen sich aber nicht allein auf die Wahlhandlung des einzelnen Verbrauchers. Auch wenn eine Gemeinde zum Beispiel beschließt, ein neues Krankenhaus zu bauen, kann sie sich deshalb vielleicht keine neue Schule mehr leisten. Oder wenn die Regierung eines Staates entscheidet, mehr für die Rüstung auszugeben, hat sie weniger für die Finanzierung ihrer Sozialprogramme übrig. Das, worauf man verzichten muß, macht die Opportunitätskosten aus, so wie bei Behandlung der Geldnachfrage schon aufgezeigt wurde, die Opportunitätskosten für ein unverzinstes Girohuthaben in den Zinsen bestehen, die man erhalten könnte, auf die man aber verzichtet.

Opportunitätskosten treten auf, weil unser Einkommen begrenzt ist, oder aber, weil Güter und Dienstleistungen knapp sind. Aus diesem Grunde muß man zwischen verschiedenen Möglichkeiten wählen, und auf die Theorie dieser Wahlentscheidungen bezieht sich das Gesetz der Nachfrage.

Was besagt das Gesetz der Nachfrage?

In dem Maße, wie die Marktpreise der Dinge steigen, die wir kaufen wollen, müssen wir auf mehr von anderen Dingen verzichten, und in dem Maße, wie die einzelnen Preise sinken, können wir uns von anderem mehr leisten. Höhere Preise bedeuten also höhere Opportunitätskosten, und diese wiederum bestimmen, was wir noch bereit sind zu kaufen. Genau das ist das Gesetz der Nachfrage: Bei höheren Marktpreisen wird weniger vom Verbraucher nachgefragt, bei niedrigeren Marktpreisen dagegen mehr. Das ist natürlich ganz klar und leuchtet auch jedem sofort ein, doch sollten Sie nicht vergessen, daß dieses Verhalten auf die Opportunitätskosten zurückzuführen ist. Außerdem haben höhere Preise auch noch Auswirkungen auf unser reales Einkommen, doch wollen wir uns mit diesem Einkommenseffekt getrennt befassen.

Die Tatsache, daß wir bei höheren Preisen auf mehr und bei niedrigeren Preisen auf weniger verzichten müssen, bestimmt die Auswirkung der Preise auf die Nachfrage des einzelnen. Höhere Rindfleischpreise werden – bei ansonsten unveränderten Preisen – dazu führen, daß der einzelne Verbraucher weniger Rindfleisch und dafür aber mehr Geflügel- und Lammfleisch kauft. Wenn das nun für jeden einzelnen Konsumenten zutrifft – oder doch wenigstens auf fast jeden –, muß es auch bei den Verbrauchern insgesamt so sein. Höhere Preise für Güter und Dienstleistungen haben also zur Folge, daß die Verbraucher insgesamt weniger nachfragen, bei niedrigeren Preisen dagegen steigt die Gesamtnachfrage. Wenn man dieses Gesetz der Nachfrage einmal neben das Gesetz des Angebots stellt, sieht das so aus:

Das Gesetz des Angebots: Unternehmen bieten bei höheren Preisen mehr, bei niedrigeren Preisen dagegen weniger an.

Das Gesetz der Nachfrage: Verbraucher fragen bei niedrigeren Marktpreisen mehr, bei höheren dagegen weniger nach.

Wir sind nun gar nicht mehr so weit davon entfernt, das Gesetz von Angebot und Nachfrage zur Lösung einiger sehr interessanter Problemstellungen einzusetzen; zunächst wollen wir uns jedoch damit auseinandersetzen, wie Angebot und Nachfrage die Preise bestimmen:

Wie bestimmen Angebot und Nachfrage die Preise?

Das Gesetz des Angebots gibt uns Auskunft darüber, wieviel Unternehmen bei bestimmten Marktpreisen verkaufen wollen, das Gesetz der Nachfrage, wieviel Verbraucher bereit sind, zu diesem Preis zu kaufen. Einzeln kann uns jedoch keines dieser Gesetze weiterhelfen, wenn es darum geht, festzustellen, wie die Preise aussehen werden. Kombinieren wir jedoch das Gesetz des Angebots mit dem der Nachfrage, erhalten wir das Gesetz von Angebot und Nachfrage, das uns Auskunft über den Marktpreis gibt. Nach diesem Gesetz von Angebot und Nachfrage wird jedes Produkt zu dem Preis erhältlich sein, bei dem sich das Angebot eines Produktes und die Nachfrage nach diesem Produkt treffen. Am einfachsten kann man das beweisen, indem man von einer Situation ausgeht, in der Angebot und Nachfrage ausgeglichen sind, und sodann fragt, was passieren würde, wenn sich der Marktpreis veränderte, so daß ein Ungleichgewicht zwischen Angebot und Nachfrage entstünde. Nun, was würde denn in einem solchen Fall passieren?

Das Gesetz des Angebots besagt, daß bei steigenden Preisen die Unternehmen ein Interesse daran haben, mehr zu produzieren und anzubieten. Andererseits beinhaltet das Gesetz der Nachfrage, daß die Verbraucher bei höheren Preisen weniger nachfragen. Wenn wir also von einem Preis ausgehen, bei dem die Unternehmen genau die Menge anbieten, die die Verbraucher auch kaufen, würde ein Preisanstieg zu einem Angebotsüberschuß auf dem Markt führen. Regale und Lager, in denen das Produkt aufbewahrt werden würde, füllten sich in dem Maße, in dem die Produktionszahlen weiter über den Verkaufszahlen lägen. Bei leicht verderblichen Produkten, wie etwa Butter oder Eiern, bestünde damit unmittelbar der Zwang, die Preise umgehend zu senken, um die Überschüsse abzubauen. Selbst bei

Waren, die gelagert werden könnten, entstünden Kosten durch unverkaufte Produktionsmengen, u.a. auch durch festgelegtes Kapital. Auch hier wäre man also gezwungen, die Preise, vielleicht durch Ausverkäufe, zu senken. Es zeigt sich also, daß, wenn die Preise den Punkt überschreiten, an dem Angebot und Nachfrage ausgeglichen sind, der Produzent, der daran interessiert ist, Überschüsse an unverkauften Gütern zu vermeiden, die Preise senken muß.

Was passiert, wenn die Preise fallen?

Wir wollen uns jetzt damit beschäftigen, was passiert, wenn die Preise, nachdem sie den Ausgleichspunkt zwischen Angebot und Nachfrage erreicht haben, nicht steigen, sondern fallen. Nach dem Gesetz des Angebots würde bei dem niedrigeren Preis die Quantität, die die Unternehmen bereit sind, zu produzieren, zurückgehen. Die Verbraucher andererseits wären daran interessiert, größere Mengen zu kaufen. Bei gedrosselter Produktion und gestiegener Nachfrage käme es dann zu einer Verknappung. Diejenigen Verbraucher, die nicht mehr in der Lage wären, das zu kaufen, was sie wollen, würden vielleicht bereit sein, etwas mehr zu bieten, wenn damit ihre Versorgung sichergestellt werden könnte. Bei einer Knappheit würden dann auch die Hersteller erkennen, daß sie die Preise durchaus erhöhen und dabei immer noch die gesamte Produktionsmenge an den Mann bringen könnten. Wir sehen also, daß der Druck, den die Käufer ausüben, die Preise, die unter den Ausgleichspunkt zwischen Angebot und Nachfrage zurückfielen, nach oben treiben würde.

Damit haben wir nun das Gesetz von Angebot und Nachfrage: Der Preis wird sich in der Tendenz immer auf den Punkt zu bewegen, an dem Angebot und Nachfrage ausgeglichen sind. Liegt er darüber, entstehen Überschüsse, die den Preis wieder drücken. Liegt er dagegen darunter, kommt es zu Verknappungen, die Preissteigerungen nach sich ziehen. Der einzige Punkt, an dem der Preis stabil bleiben kann, wenn sich alle anderen äußeren Umstände nicht ändern, ist der, an dem Angebot und Nachfrage ausgeglichen sind. In einem solchen Fall spricht man deshalb auch von einem Gleichgewichtspreis. In allen Fällen, in denen der Preis irgendwo anders liegt, wird er sich stets auf diesen Punkt zu bewegen, an dem Angebot und Nachfrage ausgeglichen sind.

Steigt das Angebot jemals, wenn die Preise sinken?

Nach dem Gesetz von Angebot und Nachfrage haben Unternehmen ein Interesse daran, mehr zu produzieren, wenn die Preise steigen, bzw. weniger, wenn sie fallen. Was passiert aber, wenn die zusätzlichen Produktionskosten pro Einheit sinken, wenn die Produktion erhöht wird? Oder, anders ausgedrückt, wenn das Gesetz der abnehmenden Erträge außer Kraft gesetzt ist? In einem solchen Fall erhöhen sich die Gewinne des Unternehmens mit der produzierten Menge solange die Grenzkosten sinken und der Marktpreis stabil bleibt. Das wäre eigentlich eine Verletzung des Gesetzes des Angebots, das selbst wiederum auf dem Gesetz der abnehmenden Erträge basiert; wir werden jedoch im weiteren aufzeigen, daß eine derartige Verletzung nicht unbedingt vorliegen muß und sogar sehr unwahrscheinlich ist, sobald wir zwischen abnehmenden Erträgen und Skalenerträgen (returns-to-scale) unterscheiden.

Was sind Skalenerträge (returns-to-scale)?

Wenn keiner der Produktionsfaktoren quantitativ in irgendeiner Weise beschränkt ist, gibt es auch keine abnehmenden Erträge. Das Gesetz der abnehmenden Erträge ist nur gültig, wenn die Produktion durch bestimmte Faktoren – wie zum Beispiel durch die vorgegebene Größe einer Produktionsanlage oder die nutzbare Fläche eines landwirtschaftlichen Betriebes – begrenzt ist. Wenn alle Produktionsfaktoren frei variabel sind, haben wir einen Fall von Skalenerträgen vorliegen.

Im Unterschied zu der Situation, in der einer der Produktionsfaktoren beschränkt ist, wissen wir nicht im voraus, in welcher Art die Skalenerträge auftreten werden. Wenn mehr Landwirte eine größere Fläche bebauen, besteht keinerlei Grund zu der Annahme, daß eine zusätzliche Arbeitskraft auf einem zusätzlichen Stück Land weniger produziert als die anderen, d. h., daß die Produktion dieser Arbeitskraft hinter der der anderen zurückbleibt. Wenn verschiedene Landwirte sich zusammentun, um sich gegenseitig zu helfen – vielleicht, indem sie teure Maschinen, deren Anschaffung sich für einen allein nicht lohnen würde, gemeinsam kaufen –, ist es durchaus möglich, daß die Produktion aller steigt, je mehr Landwirte und je mehr Land einbezogen werden. In einem solchen Fall sprechen wir dann von zunehmenden Skalenerträgen. Das Wort Skala wird in diesem Zusammenhang verwendet, weil das Niveau des Einsatzes aller an der Produktion beteiligten Faktoren verändert wird. Es gibt zum Beispiel auch bei der Produktion von elektronischen Rechnern oder Fernsehgeräten zunehmende Skalenerträge. Das ist dadurch zu erklären, daß es sich bei längeren Produktionsserien lohnt, mehr Kapitalausrüstung einzusetzen, wodurch die Grenzkosten jeder zusätzlichen Produktionseinheit sinken. In Fällen, in denen sich die Grenzkosten erhöhen, obwohl alle Produktionsfaktoren gesteigert werden, spricht man von abnehmenden Skalenerträgen, bei unveränderten Kosten von konstanten Skalenerträgen.

Beim Gesetz des Angebots kommt es nun auf das Gesetz der abnehmenden Erträge und nicht auf die Skalenerträge an. Jedes Unternehmen und auch jeder landwirtschaftliche Betrieb muß sich zu irgendeinem Zeitpunkt mit seiner bestehenden Größe abfinden. Kein Betrieb kann sich jederzeit beliebig vergrößern. Gebäude müssen schließlich erst errichtet, Land muß erworben und urbar gemacht werden. Und solange die Größe eines Unternehmens oder eines landwirtschaftlichen Betriebes dann festliegen, treten irgendwann die unvermeidlichen abnehmenden Erträge auf. Langfristig kann sich eine solche Situation natürlich, wenn die Marktbedingungen das zulassen, durchaus ändern. Aber das Gesetz des Angebots, das wir angeführt haben, bezieht sich auf die optimale Produktionsmenge eines Betriebes bei unterschiedlichen Preisen und bei einer relativ unveränderten Betriebsgröße. Kurzfristig wird das Gesetz des Angebots nicht durch die Skalenerträge verletzt, obwohl wir uns doch überlegen sollten, was für Konsequenzen es bei einer Erweiterung der Betriebsgröße hat. Diese Frage wird jedoch vorläufig einmal zurückgestellt, bis wir uns mit den Problemen, die durch natürliche Monopole entstehen, beschäftigen. Abnehmende Erträge haben also zur Folge, daß das Gesetz des Angebots seine Gültigkeit behält, aber trifft das auch für die Nachfrage zu? Oder, genauer gesagt:

Nimmt die Nachfrage jemals zu, wenn die Preise steigen?

Es gibt durchaus einige sehr ungewöhnliche Situationen, in denen das Gesetz der Nachfrage nicht mehr gilt und höhere Preise wahrhaftig dazu führen, daß einige Leute mehr kaufen. Zu solchen Situationen kommt es jedoch nur äußerst selten, und es besteht keinerlei Grund, ihretwegen das Gesetz der Nachfrage generell für ungültig zu erklären. Sie ergeben sich dann, wenn Käufer die Qualität eines Produkts an seinem Preis messen. Folgendes Beispiel macht das ganz klar:

Ein Freund von mir verkaufte einmal Ölgemälde aus Taiwan. Es handelte sich dabei um Massenproduktionen, bei denen zwar jedes Bild handgemalt war, die Künstler jedoch dieselben Themen mit nur kleinen Abweichungen immer wieder malten. Teilweise war es allerdings gar nicht so einfach, diese Bilder auseinanderzuhalten. Die taiwanesischen Künstler signierten ihre Werke dann auch noch mit ungeheuer echt klingenden westlichen Namen wie Giani, Van Dusen, Pascal und Scott.

Nun, mein Freund versuchte es zunächst mit einer Gewinnspanne von 100% und verlangte pro Bild – mit Rahmen – 25 DM. Kein Mensch kaufte seine Kunstwerke, und mein Freund war schließlich aufgrund finanzieller Schwierigkeiten gezwungen, seine ganze «Kollektion» jemandem anderen zu überlassen, der dann einen ganz anderen Dreh versuchte: Gianis kosteten bei ihm 200 DM, Scotts und Pascals 300 DM und ein echter kleiner Van Dusen sogar 400 DM. Die Kunstwerke wurden ihm geradezu aus den Händen gerissen.

Wir neigen oft dazu, Produkte, über deren Wert wir ansonsten wenig wissen, nach ihrem Preis zu beurteilen. Genau das haben die Leute auch bei den Gemälden getan. Wenn bestimmte Güter so schwer zu beurteilen sind wie Kunstwerke, beeinflußt der Preis ihren Wert in den Augen des Käufers. Eine ähnliche Situation könnte man sich auch bei billigem Schmuck vorstellen: «Für 10 DM kann das ja nur Ramsch sein, für 50 DM dagegen muß doch wohl irgend etwas dran sein.» Trotzdem gibt es wohl nicht besonders viele Fälle, in denen so etwas passiert, d.h., in denen mehr verkauft wird, weil die Preise hoch sind. Wir könnten natürlich auch versuchen, jetzt mit irgendwelchen Haarspaltereien aufzuwarten und argumentieren, daß sich die Ware in den Augen der Käufer verändert, wenn sie teuer ist, und daß der Käufer mehr Freude an teuren Schmuckstücken und Gemälden hat, selbst wenn diese, trotz dem höheren Preis, nicht auch gleich unbedingt qualitativ hochwertig sind. Oder aber man kann sagen, daß der Käufer glaubt, durch den Preis, der für ein Produkt verlangt wird, Aufschluß über dessen Qualität zu erhalten. Sehr oft ist genau das auch durchaus ein einfacher und sinnvoller Weg, sich zu informieren, denn in der Mehrzahl der Fälle kosten bessere Dinge auch etwas mehr. Die meisten Produkte, die gekauft werden, können jedoch auf andere Art und Weise beurteilt werden, und derartige «Verletzungen» des Gesetzes der Nachfrage kommen deshalb auch höchst selten vor – wenn wir sie überhaupt als Verletzungen rechnen und nicht als Sonderfälle der Nachfrage.

Wenn also Verletzungen weder beim Gesetz des Angebots noch beim Gesetz der Nachfrage besonders wahrscheinlich sind, wie sieht es dann bei der Kombination der beiden aus, nämlich dem Gesetz von Angebot und Nachfrage, in dem Angebot und Nachfrage zusammen betrachtet werden, um den Marktpreis festzulegen?

Kommt es je zu Verletzungen des Gesetzes von Angebot und Nachfrage?

Die Antwort auf diese Frage ist ganz einfach: Solange keine erhebliche Marktintervention – zum Beispiel durch die Regierung oder die Gewerkschaften – und auch keinerlei andere Wettbewerbsbeschränkungen vorliegen, werden sich die Preise, abgesehen von bestimmten kurzfristigen Perioden der Anpassung an veränderte Umstände, um den Punkt herum einpendeln, an dem Angebot und Nachfrage ausgeglichen sind. Selbst wenn die Regierung interveniert oder es zu wettbewerbsbeschränkendem Verhalten kommt, sind, wenn man alle Faktoren einbezieht bzw. alle im Preis enthaltenen Elemente berücksichtigt, Angebot und Nachfrage im allgemeinen ausgeglichen.

Das heißt nun aber keineswegs, daß es nicht auch Situationen gibt, in denen zeitweilig ein Ungleichgewicht zwischen Angebot und Nachfrage besteht. Wenn die Preise nämlich zu niedrig liegen, um einen Ausgleich zwischen Angebot und Nachfrage herbeizuführen, werden die Verbraucher mehr nachfragen, als die Produzenten bereit sind, anzubieten, und das hat wiederum zur Folge, daß Verbraucher höhere Preise in Kauf nehmen und die Hersteller diese höheren Preise auch fordern. Es mag dann allerdings etwas dauern, bis die Produzenten die Zeit finden, die neuen Preisschildchen aufzukleben, und vielleicht erscheint es ihnen teilweise auch ratsam, von ihren geschätzten Kunden so lange keine höheren Preise zu fordern, bis das nicht auch alle Konkurrenzunternehmen tun. In der Zwischenzeit können Angebot und Nachfrage dann schon einmal unterschiedlich groß sein, aber «in der Zwischenzeit» dauert nie lange. Der einzige Preis, bei dem Angebot und Nachfrage ausgeglichen sind, ist der Gleichgewichtspreis, und dieser wird sehr schnell erreicht, wenn keine Störungen auftreten.

Bei einigen Produkten hat die Regierung versucht, den Preis unter dem Gleichgewichtsniveau zu halten, bei anderen liefen die Bestrebungen dahin, ihn über dem des freien Marktes zu fixieren. In den Vereinigten Staaten von Amerika können Preisbestimmungen für Erdöl und -gas sowie

Mietkontrollen – letztere gibt es auch in anderen Ländern – als Beispiele für künstlich niedrig gehaltene Preise angeführt werden; die Preise für landwirtschaftliche Produkte sowie Löhne wurden dagegen in einer ganzen Reihe von Ländern durch entsprechende Gesetzgebung ebenso künstlich hochgehalten. Obwohl der Regierung im Land der unbegrenzten Möglichkeiten in mancher Beziehung ein Licht aufgegangen zu sein scheint und sie sich zu einer Reihe von Entscheidungen wie zum Beispiel der Freigabe der Energiepreise und einer teilweisen Lockerung der Preisstützung für Agrarprodukte durchgerungen hat, gibt es in vielen Städten im Lande unserer Verbündeten noch immer Mietkontrollbestimmungen, gezielte Getreidekäufe seitens der Regierung, Zinsbindungen für Sparguthaben und Kredite (zumindest in einigen Staaten) usw. Einige dieser Bestimmungen sind es durchaus wert, einmal genauer unter die Lupe genommen zu werden.

Was für Auswirkungen hat die Mietpreisbindung auf das Gesetz von Angebot und Nachfrage?

Die Mietpreisbindung hat zur Folge, daß dem Mieter Vorteile, dem Vermieter dagegen Nachteile erwachsen. Wenn derartige Gesetze den Sinn haben, eine Einkommensumverteilung zu gewährleisten, dann erfüllen sie ihren Zweck aufs beste. Bei künstlich niedrig gehaltenen Mieten besteht jedoch eine größere Nachfrage nach Wohnungen, deren Mieten den entsprechenden Bestimmungen unterliegen, da die Leute sie natürlich den anderen – mit freien Mieten – vorziehen. Das ergibt sich auch schon aus dem Gesetz der Nachfrage: Wenn die Preise niedrig sind, ist die Nachfrage groß. Die niedrigen Mieten für Wohnungen, die der Mietpreisbindung unterliegen, bieten natürlich keinerlei Anreiz, mehr Wohnraum zu erstellen. Das Angebot wächst demzufolge nur langsam. Das Ganze kann nun sogar so weit gehen, daß es den Hausbesitzern sinnvoll erscheint, bestehenden Wohnraum verkommen zu lassen, wenn nämlich Neubauten keiner Mietpreiskontrolle mehr unterliegen und so eine höhere Rendite versprechen. Es kann dann durchaus sein, daß aus Stadtvierteln, in denen eine Mietpreisbindung besteht, Slums werden. Insgesamt wird in jedem Fall das Wohnraumangebot erheblich zurückgehen, und selbst wenn begrenzte Mieterhöhungen bei den der Kontrolle unterliegenden Wohnungen zugelassen werden, kann man die erwähnten Auswirkungen bestenfalls abschwächen, keinesfalls jedoch vollständig beseitigen.

Da nun Mietpreisbindungen zu Verknappung auf dem Wohnungsmarkt führen, bieten diejenigen, die in einer Wohnung mit kontrollierter Miete wohnen wollen, «Schlüsselgelder» als Bestechung an. Durch diese zusätzlichen Zahlungen entsprechen die Mieten dann schon eher denen, die auf dem freien Markt üblich sind. Mietpreisbindungen sind jedoch nicht das einzige Beispiel für Verknappung durch Preiskontrollen. Genauso können wir die – in den USA ebenso üblichen – Zinssatzkontrollen heranziehen.

Wie wirken sich Zinssatzkontrollen aus?

Auch hier geht es wieder um ein typisch amerikanisches Phänomen. Um Geldinstituten billige Mittel zu verschaffen, damit sie ihrerseits billige Hypotheken an Wohnungs- oder Hauskäufer geben konnten, wurden die Zinssätze für Sparguthaben, die an die Einleger gezahlt werden, einer Höchstgrenze unterworfen. Das bedeutet jedoch, daß auch in Zeiten mit allgemein hohen Zinssätzen auf dem freien Markt die erwähnten Institute gewisse festgelegte Höchstzinssätze nicht überschreiten dürfen, um Mittel von ebendiesem freien Markt anzuziehen.

Dieses Vorgehen, das darauf abzielte, billige Hypotheken zu ermöglichen, führt dazu, daß gar keine mehr zur Verfügung stehen. Die Nachfrage nach Mitteln bei den Spar- und Kreditbanken übersteigt das vorhandene Angebot. Um dieses Problem zu lösen, wurden deshalb häufig neben den Zinssätzen noch Sachprämien wie etwa Heizdekken, Toaster, Eintrittskarten für Footballspiele, Fernsehapparate, Stereoanlagen und einmal sogar ein Rolls Royce angeboten. Ob Sie es glauben oder nicht, eine New Yorker Bank versprach tatsächlich Einlegern, die eine nicht unerhebliche Summe über einen Zeitraum von 10 Jahren hinweg festlegen würden, einen Rolls-Royce. Außerdem bieten Banken ihren Kunden häufig kostenlose Steuerberatung, Führung des Gehaltskontos und ähnliche Dienstleistungen an. Alle diese Extras zielen darauf ab, die beschriebenen Kontrollen zu unterlaufen, und wie schon bei den Mietpreisbindungen könnte man sich vorstellen, daß der kontrollierte Zinssatz plus den Extras dem Gleichgewichtspreis, d. h. dem des freien Marktes, entspricht.

Zinssatzkontrollen können zudem in einem anderen Bereich das freie Spiel von Angebot und Nachfrage unmöglich machen, und zwar bei den Kreditzinsen. Wenn nämlich zum Beispiel der Hypothekenzinssatz unter dem marktgerechten Zins festgeschrieben ist, gibt es für einige Leute, die Kredite brauchen und sie sich eigentlich auch leisten könnten, einfach keine mehr. Genau das passierte übrigens im Frühjahr 1980 in den USA, als die Antiwucher-Gesetzgebung verschiedener Staaten es den Hypothekenbanken unmöglich machte, Zinsen zu verlangen, die zumindest kostendeckend gewesen wären. In einigen Teilen der Vereinigten Staaten fanden sich auch Kreditkartengesellschaften in einer ähnlichen Situation.

Ein weiteres Problem bei den Höchstgrenzen für Zinssätze besteht darin, daß nur noch die Reichen die vorhandenen Mittel bekommen, wenn die Verknappung zur Rationierung führt. Die Jüngeren und Bedürftigen, die nicht über Eigentum als Sicherheit verfügen, haben keine Chance.

Wie steht es mit den Agrarpreisen?

Mietpreisbindungen und Höchstzinsverordnungen verfolgen das Ziel, Preise aus bestimmten politischen Gründen niedrig zu halten. In der Agrarpolitik ist das Gegenteil der Fall, da will der Staat die Preise hochhalten. In den meisten Staaten ist das eine Angelegenheit der jeweiligen Regierung, in Europa hat man sich hierzu etwas Besonderes einfallen lassen. Die 1957 mit großem Pathos gegründete Europäische Wirtschaftsgemeinschaft, EWG, seit einiger Zeit nur noch Europäische Gemeinschaft, EG ohne W, sollte eigentlich einen gemeinsamen Binnenmarkt aller Mitgliedsländer entwickeln, doch ist sie im Laufe der Jahre eher zu einer gigantischen Bürokratie angeschwollen, deren Hauptanliegen zu sein scheint, die Agrarpreise zu «stabilisieren», was im Klartext nichts anderes besagt, als daß sie ohne sonderliche Rücksicht auf den Markt oben gehalten werden sollen.

Wie kann die EG die Agrarpreise hoch halten?

Es gibt eine ganze Reihe von Agrarprodukten, deren Markt durch EG-Richtlinien «geordnet» ist. Um nur einige zu nennen: Getreide, Milch, Butter usw. Sicher tut das die EG nicht aus böser Absicht, etwa um die Verbraucher zu ärgern, sondern weil die Bauern eben eine stärkere Lobby haben als die Verbraucher und außerdem einen fast geschlossenen Wählerblock darstellen, während die Verbraucherorganisationen an der Wahlurne kaum ins Gewicht fallen. Was tut nun die EG, wenn der Preis eines «marktgeordneten» Produktes durch das Zusammenspiel von Angebot und Nachfrage ins Rutschen zu kommen droht? Dies muß ja immer dann geschehen, wenn bei einem Preis, der über dem Gleichgewichtspreis liegt, das Angebot höher als die Nachfrage ist, wenn also Überschüsse eigentlich eine Preissenkung hervorrufen müßten. Dagegen ist vorgesorgt: Die EG stabilisiert den überhöhten Preis, indem sie selbst als Käufer auftritt und sich dadurch in den Besitz riesiger Mengen von «aus dem Markt genommenen» Produkten bringt. Die Geographie gewinnt dadurch eine neue Dimension, denn es entstehen Butterberge, Milchpulverberge, Gebirge von Rinderhälften, Weinseen, ganz zu schweigen von bürokratischen Sümpfen. Man stellt sich dann ganz automatisch die Frage: Was machen die denn mit all dem Kram? Nun, gelegentlich gibt's zur Weihnachtszeit verbilligte Butter, oder Altersheime erhalten sie manchmal ebenfalls etwas günstiger. Aber es geht nicht immer so sozial zu. Die andere, noch einigermaßen vertretbare Methode ist, die Butter zu Preisen unter dem Weltmarktpreis zum Beispiel an die Sowjetunion zu verkaufen (die dann schon dabei ertappt wurde, wie sie dieselbe Butter mit einem schönen Gewinn zum Weltmarktpreis an Indien weiterverkauft hat). Milchpulver wird man unter anderem auf die Weise los, daß man es seinem ursprünglichen von der Natur so geplanten Verwendungszweck zuführt; man füttert die Kälber damit. D. h. man verkauft es als Kälberfutter an die Bauern. Damit die, pfiffig wie sie sind, nicht auf den Gedanken kommen, es mit Wasser anzurühren und wieder bei der Milchzentrale als Milch abzuliefern, die wiederum Milchpulver für den Milchpulverberg draus macht, wird es vorher mit irgendwelchen Chemikalien rot eingefärbt, wovon die Kälber, sehr zum Leidwesen der Hausfrauen, rotes statt hellrosa Fleisch ansetzen. Da kann man sich wahrhaftig an den Kopf fassen und fragen, warum man den Bauern nicht gleich eine ordentliche Subvention gezahlt hat und die Kälbchen die Milch nicht direkt vom Euter trinken durften, statt nach einem solchen Umweg.

Wird dadurch das Gesetz von Angebot und Nachfrage verletzt?

Es sieht zwar so aus, als ob die Agrarpolitiker gegen die elementaren Regeln des Marktes verstoßen würden, doch tun sie das mitnichten. Dies träfe nur zu, wenn per Gesetz ein bestimmter Preis verkündet würde und jedwede Abweichung davon mit Strafe belegt wäre, um Schwarzmarktgeschäfte zu unterbinden. Das Gesetz von Angebot und Nachfrage ist nach wie vor in Kraft, da auch der Preis, den die EG festlegt, ein markträumiger Preis ist: Die gesamte angebotene Menge ist gleich der gesamten nachgefragten Menge. Dabei stammt das Angebot von den Bauern, die Nachfrage wird von den Konsumenten *und* dem Staat ausgeübt. Formal ist also alles in Ordnung. Daß so etwas einen Rattenschwanz von Problemen nach sich zieht, liegt auf einer anderen Ebene.

Kann das Gesetz von Angebot und Nachfrage durch Wettbewerbsbeschränkungen oder die Gewerkschaften beeinträchtigt werden?

Selbst durch das Eingreifen von Gewerkschaften und Wettbewerbsbeschränkungen wird das Gleichgewicht zwischen Angebot und Nachfrage nicht beeinträchtigt, wenn wir nur das Gesamtkonzept richtig definieren und im entsprechenden Kontext betrachten. Zunächst sollte aber noch einmal klar gesagt werden, daß der Preis, um den es sich hier handelt, der Preis für die Arbeitskraft ist, also das, was man gemeinhin als Lohn bezeichnet. Es stellt sich also nun die Frage: Können Gewerkschaften erreichen, daß die Löhne so in die Höhe gedrückt werden, daß dann Angebot und Nachfrage nicht mehr ausgeglichen sind? Nun, wenn Gewerkschaften sich bei Tarifverhandlungen durchsetzen, können sie höhere Löhne erzielen, als ohne ihr Eingreifen gewährt worden wären. (Sogar das wird von einigen Leuten angezweifelt, wir wollen es hier aber einmal damit bewenden lassen!) Liegen die ausgehandelten Löhne (Preise für die Arbeit) jedoch abnorm hoch, wird die Nachfrage nach Arbeitskräften geringer sein, als das ohne die Aktivität der Gewerkschaften der Fall gewesen wäre, und das Angebot an Arbeitskräften entsprechend größer. Massen von Leuten werden sich danach drängen, eine Stelle mit tarifgerechter Bezahlung zu erhalten.

In früheren Zeiten wäre die unvermeidliche Folge eines Arbeitskräfteüberschusses eine allgemeine Lohnsenkung gewesen, die – vielleicht – einen Ausgleich von Angebot und Nachfrage bewirkt hätte. Ältere Wirtschaftstheoretiker, die sogenannten «Klassiker» des 19. Jahrhunderts, und einige ihrer Nachfahren im 20. gründeten ihre Überlegungen auf diesen Mechanismus. Warum geht das heute nicht mehr? Warum geben sich diejenigen, die erfolglos eine hochbezahlte Arbeit suchen, nicht mit niedrigeren Löhnen zufrieden? Ganz abgesehen davon, daß man die Wirksamkeit eines derartigen Preismechanismus auf dem Arbeitsmarkt spätestens seit der Weltwirtschaftskrise anzweifelt – unter anderem deshalb, weil niedrigere Löhne einen Rückgang der

Nachfrage nach Konsumgütern und damit weitere negative Folgen nach sich ziehen können –, verhindert die Macht der Gewerkschaften, daß man es überhaupt erst versucht. In den USA und in Europa beschritten die Gewerkschaften hierzu verschiedene Wege. In Europa verstanden sich die Gewerkschaften als Organisationen zum Schutz aller Arbeitnehmer, ob Mitglieder oder nicht. Tarifverträge galten – und gelten natürlich – für alle Arbeitnehmer gleichermaßen, und Unternehmer würden einen Vertragsbruch begehen, wenn sie Arbeitslose zu niedrigeren Löhnen einstellen, selbst wenn diese damit einverstanden wären. In den USA funktioniert das auf eine andere Weise. Den Kern der Gewerkschaften dort bilden traditionsgemäß die besserbezahlten Facharbeiter, die ihre Vereinigung zum Schutz ihrer eigenen Interessen, nicht der von außenstehenden, gründeten. Vereinzelt konnten sie sogar durchsetzen, daß in manchen Unternehmungen nur Gewerkschaftsmitglieder eingestellt werden. Man nennt das das Prinzip des «closed shop». Auch gelten bisweilen die vereinbarten Arbeitslöhne nur für Mitglieder, während die Außenstehenden auf den Schutz angewiesen sind, den die gesetzliche Festlegung eines Mindestlohnes bietet. Ob in Europa oder in den USA, die Gewerkschaften können verhindern, daß ein Überangebot an Arbeitskräften einen Druck auf die Löhne ausübt, indem sie verhindern, daß dieses Angebot auf dem Markt zum Tragen kommt.

Darin gar nicht so unähnlich verhält es sich bei verschiedenen freien Berufen, wobei der Staat gemeinsam mit den berufsständischen Vereinigungen, zum Beispiel der Ärzte, Zahnärzte, Rechtsanwälte, Architekten usw., eine Zulassungskontrolle ausübt, die ein Überangebot verhindert. Die Gründe sind verschieden. Der Staat will primär die Qualität der Ärzte, Rechtsanwälte usw. sicherstellen. Auch die Standesorganisationen behaupten dies, wenn sie vor einer Überfüllung der Universitäten mit Medizin-, Jura- und anderen Studenten warnen und die Gefahr schlampiger Ausbildung heraufbeschwören. Aber es schleicht sich doch gelegentlich der Verdacht ein, daß das nur ein Vorwand ist, um das Einkommen der «Klubmitglieder» vor unerwünschter Konkurrenz zu schützen.

Und trotzdem läßt sich in keinem der beschriebenen Beispiele behaupten, das Gesetz von Angebot und Nachfrage sei verletzt worden. Angebot und Nachfrage gleichen sich aus, wenn auch nur deshalb, weil Gewerkschaften und Berufsverbände das Angebot verknappen können.

Wo liegen die Grenzen des Gesetzes von Angebot und Nachfrage?

In diesem Kapitel haben wir versucht, klarzustellen, daß, wenn man sich die Mühe macht, zwischen abnehmenden Erträgen und Skalenerträgen zu unterscheiden, das Gesetz des Angebots nie seine Gültigkeit verliert. Wir haben außerdem aufgezeigt, daß, abgesehen von bestimmten Ausnahmen – wenn nämlich die Verbraucher mehr Befriedigung schon allein daraus ziehen, einen höheren Preis zu bezahlen oder wenn sie die Qualität der Ware an ihrem Preis messen –, auch das Gesetz der Nachfrage immer gilt. Das gleiche trifft auch für das Gesetz von Angebot und Nachfrage zu, das – außer in Zeiten der Anpassung an veränderte äußere Umstände – stets Geltung hat, wenn man die verschiedenen Aspekte der Preise berücksichtigt und die Eingriffe der Regierung oder der Gewerkschaften auf das Marktgeschehen berücksichtigt.

Aber was für veränderte Umstände sind dies, welche brauchbaren Voraussagen lassen sich machen und welche Erkenntnisse können wir gewinnen, wenn wir das Funktionieren von Angebot und Nachfrage erst einmal durchschaut haben? Es wird sich herausstellen, daß unserer Entdeckerfreude praktisch keine Grenzen gesetzt sind.

10. Spielereien mit Angebot und Nachfrage

Wenn die Käufer nicht auf die Preise hereinfallen, müssen nach dem Gesetz von Angebot und Nachfrage eben die Preise für die Käufer fallen.
Unbekannter Autor

Reden ist billig, da das Angebot immer größer ist als die Nachfrage.
Unbekannter Autor

Wodurch verändern sich die Preise?

Da Preise immer von zwei Seiten her beeinflußt werden, nämlich von der Angebots- und von der Nachfrageseite, unterscheiden Wirtschaftswissenschaftler die Faktoren, die Preisveränderungen verursachen, danach, auf welcher Seite der Preise sie auftreten. Wir werden diesem Beispiel folgen und uns zunächst einmal mit den Einflüssen auf der Angebotsseite auseinandersetzen.

Wodurch kann das Angebot verändert werden?

Wenn ein Hersteller eines Produktes den Markt dominiert oder aber dieses Produkt sogar überhaupt als einziger anbietet oder wenn eine Preisabsprache zwischen allen Anbietern besteht, kann das Angebot entsprechend den Interessen der Hersteller ohne große Probleme verändert werden. Beschließt zum Beispiel die Organisation erdölexportierender Staaten (OPEC), das Angebot an Rohöl zu reduzieren, dann wird das Angebot auch reduziert – vorausgesetzt, daß sichergestellt werden kann, daß sich auch alle Mitglieder an diesen Beschluß halten.

Wir wissen bereits, was passiert, wenn das Angebot verringert wird: Bleibt der Preis bestehen, kommt es zu einer

Verknappung. Der Wettbewerb unter den Käufern um die zur Verfügung stehende begrenzte Menge wird dann eine Preissteigerung zur Folge haben. Liegt der Preis erst einmal höher, setzen Bemühungen ein, den Verbrauch, d.h. den Umfang der Nachfrage, zu reduzieren. Gleichzeitig haben die anderen Hersteller des entsprechenden Produktes – in unserem Fall die Ölproduzenten, die nicht der OPEC angehören – den Anreiz, ihre Produktion zu erweitern und neue Quellen zu erschließen. Bei einem bestimmten Preis sind dann das vorhandene reduzierte Gesamtangebot und die Nachfrage ausgeglichen, und je geringer das Angebot ist, desto höher liegt der Preis. Dieses Phänomen läßt sich übrigens bei den Ölspotmärkten in Rotterdam sehr gut beobachten.

Welche anderen Faktoren können das Angebot verändern?

Manchmal verändert sich das Angebot bei einem Produkt durch das Wetter oder durch andere natürliche oder unkontrollierbare Einflüsse. Die Auswirkungen sind die gleichen wie bei bewußten, gesteuerten Veränderungen. Wenn zum Beispiel in Brasilien die gesamte Kaffee-Ernte eines Jahres durch Frosteinwirkung zerstört wird, steigen die Kaffeepreise. Es kann deshalb sogar durchaus verlockend erscheinen, gar nicht erst auf eine solche Frostperiode – mit der man ja sowieso nie fest rechnen kann – zu warten, sondern die Sache selbst in die Hand zu nehmen und einen Teil der Ernte zu zerstören, um dann aus diesem «Unfall» Profit zu schlagen, wenn der Kaffeepreis genügend ansteigt, um die fehlende Menge auszugleichen. Es ist auch eine höchst ungewöhnliche Geschichte von einem Besitzer einer seltenen Briefmarke bekannt, von der es auf der ganzen Welt überhaupt nur zwei Exemplare gab: Besagter Sammler kaufte für teures Geld das zweite Exemplar, nur um es dann zu zerstören. Der Wert seines auf diese Weise entstandenen Einzelstücks wurde dadurch noch über den der beiden Marken zusammen gehoben. Aus den gleichen Gründen limitieren Künstler auch die Anzahl ihrer Lithographien einer bestimmten Serie, indem sie die Originalplatte vernichten: Sie wollen damit das Angebot niedrig halten und den Preis in die Höhe treiben.

Das Angebot kann jedoch nicht nur durch bewußte Entscheidungen oder Naturereignisse, sondern auch durch eine Veränderung der Produktionsbedingungen schwanken. Die Produktionsbedingungen wiederum ändern sich, wenn die Produktionskosten steigen oder fallen.

Wie wirken sich die Kosten auf das Angebot aus?

Wir haben gesehen, daß die Produktion genau den Umfang haben sollte, daß die Grenzkosten dem Marktpreis des Produktes entsprechen. Nehmen wir einmal an, daß die Grenzkosten steigen, nachdem dieser Punkt bereits erreicht wurde. Das könnte zum Beispiel darauf zurückzuführen sein, daß die Preise der verwendeten Rohstoffe oder die Löhne in die Höhe gehen und damit die gestiegenen Grenzkosten der letzten Produktionseinheit über dem Verkaufs-, d.h. dem Marktpreis, liegen. Wenn nun ein Produkt zu einem Preis verkauft wird, der niedriger ist als seine Herstellungskosten, mindert dies den Gewinn. Eine solche Situation ist nur auf zwei Arten zu bereinigen: Entweder das Unternehmen erhöht den Verkaufspreis des entsprechenden Produktes oder aber es reduziert das Angebot, um damit auch die Grenzkosten zu senken. Ein Unternehmen, das zumindest eine gewisse monopolistische Marktmacht besitzt, wird normalerweise die erste Möglichkeit wählen. Eines dagegen, das sich auf einem Markt mit starkem Wettbewerb durchsetzen muß, kann es sich kaum leisten, den Preis im Alleingang zu erhöhen und wird statt dessen das Angebot einschränken. Das hat dann zur Folge, daß der Preis des entsprechenden Produktes steigt, obwohl das Unternehmen selbst nicht in der Lage war, den Kostenanstieg direkt weiterzugeben.

Wie werden Kosten schließlich auf Märkten mit starkem Wettbewerb doch noch an den Verbraucher weitergegeben?

Der Mechanismus, der für eine solche Weitergabe der Kosten sorgt, ist relativ einfach zu durchschauen. Gehen wir einmal von einem Gleichgewichtspreis aus und nehmen an, daß die Produktionskosten plötzlich steigen. Ein Unternehmen, das starkem Wettbewerbsdruck ausgesetzt ist, kann seine Preise nicht erhöhen und reduziert also die Produktion. Das Angebot bleibt deshalb hinter der Nachfrage zurück. Wenn nun die Nachfrage größer ist als das Angebot, treten die Käufer in einen Wettbewerb miteinander um das verringerte Angebot, und der Preis steigt. Die Hersteller werden diesen höheren Preis umgehend akzeptieren. Keiner von ihnen wird mehr zum niedrigeren Preis anbieten, und wir können feststellen, daß der Marktpreis dann aufgrund der gestiegenen Produktionskosten steigt.

Es wird also klar, daß die Tatsache, daß gestiegene Kosten durch höhere Preise aufgefangen werden, nicht einfach nur darauf zurückzuführen ist, daß jeder einzelne Unternehmer für sich die zusätzlichen Kosten auf den Verkaufspreis seiner Produkte aufschlägt. Vielmehr spielt hier die Funktion von Angebot und Nachfrage eine Rolle. Wie wir später sehen werden, können nur Monopole die Preise bei Kostensteigerungen direkt erhöhen. Ob es sich nun aber um solche Monopole oder um Unternehmen auf einem Wettbewerbsmarkt handelt – letztendlich kommt es auf das gleiche heraus: Kostensteigerungen haben Preissteigerungen zur Folge. Das ist ja auch nicht besonders überraschend. Man kann überhaupt davon ausgehen, daß das Zusammenspiel von Angebot und Nachfrage, wenn man es erst einmal richtig durchschaut hat, keine großen Überraschungen mehr bietet.

Gibt es noch weitere Beispiele dafür, daß Kosten sich über das Angebot auf die Preise niederschlagen?

Beispiele dafür, daß Kostensteigerungen auf die Preise eines Produktes übergewälzt werden, gibt es wie Sand am

Meer. Gehen zum Beispiel die Getreidepreise in die Höhe, macht sich das dann bald bei den Whisky- und Nudelpreisen bemerkbar. Der Gewinn durch die jeweils zuletzt produzierte Einheit schrumpft, das Angebot geht zurück, und die Marktpreise steigen. Manchmal gibt es sogar noch interessantere Beispiele für eine derartige Preisdynamik: Wenn die Preise für Futtergetreide in die Höhe gehen, wird es teurer, Vieh zu halten. Die Bauern schlachten und verkaufen entsprechend mehr Tiere, da sie bei unveränderten Rindfleischpreisen und gestiegenen Produktionskosten bei den letzten produzierten Einheiten mit Verlusten rechnen müssen. Dieses Vorgehen wirkt sich zunächst unmittelbar so aus, daß mehr Rindfleisch auf den Markt kommt und der Preis sinkt. Ein solches Ergebnis steht den normalen Auswirkungen einer derartigen Konstellation vollkommen entgegen: Höhere Produktionskosten senken hier den Preis des Endprodukts. Langfristig kommt es natürlich genau zu dem Effekt, der zu erwarten ist: Der geringere Viehbestand zieht schließlich eine Verringerung des Angebots an Rindfleisch nach sich. Und wenn die Verbraucher dann trotzdem weiter ihr Rindfleisch im Topf wollen, das Angebot aber reduziert ist, drückt das den Preis nach oben. Die Preissteigerung beim Futtergetreide wird sich in einem solchen Fall dann doch irgendwann in der Brieftasche jedes einzelnen bemerkbar machen.

Wieviel von diesen Steigerungen muß denn nun vom Verbraucher auf diese Weise getragen werden? Alles oder nur ein Teil?

Wird die gesamte Kostensteigerung auf den Verbraucher überwälzt?

Viele Leute sind höchst erstaunt, wenn sie hören, daß nur ein Teil der Produktionskostensteigerung den Verbraucher in Form von Preiserhöhungen erreicht, jedenfalls wenn es sich um Produkte handelt, bei denen die Nachfrage sehr empfindlich auf die Preise reagiert. Diese Tatsache kann jedoch folgendermaßen begründet werden: Wenn die Kosten steigen, produzieren die Unternehmen weniger. Durch das geringere Angebot erhöhen sich die Marktpreise. Bei höheren Preisen begnügen sich die Verbraucher mit weniger, da das nun einmal in der Natur der preisempfindlichen Nachfrage liegt. Wenn nun weniger gekauft bzw. nachgefragt wird, geht auch die Produktion zurück, da aufgrund der verschiedenen Mechanismen, die wir bereits beschrieben haben, Angebot und Nachfrage sich immer ausgleichen. Eine Kostensteigerung führt dann also dazu, daß die Produktion unter ihr ursprüngliches Volumen fällt, und zwar ausschließlich deshalb, weil die Unternehmer einen Teil der Kostensteigerungen selber auffangen müssen. Obwohl nach dem Gesetz der abnehmenden Erträge eine solche Reduktion der Produktion in einer derartigen Situation hilft, müssen die Kosten der letzten Produktionseinheit immer noch höher liegen, da sonst die Produktion nicht unter das Ausgangsniveau gesenkt worden wäre. Die Unternehmen fangen also einen Teil der zusätzlichen Kosten selber auf, so daß die Verbraucher nur den anderen Teil zu tragen haben.

Wodurch kann sich das Angebot sonst noch verändern?

Wie wir gesehen haben, verändert sich das Angebot zum einen aufgrund von Schwankungen bei den Produktionskosten. Ein weiterer Faktor, der sich auf das Angebot auswirkt, ist der Preis der Dinge, die ein Unternehmer anstatt der von ihm hergestellten Produkte auch produzieren könnte.

Inwiefern wirken sich die Preise von Produkten, die von einem Unternehmen alternativ produziert werden könnten, auf das Angebot dieses Unternehmens aus?

Diese Frage läßt sich am einfachsten mit Hilfe eines Beispiels beantworten. Nehmen wir einmal an, ein Unternehmen stellt Sonnenblumenmargarine her, könnte aber mit nur geringfügigen Umstellungen ebensogut Sonnenblumenöl produzieren. Wenn nun aufgrund einer Verknappung von

Rapsöl oder irgendwelchen anderen pflanzlichen Ölen auch der Preis für Sonnenblumenöl in die Höhe schnellt, könnte der Sonnenblumenmargarinenhersteller durchaus eine Umstellung seiner Produktion ins Auge fassen – zumindest, wenn der Ölpreis erheblich mehr steigt als der von Margarine. Kommen nun aber viele andere Produzenten auch auf die Idee, ihre Betriebe umzustellen, wird der Preisanstieg bei pflanzlichen Ölen das Angebot an Margarine verringern. Die Nachfrage nach Margarine wird damit das Angebot übersteigen, der Preis geht in die Höhe. Wir sehen also, daß Preisanstiege bei Produkten, die ein Unternehmen alternativ zu seinen üblicherweise hergestellten Gütern produzieren kann, ebensolche Preisanstiege bei diesen für gewöhnlich produzierten Gütern nach sich ziehen. Wenn also Pflanzenöle teurer werden, geht auch der Margarinepreis in die Höhe.

Jeder Preis wird jedoch, wie bereits ausgeführt, nur zur Hälfte von der Angebotsseite her bestimmt. Wir müssen uns deshalb auch mit den Einflüssen befassen, denen die Nachfrage unterliegt.

Welche Faktoren können die Nachfrage verändern?

Bei der Veränderung der Nachfrage spielen die Faktoren Einkommen, Preise vergleichbarer Produkte, Preise von Produkten, die zusammen mit den nachgefragten Gütern konsumiert werden und Geschmack und Vorlieben der Käufer eine wichtige Rolle. Wir werden uns zuerst einmal mit dem Faktor Einkommen befassen.

Welchen Einfluß hat das Einkommen auf die Nachfrage?

In dem Maße, wie das Einkommen der Leute steigt, wird sich auch die Nachfrage erhöhen. Dementsprechend wächst die Nachfrage über das Angebot hinaus, und die Preise klettern in die Höhe. Das ist nur natürlich. Die Auswirkungen, die Preise anderer, vergleichbarer Produkte haben, liegen jedoch nicht ganz so klar auf der Hand.

Wie beeinflussen die Preise anderer, vergleichbarer Güter die Nachfrage?

Vergleichbare Güter, die ähnliche Bedürfnisse befriedigen, werden Substitutionsgüter genannt. Nehmen wir einmal ein Beispiel und versuchen herauszufinden, was im Fall von Preissteigerungen bei Rindfleisch mit den Preisen für Lammfleisch passiert.

Da Rind- und Lammfleisch ähnliche Bedürfnisse befriedigen – in diesem Fall ist es unser Hungergefühl –, werden bei Preissteigerungen bei Rindfleisch einige Verbraucher auf Lammfleisch ausweichen. Damit steigt die Nachfrage nach Lamm, und die Preise gehen entsprechend in die Höhe – nicht etwa, weil die Produktionskosten allgemein gestiegen sind, sondern weil Lamm- und Rindfleisch in einem Substitutionsverhältnis zueinander stehen. Ein Preisrückgang wird entsprechend auch einen Rückgang bei der Nachfrage und damit auch beim Preis des Substitutionsgutes zur Folge haben.

Ein weiteres Beispiel für ein derartiges Substitutionsverhältnis ist das zwischen dem Benzin für das Privatfahrzeug und der Benutzung öffentlicher Verkehrsmittel. Wenn die Benzinpreise in die Höhe gehen, steigen eine ganze Reihe Leute auf Bus oder Bahn um. Die Nachfrage nach diesen anderen Verkehrsmitteln nimmt damit zu, und die Preise erhöhen sich – zumindest, wenn das nicht durch anderslautende Bestimmungen verhindert wird.

Nun, auf der anderen Seite des Spektrums haben wir dann aber auch noch die Güter, die vom Ökonomen als Komplementärgüter bezeichnet werden. Hierbei handelt es sich um Produkte, die zusammen verwendet werden – etwa Tennisschläger und -bälle, Fahrräder und Fahrradreifen, Autos und Benzin, Speiseeis und Eiswaffeln.

Inwiefern beeinflussen die Preise von Komplementärgütern bzw. Komplementärdienstleistungen die Nachfrage?

Wenn die Preise für Fahrräder steigen, geht, nach dem normalen Gesetz der Nachfrage, die Nachfrage nach Fahrrädern zurück. Dementsprechend sinkt dann natürlich auch die Nachfrage nach Fahrradreifen. Wir sehen also, daß bei einer Preissteigerung bei Fahrrädern die Preise für Fahrradreifen sinken. Die Preise von komplementären Produkten bewegen sich somit jeweils in entgegengesetzte Richtungen. Das läßt sich auch am Beispiel von Eis belegen: Wenn hier der Preis in die Höhe geht, kaufen die Leute weniger Eis und dementsprechend auch weniger Eiswaffeln. Die Eiswaffelpreise sinken also in dem Maße, wie die Eispreise steigen.

In den Vereinigten Staaten von Amerika zeigten sich die Auswirkungen solcher Komplementärverhältnisse auch beim «Autopreissturz» im Jahr 1980. Im Vorjahr hatten sich die Benzinpreise praktisch verdoppelt. Da Benzin und Kraftfahrzeuge komplementäre Güter sind, führte die Erhöhung der Benzinpreise – in Verbindung mit den allgemeinen wirtschaftlichen Problemen sowie den hohen Zinssätzen – zu einem Rückgang bei der Nachfrage nach Automobilen. Als Reaktion darauf reduzierten die Hersteller ihre Preise, indem sie Rabatte von bis zu 1000 Dollar einräumten. Auch hier haben wir also wieder ein Beispiel dafür, daß sich die Preise von Komplementärgütern in die entgegengesetzte Richtung bewegen.

Um es noch einmal zusammenzufassen: Komplementärgüter sind praktisch das Gegenteil von Substitutionsgütern. Wenn also die Preise für Rindfleisch steigen, steigen auch die Nachfrage nach und der Preis von Lammfleisch. Wenn dagegen die Preise für Fahrräder und Benzin in die Höhe gehen, sinken die der entsprechenden Komplementärgüter – d. h. die von Fahrradreifen und Kraftfahrzeugen. Die Nachfrage nach einem Produkt kann also nicht nur durch den Preis desselben verändert werden, sondern auch durch den Preis anderer Produkte. Je nachdem, ob es sich bei diesen anderen Produkten um Komplementär- oder Substitutionsgüter handelt, kann der Preis sinken oder steigen.

Wir haben also eine durchaus eindrucksvolle Liste von Faktoren, die die Nachfrage beeinflussen können. Wie sieht es nun noch mit den geschmacklichen Präferenzen der Käufer aus?

Beeinflußt der Geschmack der Leute die Nachfrage?

Und wie! Geschmack spielt bei fast allen Produkten, die man sich nur vorstellen kann, eine Rolle. So ziehen Leute aus Gründen des Geschmacks Butter der Margarine vor oder wollen eher Vollkornbrot als weißes Toastbrot. Nur durch die Veränderungen des Geschmacks kann man erklären, warum Avocados und Artischocken plötzlich «in», Kartoffeln und Kohl dagegen «out» sind. Wenn, ganz gleich aus welchen Gründen auch immer, der allgemeine Geschmack bei einem bestimmten Produkt eine Steigerung der Nachfrage zur Folge hat, gehen automatisch auch die Preise dieses Produktes in die Höhe. Und der Geschmack wandelt sich nun einmal, so wie alles auf dieser Welt.

Macht all das nun nicht dem Wirtschaftswissenschaftler das Leben schrecklich schwer?

Wenn sich Einkommen, Preise von Substitutions- oder Komplementärgütern, der Geschmack der Verbraucher, Produktionskosten und weiß der Himmel, was sonst noch alles, zur gleichen Zeit verändern, weiß der geplagte Wirtschaftswissenschaftler häufig einfach nicht, was sich von all dem am stärksten auswirken wird. Aus diesem Grunde beschäftigt er sich dann auch mit jeder der Veränderungen einzeln. Hier spricht man dann von «ceteris paribus», was soviel heißt, daß man davon ausgeht, daß alles andere unverändert bleibt. Dieser Terminus ist für das Wirtschaftsvokabular von großer Bedeutung. Sie sollten ihn also bei Diskussionen möglichst häufig einfließen lassen, um wie ein waschechter Ökonom zu klingen.

Ein anderer lateinischer Ausdruck, für den Wirtschaftswissenschaftler eine ausgeprägte Schwäche haben, ist «a priori». Dieser Terminus wird verwendet, wenn ausgedrückt werden soll, daß eine bestimmte Schlußfolgerung nur auf einer theoretischen Überlegung beruht, weil es noch keine empirischen Beweise für ihre Stichhaltigkeit gibt. Die Schlußfolgerungen, die in diesem Kapitel über die Auswirkungen von Einkommensveränderungen, die Preise von Substitutions- und Komplementärgütern, den Geschmack der Verbraucher und so weiter präsentiert werden, beruhen samt und sonders auf solchen A-priori-Argumentationen. Es handelt sich also bei ihnen um das Ergebnis eines intelligenten Ratens, das von der Theorie von Angebot und Nachfrage ausgeht. Wenn diese Theorie nun vernünftig angewendet wird, erweisen sich solche A-priori-Schlußfolgerungen gemeinhin als zutreffend. Mißbraucht man die Theorie hingegen – wie das durchaus häufig passiert, weil den Leuten ein ganz bestimmter, weitverbreiteter Irrtum unterläuft –, stimmen die Ergebnisse allerdings nicht mehr.

Worin besteht dieser weitverbreitete Irrtum?

Wir können diesen Irrtum am besten an einem Beispiel veranschaulichen: Jeder, der in seinem Leben schon einmal Volkswirtschaftslehre unterrichtet hat, erhielt mit Sicherheit auf die Frage, was passiert, wenn die Nachfrage steigt, irgendwann einmal folgende Antwort: «Nun, wenn die Nachfrage steigt, das Angebot aber unverändert bleibt, führt der Druck auf der Käuferseite dazu, daß die Preise in die Höhe gehen. Daraufhin werden die Unternehmen mehr produzieren wollen, weil sie bei den höheren Preisen ja auch größere Gewinne machen können.»

So weit, so gut; genau diese Aussage reicht als Antwort, weil es die korrekte Schlußfolgerung ist. Der Preis und die Produktionsmenge sind gestiegen. Nun gibt sich mancher damit aber nicht zufrieden und fährt fort: «Wenn die Hersteller nun mehr produzieren, müssen sie den Preis senken, um ihre Produkte absetzen zu können. Durch den niedrigen Preis steigt wiederum die Nachfrage, mit der steigenden Nachfrage klettern dann auch die Preise. Das stimuliert die Produktion, also erhöht sich das Angebot, die Preise sinken, wodurch die Nachfrage steigt ...» usw., usw., usw. Manchmal liegt der Fehler auch nicht so klar auf der Hand, bleibt aber nichtsdestoweniger ein Fehler.

Und wo genau liegt der Irrtum, der bei dieser Antwort unterlaufen ist?

Wir wollen versuchen, den Fehler, der bei dieser Antwort gemacht wurde, einmal genau zu lokalisieren. Es stimmt, daß die Preise steigen, wenn die Nachfrage nach einem Produkt zunimmt. Es stimmt auch, daß nach dem Gesetz des Angebotes die Hersteller bei höheren Preisen mehr produzieren. Aber das ist auch schon alles. Weil die Preise in die Höhe gehen, steigt das Angebot. Es stimmt aber nicht, daß die Preise fallen, weil das Angebot zunimmt. Das wäre nämlich eine Umkehrung der ersten Behauptung, und beide zusammen können nicht zutreffen. Sie sollten Ihre Argumentationskette immer nur in eine Richtung aufbauen, dann können Sie auch nicht viel verkehrt machen.

Um uns zu beweisen, daß unsere Argumentation stimmt, können wir uns einfach einmal ein paar Fragen vornehmen und versuchen, sie zu beantworten. Wie wär's zum Beispiel mit der folgenden:

Warum ist es im Sommer teurer, in die Vereinigten Staaten zu fliegen, als im Winter?

Unsere Frage zeigt auf, wie saisonale Faktoren durch ihre Auswirkungen auf die Nachfrage den Preis beeinflussen. Wir wissen schließlich, daß die Kosten von Benzin, Löhnen usw., die entstehen, wenn ein Flugzeug 3000 km weit fliegt, im Juli keineswegs höher sind als im November. Trotzdem kosten sowohl Charter- als auch Linienflüge ab Anfang Juli wesentlich mehr als in den Wintermonaten. Im Sommer kommen nun einmal erheblich mehr Leute auf die Idee, Ferien in den Vereinigten Staaten zu machen, als im Winter oder sonst irgendeiner Jahreszeit. Dementsprechend steigen dann auch im Sommer in allen Kategorien die Preise.

Ein Flugpreis, der so niedrig liegt, daß die Fluglinien in den Monaten März oder April gerade ausgelastet sind, führt schon im Monat Juni zu mehrfacher Auslastung. Wenn die Nachfrage also steigt, muß, damit eine Rationierung des

Produktes – in unserem Fall sind es die Sitzplätze im Flugzeug – erreicht werden kann, der Preis in die Höhe gehen. Das ist nun einmal so. Wenn die Nachfrage steigt, müssen die Preise auch steigen, damit es nicht zu einer Verknappung kommt. Bei hohen Preisen werden alle verfügbaren Maschinen eingesetzt, und diejenigen, die die teuren «Sommersitzplätze» bezahlen können, werden im allgemeinen auch noch ein Flugzeug finden, das sie mitnimmt. In den kalten Wintermonaten unserer nördlichen Hemisphäre ist dann natürlich die Nachfrage nach Flügen in wärmere Gefilde groß, und die Preise für Ferienflüge nach Afrika oder auf die Kanarischen Inseln steigen. Bei einem konstanten Angebot führen saisonale Schwankungen der Nachfrage also auch zu saisonalen Preisveränderungen.

Können auch Faktoren auf der Angebotsseite zu solchen saisonalen Preisbewegungen führen?

Es ist tatsächlich sowieso das Angebot, das für gewöhnlich zu regelmäßig auftretenden saisonalen Preisschwankungen führt. Im Winter, wenn das vorhandene Angebot an frischem Obst und Gemüse begrenzt ist, käme es, wenn die Ware zu niedrigeren Sommerpreisen verkauft werden würde, zu einer Verknappung, bei der das Angebot hinter die Nachfrage zurückfallen würde. Die Knappheit des Angebots läßt jedoch die Winterpreise der Güter, die vorhanden sind, in die Höhe schnellen. Das ist so eindeutig und logisch, daß wir uns gar nicht länger mit irgendwelchen Erklärungen aufhalten müssen.

Angebot und Nachfrage spielen eine wichtige Rolle, und zwar nicht nur, wenn es darum geht, das zu erklären, was man sowieso schon instinktiv verstanden hat – wie das bei den letzten beiden Beispielen und auch bei denen, die vorher in diesem Kapitel auftauchten, der Fall ist. Sie sind vielmehr wichtig, weil sie uns helfen, noch weit verwirrendere Sachverhalte zu verstehen. Die wenigsten Leute können nämlich instinktiv die richtige Antwort geben, wenn sie gefragt werden, warum Mißernten oft die Lage der Bauern verbessern oder warum Ausgaben wie etwa Mieten keinen Einfluß auf die Preise haben. Es liegt genausowenig klar auf der Hand, warum der Wert der Arbeit, die in ein Produkt eingeht, nicht im Preis des Produktes ihren Niederschlag findet oder was Wirtschaftswissenschaftler meinen, wenn sie sagen, daß es kein «Gratismittagessen» gibt. Mit dem Wissen, das wir uns jetzt über Angebot und Nachfrage angeeignet haben, sind wir in der Lage, diese schwierigen Probleme anzugehen.

11. Die Lösung einiger wirtschaftlicher Rätsel

Eine weitere Sache, bei der die Nachfrage stets größer ist als das Angebot, ist Sex.
Unbekannter Autor

Warum freuen sich Landwirte über Mißernten?

Eigentlich sollte man doch denken, daß eine Mißernte aufgrund allgemein schlechter Wetterlage für die armen Landwirte, deren Ernten zerstört oder deren Produktion verringert wird, eine mittlere Katastrophe ist. Deshalb wird es Sie jetzt auch vielleicht überraschen, zu hören, daß Ereignisse wie zum Beispiel eine solche Mißernte Landwirten durchaus ganz gelegen kommen können. Es ist sogar eine Tatsache, daß Landwirte durchaus davon profitieren können, wenn sie sich organisieren, um – auch bei guten Ernteergebnissen – einen Teil ihrer Erträge vom Markt fernzuhalten. Jedoch sind bestimmte äußere Voraussetzungen notwendig, damit durch eine geringere Produktion größere Gewinne erwirtschaftet werden können. Diese äußeren Umstände schließen auch einen Faktor ein, der gemeinhin als Preiselastizität der Nachfrage bezeichnet wird.

Was versteht man unter der Preiselastizität der Nachfrage?

Die Preiselastizität der Nachfrage gibt Auskunft darüber, wieweit sich die Nachfrage verändert, wenn die Preise steigen oder fallen. Wir haben beim Gesetz der Nachfrage gesehen, daß steigende Preise einen Rückgang bei der Nachfrage zur Folge haben, doch haben wir uns nicht damit befaßt, wieweit genau die Nachfrage zurückgeht. Nun bei einigen Gütern wird sich die Nachfrage kaum verändern, selbst wenn die Preise erheblich steigen oder fallen. Salz ist ein Beispiel dafür. Die Nachfrage nach anderen Gütern kann dagegen wesentlich stärker mit dem Preis zusammenhängen. So wird zum Beispiel von einer bestimmten Mehlmarke viel weniger verkauft werden, wenn der Preis bei dieser Marke im Vergleich zu anderen erheblich ansteigt.

Wenn nun ein einprozentiger Preisanstieg bei einem Produkt dazu führt, daß die Menge, die von diesem Produkt gekauft wird, um mehr als ein Prozent zurückgeht, spricht man davon, daß die Nachfrage nach dem entsprechenden Produkt elastisch ist. Der Terminus «elastisch» oder auch «flexibel» wird in solchen Fällen verwendet, weil die Preiserhöhung eine starke Reaktion seitens der Käufer, die versuchen, ihren Verbrauch des betreffenden Produktes einzuschränken, hervorruft. Der Prozentsatz, um den sich die Verkaufsmenge reduziert, liegt höher als der des Preisanstiegs. Andererseits spricht man von unelastischer Nachfrage, wenn die Menge, die von einem Produkt gekauft wird, bei einem Preisanstieg von einem Prozent um weniger als ein Prozent zurückgeht. Es heißt dann, daß die Nachfrage unelastisch oder auch unflexibel ist, weil auch bei Preisanstiegen die Käufer sich als unflexibel erweisen und nicht auf das Produkt verzichten wollen, so daß sich die gekaufte Menge nicht erheblich verringert. Wirtschaftswissenschaftler unterscheiden stets streng zwischen elastischer und unelastischer Nachfrage; diese Differenzierung ist sehr wichtig, da nur durch sie eine Reihe von Tatsachen erklärt werden kann, die unserer intuitiven Eingebung vollständig entgegenlaufen.

Nehmen wir wieder einmal ein Beispiel aus den Vereinigten Staaten von Amerika: Im Jahre 1979 verdoppelte sich dort der Benzinpreis, d.h., anders ausgedrückt, er stieg um 100%. Nach offiziellen Statistiken ging der Verbrauch um 10% zurück. Dies ist ein Beispiel für eine sehr geringe Elastizität, und man kann sagen, daß im Durchschnitt pro 1% Preissteigerung die Nachfrage nur um $^1/_{10}$% sank. Andererseits ist die Nachfrage nach Benzin bei jeder einzelnen Tankstelle wahrscheinlich schon sehr preisempfindlich. Wenn nämlich zum Beispiel eine Tankstelle, die in einem

Gebiet liegt, in dem sich viele andere Tankstellen befinden, im Alleingang den Preis um 2% anhebt, kann es durchaus sein, daß sie einen Geschäftsrückgang von 10% zu verzeichnen hat: In einem solchen Fall ist die Nachfrage also sehr elastisch.

Wenn wir nun diese Eigenschaft der Nachfrage berücksichtigen, verstehen wir auch, warum Landwirte aus Mißernten doch noch Nutzen ziehen können – oder warum es vorteilhaft für OPEC-Mitglieder ist, das Angebot an Öl niedrigzuhalten. Da das diesen Tatsachen zugrunde liegende Merkmal der Nachfrage in einer Vielzahl von Fällen zum Tragen kommt, wollen wir unsere Frage einmal etwas allgemeiner formulieren:

Wann können niedrigere Verkaufszahlen höhere Umsätze zur Folge haben?

Die Antwort liegt wieder einmal auf der Hand: Wenn die mit den niedrigeren Verkaufszahlen einhergehenden Preissteigerungen höher sind als die Verringerung der verkauften Menge. Steigt nämlich der Preis prozentual um mehr, als die Menge sinkt, müssen die Umsätze immer noch größer sein als vorher, weil sie sich ja aus dem Preis mal der verkauften Menge errechnen lassen. Wie wir gesehen haben, gilt das jedoch nur bei unelastischer Nachfrage. Wenn Brasilien zum Beispiel sein Kaffeeangebot um 10% reduziert, aber aufgrund der (durch einen Frosteinbruch oder aber Wirtschaftsplanung) verringerten Menge, die noch auf den Markt kommt, einen um 50% höheren Preis erzielt, hat das Land erhebliche Vorteile davon. Man muß allerdings gleich dazu sagen, daß das auch nur möglich ist, wenn die Nachfrage nach Kaffee unelastisch (unflexibel) ist.

Kann auch ein einzelner Landwirt sein Einkommen erhöhen, indem er seine Erzeugnisse nicht auf den Markt bringt?

Die Antwort auf diese Frage kann nur ein entschiedenes *Nein* sein, da ein einzelner Landwirt den Preis dessen, was er verkauft, nicht beeinflussen kann. Er muß seine Produkte genau zu dem Preis auf den Markt bringen, den auch alle anderen Landwirte verlangen. Wenn er versuchte, im Alleingang den Preis in die Höhe zu treiben und weniger anzubieten, würde er gar nichts mehr verkaufen: Die Käufer wendeten sich ganz einfach anderen Produzenten zu. Was die Produkte eines einzelnen Landwirtes angeht, haben wir es also mit einer vollständig elastischen Nachfrage zu tun. Schon eine einprozentige Preiserhöhung würde, wenn nur er sie durchführte, zu einem hundertprozentigen Rückgang des Absatzes führen. Wenn wir uns nun in Erinnerung rufen, daß elastische Nachfrage bedeutet, daß die prozentuale Verringerung des Absatzes größer ist als die Preiserhöhung, haben wir bei diesem hundertprozentigen Rückgang der verkauften Menge tatsächlich einen Fall von vollständig elastischer Nachfrage vorliegen.

Nun könnte man durchaus denken, daß es auch viele Situationen geben muß, wo die Nachfrage unelastisch ist und es ganz klar auf der Hand liegt, daß die Bildung eines Kartells vorteilhaft wäre. Warum existieren dann aber nur so wenig Kartelle? Nun, ganz einfach: Zum einen sind Kartelle für gewöhnlich nicht besonders stabil und zum anderen auch noch illegal.

Warum brechen Kartelle – theoretisch wenigstens – leicht auseinander?

Im vorangegangenen Abschnitt ist klargeworden, daß bei unelastischer Nachfrage durch eine Verringerung von Produktion und Absatz höhere Umsätze erzielt werden können. Weniger produzieren bringt auch weniger Kosten mit sich. Daraus folgt, daß die Umsätze steigen und die Kosten sinken, wenn man kollektiv weniger produziert. Damit schnellen dann auch die Gewinne in die Höhe. Eigentlich läge es aus diesem Grunde recht nahe, zu erwarten, daß sich alle zusammentun, um jeweils in ihrem Bereich ein Kartell zu bilden und dann daraus Profit zu schlagen. Wie bereits erwähnt wurde, sind Kartelle nun aber illegal.

Es gibt Gesetze gegen Wettbewerbsbeschränkungen, die auf die angewendet werden können, die ein Kartell bilden wollen. Doch selbst wenn Kartelle erlaubt wären, liegt es nun einmal in ihrer Natur, daß sie nicht besonders dauerhaft sind.

Kartelle sind instabil, da jeder einzelne Produzent guten Grund hat, gierig zu sein. Bei den hohen Preisen, die das Kartell erzwungen hat, kann er seinen Gewinn vergrößern, indem er dadurch mehr verkauft, daß er niedrigere Preise verlangt als die anderen Kartellmitglieder. Wenn nur ein einziger Unternehmer so etwas macht, wird der Preis des Produktes, um das es geht, kaum sinken. Alle anderen haben jedoch genausoviel Interesse an Produktionssteigerungen. Wenn nun viele einzelne Unternehmer von ihrer Raffgier überwältigt werden, sinkt der Marktpreis, und ihr Verhalten hat zur Folge, daß ihr eigener Gewinn sowie der der anderen am Kartell Beteiligten zurückgeht.

Neben den rechtlichen Problemen besteht die Schwierigkeit, ein vorhandenes Kartell aufrechtzuerhalten, also auch noch darin, dafür zu sorgen, daß die einzelnen Mitglieder die Kartellbestimmungen nicht unterlaufen. Früher herrschte die recht weit verbreitete Auffassung, daß die Versuchung zu mogeln so groß ist, daß jedes Kartell früher oder später daran zerbrechen muß. Einige Kartelle haben sich allerdings durchaus über eine Reihe von Jahren hinweg halten können – nehmen wir nur einmal die OPEC. Vielleicht ist noch eine zusätzliche, nichtwirtschaftliche Motivation notwendig, ein Kartell zusammenzuhalten.

Wenn Kartelle – oder wenigstens die, denen es gelingt, sich zu halten – ein Rätsel sind, dann ist die Tatsache, daß Fixkosten keine Rolle spielen, mindestens ebenso geheimnisvoll. Nun, Fixkosten sind Kosten, die man nun einmal in Kauf nehmen muß, und für einen Wirtschaftswissenschaftler bedeuten sie eben einfach nicht viel.

Warum sind Fixkosten irrelevant?

Denken wir doch an die obige Diskussion zurück und rufen uns ins Gedächtnis, daß Unternehmen, die bestimmte

Preise als gegeben hinnehmen müssen, so viel produzieren sollten, daß die Grenzkosten dem erzielten Preis entsprechen. Unter Grenzkosten versteht man die Kosten, die für eine zusätzliche Produktionseinheit entstehen. Wenn nun Mieten oder andere laufende Kosten wie zum Beispiel Zinsen steigen würden, hätte dies sicherlich eine Erhöhung der durchschnittlichen Kosten dessen, was produziert wird, zur Folge. Die Kosten für eine zusätzliche Produktionseinheit, die ja von den zusätzlichen Rohstoffen und der zusätzlich eingebrachten Arbeitskraft bestimmt werden, wären davon jedoch dann nicht betroffen. Rohstoffe und Arbeitskraft sind variable, nicht fixe Kosten. Veränderungen bei den fixen Kosten haben keinerlei Einfluß auf die Produktion.

Wenn natürlich die Fixkosten so stark ansteigen, daß ein Betrieb mit Verlust arbeitet, wird er bald schließen müssen. In einem solchen Fall spielen die Fixkosten dann natürlich eine erhebliche Rolle. Wenn es aber um die optimale Produktionsmenge geht, kann man sie vernachlässigen. Und wenn dies nun schon höchst mysteriös erscheint – wie sieht es dann mit dem «Gratismittagessen» aus? Nun, für einen Wirtschaftswissenschaftler gibt es so etwas nicht.

Was meinen Wirtschaftswissenschaftler, wenn sie sagen, daß es ein «Gratismittagessen» nicht gibt?

Volkswirtschaftler sind undankbare Zeitgenossen – selbst bei Einladungen zum Mittagessen. Auch wenn man für sie bezahlt, verkünden sie laut und deutlich, daß das Essen für sie keineswegs umsonst war. Ob sie nun jemand einlädt oder nicht – für sie macht das tatsächlich kaum einen Unterschied. Warum wissen nun Ökonomen die Großzügigkeit anderer Leute so wenig zu schätzen? Wir werden im folgenden sehen, daß das etwas mit den verschiedenen Arten von Opportunitätskosten zu tun hat.

Für Otto Normalverbraucher ist die Sache ganz klar: In ein Mittagessen muß man zwei Dinge investieren: Zeit und Geld. Wir kennen schließlich alle das vielstrapazierte Klischee, daß Zeit Geld ist. Nun, selbst wenn man zum Essen eingeladen wird – die Zeit muß man schon selbst mitbringen. Sogar wenn man keinen Pfennig zu zahlen braucht, bringt ein solches Essen Opportunitätskosten mit sich; diese entstehen dadurch, daß man während des Mittagessens etwas anderes nicht tun konnte bzw. Zeit investiert, die man statt mit Essen mit anderen Dingen hätte verbringen können.

Es gibt noch mehr Beispiele – eines findet man bei Schlußverkäufen, bei denen Leute, die schon Stunden vor Öffnung der Geschäfte am ersten Tag vor der Türe anstehen, dann als «Lohn» dafür die günstigsten Sonderangebote abbekommen. Die niedrigen Preise der Ware, die sie kaufen, werden durch die Opportunitätskosten, die durch das stundenlange Warten entstehen, erhöht, und einige Leute zahlen auf diese Weise letztlich Preise, die wahrhaftig alles andere als niedrig sind.

Aber hat das denn überhaupt noch irgend etwas mit Volkswirtschaft zu tun?

Es gibt ein ganzes Spezialgebiet innerhalb der Volkswirtschaftslehre, das sich mit dem Einsatz von Zeit befaßt, und manchmal lassen sich die Experten auf diesem Gebiet von ihrer eigenen Begeisterung überwältigen. Im «Journal of Political Econom», einer bekannten, normalerweise durchaus ernst zu nehmenden, hochwissenschaftlichen Fachzeitschrift, erschien einmal eine sehr treffende Satire von Allan Blinder über die Arbeit solcher Spezialisten. Unter dem Titel «Die Ökonomie des Zähneputzens» kommt ein Wirtschaftswissenschaftler, der in der Tradition der Princeton University schreibt und ausdrücklich eine Danksagung an seinen Zahnarzt voranstellt, der ihm geholfen hat, gewisse Lücken in der Analyse zu füllen, zu gar nicht einmal sooo überraschenden Schlußfolgerungen: Es gelingt ihm, mathematisch zu belegen, daß bei Vorgabe bestimmter Voraussetzungen, wie die Menschen aus dem, was sie gerade tun, Befriedigung ziehen – nach der Nutzenfunktion –, niemand mehr als zwölf Stunden täglich darauf verwenden wird, sich die Zähne zu putzen. Unter Verwendung von statistischem Material, das ihm vom FBI (Federal Brushing Institute – Bundesinstitut für Bürstenwesen) zur Verfügung gestellt wurde, erklärt der Autor der Studie, daß Kellner in der Regel mehr Zeit darauf verwenden, ihre Zähne zu putzen, als Chefköche. Warum das so ist? Nun, weil der Lohn, den Kellner für strahlende Zähne erhalten, größer ist als der, auf den Chefköche hoffen dürfen. Bei seiner Untersuchung stellt Blinder außerdem fest, daß im universitären Bereich Assistenten ihre Zähne häufiger putzen als die ihnen vorausgesetzten ordentlichen Professoren (und das trotz dem Attribut «ordentlich» vor dem Titel). Die Professoren, die mehr verdienen, sind entsprechend mit höheren Opportunitätskosten konfrontiert und verbringen deshalb auch weniger ihrer wertvollen Zeit mit Zähneputzen. Blinder, der mit seinem sehr ironischen Artikel seinen Kollegen augenzwinkernd auf den Zahn fühlt, macht sich natürlich nur über sie lustig, doch entspricht das, was er da beschreibt, in beängstigender Weise der Realität der Forschungstätigkeit einer ganzen Reihe von Ökonomen. Sie kommen mit ihren Untersuchungen gefährlich nahe an den Bereich der Intimsphäre des einzelnen, und vielleicht haben sie sogar schon einen Fuß in Ihrer Schlafzimmertür …

Gibt es noch andere Aspekte der Feststellung, daß «Gratismittagessen» unmöglich sind?

Ja, es gibt noch einen anderen Grund dafür, daß man sich niemals eines Gratismittagessens erfreuen kann. Wenn man das Problem einmal im wirtschaftlichen Gesamtzusammenhang – d.h. im Unterschied zur individuellen Ebene – sieht, kann man sagen: wenn ein Mensch sehr viel ißt, hat ein anderer dafür weniger. Wenn ich mich zum Beispiel mit einer Forelle oder einer riesigen Portion Sauerkraut vergnüge, nun, dann stehen diese kulinarischen Köstlichkeiten anderen Leuten nicht mehr zur Verfügung. Bezieht man also einmal die ganze Welt ein, wird klar, daß nichts umsonst ist, da die Opportunitätskosten darin bestehen, daß immer irgend jemand anders auf das, was verbraucht wird, verzichten muß. Man kann dem natürlich zustimmen, aber trotzdem weiterfragen, was nämlich passiert wäre, wenn die Lebensmittel sonst verdorben wären. Man könnte ebensogut argumentieren, daß niemand das Essen konsumiert hätte, wenn man selber nicht zum Essen erschienen wäre; insgesamt gesehen wäre es also wirklich umsonst gewesen. Betrachtet man das Ganze aber einmal langfristig, sieht man, daß diese Argumentation nicht mehr stichhaltig ist. Nehmen wir einmal noch ein anderes Beispiel, um das zu verdeutlichen:

Es kann durchaus vorkommen, daß jemand, der einen Pelzmantel trägt, das auf die folgende Weise rechtfertigt: «Die Tiere, deren Felle in diesem Mantel verarbeitet sind, waren sowieso schon tot, als ich den Mantel gekauft habe. Für mich mußten also nicht noch extra Tiere getötet werden. Wenn ich den Mantel nun nicht gekauft hätte und sonst womöglich auch niemand, dann wären die armen Tiere womöglich ganz umsonst gestorben. Und das wäre doch wirklich eine Schande, oder etwa nicht?» Sie haben sicher gleich erkannt, wo bei dieser Art der Argumentation der Haken ist.

Pelzmäntel werden hergestellt, weil ihre Hersteller damit rechnen, daß sie Käufer finden. Wenn nun niemand bereit ist, solche Mäntel abzunehmen, werden irgendwann einmal auch weniger von ihnen produziert. Wenn Sie also nicht auswärts essen und ein Restaurant deshalb auf seinen vorbereiteten Mahlzeiten sitzenbleibt, dann wird dieses Lokal in Zukunft eben weniger Lebensmittel einkaufen. Die Aufnahme von Nahrungsmitteln, die bereits zubereitet sind, und das Tragen von Pelzmänteln aus Fellen von Tieren, die bereits tot sind, hat keinerlei Einfluß auf die zukünftige Produktion oder auf das Töten von Tieren.

Insgesamt gesehen können Produkte, die auf dem Markt angeboten werden, niemals umsonst sein. Selbst Luft – saubere Luft – gibt es nicht gratis. Das ist eine Erfahrung, die wir nun schon seit geraumer Zeit machen. Wir müssen billigere Produktionsmethoden aufgeben – und das schafft echte Opportunitätskosten –, um die Abgasentwicklung niedrig zu halten. Leider kann es einfach keine Gratismittagessen geben, weil die Menschen der Zeit nun einmal einen Wert beimessen und weil Güter knapp sind.

Spiegeln eigentlich die Preise der Güter den Wert der in sie eingehenden Arbeitskräfte wider?

Viele Leute empfinden es sicherlich als höchst mysteriös, daß der Preis eines Produktes für gewöhnlich nicht den Wert der Arbeit, die für die Produktion des betreffenden Gutes aufgewendet wird, widerspiegelt. Wenn das zwar nun auch nicht unbedingt mysteriös ist, kann man trotzdem nicht ganz ohne Schwierigkeiten erklären, warum doch so viele Ökonomen in der Entstehungszeit der Volkswirtschaftslehre zu falschen Schlußfolgerungen kamen. Um unsere Hypothese zu belegen, daß Preise nicht unbedingt den Wert der bei der Produktion geleisteten Arbeit widergeben müssen, wollen wir einmal einige sehr arbeitsintensive Produkte betrachten. Im folgenden ein paar sehr extreme Beispiele:

Wenn ein Unbekannter einen bereits existierenden Roman abschreiben würde, sehr sauber und sorgfältig abschreiben würde, könnte er seine Arbeit wohl zu einem hohen Preis verkaufen? Oder: Was für einen Marktpreis würde man wohl für Hemdknöpfe aus Elfenbein bezahlen müssen, die von einem erfahrenen Kunsthandwerker in mühevoller Kleinarbeit von 10 Stunden pro Knopf handgeschnitzt worden wären? Trotz der Quantität und auch Qualität der geleisteten Arbeit hätten diese Produkte keinen besonderen Wert. Der Wert wird, wie wir bereits gesehen haben, von Angebot und Nachfrage bestimmt. Damit etwas wertvoll ist, muß die Nachfrage hoch, das Angebot aber beschränkt sein. Es ist natürlich auch denkbar, daß das Angebot an handgeschnitzten Hemdknöpfen und handschriftlichen Romankopien nicht gerade überwältigend groß ist – trotzdem sind beide Artikel nicht viel wert, wenn sie sowieso von vornherein schon niemand kaufen will. Arbeitswerttheorien, die es früher wie Sand am Meer gab, sind heutzutage aus der Mode gekommen. Sie konzentrieren sich nämlich ausschließlich auf das Angebot und vergessen darüber die Nachfrage ganz.

Warum sind Wirtschaftswissenschaftler im allgemeinen gegen Preiskontrollen?

Wenn die Inflation wirklich so etwas Schlimmes ist, warum bremst man sie dann nicht einfach, indem man als Regierung keine weiteren Lohn- und Preissteigerungen mehr zuläßt? Nun, Lohn- und Preiskontrollen mögen politisch durchaus attraktiv sein, in einer freien Marktwirtschaft können sie jedoch enorme Kosten nach sich ziehen, indem sie die wirtschaftliche Effizienz schädigen. Solche Wirkungen haben sie jedenfalls, wenn sie über längere Zeiträume hinweg durchgesetzt werden.

In unserer Diskussion von Angebot und Nachfrage wurden die Preise als Signale dafür gewertet, was zu produzieren und was zu kaufen ist. Wenn nun im Verhältnis zum Angebot große Nachfrage nach einem Produkt herrscht, wird der Preis steigen. Der Hersteller dieses Gutes weiß so, daß er zusätzliche Gewinne machen kann, indem er mehr produziert. Die Produktion derjenigen Waren, die die Verbraucher wollen, wird auf diese Weise erhöht. Dieses ausgeklügelte Signalsystem hat nun viele Wirtschaftswissenschaftler zu dem Glauben verleitet, daß bei frei variierbaren Preisen der Kunde König sei. Alles, was er will – und das drückt sich im Preis aus, den er zu zahlen bereit ist –, wird auch produziert.

Nun wandelt sich der allgemeine Geschmack jedoch ständig. Wir wollen bessere Elektrogeräte, schönere und teurere Reisen, die verschiedensten Lebensmittel und Weine. Die Nachfrage nach dem, was wir konsumieren wollen, verändert sich also dauernd, und aus diesem Grunde ändern sich in einer freien Marktwirtschaft auch die Marktsignale genauso häufig. Wenn wir es vorziehen, mit dem Flugzeug zu reisen, um auf diese Weise Zeit zu sparen, spiegelt sich unsere Nachfrage in den Preisen wider, die wir bereit sind, für diese Bequemlichkeit zu zahlen. Die Fluggesellschaften wissen so, was sie anbieten müssen.

Lohn- und Preiskontrollen setzen die Signale außer Kraft, die das Preissystem der freien Marktwirtschaft bietet. Sie verhindern Schwankungen der relativen Preise durch die Bemühungen, die absoluten Preise unter Kontrolle zu halten. Die Hersteller wissen nicht, was sie produzieren sollen, und selbst wenn sie es wissen, besteht keinerlei Anreiz mehr, das zu produzieren, was die Verbraucher wirklich haben wollen. In Einzelbereichen kommt es zu Verknappungen, wenn ein Ansteigen der Nachfrage nicht durch eine entsprechende Erweiterung des Angebotes aufgefangen wird. Das Angebot verändert sich nicht, weil die Preise kontrolliert werden. In solchen Situationen zeigt sich, daß Verbraucher Rationierungen hinnehmen müssen, die dadurch offenbar werden, daß sie gezwungen sind, beim Kauf von Gütern Schlange zu stehen und einen Teil des Preises in Wartezeit bezahlen.

In allen Bereichen der Wirtschaft macht sich dann wachsende Ineffizienz bemerkbar. Wenn derartige Kontrollen nur über einen begrenzten Zeitraum hinweg aufrechterhalten werden, kann man sie übersehen; von einem gewissen Punkt an bringt die zunehmende Ineffizienz jedoch massive Kosten mit sich.

Sind Lohn- und Preiskontrollen überhaupt jemals angebracht?

Kurzfristige Lohn- und Preiskontrollen können, wenn die Regierung sich gleichzeitig bemüht, der Inflation auf andere Weise Herr zu werden, durchaus sinnvoll sein. Wenn zum Beispiel auch in anderen Bereichen Einsparungen vorgenommen werden, um die Inflation in den Griff zu bekommen – etwa durch Kürzungen von Regierungsprogrammen und eine Beschränkung des Wachstums der Geldmenge –, können derartige Kontrollen, wenn sie über einen begrenzten Zeitraum durchgeführt werden, schon dazu beitragen, die gewünschten Erfolge zu erzielen. Wenn durch Lohn- und Preiskontrollen eine Senkung der Inflation in Aussicht ist, werden auch die Lohnforderungen automatisch gemäßigter sein. Andere wirtschaftspolitische Maßnahmen zur Bekämpfung der Inflation greifen dann, ohne daß hohe Arbeitslosenquoten die Folge sind. Lohn- und Preiskontrollen dürfen jedoch keinesfalls zu häufig angewandt werden, um die erwartete Inflationsrate zu drücken, ohne daß nicht auch gleichzeitig andere Schritte eingeleitet werden, um die bereits bestehende Inflation zu dämpfen.

Gelten die Gesetze von Angebot und Nachfrage für Güter des täglichen Bedarfs und Luxusgüter gleichermaßen?

Wenn die Einkommen allgemein um 10% steigen, ist es höchst unwahrscheinlich, daß die Leute deshalb von allen Gütern gleichmäßig 10% mehr kaufen. Ein Teil des zusätzlichen Einkommens wird vielleicht, selbst wenn sie bereits ausreichend mit gutem Essen und bequemen Wohnungen versorgt sind, immer noch für Lebensmittel oder besseres Wohnen aufgewendet, doch werden die wenigsten Leute die gesamten 10% für diese Dinge des täglichen Lebens ausgeben. Anders ausgedrückt: Die Nachfrage nach Grundgütern wie Lebensmitteln und Wohnungen wird nicht um den Prozentsatz steigen, um den sich das Einkommen erhöht. Genauso gilt, daß, wenn die Einkommen sinken, die Nachfrage nach so lebensnotwendigen Gütern nicht im gleichen Maße zurückgeht wie das Einkommen. Eine Schwankung des Einkommens um 10% bringt also in jedem Fall nur eine geringere Veränderung der Nachfrage mit sich.

Aber in dem Maße, wie die Leute weniger ihres zusätzlichen Einkommens für eine Art von Gütern ausgeben, verwenden sie wahrscheinlich mehr für andere. Bei einer Einkommenserhöhung um 10% könnten sie zum Beispiel 20% mehr für Reisen, Theater und ähnlichen Luxus ausgeben. Wirtschaftswissenschaftler differenzieren zwischen Bedarfsgegenständen und Luxusgütern, je nach dem Umfang des entsprechenden Einkommenseffekts. Wenn die Ausgaben für ein Produkt um einen kleineren Anteil als das Gesamteinkommen steigen, ist der Effekt nur gering, und das Produkt wird als lebensnotwendiges Gut bezeichnet. Im umgekehrten Fall, wenn sich die Ausgaben für ein Produkt prozentual um mehr erhöhen als das Einkommen, ist der Einkommenseffekt erheblich, und das betreffende Gut gilt als Luxusgut.

Gibt es auch negative Einkommenseffekte?

Im allgemeinen sollte man doch annehmen, daß in dem Maße, wie die Leute mehr verdienen, sie auch von allem mehr kaufen. Selbst wenn der Einkommenseffekt bei manchen Produkten dann gering wäre, würden sich Einkommen und Nachfrage doch zumindest in dieselbe Richtung entwikkeln. Nun, es gibt aber einige Produkte, bei denen der Einkommenseffekt negativ ist. Von diesen Gütern wird um so weniger gekauft, je mehr die Leute verdienen. Man bezeichnet sie als inferiore Güter.

Zu diesen inferioren Gütern gehören zum Beispiel auch Brot und Kartoffeln. Wenn das Einkommen allgemein steigt, können sich die Leute leisten, mehr Fleisch und Käse zu essen, und da sie mit diesen exotischen Genüssen ihren Kalorienbedarf dann decken, brauchen sie weniger von den Grundnahrungsmitteln. Als Konsequenz führen Erhöhungen der Einkommen zu einem Rückgang der Nachfrage nach inferioren Gütern. Dieser Effekt kann unter bestimmten Umständen so ausgeprägt sein, daß etwas entsteht, was als *Giffen-Gut* bekannt ist.

Was ist ein Giffen-Gut?

Sir Robert Giffen stellte fest, daß sehr arme Leute mehr Kartoffeln kauften, als in den 40er Jahren des letzten Jahrhunderts die Kartoffelpreise stark stiegen. Dieses Phänomen widerspricht dem Gesetz der Nachfrage, da nach ihm bei steigenden Preisen ja weniger von den Leuten nachgefragt werden sollte. Das Giffen-Gut stellt jedoch keine Verletzung dieses Gesetzes dar. Es handelt sich vielmehr um einen Fall, wo ein sehr ausgeprägter Einkommenseffekt das übliche, auf dem Gesetz der Nachfrage basierende Nachfrageverhalten dominiert.

Wenn der Preis bei einem einzelnen Produkt steigt, passieren zwei Dinge auf einmal: Der relative Preis des Gutes steigt, gleichzeitig sinkt aber auch das Realeinkommen der Leute. Wenn nämlich der Preis bei einem Produkt, für das ein erheblicher Teil unseres Einkommens aufgewendet wird, in die Höhe geht, bedeutet das, daß sich das reale Einkommen reduziert. Der Anstieg des relativen Preises führt dazu, daß man weniger kaufen will, und der damit einhergehende Einkommenseffekt verstärkt diese Tendenz für gewöhnlich noch. Wenn der Einkommenseffekt jedoch negativ ist, hebt er den Effekt der relativen Preise auf. Obwohl bei höheren Preisen im allgemeinen die Nachfrage geringer ist, gilt für inferiore Güter, daß die Nachfrage aufgrund der realen Einkommensverringerung zunimmt. Wenn dieser Einkommenseffekt nun überwiegt, haben wir es mit einem Giffen-Gut zu tun – ein höherer Preis führt zu einem Anstieg der Nachfrage. Die Möglichkeit einer solchen Entwicklung erscheint faszinierend, doch hat sie, wenn man einmal vom Irland des letzten Jahrhunderts absieht, wohl kaum irgendeine praktische Bedeutung.

Ist der Einkommenseffekt auch noch unter einem anderen Namen bekannt?

Ernst Engel – der nichts mit Friedrich Engels, dem langjährigen Freund und Wohltäter von Karl Marx, zu tun hat – machte sich einen Namen, indem er Einkommenseffekte graphisch darstellte. Diese graphische Veranschaulichung des Verhältnisses zwischen dem Einkommen und dem, was auf dem Markt insgesamt für die verschiedenen Produkte ausgegeben wird, ist als Engels-Kurve bekanntgeworden.

Nachdem wir jetzt einige der Rätsel gelöst und auch unser Verständnis von Angebot und Nachfrage vertieft haben, können wir uns nun mit den unterschiedlichen Marktformen befassen. Märkte differieren im Grad des Wettbewerbs, und das führt zu bedeutenden Unterschieden bei den Preisen, die die Verbraucher zahlen müssen.

12. Monopol, Oligopol, Wettbewerb und Preise

Bei unkontrolliertem Wettbewerb beutet der Mensch den Menschen aus. Unter Monopolen ist es genau umgekehrt.
Unbekannter Autor

In einer wettbewerbsorientierten Wirtschaft gibt es keinen Platz für Unternehmen, die sich dem Wettbewerb entziehen wollen.
Alfred P. Sloan

Welche Märkte werden von Wirtschaftswissenschaftlern unterschieden?

Wie alle Wissenschaftler haben auch die Volkswirtschaftler im allgemeinen ein Faible für die Einordnung und Klassifizierung von Tatbeständen in Gruppen unter bestimmte Überschriften. Botaniker betreiben dieses Spielchen mit Pflanzen, Zoologen mit Tieren, Psychologen mit Menschen und Wirtschaftswissenschaftler eben mit Märkten.

Der wichtigste Markt für den Ökonomen ist – weil man ihn nämlich relativ einfach überblicken kann – der Markt mit vollständiger Konkurrenz. Vollständige Konkurrenz herrscht, wenn viele Hersteller genau das gleiche Produkt anbieten, alle Käufer über den Preis aller Anbieter informiert sind und keinem neuen Anbieter, der hinzukommt, Hindernisse, d.h. Marktzutrittsschranken, in den Weg gelegt werden.

Der erste wichtige Grundzug eines Marktes mit vollständiger Konkurrenz besteht darin, daß alle Anbieter genau den gleichen Preis fordern müssen. Da man ja davon ausgeht, daß die Käufer über die Preise jedes einzelnen Anbieters informiert sind, würden bei unterschiedlichen Preisen alle bei dem Produzenten mit den niedrigsten Preisen kaufen. Hersteller, die mehr als den Minimalpreis verlangten, wären nicht mehr in der Lage, überhaupt noch irgend etwas an den Mann zu bringen; der Wettbewerb zwänge sie also, den gleichen Preis wie alle anderen, nämlich den Mindestpreis, zu verlangen.

Das zweite wichtige Merkmal eines Marktes mit vollständigem Wettbewerb ist, daß kein Anbieter einen ungewöhnlich hohen Gewinn erzielen kann. Wäre das nämlich möglich, hätte es zur Folge – da ja davon ausgegangen wird, daß es keine Marktzutrittsschranken gibt –, daß andere sich ebenfalls darum bemühen würden und gleichfalls in der Lage wären, auch auf diesem Markt anzubieten. Ihr Eifer, mitzumischen und sich einen Kundenkreis zu sichern, würde die Preise niedrig halten. Da nun neue Unternehmer genau so lange daran interessiert wären, an einem solchen Markt teilzuhaben, wie die Gewinne ungewöhnlich hoch sind, sänken die Preise entsprechend so weit, bis die Gewinne für die eingebrachten Bemühungen und das eingegangene Risiko «normal» wären. Ein Markt mit vollständigem Wettbewerb wird also dadurch charakterisiert, daß die Preise aller Unternehmen für ein Produkt sich nicht unterscheiden und außerdem so niedrig sind, daß nur noch «normale» Gewinne erzielt werden.

Die anderen Marktformen, zwischen denen der Wirtschaftswissenschaftler unterscheidet, sind Monopol-, Dyopol- und Oligopolmärkte; außerdem gibt es eine Mischform, nämlich den Markt mit monopolistischem Wettbewerb.

Handelt es sich bei Monopolen, Dyopolen und Oligopolen nur um verschiedene Arten von Gesellschaftsspielen?

Wo genau liegt eigentlich der Unterschied zwischen diesen verschiedenen Marktformen? Bei einem Monopol kontrolliert ein Unternehmen einen ganzen Markt. Für gewöhnlich kommen solche Monopole nicht auf natürliche Art und Weise zustande. Eine Grundvoraussetzung für ihre Entstehung besteht darin, daß anderen Unternehmen der Zugang zum Markt unmöglich gemacht wird. Es gibt zwar wahrscheinlich schon einmal eine Situation, in der nur ein einziges Unternehmen überlebt, ohne daß anderen der

Marktzugang künstlich erschwert oder unmöglich gemacht wird; mindestens genauso häufig können Monopole jedoch auch dann entstehen, wenn die Regierung eines Staates einen Freibrief für ein Unternehmen ausstellt, der andere, die ebenfalls Interesse an einem Anteil des Marktes hätten, von ihm fernhält. Beispiele für solche Monopole sind die Post, die Elektrizitätsversorgung und die Zündholzherstellung; auch wenn Ihnen die Post zu langsam ist, die Strompreise zu hoch erscheinen und Sie sich ständig darüber ärgern, daß Ihre Zündhölzer abbrechen, können Sie nicht viel dagegen unternehmen.

Es gibt Leute, die meinen, daß die erwähnten Monopole nur Beispiele für Märkte sind, auf denen der Wettbewerb sowieso ineffektiv wäre. Ohne hier näher darauf einzugehen, läßt sich doch sagen, daß, da der Zugang zu den betreffenden Märkten beschränkt ist, die Gewinne für die entsprechenden Unternehmen schwindelnde Höhen erreichen können, weil der Wettbewerb mit anderen Unternehmen auf dem Markt sie nicht drückt. Genau aus diesem Grund ist es auch so wichtig für jeden Staat, staatlich genehmigte Monopole zu überwachen oder aber einen Wettbewerb zuzulassen, der eine derartige Überwachung überflüssig macht.

Ein Dyopol liegt vor, wenn sich zwei Unternehmen einen Markt teilen. Die Existenz von zwei Unternehmen bedeutet nun aber keineswegs, daß nur wenig Wettbewerb herrscht. Der Wettbewerb zwischen den beiden kann durchaus sehr scharf sein. Ein Oligopol ist die natürliche Erweiterung eines Dyopols: Mehrere, wenn auch nicht besonders viele Firmen teilen sich einen Markt. Als Beispiele für diese Kategorie könnte man die Automobilindustrie, die Flugzeugbauer, die Stahlindustrie und andere nennen. Auf solchen Märkten kann es durchaus Wettbewerb – sogar sehr ausgeprägten Wettbewerb – geben, doch sind Kartellgesetze notwendig, um zu verhindern, daß sich verschiedene Unternehmen zusammentun, Preisabsprachen treffen und dann genau wie ein Monopol auftreten. Es hat einige vielzitierte Kartelle gegeben, die für niemanden als sich selbst Vorteile gebracht haben; allerdings existieren auch durchaus legale Kartelle, von denen man annimmt, daß sie sogar nützlich sind, zum Beispiel Rationalisierungskartelle und dergleichen.

Neben den hier genannten gibt es aber auch noch andere Marktformen, die weniger bekannt sind. Eine von ihnen, die sehr oft zu finden ist, ist die des monopolistischen Wettbewerbs.

Was versteht man unter monopolistischem Wettbewerb?

Monopolistischer Wettbewerb herrscht, wenn viele Unternehmen an einem Markt teilhaben, die Käufer über alle notwendigen Informationen verfügen, niemandem der Zutritt zum Markt verwehrt wird, kurz, alle Bedingungen des vollständigen Wettbewerbs gegeben sind, dabei jedoch beim Angebot an Produkten eine gewisse Differenzierung besteht. Bei Markenartikeln wie zum Beispiel Waschmitteln haben wir ein Beispiel für diese Kategorie von Markt. Niemand hindert Unternehmen daran, mit neuen Produkten auf den Markt zu kommen, und es gibt schon eine ganze Reihe von Marktteilnehmern. Ein kurzer Blick auf die Regale eines ganz gewöhnlichen Supermarktes reicht aus, um dem Käufer eine Vorstellung von den Preisen, die er zu zahlen hat, zu vermitteln. Trotzdem hat jeder Hersteller aufgrund von Vorlieben der Käufer für bestimmte Produkte oder aber Treue zu bestimmten Marken einen gewissen Spielraum bei der Festsetzung seiner Preise. Diese Art von Marktsituation ist gerade bei Industrieerzeugnissen recht häufig anzutreffen.

Es gibt auch Nachfragemonopole, d.h. Monopsome; zu solchen Nachfragemonopolen kommt es, wenn ein bestimmter Käufer eine Monopolstellung hat, wenn also ein Produkt im allgemeinen nur von einem einzigen Käufer nachgefragt wird. Normalerweise beschäftigen sich Wirtschaftswissenschaftler ziemlich wenig mit Problemen auf der Nachfrageseite, da es für gewöhnlich immer viele Käufer und damit auch einen ausgeprägten Wettbewerb auf der Käuferseite gibt. Fällt Ihnen überhaupt auf Anhieb ein Produkt ein, für das es nur einen einzigen Käufer gibt? Nun, denken Sie zum Beispiel einmal an die Post als einzigen Abnehmer von

Telephonanlagen, die Bahn als einzigen Nachfrager nach Lokomotiven, die Streitkräfte als einzigen Käufer von Panzern, Kanonen, Kriegsschiffen und Kampfflugzeugen.

Bei welcher Marktform liegt der Preis eines Produktes am niedrigsten?

Wirtschaftswissenschaftler haben sich noch nie besonders für Monopole begeistern können – wenn sie nicht gerade selbst von einem solchen, das dann natürlich vollkommen in Ordnung war, beschäftigt wurden. Wenn nur ein einziges Unternehmen den Markt für ein Produkt kontrolliert, hat dieses Unternehmen es natürlich in der Hand, seine Produktion zu drosseln, um die Preise vor dem Abrutschen zu bewahren. Wenn der Preis prozentual um mehr erhöht werden kann, als der Absatz daraufhin prozentual sinkt, ist es auch möglich, Umsätze und Gewinne zu steigern. Wir haben dieses Phänomen – d.h., daß die Preise mehr steigen, als die Nachfrage zurückgeht – unelastische Nachfrage genannt. Da kein auf Gewinnmaximierung bedachter Monopolist sich die Gelegenheit entgehen lassen wird, die Preise zu erhöhen, wenn er auf die Weise höhere Gewinne erwirtschaften kann, würde demzufolge auch kein Monopolist seine Produktion oder seine Preise festschreiben, solange die Nachfrage noch unelastisch ist. Bei unelastischer Nachfrage werden die Preise stets erhöht, so daß der Gewinn entsprechend steigt, bis die Nachfrage dann nicht mehr unelastisch ist. Nun, wenn das eintritt, haben wir eben eine elastische Nachfrage. Deshalb werden Monopolisten immer danach trachten, einen Punkt zu erreichen, an dem die Nachfrage eher elastisch als unelastisch ist.

Unternehmen, die mit anderen im Wettbewerb stehen, können es sich nicht leisten, ihr Angebot künstlich zu beschränken. Wenn sie das tun, wird ein konkurrierender Anbieter die so entstandene Lücke füllen. Deshalb produzieren im Wettbewerb stehende Unternehmen insgesamt mehr, als das Firmen mit einer Monopolstellung tun würden. Eine größere Gesamtproduktion muß aber notwendigerweise auch zur Folge haben, daß insgesamt niedrigere Preise gefordert werden, da sonst ja nicht die gesamte Produktionsmenge verkauft werden könnte. Daraus ergibt sich also, daß Monopolisten immer mehr für ihre Produkte verlangen und weniger produzieren, als miteinander im Wettbewerb stehende Unternehmen auf demselben Markt das täten.

Gibt es Unternehmen, die für ähnliche Produkte unterschiedliche Preise verlangen, und wenn ja, warum?

Nehmen wir einmal an, bei der Herstellung von 10 Stück eines Gutes kostet je ein Stück 20 DM; nun kann es aber durchaus sein, daß es zwei Leute gibt, die dieses Produkt so dringend benötigen, daß sie bereit sind, 40 DM dafür zu bezahlen, weitere zwei, die willens sind, 38 DM zu bezahlen, zwei, die 32 DM anlegen wollen, zwei, die 28 DM geben und schließlich noch zwei, die höchstens 24 DM zahlen wollen. Wenn nun das betreffende Unternehmen gezwungen ist, einen einheitlichen Preis zu verlangen, um alle 10 Stück des produzierten Gutes zu verkaufen, muß dieser Preis bei 24 DM liegen. Fordert die Firma mehr, kaufen einige Leute die Ware nicht, und der Umsatz des Unternehmens sinkt. Werden dann 10 Stück der betreffenden Ware zu einem Preis von 24 DM verkauft, erhält der Produzent dafür 240 DM. Es wäre natürlich wesentlich vorteilhafter für das Unternehmen, wenn es von jedem Käufer den Höchstbetrag, den er zu zahlen bereit ist, fordern könnte: Zwei Leute würden dann 40 DM, zwei 36 DM, zwei 32 DM, zwei 28 DM und zwei schließlich 24 DM bezahlen. Wenn eine solche Staffelung der Preise möglich wäre, erhielte die Firma letztendlich insgesamt 320 DM. Muß allerdings ein Einheitspreis gefordert werden, dann ist es schon am besten, wenn dieser bei 24 DM liegt. Schließlich bringt es einen größeren Ertrag, 10 Stück eines Produktes für jeweils 24 DM zu verkaufen als nur 8 für 28 DM. Trotzdem stellt sich das Unternehmen wesentlich schlechter, als wenn es von jedem Käufer das gefordert und erhalten hätte, was er zu zahlen bereit gewesen wäre.

Ein Unternehmen, das in einer Position ist, aus der heraus es unterschiedliche Preise von den Käufern seiner Produkte fordern kann – je nachdem, wieviel der einzelne Käufer bereit ist, anzulegen –, wird als diskriminierender Monopolist bezeichnet. Ein solches Unternehmen diskriminiert einen Teil der Nachfrager, und zwar nicht aufgrund ihrer Geschlechts- oder Rassenzugehörigkeit, sondern je nach ihrem Bedürfnis nach dem angebotenen Produkt; dieses Bedürfnis schlägt sich im Maximalpreis nieder, den der Käufer zu zahlen willens ist.

Gibt es in der Praxis tatsächlich solche diskriminierenden Monopolisten?

Nun, es gibt keine diskriminierenden Monopolisten in dem Sinne, daß Unternehmen von jedem Käufer den Höchstpreis verlangen können, den dieser bereit ist, zu zahlen. Das liegt ganz einfach daran, daß es schwierig ist, herauszufinden, wieviel jeder einzelne unter Umständen noch ausgeben würde, und dabei außerdem noch zu verhindern, daß diejenigen, die eigentlich willens wären, eine ganze Menge anzulegen, versuchten, mit weniger wegzukommen. Wenn ein Verbraucher für ein Produkt weniger bezahlt, als er bereit gewesen wäre, zu bezahlen, sprechen die Wirtschaftswissenschaftler von einer Konsumentenrente. Es kann zum Beispiel sein, daß jemand so unbedingt und dringend ein ganz bestimmtes Paar Hosen haben will, daß er oder sie durchaus bereit wäre, dafür 100 DM auszugeben, diese Hosen dann aber doch schon für 80 DM bekommen kann. In einem solchen Fall entsteht dann eine Konsumentenrente von 20 DM.

Obgleich Monopolisten und Oligopolisten eine Preisdiskrimination nicht hundertprozentig durchführen können, weil sie einfach nicht verhindern können, daß auch Leute, die etwas dringend benötigen, dieses billig zu bekommen versuchen, können sie doch zumindest in gewissem Ausmaß diskriminieren. Viele Kaufhäuser in den Vereinigten Staaten verkaufen so zum Beispiel das gleiche Produkt in den oberen

Stockwerken zu einem höheren Preis als im Keller. Sie bauen dabei darauf, daß diejenigen, dic willens sind, mehr Geld auszugeben – und oft sind das die Reichen –, nicht von anderen Leuten im Kellergeschoß bei den billigeren Waren gesehen werden wollen. Um nun aber nicht zu riskieren, von preisbewußten Käufern gemieden zu werden, weil die Preise in den oberen Stockwerken überhöht sind, bemühen sich diese Kaufhäuser dann aber auch darum, diese Käufergruppe in die eher einfach ausgestatteten unteren Gefilde zu locken.

Auch Fluggesellschaften versuchen zu diskriminieren, wo es nur geht. Reichere Leute, die oft bereit sind, mehr für ihre Reisen auszugeben, gehen im allgemeinen nicht gern das Risiko ein, für den Flug ihrer Wahl keinen Platz mehr zu bekommen – Fluggesellschaften verlangen deshalb oft mehr für reservierte Plätze. Weniger wohlbetuchte Leute, darunter auch Studenten, würden viel weniger reisen, wenn sie auch den vollen Preis bezahlen müßten. Die Fluggesellschaften «diskriminieren» also zugunsten dieser Gruppe, indem sie z.B. für stand by-Flüge einen niedrigeren Preis verlangen. Die Fluggesellschaften gehen dabei davon aus, daß die bessergestellten Passagiere wohl kaum versuchen werden, auch auf diese Weise zu fliegen, sondern lieber mehr zahlen, um sicherzugehen, daß sie einen Platz für den Flug ihrer Wahl erhalten. Charterflüge für Ferienreisende sind eine andere Art der Diskriminierung zugunsten derjenigen, die zum vollen Tarif nicht fliegen würden, aber durchaus bereit sind, Auflagen wie etwa Vorausbuchung oder aber Einschränkungen bei der Wahl ihres Abflugtermins in Kauf zu nehmen. Die Fluggesellschaften erhöhen also ihren Umsatz, verbessern die Auslastung ihrer Maschinen und steigern ihre Gewinne, indem sie verschiedene Angebote an unterschiedliche Zielgruppen machen, «diskriminieren» und dabei, abhängig von bestimmten Auflagen, unterschiedliche Preise verlangen. Es gibt also durchaus Preisdiskriminierung, obwohl Anwendung und Ausmaß von der Möglichkeit bestimmt sind, unterschiedliche Marktkategorien zu erkennen und voneinander zu trennen.

Existieren eigentlich auch natürliche Monopole?

Einige Wirtschaftswissenschaftler sind der Meinung, daß in bestimmten Fällen ein Monopol besser für die Bedürfnisse der Öffentlichkeit sorgt als die vollständige Konkurrenz. Sie argumentieren, daß es doch manchmal zu verschwenderischer Duplizierung und dadurch – wie zum Beispiel im amerikanischen Postwesen – zu Kosten- und Preissteigerungen kommen kann, auch wenn die Preise durch den Wettbewerb gedrückt werden könnten.

Stellen Sie sich einmal eine Welt vor, in der es Dutzende von Postzustellungs- und Postsammelsystemen gäbe. Wenn Sie nun, sagen wir einmal vier bis fünf Briefe oder andere Sendungen an einem Tag erhielten und diese dann von vier bis fünf unterschiedlichen Gesellschaften zugestellt werden würden, erschiene auch die entsprechende Anzahl von Briefträgern oder Paketzustellern an ihrer Haustür. Das wäre doch eine ziemliche Verschwendung, oder? Oder stellen Sie sich vor, es gäbe in einer Region verschiedene Telephongesellschaften. Um mit anderen Leuten telephonieren zu können, die an eine andere Gesellschaft angeschlossen sind als die eigene, müßte man selber dann auch entsprechend an alle Netze angeschlossen sein. Vor lauter Telephondrähten könnte man den Himmel nicht mehr sehen, und es wäre kaum noch möglich, auch nur einen einzigen Schritt zu tun, ohne über Leitungen zu stolpern. Das gleiche gilt auch für die Energieversorgung durch unterschiedliche Gesellschaften. Wenn nämlich die Anlieger einer Straße zum Beispiel Strom oder auch Gas von verschiedenen Versorgungsbetrieben bezögen, wären die Straßen voll von den Gas- und Stromleitungen der verschiedenen Gesellschaften, wenn diese sich nicht untereinander zusammenschlössen.

Wie verhält man sich nun natürlichen Monopolen gegenüber am besten?

Natürliche Monopole sind kaum zu vermeiden, und deshalb muß man lernen, mit ihnen zu leben. Es gibt durchaus auch Mittel und Wege, dieses Miteinander einigermaßen erträglich zu gestalten.

Für Monopole besteht immer der Anreiz, die Preise zu erhöhen, sofern das auch eine Steigerung ihrer Gewinne zur Folge hat; dabei macht es keinerlei Unterschied, ob ein solches Vorgehen zu Lasten der Allgemeinheit geht. Wie muß man sich nun verhalten, um sicherzustellen, daß die Preise, die ein Monopolist verlangt, nicht zu phantastisch überhöhten Profiten führen? Bei den öffentlichen Versorgungsbetrieben zum Beispiel wachen Aufsichtsgremien darüber, daß die Preise im Rahmen bleiben und die Gewinne dementsprechend nicht übermäßig hoch ausfallen.

Es gibt aber auch noch einen anderen Weg, mit solchen Monopolen fertig zu werden, durch den man den bürokratischen Dschungel vermeidet, der durch die offizielle Kontrolle und Überwachung entstehen kann. Natürliche Monopole können nämlich in regelmäßigen Abständen an den «verkauft» werden, der das beste Angebot macht. Wenn es zum Beispiel auf einem internationalen Flughafen nur einen einzigen privaten Duty-Free-Shop geben soll, kann die Flughafenleitung die Exklusivnutzung dieses Shops für jeweils zehn Jahre vergeben. Derjenige, der das beste Angebot macht und bereit ist, die entsprechenden Servicebedingungen zu erfüllen, erhält dann die Lizenz für die Geschäftsführung. Das Geld, das für die Nutzung gezahlt werden muß, kan dann auf irgendeinem sinnvoll erscheinenden Weg an die Öffentlichkeit zurückfließen. Das Unternehmen, das dabei eine Monopolstellung erhält, würde jedenfalls nicht überhöhte Erträge aus seinen Investitionen ziehen. Wäre das nämlich der Fall, würden andere Unternehmen bei der Neuvergabe der Lizenz durch ihre Angebote den Preis für diese Lizenz in die Höhe treiben, bis die Verzinsung des investierten Kapitals für den Lizenzinhaber einschließlich der Kosten für die Lizenz selbst auf eine normale Höhe heruntergedrückt wäre.

Welche Voraussetzungen müssen für ein natürliches Monopol gegeben sein?

Die Post, die öffentlichen Versorgungsbetriebe und ähnliche Institutionen haben im allgemeinen das gemeinsam, was wir weiter oben als zunehmende Skalenerträge bezeichnet haben. Man spricht dann von solchen zunehmenden Skalenerträgen, wenn – um es Ihnen noch einmal in Erinnerung zu rufen – bei einer Erweiterung der Produktion und einer Aufstockung aller Produktionsfaktoren die Grenzkosten sinken. Bei zunehmenden Skalenerträgen reduzieren sich aber auch die Gesamtkosten, da ein großer Hersteller oder Anbieter mit geringeren Stückkosten produziert als viele kleinere Anbieter zusammen, von denen jeder für sich höhere Stückkosten hat. Es heißt, daß das Gesetz vom Überleben des Stärkeren automatisch sicherstellt, daß sich Monopole bei zunehmenden Skalenerträgen auf ganz natürliche Weise sozusagen von selbst entwickeln, da das Unternehmen, das am schnellsten expandiert, mit niedrigen Kosten und Preisen operiert und damit die anderen vom Markt verdrängt.

Wo kommt es nun zu solchen steigenden Einnahmen? Wahrscheinlich ja wohl bei der Post und den öffentlichen Versorgungsbetrieben, doch auch in einer Reihe von Branchen der privaten Industrie. Es heißt zum Beispiel häufig, daß auch im Banksektor aufgrund der Vorteile des Einsatzes von Großcomputern steigende Skalenerträge zu verzeichnen sind. Bei der Produktion von großen Serien könnte sich auch die Automobilindustrie in einer ähnlichen Situation finden.

Wodurch wird die Größe eines Unternehmens auch bei zunehmenden Skalenerträgen begrenzt?

In den Vereinigten Staaten von Amerika können zum Beispiel Banken nicht unbegrenzt expandieren, weil sie im allgemeinen bestimmten Beschränkungen unterliegen, die dafür sorgen, daß die Banken ihre Dienstleistungen im vollen Umfang nur in bestimmten Bezirken anbieten dürfen.

Es kommt sogar vor, daß eine Bank überhaupt keine Zweigstellen aufmachen darf. Auch große Automobilkonzerne können nicht unbegrenzt wachsen und ihre Konkurrenz vom Markt verdrängen, ohne daß sie befürchten müssen, daß eines Tages die Kartellgesetzgebung auf sie angewendet wird. Es lohnt sich für sie also sicherzustellen, daß die schwächere Konkurrenz überlebt, selbst wenn diese schwächere Konkurrenz Schwierigkeiten hat, weil sie nicht weiß, wie sie es anstellen muß, um zu überleben. In den Vereinigten Staaten (wieder einmal) ist der Chrysler-Konzern ein gutes Beispiel dafür, daß es sehr wohl die Mühe wert ist, sich mit volkswirtschaftlichen Grundsätzen zu beschäftigen, um dann in der Lage zu sein, auch widrigen Situationen erfolgreich die Stirn bieten zu können.

Es gibt noch einen weiteren Faktor, der das Wachstum eines Unternehmens beschränkt, selbst wenn dieses zunehmende Skalenerträge zu verzeichnen hat. Dieser Faktor besteht in der immer größer werdenden Schwierigkeit, das Unternehmen zu verwalten. In dem Maße, in dem Unternehmen expandieren, steigen die Anforderungen an das Management; es kommt zu Effizienzverlusten, die nicht mehr korrigiert werden, weil einfach niemand sie bemerkt. Wenn ein Unternehmen nun so groß ist, daß seine Führung nahezu unmöglich wird, beginnen die Kosten zu steigen, selbst wenn von der Produktion her weiter zunehmende Skalenerträge erzielt werden könnten. Durch die Beschränkung der Verwaltbarkeit sehr großer Einheiten bestehen viele Industriezweige dann auch aus einer ganzen Reihe von einzelnen Unternehmen.

Reagieren Monopole und Unternehmen auf Wettbewerbsmärkten auf gleiche Art und Weise auf identische Marktsignale?

Wenn die Öffentlichkeit ein größeres Bedürfnis nach einem bestimmten Gut entwickelt und entsprechend bereit ist, mehr dafür zu bezahlen, steigt der Gewinn, der mit diesem Gut erzielt werden kann. Alle Unternehmen werden, unabhängig von der Marktform, mehr von diesem Produkt anbieten. Wenn dagegen die Kosten eines der Produktionsfaktoren, die für die Herstellung eines Produktes nötig sind, ansteigen, werden die Unternehmen bei diesem Faktor einsparen. Ziehen zum Beispiel die Bauholzpreise im Vergleich zu den Ziegelpreisen an, werden Bauherren weniger Holz und mehr Ziegel verwenden. Wenn es also um die Reaktion auf derartige Marktsignale geht, spielt die Marktform keine Rolle.

Wird der Erfindergeist durch den Wettbewerb gefördert?

Wirtschaftswissenschaftler wie etwa Robert Solow vom Massachusetts Institute of Technology und Edward Denison vom Brookings Institute haben nachgewiesen, daß die Erhöhung des Lebensstandards in den Vereinigten Staaten von Amerika etwa zur Hälfte dem technischen Fortschritt zuzuschreiben ist. Aufgrund der überragenden Bedeutung des technologischen Wandels muß man sich wohl fragen, ob ein solcher Wandel eher durch den Wettbewerb oder aber durch Monopole begünstigt wird. Theoretisch lassen sich durchaus beide Ansichten vertreten. Es erscheint in jedem Fall sinnvoll, sich einmal mit beiden auseinanderzusetzen.

Unternehmen, die dem freien Wettbewerb ausgesetzt sind, müssen mit ihren Produkten und Produktionsmethoden ständig auf dem laufenden sein, oder aber sie gehen unter. Welchen Wert hat es nun, sich um bessere Produktionsmethoden – Verfahrensinnovationen – oder aber neue Produkte – Produktinnovationen – zu bemühen, wenn es eine Reihe von anderen Unternehmen gibt, die sich die Innovation sofort «ausleihen» und dann im Konkurrenzkampf gegen ihre geistigen Väter einsetzen. Vorteile, die ein Unternehmen aus Innovationen oder Erfindungen ziehen kann, werden deshalb immer nur kurzfristiger Natur sein. Um derart negative Auswirkungen auf den Erfindergeist zu verhindern, muß man durch Patentschutz den Entdeckern neuer Produkte und Produktionsmethoden die ausschließliche Nutzung ihrer Ideen sichern. Außerdem, so führen viele Leute an, haben Monopole, die von dieser Problematik von vornherein nicht betroffen sind, zudem noch größere Gewinnspannen, so daß sie mehr in Forschung und Entwicklung stecken und entsprechend einfacher daraus Nutzen ziehen können.

Die Frage, ob monopolistische Unternehmen Erfindungen und Innovationen eher begünstigen als im Wettbewerb stehende, ist heikel und kann nicht eindeutig beantwortet werden. Beide Standpunkte lassen sich durchaus überzeugend vertreten, und es gibt sogar noch eine dritte Gruppe, die argumentiert, daß Entdeckungen rein zufällig gemacht werden und in keinem Zusammenhang mit den wirtschaftlichen Rahmenbedingungen stehen. Es trifft auch tatsächlich zu, daß ein Großteil der staatlichen Forschungsprogramme und auch die Hochschulforschung nicht direkt wirtschaftlich motiviert sind. Wieder andere meinen, daß bestimmte Bedürfnisse und Erfordernisse zu entsprechenden Erfindungen führen. Wir wollen es hier einmal damit bewenden lassen, festzustellen, daß sogar Monopole und Oligopole in gewisser Weise begrüßenswert sind, wenn sie nämlich zu einer Ausweitung von Forschung und Entwicklung und dementsprechend zu Innovationen und Erfindungen führen, die ihrerseits zum wirtschaftlichen Wachstum beitragen.

Es ist einfacher, eine klare Antwort bezüglich des Streits Wettbewerb gegen Monopole zu geben, wenn man die beiden Marktformen danach beurteilt, welche die größere Menge an Gütern zur Versorgung der Konsumenten zur Verfügung stellt. Das Eigeninteresse von Unternehmen bei freiem, unkontrolliertem Wettbewerb führt zu erstaunlichen Ergebnissen: Die Produktion dieser Unternehmen stellt die Verbraucher besser als irgendeine andere Produktion. Das ist auch das Hauptargument der Befürworter des freien Wettbewerbs. Eigeninteresse hat, zumindest in der Mehrzahl der Fälle, wirtschaftlich gesehen optimales Verhalten zur Folge.

13. Die Macht des Eigeninteresses

Nach sozialistischer Vorstellung ist es ein Laster, Gewinne zu machen. Meiner Meinung nach besteht das wirkliche Laster darin, Verluste zu machen.
Winston Churchill

Worin besteht die treibende Kraft der Marktwirtschaft?

Auch wenn der Staat sehr wohl versucht, die Marktwirtschaft zu beeinflussen, sind es letztendlich doch die privaten Entscheidungen und Aktivitäten, die vor allem bestimmen, was produziert und wie das Produzierte unter den Verbrauchern verteilt wird. Entscheidungen über Angebot und Nachfrage, die von der Vielzahl der einzelnen Unternehmen und den Konsumenten getroffen werden, sind so angelegt, daß die Verbraucher das erhalten, was sie wünschen. Wenn die Nachfrage nach einem Produkt steigt, geht auch der Preis dieses Produktes in die Höhe, und der Hersteller erhält so einen Anreiz, mehr zu produzieren. Das Angebot nimmt demzufolge immer dann zu, wenn der Verbraucher mehr nachfragt. Dieses Phänomen folgt aus dem Eigeninteresse der Produzenten einerseits und der Konsumenten andererseits, das ein fester Bestandteil der Marktwirtschaft ist.

Dieses Eigeninteresse führt dazu, daß die Unternehmen eine Maximierung ihrer Gewinne anstreben und die Verbraucher eine Maximierung der Befriedigung, die sie aus ihrem Konsum ziehen. Die beiden Bestrebungen, die auf reinem Eigennutz beruhen, verbinden die zahlreichen, ansonsten nicht miteinander in Zusammenhang stehenden Elemente der Wirtschaft, so als würde eine unsichtbare Hand lenkend eingreifen.

Dieses Bild der unsichtbaren Hand geht auf den schottischen Wirtschaftswissenschaftler Adam Smith zurück; es ist eigentlich gar nicht so schwierig, den Mechanismus, der hinter dieser Hand steckt, zu verstehen. In seinem berühmten Werk «Der Wohlstand der Nationen» aus dem Jahre 1776 beschreibt Smith die wundersame Wirkung des Preismechanismus. Ihn faszinierte damals schon die Tatsache, daß für knappe Güter (wie zum Beispiel feine Seiden) in einer freien Marktwirtschaft solche Preise gezahlt werden müssen, daß die Leute auch nur die vorhandene begrenzte Menge kaufen wollen, während zur gleichen Zeit andere Güter, von denen größere Mengen auf dem Markt sind (wie etwa Kartoffeln), ebenfalls so viele Abnehmer finden, daß nicht viel von ihnen übrigbleibt.

Die Verbraucher, die Gewürze und Tee nachfragten, die aus dem fernen Indien importiert werden mußten, konnten sie in England und Schottland deshalb bekommen, weil jemand willens gewesen war, große Mühen auf sich zu nehmen, um sie für diese Verbraucher bereitzustellen. Händler kauften damals sorgfältig ausgewählte Gewürz- und Teekollektionen in fernen Ländern ein, charterten dann Schiffe und heuerten Mannschaften an, um die Ware nach England bringen zu lassen. Dort wurde sie dann in eben jenen exklusiven Geschäften in den feinen Vierteln von London und Edinburgh zum Verkauf angeboten. Es war also, als hätte eine unsichtbare Hand um den halben Erdball gegriffen und dann die exotischen Luxusgüter dorthin gelegt, wo man nach ihnen verlangte. Die unsichtbare Macht, die hinter dieser unsichtbaren Hand steckt, ist heute vielleicht nur allzu sichtbar und durchschaubar geworden und heißt – Gewinn. Das Streben nach Gewinn steuert nämlich die ansonsten ungelenkten, nicht miteinander verbundenen Elemente der freien Marktwirtschaft überall auf der Welt, so daß das, was die Leute auf dieser Welt zu kaufen wünschen, auch produziert und entsprechend verteilt wird. Das andere System, das im weniger freien Teil unserer Welt angewendet wird, könnte analog als Lenkung durch eine eiserne Faust charakterisiert werden.

Auf welche Faktoren kommt es bei der Gewinnmaximierung an?

Es wird Sie vielleicht überraschen, aber Gewinnmaximierung wird nicht erzielt, indem man die Käufer schröpft und die Preise dauernd erhöht. Auf diese Weise sägt man sich nämlich viel eher den Ast ab, auf dem man sitzt, als wenn man die Preise niedrig hält. Hohe Preise können, wenn andere Unternehmen, die ähnliche Produkte anbieten, nicht mit entsprechender Preisgestaltung mitziehen, zur Folge haben, daß die Nachfrage drastisch zurückgeht und man deshalb sehr schnell vom Markt verschwindet. Gewinnmaximierung wird genausowenig dadurch erreicht, daß man seinen Arbeitern und Angestellten Hungerlöhne zahlt, da andere Firmen, die sich vielleicht gerade auf ebendiesem Markt durchsetzen wollen, dann versuchen könnten, diese Arbeitskräfte abzuwerben. Wenn ein Betrieb in einer solchen Situation nicht bereit ist, die üblichen Löhne zu zahlen, wird er sehr schnell nichts mehr zu verkaufen haben.

Gewinnmaximierung wird erreicht, indem genau die Menge produziert wird, bei der der Extra- oder auch Grenzumsatz aus dem Verkauf der zusätzlichen Produktionseinheit genau ihren Kosten, d.h. den bereits erwähnten Grenzkosten, entspricht. Auf einem Markt mit vollständiger Konkurrenz – auf dem es, um das noch einmal in Erinnerung zu rufen, eine Vielzahl von Unternehmen gibt – entspricht der Grenzumsatz dem Preis, zu dem ein Produkt verkauft wird. Wenn ein Unternehmen eine zusätzliche Krawatte zum Preis von 20 DM verkauft, wird der Umsatz um diese 20 DM erhöht – vorausgesetzt, daß es den Preis nicht senken muß, um das Produkt absetzen zu können. Um den Gewinn zu maximieren, muß man also genau so viel produzieren, daß der Preis den Grenzkosten entspricht; dies wurde ja auch schon weiter oben erläutert. Trotzdem ist es der Mühe wert, noch einmal aufzuzeigen, wie man zu dieser Schlußfolgerung kommt; aus ihr ergibt sich nämlich unmittelbar, warum der Wettbewerb Monopolen überlegen ist.

Warum erfordert die Gewinnmaximierung auf Märkten mit vollständiger Konkurrenz, daß die Preise den Grenzkosten entsprechen?

Wenn der Preis, zu dem ein zusätzlich hergestelltes Produkt verkauft wird, seine Produktionskosten – d.h. die

Grenzkosten – übersteigt, erhöht sich logischerweise auch der Gewinn aus dieser zusätzlichen Produktionseinheit. Wenn es zum Beispiel 16 DM kostet, eine zusätzliche Seidenkrawatte herzustellen und diese dann zu einem Preis von 20 DM verkauft werden kann, wäre es schließlich dumm, wenn man sie nicht auch produzieren und verkaufen würde. Man kann mit dieser Extrakrawatte einen Gewinn von 4 DM machen, da der Gewinn ja aus dem Betrag besteht, um den die Einnahmen die Kosten übersteigen. Bei dem Ziel Gewinnmaximierung ist es klar, daß ein Unternehmen seine Produktion nicht konstant halten wird, wenn der Preis des Produktes (in unserem Beispiel 20 DM) über den Grenzkosten (in unserem Beispiel 16 DM) liegt. Durch die Mehrproduktion können nämlich die Gewinne noch gesteigert werden.

Andererseits würde dann aber auch entsprechend der Gewinn gemindert werden, wenn ein Unternehmen seine Produktion so weit ausdehnt, daß der Preis unter den Grenzkosten liegt. Wird also zum Beispiel die Produktion solange gesteigert, bis es 24 DM kostet, eine zusätzliche Krawatte herzustellen (vielleicht, weil der Betrieb seinen Arbeitnehmern Überstunden bezahlen muß), die Krawatte aber nur für 20 DM verkauft werden kann (nämlich zu dem Preis, zu dem das Unternehmen bei vollständiger Konkurrenz jede beliebige Produktmenge absetzen kann), dann würden die Gewinne sinken. Ein Unternehmen, das pro Krawatte Grenzkosten von 24 DM zu tragen hat, diese Krawatten dann aber nur für 20 DM verkauft, macht dann bei jeder Krawatte einen Verlust von 4 DM. Insgesamt können die Gewinne dieses Unternehmens durchaus noch sehr groß sein, doch warum sollte es sie schmälern, indem es so viel produziert, daß die letzte Produktionseinheit mehr Kosten mit sich bringt, als der Umsatz durch sie steigt? Eine derartige unternehmerische Entscheidung wäre nicht dazu angetan, den Gewinn des betreffenden Unternehmens zu maximieren.

Und jetzt wissen wir also, worauf es ankommt. Unser erstes Beispiel – 20 bzw. 16 DM –! hat gezeigt, daß es nicht wünschenswert ist, die Produktion an einem Punkt festzuschreiben, an dem der Verkaufspreis eines Produktes seine Grenzkosten übersteigt; in einem solchen Fall läßt sich keine

Gewinnmaximierung erzielen. Andererseits wurde durch das zweite Beispiel – 20 bzw. 24 DM – deutlich, daß ein Unternehmen auch nicht so viel produzieren sollte, daß der Verkaufspreis unter den Grenzkosten liegt, da die Gewinne auf diese Weise ebensowenig maximiert werden. Nun, wieviel sollte es dann produzieren, um den Gewinn zu maximieren? Die Antwort liegt auf der Hand: Genau so viel, daß der Preis den Grenzkosten entspricht. Daraus ergibt sich dann, daß mehr hergestellt werden sollte, wenn der Preis die Grenzkosten übersteigt, bzw. weniger, wenn er unter den Grenzkosten liegt. Was bleibt, ist dann nur noch der Punkt, an dem diese beiden Größen gleich sind.

Natürlich will man aber auch noch mit der jeweils letzten Produktionseinheit einen Gewinn machen, so daß die Grenzkosten dieser Einheit etwas unter dem Grenzumsatz liegen sollten. Gewinne sind immer gut, ganz gleich, wie klein sie auch sein mögen. Wenn mit dem zuletzt produzierten Gut auch nur ein kleiner Gewinn erzielt wird, heißt das schließlich noch lange nicht, daß die Gesamtgewinne auch nur klein sind. Güter, die zu einem früheren Zeitpunkt mit geringeren Grenzkosten produziert wurden, können dazu beitragen, daß der Gesamtgewinn durchaus beachtlich ausfällt. Und da ja die Produktion so lange erweitert werden sollte, wie die zusätzlich produzierten Einheiten auch nur den kleinsten Gewinn bringen – ansonsten erzielt man nämlich nicht den höchstmöglichen Gewinn –, kann man daraus ableiten, daß zur Gewinnmaximierung ein Produktionsvolumen erforderlich ist, bei dem der für das Produkt erzielte Preis und die entstehenden Grenzkosten gleich sind.

Um den Vorzug von Märkten mit vollständiger Konkurrenz aufzuzeigen, muß man den Zusammenhang zwischen der Gewinnmaximierung der dort operierenden Unternehmen und der Maximierung, die die Verbraucher anstreben, herstellen. Verbraucher wollen nämlich ihren Nutzen maximieren.

Wie maximieren Verbraucher ihren Nutzen?

Um unsere zahlreichen unterschiedlichen Wünsche zu befriedigen, müssen wir als Verbraucher bestimmen, wie wir unsere knappen und damit wertvollen Mittel am besten einsetzen. Für die meisten von uns als einzelne Konsumenten bedeutet das, daß wir unser Einkommen entsprechend aufteilen und uns bemühen, den größtmöglichen Nutzen aus unseren begrenzten Mitteln zu ziehen. Wir müssen uns sorgfältig überlegen, was wir kaufen, um nicht unser Geld zu verschwenden, indem wir zuviel für Güter, die wir eigentlich weniger benötigen, ausgeben. Wie können wir aber nun entscheiden, wieviel wir von jedem Gut kaufen sollten? Um das Konsumverhalten zu beschreiben, das zu einer Maximierung des Nutzens des Konsumenten führt, wollen wir noch einmal auf unser Krawattenbeispiel zurückkommen.

Wenn man zum Beispiel keine einzige modische Krawatte besitzt, mögen der Nutzen oder die Befriedigung, die man aus dem Kauf der ersten neuen Krawatte zieht, durchaus bei, sagen wir einmal 40 DM liegen (bei einem Preis von 20 DM wären die restlichen 20 DM dann die sogenannte Konsumentenrente). Bei einer zweiten neuen Krawatte lägen der zusätzliche Nutzen oder die Befriedigung vielleicht noch bei 30 DM, bei einer dritten bei 20 DM, bei einer vierten bei 10 DM, bei der fünften bei 5 DM usw. Wenn diese Krawatten nun 20 DM pro Stück kosten und die Befriedigung, die man durch den Kauf erzielt, sich nach dem obigen Schema messen läßt, wird man wenigstens eine neue Krawatte kaufen. Es liegt ja klar auf der Hand, daß bei einem Verkaufspreis von 20 DM und einer Befriedigung oder einem Nutzen von 40 DM einem der Kauf der ersten Krawatte sehr viel bringt und man sich einer Konsumentenrente von 20 DM erfreuen kann. Eine zweite Krawatte mit zusätzlicher Zufriedenheit im Wert von 30 DM wird auch noch gekauft, und die Konsumentenrente liegt immerhin noch bei 10 DM. Vielleicht kauft man sogar noch eine dritte, denn bei einem Preis von 20 DM und entsprechend hohem Nutzen bzw. Befriedigung lohnt sich der Kauf ja auch noch. Auf jeden Fall wird aber kaum jemand dann noch eine vierte Krawatte kaufen. Schließlich gibt es ja auch noch andere Mittel und Wege, sein Geld unter die Leute zu bringen, und bei einem Preis von 20 DM pro Krawatte und einer zusätzlichen Befriedigung von nur noch 10 DM käme es zu einer negativen Konsumentenrente; deshalb täte man dann auch erheblich besser daran, sich etwas anderes zu kaufen – vielleicht ein Paar neue Socken oder ein Buch über Volkswirtschaftslehre. Wir können daraus also den Schluß ziehen, daß die Leute so lange kaufen, bis der Preis, den sie bezahlen müssen, angesichts der vorhandenen Alternativen genau der zusätzlichen Befriedigung oder dem zusätzlichen Nutzen entspricht, den sie aus dem erworbenen Produkt ziehen. Der Zusatz «angesichts der bestehenden Alternativen» ist wichtig, da, um es einmal präzise auszudrücken, die Verbraucher die relative Befriedigung mit dem relativen Preis gleichsetzen. Und das gilt nicht nur für Krawatten, sondern auch für alles andere.

Kann man einen Zusammenhang zwischen Gewinnmaximierung und Maximierung der Befriedigung herstellen?

Ja, ein solcher Zusammenhang läßt sich ohne größere Schwierigkeiten aufzeigen. Dabei wird dann auch klar, daß unsere vorher aufgestellte Behauptung, daß freier Wettbewerb besser ist als eine monopolistische Wirtschaft, zutrifft.

Wir wissen inzwischen, daß bei vollständiger Konkurrenz der Verkaufspreis eines Produktes gleich den Grenzkosten ist. In unserem Beispiel lagen beide bei 20 DM. Wir haben dann weiter gesehen, daß wir als Verbraucher so lange kaufen, bis unser zusätzlicher Nutzen oder unsere zusätzliche Befriedigung, die wir aus den erworbenen Produkten ziehen, dem Verkaufspreis dieser Produkte entsprechen – wieder 20 DM in unserem Beispiel. Es gibt also zwei Größen, die beim Verkaufspreis eines Gutes eine Rolle spielen: Die Verbraucher kaufen nämlich so lange, bis ihr zusätzlicher Nutzen dem Preis entspricht, und die Unternehmen produzieren, bis der Punkt erreicht ist, an dem die Grenzkosten sich mit dem Preis decken. Wenn nun aber sowohl der Grenznutzen als auch die Grenzkosten dem Preis entsprechen, müssen sie logischerweise gleich sein. In unserem Beispiel sind ja auch die Produktionsgrenzkosten und die zusätzliche Befriedigung identisch – beide liegen bei 20 DM. Die Realität entspricht in dieser Beziehung immer dann unserem Beispiel, wenn in einer Welt vollständiger Konkurrenz die Verbraucher ihren Nutzen und die Unternehmen ihre Gewinne maximieren wollen. Vollständige Konkurrenz bewirkt, daß die Kosten, die bei der Produktion eines Gutes entstehen – d. h. die Grenzkosten –, der Befriedigung und dem Nutzen entsprechen, die ebendieses Produkt den Verbrauchern verschafft.

Gibt es eine bessere Lösung, als so lange zu produzieren, bis die Grenzkosten dem Grenznutzen des Verbrauchers entsprechen?

Nehmen wir einmal an, der Markt zeigt, daß mehr von einem Produkt hergestellt werden sollte – mehr also als die Menge, bei der die Grenzkosten dem Grenznutzen des Produktkäufers entsprechen. In dem Maße, wie nun mehr und mehr produziert wird, steigen auch die Kosten für die Herstellung des entsprechenden Produktes unter Verwendung der vorhandenen Maschinen und Produktionsanlagen. Um noch einmal unser Krawattenbeispiel zu benutzen: Die Kosten für die Produktion einer zusätzlichen Krawatte könnten sich zum Beispiel auf, sagen wir 24 DM erhöhen. Das ergibt sich aus dem Gesetz der abnehmenden Erträge. Zusätzlich zu den durch die Mehrproduktion steigenden Grenzkosten würde dann auch noch die Befriedigung, die aus den mehr produzierten Einheiten gezogen wird, abnehmen. Das erste Glas eisgekühlten Fruchtsaftes, das man an einem heißen Tag trinkt, verschafft enorme Erleichterung und Befriedigung. Das zweite vielleicht auch noch. Aber das dritte? Und vierte? Und das fünfte? Es gilt also praktisch überall, daß die Befriedigung, die aus zusätzlichen Einheiten gezogen wird, abnimmt. Auch die Befriedigung und der Nutzen aus zusätzlichen Krawatten sinken, je mehr davon hergestellt werden, unter 20 DM, vielleicht auf nur noch

10 DM. Bei steigenden Produktionskosten und abnehmendem Nutzen werden, wenn die Produktion mehr kostet, als die Produkte hinterher an Nutzen bieten, auch die Ressourcen, die in die Produktion eingehen, mehr kosten (24 DM) als der Nutzen, den der Käufer aus dem Produkt zieht (10 DM), wert ist. Und das wäre schließlich die reine Verschwendung. Die Ressourcen sollten dann statt dessen lieber an anderer Stelle eingesetzt werden.

Nehmen wir nun einmal an, die Situation verhalte sich genau umgekehrt, und gehen davon aus, auf einem anderen Markt würde die Produktion an einem Punkt festgeschrieben, an dem die Kosten der Herstellung des letzten Gutes unter dem Wert der Befriedigung liegen, die dieses Gut dem Verbraucher verschafft. Auch das wäre eine Verschwendung. Warum? Nun, weil man die Produktion nie an einem Punkt festschreiben sollte, an dem die Kosten unter der Befriedigung liegen, die der Käufer durch das produzierte Gut gewinnt. Statt dessen sollten mehr Ressourcen eingesetzt werden, dieses Produkt herzustellen, da die Grenzkosten der Produktion geringer sind als der Nutzen und die Befriedigung, die das Gut bietet.

Und genau das ist nun auch der springende Punkt. Wenn mehr produziert wird als die Menge, bei der die Grenzkosten dem Grenznutzen des Produktes entsprechen, ist das Verschwendung. Wird andererseits weniger produziert, ist das genauso Verschwendung, da man vorhandene Möglichkeiten nicht nutzt – Sie erinnern sich an die Opportunitätskosten! Daraus ergibt sich also, daß das beste Wirtschaftssystem das ist, das gerade so viel produziert, daß die Grenzkosten dem Grenznutzen entsprechen. Und genau das wird, wie wir inzwischen wissen, durch die vollständige Konkurrenz erreicht.

Und warum maximieren Monopole nicht auch den Nutzen und die Zufriedenheit?

Ein Monopol kann den Preis, den es für ein Produkt verlangen will, willkürlich bestimmen; um mehr zu verkaufen, muß es die Preise senken. Das ist ein erheblicher Unterschied zu kleinen und mittleren Unternehmen bei vollständiger Konkurrenz, die alles, was sie produzieren, zum gängigen Marktpreis verkaufen müssen. Wenn ein Monopol aber gezwungen ist, den Preis eines Gutes zu senken, wenn es mehr davon verkaufen will, bedeutet das, daß der Extra- oder auch Grenzumsatz unter dem Preis des verkauften Produktes liegt. Das ist darauf zurückzuführen, daß auch der Preis für die übrigen Produkteinheiten entsprechend mitgesenkt werden muß. Wir wollen das einmal an einem Beispiel verdeutlichen.

Wenn zehn Krawatten zu einem Preis von 20 DM verkauft werden und, um eine weitere Krawatte zu verkaufen, der Preis auf 19,50 DM gesenkt werden muß, dann ist der Extra- oder auch Grenzertrag der zusätzlichen Produktionseinheit keinesfalls 19,50 DM, denn der Monopolist muß ja auch die zehn anderen Krawatten zum reduzierten Preis verkaufen. Das zusätzliche Einkommen aus dem Verkauf der elften Krawatte liegt dementsprechend – da der Preis ja bei allen anderen Krawatten ebenfalls um 0,50 DM gesenkt wird – bei 14,50 DM. Dieses Grenzeinkommen von 14,50 DM ist nun aber niedriger als der Verkaufspreis von 19,50 DM. Auch ein Monopolist maximiert seinen Gewinn, indem er Grenzeinkommen und Grenzumsatz ausgleicht. Wenn er einen Grenzumsatz von 14,50 DM erzielt, indem er, um eine weitere Krawatte zu verkaufen, den Stückpreis um 0,50 DM senkt, lohnt sich das so lange, wie es ihn weniger als 14,50 DM kostet, die Krawatte herzustellen. Er wird den Preis aber bestimmt nicht um 0,50 DM reduzieren, um eine zusätzliche Krawatte zu verkaufen, wenn die Grenzkosten über diesem Betrag liegen. Er hört deshalb an dem Punkt auf, seine Produktion zu erweitern, an dem Grenzkosten und Grenzumsatz gleich sind. Man darf dabei nicht vergessen, daß für den Monopolisten der Grenzumsatz unter dem Produktpreis liegt, da er die Preise senken muß, um mehr verkaufen zu können. Und da der Grenzumsatz den Grenzkosten entspricht, liegen diese ebenfalls unter dem Preis.

Wir sollten uns nun noch einmal ins Gedächtnis rufen, daß die Verbraucher zur Maximierung ihres Nutzens den

Preis eines Produktes mit dem Nutzen oder der Befriedigung, die sie aus diesem Produkt ziehen, gleichsetzen. Wenn nun ein Gut von einem Monopolisten hergestellt wird, sind die Grenzkosten, wie wir gerade gesehen haben, niedriger als der Preis. Daraus folgt, daß, wenn Güter von einem Monopolisten produziert werden, die Grenzkosten unter dem Preis, der seinerseits wieder dem Nutzen des Verbrauchers entspricht, liegen. Die Grenzkosten sind deshalb geringer als die Befriedigung, die das Produkt verschafft. Das ist nun sehr ineffizient. Warum sollte man die Produktion auf einem Niveau halten, auf dem die Kosten der Herstellung eines Gutes unter dem Nutzen liegen, den dieses Gut bietet? Natürlich wäre es besser, mehr zu produzieren. Wenn man das Ganze einmal vom Standpunkt der gesamten Gesellschaft aus betrachtet, kann man sagen, daß Monopole nicht ausreichend produzieren. Das Produktionsniveau bei vollständiger Konkurrenz kann also keinesfalls durch Planung oder lenkende Eingriffe oder durch Monopole verbessert werden. Und diese Schlußfolgerung darf man keineswegs unterschätzen.

Nun stellt sich die Frage, ob es bei den freien Unternehmen in der Wirklichkeit tatsächlich so traumhaft gut klappt. So solide auch die Grundlage für ihr Funktionieren sein mag, gibt es doch potentielle Mängel auch in diesem System, aufgrund deren es zu Überschüssen oder Verknappungen bei der Produktion sowie beim Konsum kommen kann. So ist es zum Beispiel unter Umständen durchaus möglich, daß ein Überangebot daraus resultiert, daß bestimmte Schädigungen der Umwelt mit der Produktion eines Gutes oder seinem Konsum zusammenhängen, oder aber umgekehrt, daß eine Verknappung zustande kommt, wenn sich die Umweltsituation verbessert. Man kann das einmal veranschaulichen, indem man folgende Frage stellt:

Unter welchen Umständen gelingt es der vollständigen Konkurrenz nicht, ein Gleichgewicht zwischen Kosten und Nutzen herzustellen?

Wenn wir das Wirtschaftssystem, in dem die Kosten dem Nutzen oder der Befriedigung, die durch das Produkt erzielt werden, entsprechen, als das beste System überhaupt bezeichnen, beziehen wir natürlich alle Kosten und auch den gesamten Nutzen ein. Aber was passiert, wenn nicht alle Kosten, die entstehen, auch von den Leuten, die an der Produktion beteiligt sind, getragen werden? Oder aber, wenn ein Teil der Befriedigung nicht der Person, die das entsprechende Produkt kauft und bezahlt, zugute kommt, sondern jemandem anderen, der diesen dann gratis genießt? Wenn wir uns einmal in der Realität umsehen, werden wir feststellen, daß es zu derartigen Situationen durchaus kommen kann. Nehmen wir zum Beispiel einmal die Kosten, die mit dem Autofahren verbunden wind. Die wichtigsten variablen Kosten – d.h. die, die je nach Kilometerzahl unterschiedlich ausfallen – sind die für Benzin. Gehen wir nun einmal davon aus, daß man so lange und so viel Auto fährt, bis die Kosten, die einem persönlich für den letzten Kilometer, den man mit dem Auto zurücklegt, erwachsen, genau dem persönlichen Nutzen und der Befriedigung entsprechen, die man durch das Autofahren hat. Diese Kosten, die jeder selbst tragen muß, sollen einmal als die Privatkosten bezeichnet werden. Den Nutzen, der aus dem Autofahren gezogen wird, können wir dem entsprechend dann auch Privatnutzen nennen.

Aber neben diesen Privatkosten gibt es noch andere, nämlich die sozialen Kosten. Bei ihrer Berechnung muß zum Beispiel auch einkalkuliert werden, daß *alle* mit den zusätzlichen Abgasen und den zusätzlichen Verkehrsstaus leben müssen, die jeder einzelne teilweise mitverursacht. Verkehrsstaus belasten jeden einzelnen Autofahrer, wenn er nämlich aufgrund der Tatsache, daß *Sie* auch auf der Straße sind, etwas länger braucht, um sein Ziel zu erreichen.

Wenn man nun so lange Auto fährt, bis die Privatkosten dem Privatnutzen entsprechen, übersteigen an diesem Punkt die sozialen Kosten bereits den privaten und auch den sozialen oder gesellschaftlichen Nutzen. Wenn man also die weitergehenden sozialen Kosten außer acht läßt, fährt man zu viel Auto, da die Kosten, die von der gesamten Gesellschaft getragen werden müssen – unter die auch die aufgrund von Luftverschmutzung und Verkehrsstaus fallen –, den Gesamtnutzen übersteigen.

Wir können noch ein weiteres Beispiel für ein solches «Zuviel» aus dem Bereich der Stahlproduktion heranziehen; hierbei geht es mehr um die Maximierung des Gewinns als um die des Nutzens oder der Befriedigung. Die Privatkosten bei der Stahlproduktion beinhalten nicht jene Kosten, die aufgrund der Belastung durch schmutzigere Luft in der Nähe der Produktionsstätte entstehen. Wenn nun die Stahlfabrikanten ihre Produktion so lange steigern, bis ihre privaten Grenzkosten dem Preis ihres Produktes entsprechen, stellen sie ganz einfach zu viel her. Die sozialen Kosten bei der Stahlproduktion, die auch die der Luftverschmutzung einschließen, werden den Preis und den sozialen Nutzen des Produkts übersteigen. Eine Marktwirtschaft ist sozial also dann ineffizient, wenn ein Unterschied zwischen den Privat- und den Sozialkosten bestimmter Aktivitäten besteht.

Kommt es auch vor, daß zu wenig produziert wird?

Ja, das kommt vor, wenn auch wesentlich weniger häufig, als daß es zu viel gibt. Der Menschenfreund, der einen wunderschönen Vorgarten anlegt, um allen Passanten eine Freude zu machen, wird selbst nur einen Teil des Nutzens haben, den die Gesellschaft insgesamt aus seinem Werk zieht. Wenn dieser Mensch nun den privaten Nutzen und die Privatkosten seines gepflegten Gärtchens abwägt, wird der soziale Nutzen die sozialen Kosten übersteigen. Vom Standpunkt der gesamten Gesellschaft aus sollten mehr von solchen Dingen zur Verfügung gestellt werden. Aber nur, wenn man einen Menschen auf irgendeine Weise für das Vergnügen, das er seinen Mitmenschen bereitet, entschädigt, wäre das «Produktionsniveau» in der richtigen Höhe.

Wie bezeichnen Wirtschaftswissenschaftler nun das Problem des Unterschiedes zwischen Privatkosten und sozialen Kosten?

Wenn Leute Auto fahren, sind die zusätzlichen sozialen Kosten durch Luftverschmutzung und Verkehrsstaus, die von der ganzen Gesellschaft getragen werden müssen, für den einzelnen Autofahrer externe Kosten, die er allen auferlegt und selbst nur insoweit trägt, als er ein winziger Bestandteil derselben Gesellschaft ist. Kosten, die außerhalb der privaten Belastung liegen, werden dementsprechend auch passenderweise als externe Kosten bezeichnet.

Wenn äußere Umstände allen Nutzen bringen, wie zum Beispiel bei unserem wunderschönen Rosengarten, sprechen wir von externem Nutzen oder auch von externen Ersparnissen.

Können wir das Zuviel oder Zuwenig ausschalten, das durch solche externen Effekte bedingt ist?

Um übermäßiges Autofahren oder auch die übermäßige Produktion von Gütern zu verhindern, wenn dadurch für die gesamte Gesellschaft externe Kosten entstehen, muß man die externen Faktoren an sich ausschalten. Man muß, anders ausgedrückt, dafür sorgen, daß das Individuum die sozialen Kosten seines Handelns mit einbezieht, indem man sicherstellt, daß es sie selbst trägt. Auf diese Weise macht man aus externen interne Effekte. Wenn zum Beispiel beim Autofahren Luftverschmutzung und Verkehrsstaus nur mit der Menge verbrauchten Benzins zusammenhingen, könnte man eine derartige Internalisierung der Faktoren ganz einfach durch eine Besteuerung des Benzins erreichen. Und wenn die Umweltverschmutzung durch die Stahlproduktion auch nur von der hergestellten Menge abhinge, wäre es auch hier nicht besonders schwierig, durch eine entsprechende Besteuerung Abhilfe zu schaffen.

Kann man auch den sozialen Nutzen internalisieren?

Wenn unser menschenfreundlicher Gärtner Blumen und Sträucher in seinem Vorgarten pflegt – oder aber wenn die entsprechenden Institutionen das gleiche in den öffentlichen Anlagen tun –, dann spricht man von einem «öffentlichen Gut». Solche öffentlichen Güter sind Dinge, aus denen potentiell jeder Nutzen ziehen kann und für die man nicht mehr bezahlen muß, wenn man mehr von ihnen haben will. Wir können uns die Blumenpracht unseres Nachbarn so lange und ausgiebig ansehen, wie es uns Spaß macht, und wir können in den wohlgepflegten öffentlichen Anlagen so viel spazierengehen, wie es uns paßt, ohne dafür einen Pfennig bezahlen zu müssen. Aus diesem Grunde ist es auch nicht einfach, einen Preis für ein öffentliches Gut zu bestimmen. Nur wenn Vorgartenbesitzer Geld von Passanten für die Bewunderung ihres Gartens verlangen könnten, hätten wir mehr gepflegte Gärten.

Was nun die öffentlichen Anlagen betrifft, haben wir hier ein öffentliches Gut, für das man pro Nutzeinheit (d.h. also pro Besuch) einen Preis festsetzen könnte; trotzdem werden solche Anlagen und ihre Pflege meistens aus dem allgemeinen Steueraufkommen finanziert. Damit ergibt sich dann allerdings die Situation, daß die Leute, die selten oder nie in öffentlichen Anlagen spazierengehen, diejenigen subventionieren, die grossen Nutzen aus diesen Anlagen ziehen.

Was für öffentliche Güter gibt es sonst noch?

Ein sehr wichtiges öffentliches Gut ist die nationale Verteidigung. Man geht im allgemeinen davon aus, daß alle Bürger von dieser Verteidigung profitieren; die Finanzierung geschieht durch das Steueraufkommen. Bürger mit einem hohen Einkommen zahlen nun normalerweise mehr Steuern als solche, die weniger Geld verdienen, und trotzdem ist es durchaus möglich, daß die ersteren weniger Befriedigung daraus ziehen, verteidigt zu werden. Man könnte natürlich anführen, daß das nicht fair sei. Es wäre natürlich auch viel gerechter, wenn jeder entsprechend dem Nutzen, den er aus einer solchen Sache zieht, bezahlen müßte. Aber stellen Sie sich nur einmal vor, was das für Probleme mit sich bringen würde!! Nehmen Sie nur einmal an, man würde jeden einzelnen befragen: «Welchen Nutzen ziehen Sie pro Jahr aus der Tatsache, daß Sie verteidigt werden?» und dann die Gebühren entsprechend der Antwort festsetzen. Wahrscheinlich würden alle Befragten «Überhaupt keinen» antworten, selbst wenn sie in Wirklichkeit sehr wohl große Vorteile dadurch hätten. Warum? Nun, ganz einfach, weil nämlich der Nutzen, ganz gleich wieviel man dafür zahlen müßte, sich nicht verändern würde. Warum sollte dann jemand überhaupt noch irgend etwas zu zahlen bereit sein? So kann man also auf keinen Fall vorgehen, und deshalb sind hier andere Mittel und Wege notwendig, ganz gleich, wie unzulänglich sie auch erscheinen mögen. Allgemeine Steuern, die sich vor allen Dingen nach der Höhe des Einkommens richten, sind eine Alternative, nach der jeder entsprechend seinen Mitteln und nicht entsprechend dem Nutzen, der ihm erwächst, zahlen muß.

Wir haben gesehen, daß bei vollständiger Konkurrenz die Wohlfahrt des gesamten Volkes nur maximiert wird, wenn es keine externen Effekte gibt. Zudem müssen Verbraucher und Unternehmer sich auch noch rational verhalten, d.h., die Verbraucher müssen eine Maximierung ihres Nutzens und die Unternehmung eine Maximierung ihrer Gewinne anstreben.

Maximieren Unternehmer tatsächlich ihre Gewinne?

Unternehmer wissen nicht, wie hoch Grenzkosten und Grenzumsätze genau sind. Und trotzdem laufen nun die Wirtschaftswissenschaftler durch die Weltgeschichte und nehmen einfach an, sie wüßten es doch. Wenn die Ökonomen nicht davon ausgingen, wäre es ihnen auch kaum möglich, ihren Lebensunterhalt damit zu bestreiten, daß sie in wohlgesetzten Worten hübsche und klare Theorien – wie zum Beispiel die, mit denen wir uns in diesem Buch schon auseinandergesetzt haben – verbreiten. Man muß allerdings aber auch zugeben, daß diejenigen Unternehmen, die sich am engsten an die beschriebenen Theorien halten, damit dann auch am besten fahren. Sie sind am ehesten in der Lage, Schwierigkeiten zu meistern, und machen auch die größten Gewinne. Insofern kann man, von den Theorien ausgehend, durchaus vernünftige Voraussagen machen.

Robert Cyert und James Marsh sind sogenannte Verhaltensökonomen. Sie sind der Auffassung, daß Manager in der Praxis vor allem Dinge wie zum Beispiel Umsatz, Mitarbeiterstäbe, die Sicherheit ihres eigenen Arbeitsplatzes, Gehälter der leitenden Angestellten oder die Größe ihres Büros maximieren. Die Gewinnmaximierung der Anteilseigner ist dagegen, sogar langfristig gesehen, nur ein kleiner Teil innerhalb der Zielsetzungen eines Riesenunternehmens, bei dem Eigentum und Führung nicht in derselben Hand liegen. Trotzdem sind die Wirtschaftswissenschaftler aber weiterhin so vorgegangen, als ob diese anderen Ziele gar nicht existierten. Wenn wir uns jedoch damit brüsten wollen, nicht mit Scheuklappen durch die Welt zu laufen, in der wir leben, müssen wir einfach sehen und auch zugeben, daß die Gewinnmaximierung nur eines unter einer Vielzahl von Zielen ist. Falls diese sich nun gegenseitig ausschließen, ist es Aufgabe des Managements, zu entscheiden, welchen der Ziele Priorität einzuräumen ist.

Inwieweit wird dabei rational vorgegangen?

Wirtschaftswissenschaftler müssen rationales Verhalten zumindest immer unterstellen. Das liegt nun einmal in der Natur der Sache, mit der wir uns hier so eingehend beschäftigen. Bestrebungen, den Gewinn bzw. den Nutzen zu maximieren, gründen sich auf rationales Verhalten und auf die Tatsache, daß jede Seite ihre Eigeninteressen verfolgt. Das wunderbare Funktionieren des freien Unternehmertums als Mittel, die beste aller Alternativen zu garantieren, setzt rationales Handeln voraus. Nun steht aber außer Frage, daß die Menschen keineswegs immer rationale Entscheidungen treffen – zumindest nicht, wenn man das einmal im nachhinein überprüft. Letztendlich hängt es jedoch von der Rationalität des Handelns der einzelnen Unternehmen und der Verbraucher bzw. der Rationalität der Regierung ab – wenn diese zum Eingreifen gezwungen sein sollte –, ob man das freie Spiel der Kräfte auf dem Markt zulassen oder aber statt dessen lieber einem anderen System den Vorzug geben sollte. Was wissen wir überhaupt über Rationalität und Effektivität staatlicher Lenkung?

Funktioniert Wirtschaftsplanung gut?

Wir hier im Westen haben ganz bestimmt nicht alle guten Wirtschaftsfachleute für uns gepachtet. Die sprachlichen und ideologischen Hindernisse sind jedoch so groß, daß wir keine allzu genauen Details über die Planungsmethoden der sowjetischen Wirtschaft besitzen. Durch die Werke von Leonid Kantorovich, der immerhin auch außerhalb der Sowjetunion von ausreichend vielen Leuten gelesen wurde, um den Nobelpreis zu erhalten, wissen wir aber doch einiges über die sowjetische Wirtschaft. Weiter haben wir auch Informationen durch einen anderen Nobelpreisträger, den früheren Sowjetbürger Wassily Leontjef, erhalten. Leontjef beschäftigt sich mit einer speziellen Form der Planwirtschaft und hat durchaus eine gewisse Zahl von Anhängern.

Die sowjetische Wirtschaftswissenschaft billigt der zentralen Rolle der Preise, auf die sich selbst die gemischten Wirtschaftsordnungen in Europa und den Vereinigten Staaten von Amerika gründen, nur einen untergeordneten Rang zu. Eine zentrale Wirtschaftsplanung erfordert nun sorgfältige Studien darüber, was zur Verfügung steht und welchen Dingen Priorität einzuräumen ist. Die Möglichkeit, die miteinander konkurrierenden Alternativen mit dem, was vorhanden ist, in Einklang zu bringen, wird dann durch eine sorgfältige Untersuchung der Inputs und Outputs analysiert. In diesem Stadium sind gewisse Anpassungen noch möglich. Die mathematischen Prozesse, die hier ablaufen, können sehr vielschichtig sein, doch besteht der Hauptunterschied zum Preissystem westlicher Wirtschaftsordnungen darin, daß die allgemeinen Bedürfnisse zentral bestimmt werden.

Die freie Marktwirtschaft dagegen läßt es zu, daß die Verbraucher ihren Bedürfnissen über den Preis Ausdruck verleihen. Wenn dagegen ein Planungsexperte von oben bestimmt, was der Bevölkerung zur Verfügung steht und was nicht, dann kann es durchaus sein, daß der einzelne etwas ganz anderes will, als ihm auf diese Weise zugeteilt wurde. Wir haben bereits im vorangegangenen aufgezeigt – nämlich als wir darlegten, daß der Wettbewerb das beste Mittel ist, um genau die Produktionsmenge zu bestimmen, die den Bedürfnissen des einzelnen am ehesten gerecht wird –, daß zentrale Lenkung, wenn es keine externen Kosten und auch keinen externen Nutzen gibt, keinesfalls mehr leisten kann. Da externe Effekte aber nun einmal vorhanden sind und man sie nicht einfach ignorieren kann, mischt man das System des freien Unternehmertums mit dem der staatlichen Lenkung und erhält dann eine gemischte Wirtschaftsordnung.

Gibt es für die gemischte Wirtschaftsordnung auch eine eigene Wirtschaftstheorie?

Professoren der Volkswirtschaftslehre bauen ihre Vorlesungen immer noch weitgehend auf den Prinzipien von Angebot und Nachfrage auf. Der ästhetische Reiz dieser schlichten, aber durchaus bedeutsamen Regeln, beeindruckt jeden aufnahmebereiten Studenten. Aber was für eine Rolle spielen Angebot und Nachfrage denn nun in unserer gemischten Wirtschaftsordnung? Es kommt nur allzu oft vor, daß man den freien Ausgleich zwischen Angebot und Nachfrage zur Bestimmung der Preise künstlich unterbindet. Wir haben in diesem Zusammenhang bereits staatliche Preisstützungsmaßnahmen, das Eingreifen von Gewerkschaften und ähnliche Beispiele angeführt. Und es gibt noch eine Vielzahl von weiteren Fällen derartig künstlich festgesetzter Preise. Wenn wir uns ausschließlich mit der Rolle von Angebot und Nachfrage beschäftigen, können wir zwar eine ganze Menge lernen, doch entgeht uns eine Reihe anderer Verfahren zur Festsetzung von Preisen.

Ich selber gehöre zufällig zu den Leuten, die der Meinung sind, daß das freie Preissystem gerade heute durch ein System der gerechten Preise ersetzt wird. Wieviel sollte man zum Beispiel einer Krankenschwester bezahlen? Nach dem System der freien Preise genau so viel, daß Angebot und Nachfrage ausgeglichen sind. Das System beinhaltet weiter, daß es nicht mehr genügend Leute für diesen wichtigen Beruf geben wird, wenn weniger bezahlt wird. Eine Verknappung an Arbeitskräften wird dann zur Folge haben, daß die Krankenhäuser sich gezwungen sehen, mehr zu zahlen, so daß das Angebot entsprechend stimuliert wird. Selbst wenn man die Probleme bei der Ausbildung von Krankenschwestern und die Zeit, die verstreicht, bis man das Problem erst einmal erkannt hat, beiseite läßt – heutzutage funktioniert die Festsetzung von Preisen anders.

Gehälter von Krankenschwestern und anderen Arbeitskräften werden nicht länger von Angebot und Nachfrage bestimmt. Bei Verhandlungen stellt man statt dessen heute die Frage: «Was ist gerecht?», und die Gerechtigkeit wird bestimmt, indem man vergleicht, was andere Leute für Löhne und Gehälter bekommen. Wenn also Sekretärinnen soundsoviel und Lehrer soundsoviel erhalten, nun, dann sollte eine Krankenschwester eben entsprechend mit soundsoviel rechnen können. Es scheint dabei dann aber absolut keine Rolle zu spielen, daß bei einem nach solchen Kriterien festgelegten Preis Verknappungen oder aber auch riesige Massen von Leuten auftauchen können, die bereit sind, die entsprechende Arbeit zu übernehmen. Was gerecht ist, ist nun einmal gerecht – und das hat nur noch wenig mit einem freien Marktpreis zu tun.

Es gibt viele Beispiele dafür, daß das System der freien Preise durch ein System der gerechten Preise verdrängt worden ist: Es ist ungerecht, Männern mehr zu zahlen als Frauen; es ist ungerecht, daß Leute mehr als eine bestimmte Miete zahlen müssen; kein Landwirt sollte weniger als den gerechten Preis für seine Produkte erhalten; Ölgesellschaften sollten keine ungerechtfertigten Gewinne machen dürfen, und Ärzte sollten kein ungerecht hohes Einkommen haben.

Ich persönlich bin kein großer Anhänger dieses Systems der gerechten Preise, doch müssen wir uns wohl damit abfinden, daß es existiert. Obwohl sich eine ganze Reihe von volkswirtschaftlichen Problemen unter Verwendung der Gesetze von Angebot und Nachfrage lösen lassen, müssen andere ganz neu überdacht werden bzw. muß man zum Teil auch ganz neue Fragen stellen – wie etwa zum Beispiel: «Welche Rolle spielen gerechte Preise bei der Inflation, wenn Gerechtigkeit bedeutet, daß die Löhne und Gehälter unabhängig vom Produktivitätsfortschritt erhöht werden müssen?», oder aber: «Welcher Mechanismus bestimmt überhaupt, was gerecht ist?» Es ist nicht klar, ob es Antworten auf diese Fragen gibt, doch wäre es auch nicht gerecht, ein Buch wie dieses über Volkswirtschaft zu schreiben, ohne zumindest auf ihre Existenz hinzuweisen.

IV. Weltwirtschaft und Wechselkurse

14. Unterschiedliche Arten des Handels

Economists do it on demand.
(T-Shirt-Aufschrift)

Ich war einmal Zeuge einer recht hitzigen Debatte zwischen zwei Professoren über den bequemsten und effizientesten Weg, Geld aufzubringen, ohne dabei den Bürger zu verprellen. Der eine vertrat die Ansicht, daß die gerechteste Methode darin bestehe, bestimmte Untugenden und Verrücktheiten mit einer Art von Steuer zu belegen, und daß die Summe, die jeder einzelne zu zahlen habe, am besten von einer Jury, die von seinen Nachbarn zu bilden sei, festgelegt werden solle. Der andere war genau entgegengesetzter Meinung und erklärte, daß die Qualitäten körperlicher und geistiger Art, die dem Menschen nach allgemeiner Auffassung zur Zierde gereichen, besteuert werden sollten und daß diese Steuer, deren Festsetzung jedem einzelnen selbst obliege, sich auf das den Durchschnitt überschreitende Maß dieser Eigenschaften beziehen solle. Am höchsten zu besteuern wären dann diejenigen, denen die größte Gunst vom anderen Geschlecht zuteil werde, wobei Art und Ausmaß dieser Gunst die Höhe der Besteuerung bestimmen sollten. Auch seien Geist, Mut und Ritterlichkeit gleichermaßen mit einer Abgabe zu belegen, auch sie unter Heranziehung der persönlichen Einschätzung der betreffenden Qualitäten des zu Besteuernden selbst. Was nun aber die Ehre, die Gerechtigkeit, die Weisheit und die Gelehrsamkeit angehe, so sollten diese von der Besteuerung ausgenommen sein, da es sich bei ihnen um derart ausgefallene Tugenden handele, daß wohl niemand bereit sein werde, sie seinen Nachbarn zuzugestehen noch bei sich selbst zu bewerten.
Jonathan Swift

Sind internationale Währungsangelegenheiten schwer zu verstehen?

Der Bereich der Wirtschaftswissenschaften, der den Nichtökonomen im allgemeinen am meisten einschüchtert und befremdet, ist wahrscheinlich die Welt der internationalen Hochfinanz. Die Begriffe und Probleme dieser Welt, die von wenigen, aber ungeheuer mächtigen «Zwergen» und Zentralbankiers bewohnt wird, können jedoch keineswegs nur von denen durchschaut werden, die dort selbst mit großen Zahlen jonglieren. Ganz im Gegenteil: Jeder, der Geld auszugeben hat oder den Weg zur nächsten Bank kennt, ist sehr wohl in der Lage, die Begriffe zu verstehen die in der internationalen Finanzgemeinde verwendet werden. Aus diesem Grunde sollen hier auch einmal einige der Fragen gestellt werden, die Sie vielleicht schon lange beschäftigen. Zunächst einmal zu den Wechselkursen:

Wie werden Wechselkurse festgelegt?

In unserer Welt gibt es zwei große Systeme, durch die die Wechselkurse bestimmt werden: Zum einen das System der fixen und zum anderen das der flexiblen Wechselkurse. Wir werden beide unter die Lupe nehmen und sehen, wie durch sie der Wechselkurs zwischen einzelnen Währungen zustande kommt, d. h., wie bestimmt wird, wieviel von einer Währung – nehmen wir einmal D-Mark – man benötigt, um eine bestimmte Menge von einer anderen – zum Beispiel Dollar – zu kaufen. Wir werden dann sehen, daß es gar keinen Grund gibt, sich unbehaglich zu fühlen, wenn plötzlich alle Welt anfängt, sich über die schlechte Situation des Dollars oder die Stärke des Yens auf dem internationalen Währungsmarkt auszulassen.

Wie funktioniert das System der fixen Wechselkurse?

Fixe oder auch starre Wechselkurse werden von den unterschiedlichen Zentralbanken festgelegt – üblicherweise in Übereinkunft mit der Regierung. Wenn also nur um einmal ein Beispiel zu geben, der Wert der D-Mark so festgelegt werden würde, daß zwei D-Mark einem Dollar entsprächen, wäre das eine Entscheidung, die in den Kompetenzbereich der Bundesbank fiele. Dieser Wechselkurs von zwei D-Mark zu einem Dollar bleibt nun aber nicht bestehen, nur weil die Bundesbank das einmal so festgelegt hat. Um zu verhindern, daß der Preis der D-Mark unter einen halben Dollar fällt, wenn gerade viele Leute D-Mark verkaufen wollen, muß die Bundesbank alle D-Mark, die ansonsten niemand will, aufkaufen – und zwar für jeweils einen halben Dollar. Auf diese Weise wird kein Mensch seine D-Mark für weniger als diesen Kurs verkaufen, weil er ja weiß, daß die Bundesbank ihm auf jeden Fall diese Summe zahlt.

Damit die Bundesbank nun aber auch jederzeit in der Lage ist, einen halben Dollar für eine D-Mark aufzubringen, muß sie ausreichende Dollarreserven (Devisenreserven) zur Verfügung haben. Sie muß also sicherstellen, daß nie irgend jemand ihre Fähigkeit und ihre Entschlossenheit anzweifelt, die D-Mark zum festgesetzten Kurs von einem halben Dollar aufzukaufen.

Um nun aber gleichzeitig auch zu verhindern, daß der D-Mark-Kurs über einen halben Dollar steigt, muß die Bundesbank ebenso willens sein, alle D-Mark, die zum festen Preis von einem halben Dollar nachgefragt werden, zu verkaufen. Wenn sie das tut, wird niemand mehr als einen halben Dollar für eine D-Mark zahlen. Warum sollte er schließlich auch, wenn man zu diesem Preis jederzeit D-Mark von der Bundesbank bekommen kann? Die Bundesbank kann ja auch ihr eigenes Geld drucken, und man kann deshalb getrost davon ausgehen, daß sie, wenn kauflustige Kunden aufkreuzen, genügend D-Mark auf Lager hat.

So funktioniert das also. Fixe Wechselkurse sind vom Willen und der Fähigkeit der Zentralbanken in den einzelnen Ländern abhängig, die eigene Währung gegen andere Währungen (zum Beispiel D-Mark gegen Dollar) zu einem vorher bestimmten Preis zu kaufen und zu verkaufen. Auf diese Weise kann der Wechselkurs auf der von der Zentralbank festgelegten Höhe verbleiben, bis diese entweder freiwillig oder aber gezwungenermaßen einen neuen Preis bestimmt. Die Tatsache, daß «fix» in diesem Zusammenhang nicht bedeutet, daß sich der Wechselkurs nie ändern wird, erklärt auch, warum es eigentlich angebrachter ist, von stufenflexiblen Wechselkursen zu sprechen. Wir werden im folgenden jedoch bei dem häufiger verwendeten Terminus «fixe Wechselkurse» bleiben.

Müssen sich fixe Wechselkurse eigentlich immer am Dollar orientieren?

Die Antwort ist: nein! Man kann auch zu einem Kurs von zwei D-Mark pro Dollar kommen, wenn sowohl die D-Mark als auch der Dollar in bezug auf eine Drittwährung oder aber auf einen bestimmten Stoff «fixiert» werden. Es gab durchaus Zeiten, in denen ein solcher Stoff zur Bestimmung des Wertes einer Währung verwendet wurde, und zwar das Gold. Dieses System der Festlegung der Wechselkurse wurde als Goldstandard bekannt.

Inwiefern können Wechselkurse durch den Goldstandard festgelegt werden?

Wenn nun die Bundesbank – nur um einmal ein Beispiel zu geben – nicht einfach erklärt, daß eine D-Mark einem halben Dollar entspricht, sondern festlegt, daß eine D-Mark den Wert $1/_{100}$ Unze Gold hat, dann setzt die Bundesbank damit den Goldpreis auf 100 DM pro Unze fest.

Nehmen wir einmal weiter an, daß nun gleichzeitig die Regierung der Vereinigten Staaten von Amerika den Goldpreis auf 50 Dollar pro Unze ansetzt. Wie bei den Devisen muß die Bundesbank nun bereit sein, alles Gold, das zu einem Preis von 100 DM pro Unze angeboten wird, aufzukaufen bzw. an jeden zu verkaufen, der willens ist, diesen Preis zu zahlen. Wenn sie sich stets daran hält, wird niemand Gold zu einem niedrigeren Preis verkaufen, da er von der Bundesbank ja den höheren erhalten kann. Genausowenig wird auch irgend jemand bereit sein, mehr für eine Unze Gold zu bezahlen, da die Bundesbank das Gold zu ihrem Preis günstiger anbietet.

Wie wirken sich solche festen Goldpreise nun auf die Wechselkurse aus?

Wenn die Bundesbank bereit ist, Gold zu einem Preis von 100 DM zu kaufen und zu verkaufen und die Regierung der Vereinigten Staaten von Amerika ebenso bereit ist, 50 Dollar pro Unze auszugeben oder selber zu fordern, dann muß der Wechselkurs zwischen Dollar und D-Mark entsprechend 1:2 sein. Daß das einfach zwingend so sein muß, läßt sich am besten veranschaulichen, indem man aufzeigt, was passieren würde, wenn es anders wäre.

Nehmen wir also einmal an, daß die Banken auf den Devisenmärkten nur 1,50 DM für einen Dollar bieten würden. Könnte das dann der Wechselkurs zwischen Dollar und D-Mark sein? Wenn ja, wäre es durchaus denkbar, daß ein mit Vernunft ausgestattetes Individuum folgenden Schritt – den man übrigens Arbitrage nennt – unternehmen könnte: Es wäre möglich, daß er 50 Dollar nähme und damit eine Unze Gold von der Regierung der Vereinigten Staaten von Amerika kaufte, dieses Gold über den Atlantik schickte und es bei der Bundesbank für 100 DM verkaufte. Diese 100 DM könnte er dann bei der entsprechenden Bank zu einem Preis von 1,50 pro Dollar umtauschen und erhielte auf diese Weise 66,66 Dollar für seine ursprünglichen 50 Dollar. Unser Investor, der mit 50 Dollar begann, macht also, nur durch ein paar Transaktionen, einen nicht zu verachtenden Gewinn von 16,66 Dollar. Hätte er nun von Anfang an mehr Geld zur Verfügung gehabt und statt 50 Dollar 5 Millionen angelegt, nun, dann wäre er sogar um 1,6 Millionen Dollar reicher gewesen. Der Arbitrageur hätte zwar den Goldtransport, die Überweisungsgebühren für sein Geld nach Amerika und die Umtauschgebühren für den Tausch der D-Mark in Dollars zu tragen gehabt, doch wären diese Kosten, insbesondere bei großen Transaktionen, zu vernachlässigen gewesen.

Bei einem Goldpreis von 50 Dollar bzw. 100 DM pro Unze wird durch die Arbitrage verhindert, daß der Wechselkurs zwischen dem Dollar und der D-Mark erheblich von zwei D-Mark pro Dollar oder einem halben Dollar pro D-Mark abweicht. Geringfügige Abweichungen können nur wegen der obenerwähnten Umtausch-, Transport- oder Versicherungskosten entstehen. Sollte sich auf dem Devisenmarkt dennoch wider Erwarten ein Kurs von mehr als einem halben Dollar für eine D-Mark einstellen, wären die Devisenhändler im Nu alle Dollars los und hätten massenhaft D-Mark auf der Hand; die Arbitrageure würden nämlich sofort losstürmen, sich durch Goldverkäufe in Deutschland mit D-Mark eindecken und diese dann mit schönem Profit gegen Dollars umtauschen.

Es sollte nun auch jedem einsichtig sein, daß die Banken aus demselben Grund auch nicht mehr als zwei D-Mark für einen Dollar bieten werden. In einem solchen Fall würde nämlich genau der umgekehrte Prozess ablaufen: Sie wüßten bald nicht mehr, wohin mit den Dollars, und hätten keine müde Mark mehr übrig. Der einzige Wechselkurs, der sich auf dem Devisenmarkt halten kann, ist dann der Kurs, bei dem die D-Mark einen halben Dollar und der Dollar zwei D-Mark wert ist. Wenn also sowohl die Bundesrepublik Deutschland als auch die Vereinigten Staaten von Amerika ihre Währung an den Goldpreis binden würden, setzten sie damit auch gleichzeitig ihren Wechselkurs fest.

Muß die «internationale Währung» unbedingt Gold sein?

Nein, die Zentralbanken können alles mögliche benutzen, um ihren Wechselkurs daran festzulegen. Dabei käme auch eine Art von Geld in Frage, das von einer weltweiten, internationalen Organisation geschaffen wurde – wie etwa die Sonderziehungsrechte (SZR).

Was sind Sonderziehungsrechte?

Sonderziehungsrechte sind eine Art internationaler Währung, die, statt von einer einzigen Zentralbank oder Regierung geschöpft oder gedruckt zu sein, von allen Zentralbanken gemeinsam durch ihre Vereinigung im Internationalen Währungsfonds (IWF) hergestellt wird. Diese Währung wird durch die gesamten Guthaben des IWF gedeckt, die früher vor allen Dingen aus Gold, heute aber aus harten Währungen bestehen. Sie wird geschöpft, indem sie einfach jedem Mitgliedsland gutgeschrieben wird. Sie und ich haben allerdings keine Chance, davon etwas abzubekommen.

Sonderziehungsrechte sind Buchgeld. Jede Art von Reservemedium funktioniert nämlich so lange, wie man Vertrauen in sein Funktionieren hat – selbst wenn dieses Vertrauen auch nur auf der Existenz irgendwelcher Sterne beruht.

Was ist der «Sternstandard»?

Auch hier handelt es sich wieder einmal um eine amerikanische Erfindung. Vor ein paar Jahren verbreitete nämlich eine Zeitschrift – und zwar eine von der Art, von der niemand zugibt, sie zu lesen, und die man normalerweise vor Supermarktkassen ausgestellt findet – in den Vereinigten Staaten, daß Fort Knox und die Federal Reserve Bank in New York keineswegs so viel Gold hätten, wie sie vorgäben. Vielleicht war es gestohlen worden, um nur eine mögliche Erklärung zu nennen. Nun, derartige Neuigkeiten werden für gewöhnlich gegenüber dem Ausland tunlichst unter Verschluß gehalten, obwohl sich besagte Zeitschrift ansonsten mit noch viel schauerlicheren Räuberpistolen ihren Käuferkreis zu sichern verstand. Einige Mitglieder des Kongresses der Vereinigten Staaten, die offensichtlich schon ab und zu einmal einen Blick in jene Zeitschrift werfen, während sie an Supermarktkassen Schlange stehen, verlangten eine umfassende Untersuchung der ganzen Angelegenheit. Man führte sie daraufhin in die tiefsten Schatzkammern der Nation, um ihnen zu beweisen, daß dort tatsächlich die erwarteten Mengen schimmernder Barren gelagert waren.

Aber spielt es denn eigentlich überhaupt eine Rolle, ob das Geld nun da ist oder nicht? Kommt es nicht vielmehr nur darauf an, was die Leute glauben? In der Zeit des Goldstandards wurden Zahlungsungleichgewichte zwischen den verschiedenen Zentralbanken dadurch bereinigt, daß Teile des Goldes, das alle Banken bei der New Yorker Federal Reserve Bank aufbewahrten, vom Lagerraum der einen Bank zu dem der anderen transferiert wurden. Es kam nie jemand auf die Idee, nachzusehen, ob das Gold tatsächlich da war. Man glaubte der Federal Reserve Bank unbesehen, wenn sie erklärte, sie hätte die entsprechenden Goldmengen unter Verschluß.

Aber was wäre eigentlich passiert, wenn es von vornherein das Gold dort nie gegeben hätte? Nun, das Währungssystem funktioniert so lange reibungslos, wie alle glauben, das Gold sei da. Währungssysteme beruhen nämlich, genau wie Banken, auf dem Vertrauen aller Beteiligten. Wenn dieses Vertrauen besteht, braucht man weder Edelmetalle noch sonst etwas in der Art. Das birgt nun ungeahnte Möglichkeiten in sich.

Nehmen wir einmal an, wir würden die Eigentumsrechte an einer großen Anzahl von Sternen, die wir, zumindest beim derzeitigen Stand der Technologie, nie erreichen können, vergeben. Gehen wir weiter davon aus, daß nun jedes Land soundsoviele Sterne sein Eigentum nennen darf und daß man dann darüber Buch führt. Diese Aktive wären dann sozusagen aus dem Nichts geschöpft – so wie auch etwa die Sonderziehungsrechte. Die verschiedenen Länder könnten dann untereinander ihre Schulden begleichen, indem sie sich gegenseitig, statt Gold zu transferieren, die Eigentumsrechte an den Sternen abträten. Es wäre dann möglich, die Abtretungen innerhalb des ‹ISF› – des ‹Internationalen Sternenfonds› – vorzunehmen. Jedes Jahr könnten den Mitgliedern dieses Fonds weitere Sterne zugeteilt werden, um zusätzlichen Bedarf zu decken. Jede Währungseinheit wäre dann soundsoviele Sterne wert, und dementsprechend ließen sich auch die Wechselkurse festlegen: Eine Million D-Mark pro Stern und 500000 Dollar pro Stern bedeuten zwei D-Mark für einen Dollar. Was für ein prima Währungssystem! Solange wie die Länder Sterne als Zahlungsmittel akzeptierten, würde es auch ohne weiteres funktionieren. Außerdem – und das darf man nicht vergessen – ist auch hier wie beim Gold das Angebot begrenzt.

Nun, Gold ist jedoch als Geld schon wesentlich länger verwendet worden als Sterne, und deshalb wird es auch wohl eher als Reservemedium funktionieren als Sterne. Flexible oder auch freie Wechselkurse andererseits bedürfen überhaupt keiner Reserven.

Wie funktionieren flexible Wechselkurse?

Das Funktionieren des Systems der flexiblen Wechselkurse ist, im Gegensatz zu den komplizierten Vorgängen bei den fixen Kursen, die die Festsetzung durch die Zentralbank erfordern, das Einfachste von der Welt. Die flexiblen Wechselkurse werden durch die Nachfrage nach und das Angebot an jeder Währung auf dem freien Markt bestimmt. Die Zentralbanken spielen dabei keine Rolle. Der Preis jeder Währung wird damit genauso festgelegt wie die Preise von Orangen, Karotten und Wollpullovern. Er pendelt sich dann auf einem Niveau ein, so daß Angebot und Nachfrage bei jeder Währung ausgeglichen sind. Dieser Prozeß läuft genauso ab wie jeder andere, bei dem sich Angebot und Nachfrage von alleine ausgleichen und bei dem die Regierung so gut wie gar nicht eingreift (obwohl man sich ziemlich anstrengen muß, um überhaupt ein solches Beispiel zu finden).

Welche Wechselkurssysteme gibt es heutzutage?

Die Mehrzahl der großen Währungen – wie etwa das britische Pfund, die D-Mark, der kanadische Dollar und der Schweizer Franken – sind flexibel und floaten gegen den amerikanischen Dollar. Die Währungen einiger der Mitgliedsstaaten der Europäischen Gemeinschaft sind innerhalb des Europäischen Währungssystems mit geringem Spielraum aneinandergekoppelt, nachdem sie zuvor in der sogenannten Währungsschlange verbunden waren. Dieses Europäische Währungssystem ist jedoch so kompliziert, daß es, wie zu hören war, nur acht Experten gibt, von denen es vier verstehen, aber nicht erklären können, und vier, die zwar in der Lage sind, es zu erklären, es aber nicht verstanden haben.

Wenn nun die Wechselkurse wirklich vollständig flexibel sind und ausschließlich auf dem privaten Währungsmarkt bestimmt werden, dann dürften sich die Devisenguthaben der Zentralbanken nicht verändern, da diese ja auf dem Devisenmarkt nicht tätig würden.

Ist eigentlich der Dollarkurs fix oder flexibel?

Es ist nicht besonders sinnvoll, zu fragen, ob der Dollarkurs fix oder flexibel sei. Wenn nämlich andere Währungen wie das Pfund Sterling oder die D-Mark flexibel sind und gegen den Dollar floaten, dann muß der Dollar seinerseits ja notgedrungen auch gegen diese Währungen floaten. D.h., wenn die Anzahl der Pfunde, die für einen Dollar gezahlt werden, schwanken kann, muß das umgekehrt auch gelten, da es sich sozusagen um zwei Seiten derselben Medaille handelt. Das einzige, woran der Dollar überhaupt schon einmal fixiert war, ist der Goldpreis – aber auch das gehört der Vergangenheit an.

Bis zur Weltwirtschaftskrise galt der Goldstandard. Im Jahre 1944 erklärten sich die Vereinigten Staaten auf der Konferenz von Bretton Woods im Bundesstaat New Hampshire dazu bereit, den Wert des Dollars an das Gold zu fixieren – 35 Dollar pro Unze wurden in den 50er und 60er Jahren gezahlt –, während die anderen Länder ihre Wechselkurse am Dollar orientierten. Die Konferenz von Bretton Woods führte auch zur Schaffung des Internationalen Währungsfonds und der Bank für Wiederaufbau und Entwicklung, der Weltbank. Das System von Bretton Woods brach dann in den 70er Jahren zusammen, und der Goldpreis wurde freigegeben. Schon 1978 spielte Gold in einem System weitgehender Wechselkursflexibilität keine Rolle mehr.

Obwohl zahllose Regierungen bei mindestens ebenso zahllosen Anlässen verkündet haben, daß sie es zuließen, daß die Wechselkursbildung dem freien Markt überlassen bleibt, ist die Versuchung, sich einzumischen, sehr oft doch einfach zu groß. Das Vertrakte an der Sache ist nämlich, daß die Leute, die bei einem System fixer Wechselkurse die Aufgabe haben, Devisen zu verkaufen und zu kaufen, hochbezahlte Bankexperten sind. Bei flexiblen Kursen, die auf dem freien Markt bestimmt werden, haben sie nicht viel zu tun. Und wenn sie sich dann langweilen, greifen sie eben ein. Hier besteht nun das Problem, daß es höchst unangenehm und schwierig ist, hochgestellte Beamte von Zentralbanken zu entlassen, wenn man selbst zufällig einer von ihnen ist.

Sind flexible und schwankende Wechselkurse das gleiche?

Eines soll hier einmal ganz sonnenklar gemacht werden: Flexible Wechselkurse sind Kurse, die sich durchaus ändern können. Sie müssen deshalb aber nicht dauernd rauf- und runtergehen. Aus diesem Grunde ist es nicht nur ein terminologischer Fehler, wenn man das System der flexiblen Wechselkursbestimmung durch den freien Markt als «System schwankender Kurse» bezeichnet, sondern zudem noch höchst irreführend! Es gibt kein System «frei schwankender» Wechselkurse. Dagegen existieren fixe und flexible Wechselkurse. Die Leute, die von «frei schwankenden» Kursen sprechen, sind im allgemeinen Gegner des Systems der flexiblen Kurse und wollen ihren Zuhörern noch etwas Propaganda für ihre Seite unterschieben. Nehmen Sie sich einmal einen solchen Besserwisser vor, der darauf besteht, sich über die «frei schwankenden» Wechselkurse zu verbreiten. Sie werden ihn im Null Komma nichts aufs Kreuz gelegt haben, wenn Sie einfach wiederholen, was wir hier eben ausgeführt haben – und Sie werden auch noch im Recht sein! Vielleicht fallen noch ein paar andere Leute vor Schreck gleich mit um, wenn Sie – wo Sie schon einmal dabei sind – behaupten, daß andauernde Zahlungsbilanzüberschüsse etwas Schlechtes seien. Nun, bevor wir aber die Richtigkeit dieser Behauptung beweisen, wollen wir kurz einmal die wesentlichen Grundzüge von Zahlungsbilanz und Handelsbilanz erläutern.

Was ist die Zahlungsbilanz?

Um es ganz einfach auszudrücken: Die Zahlungsbilanz ist eine sorgfältige Aufstellung aller wirtschaftlichen Transaktionen zwischen dem Inland und dem Ausland. Diese Definition reicht zur Erklärung aber noch nicht aus. Es gibt zahlreiche unterschiedliche Bestandteile der Zahlungsbilanz, deren mögliche Überschüsse oder Defizite jeweils für sich bedeutsam sein können und für uns gelegentlich von Interesse sind. Die beiden wichtigsten Elemente der Zahlungsbilanz sind die Leistungsbilanz und die Kapital- oder auch Kapitalverkehrsbilanz. Es ist durchaus sinnvoll, nach dieser Einteilung vorzugehen.

Was versteht man unter der Leistungsbilanz?

Diese Teilbilanz der Zahlungsbilanz fällt einem gewöhnlich als erste ein. Sie enthält die Exporte und Importe von Gütern und Dienstleistungen. So bedeutet ein Überschuß, daß die Inländer mehr für die Exporte von Gütern und Dienstleistungen erlösen, als sie für Importe aufwenden müssen. Ein Defizit der Leistungsbilanz bedeutet das Gegenteil.

Interessiert man sich nur für die exportierten und importierten Güter, betrachtet man die Handelsbilanz, die auch als Bilanz des Warenverkehrs oder des Warenhandels bezeichnet wird. Zur eigentlichen Leistungsbilanz kommt man, wenn man zur Handelsbilanz die Dienstleistungsbilanz hinzufügt. In ihr finden wir zum Beispiel die Ausgaben der inländischen Touristen im Ausland bzw. die ausländischer Besucher im Inland, Zahlungen an Versicherungen, Transportkosten, Gebühren an alle möglichen Vermittler – Makler, Banken, Agenturen –, Gebühren für Lizenzen für die Überlassung von Patenten, lauter Dinge also, die man nicht sehen kann, «unsichtbare» Exporte und Importe also. Übrigens stellt die Zahlung von Zinsen an das Ausland oder vom Ausland an uns ebenso eine Zahlung für eine Dienstleistung dar, die in der Gewährung von Krediten oder der Überlassung von Kapital besteht; geleistete oder empfangene Zins- oder Dividendenzahlungen und Gewinnabführungen stellen deswegen einen bedeutenden Bestandteil der Dienstleistungsbilanz dar. Zu der Handels- und der Dienstleistungsbilanz kommt nun noch die Bilanz der Übertragungen, die man auch Bilanz der unentgeltlichen Leistungen oder Schenkungsbilanz nennt und die, wie der Name schon verrät, Schenkungen von privater oder staatlicher Seite umfaßt. Dazu gehören zum Beispiel Entwicklungshilfe, die nicht zurückgezahlt werden muß, Erbschaften und, als ganz bedeutender Posten, die Überweisungen der Gastarbeiter in ihre Heimatländer. Alle drei Bilanzen nannte man früher «Bilanz der laufenden Posten». Seit einigen Jahren ist man zu der Bezeichnung «Leistungsbilanz» oder, um zu zeigen, daß die eigentliche Leistungsbilanz traditionellerweise nur aus der Handels- und der Dienstleistungsbilanz besteht, auch «Leistungsbilanz im weiteren Sinn» übergegangen.

Sagt man nun, die Leistungsbilanz sei passiv, so meint man, daß die *Summe* aus Waren- und Dienstleistungsexporten und empfangenen Schenkungen kleiner ist als die *Summe* der Waren- und Dienstleistungsimporte und getätigten Schenkungen, wobei die Handels- oder die Dienstleistungsbilanz für sich genommen immer noch aktiv sein kann.

Was ist die Kapitalbilanz?

Ein erheblicher Teil des internationalen Angebots an und der Nachfrage nach einer Währung rührt nicht aus Zahlungen innerhalb des laufenden Handels, sondern aus Zahlungen für Finanz- und Sachansprüche. Wenn zum Beispiel ein Ausländer ein deutsches Unternehmen aufkauft oder Anteile oder Obligationen erwirbt, muß er dafür zahlen und dementsprechend D-Mark auf dem Devisenmarkt kaufen. Es werden also D-Mark nachgefragt, und diese Nachfrage unterscheidet sich in keiner Weise von der nach Getreide, Maschinen oder anderen Gütern oder Dienstleistungen, die in der Bundesrepublik Deutschland produziert werden. Ebenso gilt, daß ein Deutscher, der ein ausländisches Unternehmen, Aktien oder Wertpapiere erwirbt, ausländische Währung kaufen und dafür D-Mark verkaufen muß. Derartige Vorgänge werden von der Bilanz des Kapitalverkehrs oder, kurz, der Kapitalbilanz erfaßt.

Also nochmal: Was ist die Zahlungsbilanz?

Eines sollte inzwischen klargeworden sein, nämlich daß es eine Reihe von unterschiedlichen Teilbilanzen der Zahlungsbilanz gibt, die unterschiedliche Zwecke erfüllen. Man muß unbedingt darauf achten, daß man jeweils die richtige Teilbilanz auswählt und auslegt. Die Zahlungsbilanz insgesamt – die Zahlungsbilanz schlechthin also – ist die Summe der laufenden Leistungs- und Kapitalbilanz. Viele Leute neigen jedoch dazu, unpräzise zu sein, und beziehen sich mal auf die eine Bilanz, mal auf die andere oder aber überhaupt auf die Handelsbilanz. Sie sollten sich deshalb daran gewöhnen, immer genau darauf zu achten, wovon die Rede ist und ob es sich nun um die gesamte Zahlungsbilanz, die Handelsbilanz oder aber um die Leistungs- oder die Kapitalbilanz handelt. Sie werden dann sehr schnell feststellen, daß eine erstaunlich große Zahl von Leuten den Unterschied zwischen diesen verschiedenen Bilanzen gar nicht kennt. Dabei kann es durchaus sein, daß ein Überschuß bei einer dieser Teilbilanzen mit einem Defizit in einer anderen oder sogar einem Gesamtdefizit einhergeht. Aus diesem Grunde: Augen auf im Bilanzverkehr!

Warum können Überschüsse schlecht sein?

Nachdem wir nun auf die unterschiedlichen Teilbilanzen der Zahlungsbilanz eingegangen sind, können wir auch die eingangs aufgestellte Behauptung belegen. Nehmen wir als Beispiel einmal einen Überschuß bei der Handelsbilanz – also eine Situation, in der mehr Güter ins Ausland exportiert als von dort gekauft und importiert werden. Ein solcher Überschuß bei der Handelsbilanz bedeutet, daß das Ausland in den Genuß von mehr bundesdeutschem Käse, mehr deutschen Autos, Maschinen und anderen Sachgütern kommt, als ausländische Produkte in Deutschland gekauft werden. Ein solcher Zustand sollte auf keinen Fall zur Regel werden. Was für einen Vorteil bringt es schon, anderen Ländern mehr deutsche Güter zur Verfügung zu stellen, als man selber dann aus dem Ausland zurückbekommt? Es ist sicherlich eine glänzende Idee, die eigenen Güter gegen solche zu tauschen, die von anderen besonders gut produziert werden, doch will niemand schließlich den anderen dauernd mehr liefern, als er selber dafür wiedererhält. Überschüsse bei der Handelsbilanz sind also, wenn sie über zu lange Zeiträume hinweg bestehenbleiben, etwas Schlechtes.

Wenn Sie sich nun fragen, wie es denn überhaupt sein kann, daß Handelsbilanzüberschüsse über solche langen Zeiträume hinweg bestehenbleiben können, sollten sie sich in Erinnerung rufen, daß die Handelsbilanz nur einen Teil der Leistungsbilanz ausmacht und daß wir zu dieser, um die gesamte Zahlungsbilanz zu erhalten, auch noch die Kapitalbilanz addieren müssen. Es ist durchaus möglich, daß Handelsbilanzüberschüsse durch Defizite in anderen Teilbilanzen ausgeglichen werden. Was hat es für Folgen, wenn das bei solchen Handelsbilanzüberschüssen durch eine Anhäufung von Devisen der Fall ist? Wir, d.h. die Bundesrepublik Deutschland, liefern Käse, Autos, Maschinen und dergleichen und erhalten im Austausch dafür ‹Papierbildchen von großen Helden anderer Nationen›, die wir sorgfältigst wegschließen. Oder aber wir erhalten nicht ausländisches Bargeld – das bei uns übrigens «Sorten» heißt –, sondern statt dessen Devisen, also eine Aufstockung unserer Guthaben bei ausländischen Banken, d.h. Buchgeld ohne Bildchen. Devisen, ausländisches Bargeld oder Bankguthaben im Ausland, die durch Handelsbilanzüberschüsse erwirtschaftet werden, sind so lange nicht zu verachten, wie sie zu einem späteren Zeitpunkt dazu verwendet werden können, Güter, die im Ausland produziert werden, zu kaufen und zu genießen; doch bedarf es dazu dann eines Defizits beim Handel zu ebendiesem späteren Zeitpunkt.

Sind Defizite etwas Gutes?

Wenn also Überschüsse nicht gut sind, wie sieht es dann mit Defiziten aus? Nun, Handelsbilanzdefizite sind auch nicht gerade besonders erstrebenswert, da sie bedeuten, daß ein Land über seine Verhältnisse lebt. Ein derartiges Defizit bei der Handelsbilanz entsteht nämlich dadurch, daß ein Land mehr Güter konsumiert als produziert, und dieses

Mehr an Gütern ist darauf zurückzuführen, daß die Importe die Exporte übersteigen. Dies wird, wie auch im Fall des einzelnen Bürgers, durch Kredite finanziert, und irgendwann einmal kommt unweigerlich der Zeitpunkt, an dem solche Kredite dann nicht mehr gewährt werden. Handelsbilanzdefizite können wesentlich mehr umfassen als nur zu vernachlässigende Mengen an Konsumgütern, die von einem Land selbst nicht produziert werden.

Um einmal ein konkretes Beispiel zu geben: Was bedeutet denn eigentlich ein jährliches Handelsbilanzdefizit von 22 Milliarden Dollar für ein Land wie die Vereinigten Staaten von Amerika? Diese Summe ist durchaus realistisch, da sie schon des öfteren überschritten wurde. Also, ein Handelsbilanzdefizit von 22 Milliarden Dollar bedeutet, wenn man es auf die 220 Millionen amerikanischen Bürger aufteilt, daß auf jeden einzelnen 100 Dollar entfallen, also 400 Dollar auf jede vierköpfige Familie. Mit einem solchen Defizit von 22 Milliarden Dollar konsumiert also pro Jahr jede amerikanische Durchschnittsfamilie Güter im Wert von 400 Dollar, die nicht nur nicht von den Amerikanern selbst produziert wurden, sondern die nicht einmal durch Einkünfte aus Exporten gedeckt sind. Durch Defizite werden also alle Bürger eines Staates in die Lage versetzt, weit über ihre Verhältnisse zu leben.

Da nun Überschüsse nicht zu begrüßen sind, weil wir anderen zu viel von dem zur Verfügung stellen, was wir selber produzieren und Defizite aber genauso schlecht erscheinen, da wir durch sie über unsere Verhältnisse leben, muß ein Ausgleich der Zahlungsbilanz angestrebt werden. Das heißt jedoch nun keineswegs, daß Überschüsse oder Defizite in einzelnen Jahren unbedingt großen Anlaß zur Sorge geben müssen. Es geht vielmehr nur darum, daß man nicht zulassen sollte, daß Defizite oder Überschüsse sich unmäßig ausweiten; statt dessen ist es wünschenswert, daß sie sich insgesamt gesehen im Durchschnitt gegenseitig aufheben. Wie kann man das nun erreichen? Vielleicht dadurch, daß man die Wechselkurse korrigiert?

Welcher Wechselkurs führt zu einem Ausgleich der Zahlungsbilanz?

Es gibt einen bestimmten Wechselkurs, bei dem die Zahlungsbilanz oder die Handelsbilanz tatsächlich ausgeglichen ist. Werte, die über diesem Gleichgewichtskurs liegen, bedeuten, daß ein Handels- oder Zahlungsbilanzüberschuß vorliegt, bei niedrigeren Werten kommt es entsprechend zu Defiziten.

Bei einem niedrigen Wechselkurs – d.h. wenn die D-Mark gegenüber anderen Währungen relativ teuer ist – erhöhen sich damit auch die Kosten der Exporte aus der Bundesrepublik Deutschland. Für die D-Mark muß dann nämlich mehr an ausländischer Währung gezahlt werden, und deutsche Güter, die im Ausland verkauft werden, haben entsprechend hohe Preise. Gleichzeitig bedeutet ein niedriger Wechselkurs auch, daß man relativ billig ausländische Währung kaufen kann – billig zumindest, wenn man von der D-Mark ausgeht. Diese Auswirkungen haben dann zur Folge, daß bei einer teuren D-Mark wenig exportiert und dafür viel importiert wird, was schließlich zu einem Defizit der Zahlungsbilanz beiträgt. Umgekehrt führt ein hoher Wechselkurs, d.h. ein im Verhältnis zu anderen Währungen niedriger D-Mark-Preis, dazu, daß viel exportiert, dafür aber weniger importiert wird und so ein Überschuß entsteht. Wenn nun also tiefe Wechselkurse ein Defizit und hohe einen Überschuß verursachen, muß es irgendwo dazwischen einen Punkt geben, an dem ein Gleichgewichtskurs vorliegt.

Kann ein solcher Gleichgewichtskurs Bestand haben?

Viele Ökonomen wollen einfach nicht glauben, daß Regierungen in der Lage sind, genau den Wechselkurs herauszufinden, bei dem im internationalen Zahlungsverkehr ein Gleichgewicht herrscht. Da nun der Kurs, bei dem ein solches Gleichgewicht besteht, sich ständig verändert, werden fixe Wechselkurse die meiste Zeit falsch liegen. Flexible Kurse dagegen, die dauerndem Wandel unterliegen, so daß das Angebot an und die Nachfrage nach den unterschiedlichen Währungen sich ausgleichen, schaffen ein solches Gleichgewicht permanent neu. Genau das ist auch der Grund, warum viele Wirtschaftswissenschaftler, die mehr Vertrauen in den Markt als in Regierungen haben, eher zu flexiblen Wechselkursen neigen. Flexible Kurse bedeuten eine ausgeglichene Zahlungsbilanz.

Was bedeuten dann Wechselkursschwankungen?

Schwankungen der Wechselkurse beeinflussen nicht nur die Zahlungsbilanz, sondern auch den absoluten wie relativen Lebensstandard in den verschiedenen Ländern. Das kann man nun von zwei Seiten her betrachten.

Wenn zum Beispiel der D-Mark-Kurs im Verhältnis zu anderen Währungen fällt, werden Importe in die Bundesrepublik Deutschland teurer. Die Bundesbürger müssen demzufolge mehr aufbringen, um die von ihnen gewünschten Güter zu erhalten, ihr Lebensstandard sinkt also. Hierbei handelt es sich dann um einen absoluten Rückgang. Es gibt aber auch noch einen relativen Lebensstandard. Nehmen wir einmal an, ein deutscher Arbeiter verdient durchschnittlich 40000 DM im Jahr, ein amerikanischer Arbeiter 20000 Dollar. Wenn eine D-Mark einen halben Dollar wert ist, verdient der Amerikaner offensichtlich in Dollars genausoviel wie der Deutsche in D-Mark. Verliert nun der Dollar im Verhältnis zur D-Mark an Wert, braucht der Amerikaner mehr Dollar, um eine D-Mark zu kaufen. Nehmen wir einmal weiter an, der Dollar fällt so weit, bzw. die D-Mark steigt um so viel, daß eine D-Mark jetzt für den Amerikaner 60 Cents kostet. Das bedeutet also, daß 40000 D-Mark nun 24000 Dollar wert sind. Das Einkommen des Amerikaners liegt damit, wenn man es in D-Mark umrechnet, unter dem des Deutschen, während vorher die Einkommen gleich waren. Berechnete man nun den Lebensstandard, indem man die Einkommen in die doch recht gängige amerikanische Währung umrechnete, würde ein Anstieg des D-Mark-Kurses gegenüber dem Dollar auch bedeuten, daß der relative

Lebensstandard in der Bundesrepublik Deutschland anstiege. Eine solche Umrechnung in Dollars bzw. in D-Mark berücksichtigt natürlich nicht die Lebenshaltungskosten in den unterschiedlichen Ländern, doch zeigt unser Beispiel recht deutlich, daß ein Kursrückgang einer Währung einen absoluten und einen relativen Rückgang des Lebensstandards des entsprechenden Landes zur Folge hat.

Wie nennt man Veränderungen der Wechselkurse?

Der Wert einer Währung, also der Wechselkurs gegenüber anderen Währungen, kann sich aus zwei Gründen ändern: Bei fixen Wechselkursen entscheidet sich die Zentralbank für einen neuen, höheren oder tieferen Kurs, oder Veränderungen von Angebot und Nachfrage lassen bei flexiblen Kursen diese steigen oder fallen. Drückt sich der Wert einer D-Mark zum Beispiel darin aus, wie viele nötig sind, um einen Dollar zu kaufen, bedeutet ein höherer Dollarkurs eine Abwertung, ein niedrigerer eine Aufwertung der D-Mark.

Welche Vorteile bringt der internationale Handel mit sich?

Durch den internationalen Handel ist es den verschiedenen Ländern möglich, sich auf das zu spezialisieren, was sie gerade am besten können. Bananen sollten so zum Beispiel in heißen Klimazonen angebaut werden, Computer produziert man am besten dort, wo man fähige Arbeitskräfte zur Verfügung hat, Photoapparate und Stereoanlagen da, wo die Arbeitskräfte sehr gewissenhaft sind; Weizen gedeiht am besten auf guten Böden, und die Volkswirtschaftslehre sollte überall studiert werden. Um entscheiden zu können, welches Land am besten was produziert, braucht man nicht unbedingt einen absoluten Vorteil, ein Land muß also nicht notwendigerweise in der Lage sein, irgendein Produkt oder eine Dienstleistung billiger als andere zur Verfügung stellen zu können. Das einzige, worauf es wirklich ankommt, ist der relative oder auch komparative Vorteil. Diese Entdeckung stammt von David Ricardo und kann am besten verdeutlicht werden, indem man eine Frage aufwirft, die den genauen Unterschied zwischen dem absoluten und dem relativen oder komparativen Vorteil ganz klarmacht. Also: Wenn es nur Europa und die Vereinigten Staaten von Amerika auf der Welt gäbe und die Vereinigten Staaten bei der Industrieproduktion geringfügig, bei der Weizenproduktion Europa dagegen deutlich überlegen wären, könnten die Europäer überhaupt noch irgend etwas herstellen und mit Gewinn in den Vereinigten Staaten verkaufen? David Ricardo bewies nicht nur, daß Europa sehr wohl fähig wäre, konkurrenzfähige Industrieerzeugnisse herzustellen, sondern daß, wenn es diese gegen amerikanischen Weizen eintauschen würde, das sowohl zum Nutzen der Vereinigten Staaten als auch Europas wäre.

Es liegt auf der Hand, daß beiden ein Vorteil daraus erwachsen würde, wenn Europa sich auf die Herstellung von Industrieerzeugnissen und die Vereinigten Staaten auf den Weizenanbau konzentrierten. Was nun aber, wenn, wie in unserem Beispiel, die Vereinigten Staaten in beiden Bereichen im Vorteil sind? Wie kann Europa überhaupt noch nutzbringend tätig sein? Die Beantwortung dieser Frage ist genau der springende Punkt: Für die Welt insgesamt muß es doch einfach besser sein, wenn Europa wenigstens etwas produziert, als wenn sich die Europäer nur auf die faule Haut legen und Siesta halten. Und wenn sie schon etwas auf die Beine stellen, können sie es ja auch gleich in dem Bereich tun, in dem sie – relativ gesehen – weniger schlecht sind als die anderen, d. h., in dem sie einen relativen bzw. komparativen Vorteil haben – auch wenn es insgesamt ein Nachteil bleibt.

Geht es der Welt dann aber insgesamt besser, weil man in Europa überhaupt etwas tut, dann muß es doch auch einen Weg geben, die Dinge so zu verteilen, daß sowohl Europa als auch die Vereinigten Staaten – die ja in unserem Beispiel zusammen für die ganze Welt stehen – einen Vorteil haben.

Nun seien Sie einmal ehrlich! Hätten Sie die eingangs gestellte Frage wirklich richtig beantworten können? Wenn ja, ist es wirklich eine Schande, daß Ihnen Ricardo schon zuvorgekommen ist, sonst wären Sie jetzt nämlich ein berühmter Ökonom. Sie würden natürlich nicht ganz so berühmt sein wie er es ist, wenn Sie nicht auch noch zufällig ein paar andere Entdeckungen über die Theorie der Währung und der Bodenrente gemacht hätten. Aber, was soll's schließlich?!

Wenn sich nun auch kaum jeder einzelne Leser dieses Buches zu einem großen Wirtschaftswissenschaftler mausern wird, wäre es trotzdem vielleicht ganz interessant, einmal etwas über die praktischen Aspekte des Devisenmarktes zu erfahren. Sie könnten zum Beispiel etwas über Spekulation, Terminkontrakte und Devisentermingeschäfte lernen wollen. Wie wär's?

15. Wie man Geld am Devisenmarkt verdient

Es wäre wirklich lächerlich, ernsthaft beweisen zu wollen, daß Reichtum nicht aus Geld, Silber oder Gold besteht, sondern vielmehr aus dem, was man mit Geld kaufen kann, und daß das alles ist, wozu es etwas wert ist.
Adam Smith

Wenn Theorien wie Frauen bei Schönheitswettbewerben antreten könnten, würde der komparative Vorteil sicherlich gut im Rennen liegen.
Paul Samuelson

Kann man durch Transaktionen auf dem internationalen Währungsmarkt auf einfache Art und Weise schnell reich werden?

Das Funktionieren des internationalen Finanzsystems zu verstehen, ist eine Sache – das Wissen, wie man sich dieses System selbst zunutze machen kann, dagegen eine ganz andere. Nun, jedenfalls existiert kein Patentrezept dafür, wie man lernt, am Devisenmarkt sein Glück zu machen – obwohl eine ganze Reihe von Leuten dort schon ein Vermögen verdient – oder aber auch verloren – hat. Es gibt jedoch ein paar grundlegende Dinge, die der durchschnittliche Geschäftsmann – und auch der etwas weniger durchschnittliche Mann auf der Straße – berücksichtigen sollte, um Geld und Nerven zu sparen. Die Methode, durch die man am erfolgreichsten Geld sparen kann, hat etwas mit Devisentermingeschäften zu tun, und aus diesem Grunde wollen wir diese zuerst erläutern.

Was sind Devisentermingeschäfte?

Ein Devisentermingeschäft ist ein Abkommen zwischen zwei Vertragspartnern, die Währung eines Landes gegen die eines anderen zu einem bestimmten Zeitpunkt in der Zukunft zu dem Kurs einzutauschen, auf den man sich bei der Abfassung des entsprechenden Vertrages geeinigt hat. Der Begriff Terminkurs bezieht sich dabei auf die Tatsache, daß der tatsächliche Tausch der Währungen gegeneinander erst zu einem späteren Zeitpunkt stattfindet – vieleicht nach drei Monaten oder sogar erst nach einem Jahr. Einige dieser Verträge werden auch Terminkontrakte genannt; bei ihnen handelt es sich um Abkommen, bei denen eine bestimmte Anzahl von Terminen pro Jahr festgelegt wird, üblicherweise für bestimmte feste Summen, und die nur auf speziellen Märkten gehandelt werden. Für gewöhnlich wechseln jedoch nur die Terminverträge den Besitzer, wenn zwei Parteien sich auf ein Devisentermingeschäft einigen.

Normalerweise werden für solche Verträge standardisierte Formulierungen verwendet. So könnte es zum Beispiel – nur um einmal die wichtigsten Bestandteile aus einem solchen Vertrag herauszugreifen – heißen: «Wir, die Wucherbank von Geldhausen, erklären uns bereit, der im folgenden namentlich aufgeführten Person 1 Million Dollar zu einem Kurs von zwei D-Mark pro Dollar zu verkaufen, wobei Zahlung und Lieferung 6 Monate nach Abschluß dieses Vertrages stattzufinden haben.»

Wenn nun nach Ablauf dieser sechs Monate der Kurs bei 2,50 DM pro Dollar liegt, sollte unser Vertragspartner sein freundlichstes Lächeln und einen neuen Hut aufsetzen; liefert er nämlich seine zwei Millionen D-Mark bei der Wucherbank ab, erhält er dafür eine Million Dollar. Wenn aber nun inzwischen der Dollarkurs bei 2,50 D-Mark angelangt ist, kann er gleich wieder entweder zur Wucherbank selbst oder zu einem anderen Kreditinstitut gehen und seine Million Dollar für 2,5 Millionen D-Mark verkaufen und auf diese Weise einen nicht zu verachtenden Gewinn von immerhin 500 000 DM machen.

Zu dem Zeitpunkt, zu dem ein solcher Kursterminvertrag abgeschlossen wird, weiß man jedoch noch nicht, wie sich die Kurse entwickeln werden. Nehmen wir also einfach einmal an, daß sechs Monate nach obigem Terminabkommen der Kurs zufällig nur noch bei 1,80 DM pro Dollar liegt. Unser Vertragspartner würde wahrscheinlich nur noch unter größten Schwierigkeiten ein Lächeln zustande bringen – und auch das höchstens ansatzweise –, und vielleicht hätte er dann nicht einmal mehr ein Hemd am Leib. Wenn er nämlich seine zwei Millionen D-Mark für eine Million Dollar auf den Tisch der Bank legt, bringt ihm diese Million, wenn er versucht, sie wieder loszuschlagen, nur noch 1800000 DM – d.h., er macht einen Verlust von 200000 DM. Um sicherzustellen, daß die Zahlung unter diesen Umständen überhaupt geleistet wird, fordern die Banken vom Kunden eine bestimmte Sicherheitsmarge.

Was ist diese Sicherheitsmarge?

Wenn ein Vertrag wie der in unserem vorigen Beispiel aufgesetzt wird, verlangt der eine Vertragspartner vom anderen üblicherweise eine Sicherheitszahlung – die auch Einschuß genannt wird – in der Größenordnung (um wieder auf das Beispiel zurückzugreifen) von 200000 DM. Der Emittent weiß nun, daß das, was er gewinnt bzw. die andere Partei verliert, aus dieser Summe gedeckt werden kann. Diese 200000 DM – 10% des Gesamtwertes des Terminvertrages – sind also die Sicherheitsmarge. Normalerweise liegen solche Sicherheitsmargen etwas niedriger – etwa zwischen 5 und 10% der Gesamtsumme, um die es im Vertrag geht –, doch können sie, je nachdem, wer als Vertragspartner auftritt und ob er einen gut gebügelten Maßanzug oder aber Blauzeug oder einen weißen Kittel trägt, unterschiedlich ausfallen.

Wenn Sie persönlich zufällig der Ansicht wären, daß einer bestimmten Währung – nehmen wir einmal wieder den Dollar – in Kürze ein Kursanstieg bevorstünde, könnten Sie zum Beispiel massenhaft Banknoten kaufen. Wäre das aber taktisch besonders klug? Zum einen muß beim Kauf von Banknoten eine erhebliche Handelsspanne mitbezahlt werden, weil die Bank Kommissionsgebühren verlangt, die gut und gerne einige Prozent der Gesamtkaufsumme ausmachen können. Ihre Dollars würden also schon um eine ganze

Reihe von Prozentpunkten anziehen müssen, damit Sie dann noch wenigstens mit plus-minus Null aus diesem Geschäft herauskämen. Zum anderen verzichteten Sie auch noch auf Zinsgewinne, die Sie ansonsten machen könnten. Es ist also nicht besonders ratsam, Banknoten einzukaufen. Was sollte man aber dann statt dessen tun?

Wenn Sie der Auffassung sind, daß der Dollar einfach steigen muß, dann könnten Sie mit einer Bank einen Terminvertrag über den Kauf von D-Mark abschließen. Geht man dabei von einem nicht zu kleinen Betrag aus (mehr als 50000 Dollar sollten es doch schon sein), ist die Spanne zwischen Kauf- und Verkaufskurs nicht allzu groß. Außerdem haben Sie zunächst ja auch nur die Marge aufzubringen und erhalten diese sogar noch verzinst, da die Bank diese Marge in sicheren Wertpapieren anlegt. Wenn die Bank nun aber unglücklicherweise selbst zufällig auch glaubt, daß der Dollar gar nicht anders kann, als zu steigen, wird sie Ihnen sicherlich kein besonders gutes Angebot machen. Der Terminkurs, also der Kurs, den Sie für die Lieferung des Dollars zum zukünftigen Zeitpunkt werden zahlen müssen, wird höher sein als der zum Zeitpunkt des Vertragsabschlusses, also der Kassakurs. Aus diesem Grunde wird auch in einem solchen Fall der Dollarkurs stark ansteigen müssen, nur damit Sie wenigstens keinen Verlust machen – vom Gewinn ganz zu schweigen.

Sind Terminkursgeschäfte riskant?

Man sollte Terminkursgeschäfte wirklich am besten Leuten mit Nerven wie Drahtseilen überlassen. Die Risiken, die man dabei eingeht, sind nämlich atemberaubend. Wenn man eine 10prozentige Sicherheitsmarge vorstrecken muß, bedeutet eine Kursentwicklung von 10% in die falsche Richtung schon einen Verlust der gesamten Marge. Es ist schon des öfteren vorgekommen, daß derartige Kursveränderungen von 10% innerhalb einiger Stunden oder sogar in noch kürzeren Zeiträumen stattgefunden haben. Stellen Sie sich einmal vor, Sie hätten 50000 Dollar aufgebracht und dann im Handumdrehen auch schon gleich wieder verloren.

Es kann natürlich auch durchaus sein, daß sich die Situation zu Ihren Gunsten entwickelt – jedenfalls, wenn Sie Glück haben –, doch sollten Sie nie vergessen, daß die Leute von der Bank auch nicht dumm sind und daß sie die Terminkurse so ansetzen, daß man mehr als nur Glück braucht, um zu gewinnen. Wenn Sie selber aber wirklich ganz sicher sind, daß der Kurs einer bestimmten Währung steigen wird, können Sie auch mindestens ebenso sicher sein, daß Sie dafür im Termingeschäft einen höheren Kurs zu zahlen haben werden als im Kassageschäft. Wird allerdings ein solcher höherer Kurs nicht von Ihnen verlangt, haben Sie allen Grund, vorsichtig zu sein.

So, nachdem wir nun keinerlei Zweifel mehr daran gelassen haben, daß Sie bei Spekulationen mit Termindevisen genauso vorsichtig sein sollten wie beim Spiel mit dem Feuer, sollten wir uns jetzt der Frage zuwenden, wann Termingeschäfte doch zur Beruhigung der Nerven dienlich sein können. Nun, es gibt zwei Gruppen von Leuten, die tatsächlich derartige Terminverträge nutzen können, um sich ihrer Sorgen zu entledigen. Bei der einen Gruppe handelt es sich um Leute, die im Import und Export tätig sind, bei der anderen um solche, die im Ausland Kredite aufnehmen und Geld anlegen. Fangen wir einmal mit den Importeuren und Exporteuren an.

Wie können Importeure oder Exporteure sich den Devisenterminmarkt zunutze machen?

Anders als Sie und ich müssen Geschäftsleute für ihre Einkäufe nie sofort bezahlen. Wenn zum Beispiel irgendein hochtechnisches Gerät in den Vereinigten Staaten bestellt und dort mit, sagen wir 100 000 Dollar in Rechnung gestellt wird, hat es mit der Begleichung dieser Rechnung in den meisten Fällen noch Monate Zeit. Es ist durchaus an der Tagesordnung, daß die Produktion und der Transport einige Monate dauern und daß dann noch einmal für ein bis zwei Monate nach dem Liefertermin ein Lieferantenkredit eingeräumt wird. Das Problem besteht dann darin, daß man weiß, daß man in etwa sechs Monaten dem amerikanischen Hersteller 100 000 Dollar zahlen muß – wie kann man aber voraussagen, wieviel der Dollar dann kosten wird?

Wenn der Dollarkurs steigt, steigt damit auch gleichzeitig die Zahl der D-Mark, die für das Gerät gezahlt werden müssen. Muß man zum Beispiel nicht mehr 2 DM, sondern 2,20 DM für den Dollar bezahlen, erhöhen sich damit die Kosten entsprechend sprungartig von 200 000 DM auf 220 000 DM. Und hier sind nun die Terminkursverträge sehr praktisch. Indem man seine 100 000 Dollar vor Zahlungsfälligkeit kauft – nämlich schon zu dem Zeitpunkt, zu dem der Auftrag erteilt wird –, kann das Kursrisiko vollständig ausgeschaltet werden. Wenn man den Dollar dann zum Kurs von 2 DM kauft, bezahlt man in jedem Fall 200 000 DM, ganz gleich, wie sich der Dollarkurs entwickelt. Da man ja sogar von vornherein den Preis des entsprechenden Gerätes in D-Mark kennt, läßt sich dieser durch die Kurssicherung mittels Termingeschäft mit dem Preis einheimischer Produkte und anderer ausländischer Erzeugnisse ohne weiteres vergleichen, da ja keinerlei Risiko durch Kursschwankungen mehr besteht. Man muß sich dabei jedoch immer vor Augen halten, daß man mittels Termingeschäft im voraus nicht nur das Risiko ausschließt, mehr bezahlen zu müssen, sondern sich auch gleichzeitig der Möglichkeit begibt, weniger zu zahlen, wenn der Dollarkurs sinkt. In dieser Hinsicht wirken sich Termingeschäfte so aus, daß derjenige, der einen solchen Vertrag eingeht, nicht zum Spekulieren gezwungen ist, wenn er einfach nur Waren importieren will.

Genauso wie ein Importeur daran interessiert sein könnte, Devisen per Termin zu kaufen, hätte auch ein Exporteur ein Interesse daran, entsprechend Devisen per Termin zu verkaufen. Ein deutscher Produzent, der Maschinen in die Vereinigten Staaten exportiert und zum Beispiel Einnahmen von 50 000 Dollar erwartet, möchte diese unter Umständen schon im voraus verkaufen, um das Spekulationsrisiko, wie viele D-Mark er nämlich letztendlich für sie erhält, zu umgehen.

Gehen die Banken Risiken ein?

Die Banken, die derartige Termingeschäfte anbieten, können selbst vermeiden, Spekulationsrisiken einzugehen, indem sie Terminverkaufsgeschäfte durch Terminankaufsgeschäfte ausgleichen. Auf diese Weise wird jeder Vertrag über Devisenkäufe von einer anderen Partei durch einen entsprechenden Vertrag über Verkäufe an Dritte ausgeglichen.

Wie können sich Kreditnehmer und Geldanleger Devisentermingeschäfte zunutze machen?

Die zweite Gruppe, die oben erwähnt wurde und die auch Vorteile aus Devisentermingeschäften ziehen kann, besteht aus denjenigen, die im Ausland Kredite aufnehmen oder aber selber dort Geld anlegen. Ein deutscher Investor zum Beispiel, der sein Geld in amerikanischen Schatzwechseln oder Obligationen, deren Wert auf Dollars lautet, anlegen will, läuft Gefahr, Verluste in Kauf nehmen zu müssen, d.h. in D-Mark an Geld zu verlieren, wenn der Dollarkurs fällt. Ist die Laufzeit der Wechsel jedoch nicht allzu lang und der Anleger verkauft die bei Fälligkeit freiwerdenden Dollarmittel per Termin, weiß er schon von vornherein genau, wieviel er in D-Mark zu erwarten hat. Ebenso kann jemand, der im Ausland einen Kredit aufgenommen hat und diesen im folgenden Jahr in der fremden Währung zurückzahlen muß, die erforderliche Devisenmenge zum Terminkurs kaufen. Wenn die Schuld zurückgezahlt werden muß, wird der Terminkurs berechnet, ganz gleich wie der Devisenkassakurs aussieht.

Termingeschäfte und -kontrakte erstrecken sich selten über mehr als zwei Jahre. Muß man, um Risiken auszuschalten – man spricht in solchen Fällen auch von «Hedging» –, länger als zwei Jahre vorausplanen, dann bietet sich hierfür die Aufnahme oder Gewährung von Währungskrediten an. Wenn zum Beispiel Zahlungen in Dollars nach Ablauf einer Frist von fünf Jahren in die Vereinigten Staaten zu leisten sind, könnte zur Deckung dieser Zahlungen eine Schuldverschreibung, die zum entsprechenden Zeitpunkt fällig wird, gekauft werden. Aber wir wollen hier nicht in Einzelheiten gehen. Was bisher über Termingeschäfte gesagt wurde und darüber, wie sie zur Risikodeckung und zum «Hedging» sowie zu Spekulationszwecken eingesetzt werden können, sollte doch verdeutlicht haben, daß die Welt der internationalen Hochfinanz gar nicht so furchteinflößend – oder so fremdartig – ist, wie es zunächst den Anschein haben mag. Vielleicht sind Sie womöglich schon jetzt der Faszination dieser Welt erlegen?

Können Spekulationen den Devisenmarkt destabilisieren?

Eines der Hauptargumente gegen die Einführung oder Aufrechterhaltung flexibler Wechselkurse hat etwas mit der Auffassung zu tun, daß Spekulanten den Devisenmarkt destabilisieren könnten. Das bedeutet, daß Spekulanten, je nachdem wie sie die Marktlage einschätzen, größere Schwankungen des Wertes einer Währung eines Landes verursachen können.

Um herauszufinden, ob es tatsächlich möglich ist, daß eine Währung durch Spekulanten destabilisiert wird, müssen wir zunächst einmal die folgende Frage beantworten: Kann der Spekulant durch sein Verhalten größere Schwankungen beim Wert bestimmter Währungen – also beim Kurs – herbeiführen, als sie sonst zustande gekommen wären? Nur wenn Kursveränderungen wirklich auf Spekulationen zurückzuführen sind, kann man nämlich sagen, daß Spekulationen den Wert einer Währung destabilisieren können.

Mit unserem Wissen über Angebot und Nachfrage sollten wir uns nun fragen, wie ein Spekulant es wohl fertigbringen kann, daß der Kurs einer Währung um mehr fällt, als er das sonst von alleine getan hätte. Nun: Indem er verkauft, wenn der Kurs tief liegt. Und wie kann er erreichen, daß der Kurs höher steigt, als das ohne sein Eingreifen der Fall gewesen wäre? Genauso einfach: Er muß kaufen, wenn der Kurs bereits hoch ist. So weit, so gut. Bei niedrigen Kursen kaufen und bei hohen verkaufen? Das ist sicherlich der schnellste Weg, um sich aus dem Spekulationsspielchen herauszukatapultieren. Wenn er auf diese Weise einen destabilisierenden Einfluß nehmen will, wird der Spekulant kräftig Geld verlieren.

Wenn er aber statt dessen lieber Gewinne machen möchte, muß er kaufen, wenn die Kurse niedrig sind, bzw. verkaufen, wenn sie hoch liegen. Käufe bei niedrigen Kursen tragen aber zu einer Stützung des absackenden Preises bei, also liegen die Kurse dann als Ergebnis eines solchen Vorgehens höher, als das sonst der Fall gewesen wäre. Verkäufe bei hohen Kursen andererseits halten den Höchstkurs niedriger, als er sonst hätte steigen können. Diese Art der Geldgeschäfte hat also zur Folge, daß die Wechselkursschwankungen weniger groß ausfallen als ohne derartige Eingriffe – selbst wenn das Geld sich so schnell bewegt, daß es heiß wird.

Was ist heißes Geld?

Heißes Geld ist heimatloses Geld. Es brennt den Finanzjongleuren Löcher in die Taschen und reist von Land zu Land, so schnell, wie das durch Kabel oder Radiowellen irgend möglich ist. Wie wir gesehen haben, tragen diese Spekulationsmittel jedoch, wenn sie herumwandern, dazu bei, daß die Wechselkursschwankungen gedämpft werden. Was ist nun aber mit der funkelnden Heimat für müdes Geld – dem Gold?

Ist Gold das Universalgeld überhaupt?

Lord Keynes nannte es ein «barbarisches Relikt», William Shakespeare die «gewöhnliche Hure» der Menschheit – und trotzdem kann kein Zweifel daran bestehen, daß Gold das am weitesten akzeptierte Zahlungsmittel ist und daß die meisten Leute durchaus nicht abgeneigt wären, einen kleinen Goldschatz in ihrem Wäscheschrank zu wissen. Gold ist ein besonders attraktives Material von hoher elektrischer

Leitfähigkeit, es ist formbar und rostet nicht; aber all das hat nichts damit zu tun, daß es derart allgemein akzeptiert und erwünscht ist. Gold ist so begehrt, weil alle es begehren. Das scheint nun zwar ein Zirkelschluß zu sein – und es ist auch tatsächlich einer. Doch ist «gutes» Geld nun einmal durch seine allgemeine Akzeptierbarkeit gekennzeichnet, und nachdem Gold als Geld Tausende von Jahren im Gebrauch war, glaubt eben auch jeder, daß es von allen immer akzeptiert wird.

Was ist an Gold denn so Besonderes?

«Gutes» Geld muß noch eine weitere Bedingung erfüllen, durch die es allgemein akzeptabel wird: Es muß nämlich seinen Wert behalten, also wertbeständig sein. Bei Papiergeld besteht aber nun einmal das Problem, daß keinerlei Mangel daran herrscht. Die einzigen Faktoren, die die Herstellung von Papiergeld begrenzen, sind die Vernunft der Regierung und eine Verknappung an hochwertigem Papier; es gibt jedoch ausreichend viel Papier und nur begrenzt viel Vernunft seitens der Regierungen. Von Gold wird im allgemeinen angenommen, daß es seinen Wert behält, denn ohne eine technische Revolution, die es ermöglicht, Schwermetalle aus Elementen zu produzieren, die im Überfluß vorhanden sind, erscheint der Goldvorrat doch recht begrenzt. Die Menge Gold, die jährlich neu produziert wird, macht nur einen Bruchteil der schon existierenden Gesamtmenge aus. Und diese Gesamtmenge ist, wie gesagt, sehr begrenzt. Wenn man das gesamte vorhandene Gold zusammenschmelzen würde, könnte man damit gerade einen kleinen Öltanker füllen (der dann wohl relativ schnell unterginge). Das bedeutet, anders ausgedrückt, daß dieses Gold in einen Würfel mit einer Seitenlänge von etwa 17 Metern oder auch in ein paar Möbelwagen passen würde. Da nun so wenig neues Gold zu dieser Menge dazukommt, wiegen sich die meisten Leute in der Sicherheit, daß Gold nicht an Wert verlieren wird. Dadurch steigt die Nachfrage nach diesem edlen Stoff, der Wert erhöht sich weiter, usw., usw.; dabei ist

Gold an sich gar nicht von so großem Wert, wenn es nicht in Form von Goldzähnen oder als elektrischer Leiter verarbeitet vorliegt.

Wenn die Goldpreise steigen, machen die Besitzer und die Goldproduzenten Gewinne. Südafrika und die Sowjetunion sind die größten Goldproduzenten, und so machen die nicht gerade beliebtesten Länder dementsprechend die größten Gewinne.

Wie kommt es zu Veränderungen des Goldpreises?

Eigentlich könnte man genausogut gleich von vornherein fragen, warum die Goldpreise steigen, da kaum jemand die Ansicht vertritt, daß die Goldpreise überhaupt je sinken werden – entgegen der Regel, daß steigende Preise irgendwann zum Stillstand kommen und dann sinken werden. Ich persönlich bin allerdings zufällig der Meinung, daß es durchaus Grund zu der Annahme gibt, daß die Goldpreise irgendwann doch ins Rutschen kommen können; trotzdem wollen wir uns hier zunächst einmal mit der Frage beschäftigen, wie es zu Goldpreissteigerungen kommt.

Die dramatischsten Goldpreiserhöhungen kommen zustande, wenn auch allgemein Preiserhöhungen erwartet werden – Inflation also – und wenn internationale Krisen aller Voraussicht nach zu Bewegungen auf dem Kapital- und Arbeitsmarkt führen werden. Solche Steigerungen des Goldpreises, die auf die Angst vor der Inflation zurückgehen, lassen sich dadurch erklären, daß die Leute allgemein der Auffassung sind, daß das Gold einen guten Schutz vor der Inflation bietet. Wenn man einmal die Entwicklung über lange Zeiträume der Geschichte hinweg verfolgt, zeigt sich, daß der Goldpreis sozusagen traditionell mit den übrigen Preisen immer Schritt gehalten hat. Bei Bodenpreisen, Aktien- und Wertpapierkursen ist die Entwicklung dagegen weniger eindeutig gewesen. Festverzinsliche Wertpapiere konnten die inflationsbedingten Verluste häufig nicht durch den Zinssatz ausgleichen. Gold ist demzufolge also wertbeständiger als irgendeine andere Form des Vermögens. Außerdem ist es leicht aufzubewahren und wieder flüssigzumachen, und zwischen Kauf- und Verkaufspreis liegt nur eine kleine Spanne. Andere Edelmetalle sowie Edelsteine haben vergleichbare Eigenschaften. Gäbe es einen anderen Schutz vor der Inflation, wäre Gold jedoch wohl kaum so beliebt geworden. Wenn zum Beispiel Wertpapiere, deren Nennwert an die Inflationsrate gebunden ist, auf den Markt kämen, würde Gold ganz sicherlich einen erheblichen Teil seines Glanzes verlieren und man könnte dann auch durchaus die Kehrseite der Medaille sehen.

Kriege und internationale Krisen wirken sich deshalb auf den Goldpreis aus, weil Flüchtlinge relativ wenig Schwierigkeiten haben, diesen Stoff mitzunehmen. Grundbesitz kann man nun einmal leider nicht im Koffer transportieren. Finanzielle Forderungen – etwa aufgrund von Aktien oder Obligationen – sind zwar in dieser Hinsicht einfacher zu handhaben, nützen jedoch kaum etwas, wenn sie nicht anerkannt werden, und verlieren in Kriegszeiten entsprechend häufig ihren Wert. Wissen dagegen kann man überallhin mitnehmen; das erklärt vielleicht auch die große Bedeutung, die der Bildung bei neu in einem Lande angekommenen ethnischen Minderheiten zugemessen wird. Wenn man daran gewöhnt ist, von einem Land ins andere abgeschoben zu werden, kann es sehr nützlich sein, Arzt, Rechtsanwalt, Professor, Ingenieur oder Buchhalter zu sein. Nachdem man nämlich eine solche Ausbildung einmal abgeschlossen hat, ist es relativ einfach, in den Besitz von Gold zu kommen, das sich dann relativ problemlos in Wohnung und Essen umsetzen läßt.

Wird der Goldpreis ständig steigen?

Es gab durchaus Zeiten, in denen der Goldpreis so viel schneller stieg als andere Preise, daß die Leute meinten, daß es wohl immer so bleiben würde. Das war zum Beispiel Ende der 70er Jahre so. Durch eine Analyse der damaligen Vorgänge ist es möglich, aufzuzeigen, was in der Zukunft passieren könnte. Die Geschichte, die im folgenden konstruiert wird, mag heute vielleicht noch unwahrscheinlich klingen, doch bin ich ziemlich fest davon überzeugt, daß eine ganze Reihe von Leuten noch ihr blaues Wunder erleben wird.

Als die Energiepreise in die Höhe schossen, waren es die OPEC-Scheiche, die die größten Gewinne einkassierten. Was macht man nun aber mit so viel Geld? Während man sich in Ruhe überlegt, wie man es am besten investiert, kann man es zum Beispiel erst einmal in Gold anlegen. Dann kommt es wenigstens nicht so leicht abhanden. Die Popularität von Gold in Ländern wie zum Beispiel denen des Nahen Ostens geht sowieso schon weit in die Geschichte zurück. Goldpreissteigerungen aufgrund der Anlage der Gewinne, die durch die Energiepreissteigerungen gemacht wurden, sind also nicht besonders überraschend.

Wird sich diese Situation irgendwann noch einmal ändern? Ein Rückblick auf die Wirtschaftsgeschichte zeigt, daß viele Perioden von ganz bestimmten Gütern, nach denen gerade eine besondere Nachfrage herrschte, dominiert wurden. In der Zeit der industriellen Revolution hatten diejenigen große Macht, die im Besitz von Kohlevorkommen waren – eine Macht übrigens, die immer mehr abnahm, dann in der jüngsten Vergangenheit jedoch wieder wuchs. In den Anfangsjahren der Vereinigten Staaten von Amerika war es die Baumwolle, durch die viele Familien reich wurden und zu Ehre und Ansehen gelangten. Die Bedürfnisse der Menschen wandeln sich jedoch nun einmal ständig, und dem wird auch das schwarze Gold der OPEC sich nicht entziehen können. Sehr häufig sind solche Veränderungen der Bedürfnisse auf hohe Preise zurückzuführen, und in diesem Zusammenhang müssen dann auch unbedingt die Innovationen bei der Entwicklung alternativer Energien erwähnt werden.

Den reichen OPEC-Staaten wird es sicherlich schwerfallen, sich ihre Konsumgewohnheiten wieder abzugewöhnen. Wenn die Welt ihr Öl nicht mehr braucht – wie können sie dann ihre großen Autos und die anderen importierten Güter finanzieren? Zwar haben diese Länder bereits einige der technischen Innovationen der 70er Jahre eingekauft, um diese Güter selbst zu produzieren, doch kann diese Technologie, wenn sie nicht ständig durch neue Methoden erweitert und ersetzt wird, die in den Vereinigten Staaten von Amerika und anderen Ländern permanent weiterentwickelt werden, sehr schnell veralten. Das derzeitige Konsumniveau der OPEC-Länder des Nahen Ostens wird dann letztendlich nur dadurch aufrechterhalten werden können, daß diese Länder ihre Goldvorräte verkaufen. Wenn die anderen Staaten dieses Gold aber nicht abnehmen wollen, kann es unter Umständen sehr schnell zu drastischen Preisstürzen beim Gold kommen.

Wie sieht es nun mit einer Rückkehr zu Gold als internationalem Währungsstandard aus?

Es gibt Leute, die meinen, wir sollten zum Goldstandard zurückgehen. Aber überlegen Sie sich einmal, was das bedeutet! In südafrikanischen und sowjetischen Goldminen arbeiten bedauernswerte Menschen unter den schwierigsten Bedingungen, um Gold ans Tageslicht zu fördern. Dieses Gold wird dann in die Bundesrepublik Deutschland oder in andere Länder geflogen, wo es zur Aufbewahrung wieder tief unter die Erde geschafft wird. Es gibt doch sicherlich sinnvollere Arten, seine Zeit zu verbringen?!

Eine Alternative zum Gold als Geldanlage besteht darin, sein Geld auf die Bank zu bringen und Zinsen dafür zu bekommen. Zu derart angelegtem Geld gehört auch der Eurodollar.

Was sind Eurodollarguthaben?

Die Eurodollars sind eine Erfindung der 60er und 70er Jahre. Es handelt sich bei ihnen um auf Dollars lautende Bankguthaben außerhalb der Vereinigten Staaten von Amerika. Für gewöhnlich befinden sie sich in Europa oder aber auch in Kanada, Singapur oder sonstwo. Eurodollars sind ein Teil der Eurowährungen, d.h. von Bankguthaben in einer bestimmten Währung in einem Land mit einer anderen Währung. So wäre zum Beispiel ein D-Mark-Guthaben in London ein Euromarkt-Guthaben, Dollars in Frankfurt wären Eurodollars.

Dabei stellt sich natürlich sofort die Frage: Warum sollte irgend jemand auf die Idee kommen, Dollars oder andere Währungen dort anzulegen, wo sie nicht die Landeswährung sind? Die Antwort ist: Aus Gründen der Bequemlichkeit!

Wenn ein Europäer durch den Verkauf von Gütern oder Dienstleistungen an die Vereinigten Staaten Dollars einnimmt, könnte er die natürlich ohne weiteres in seine Landeswährung eintauschen. Manchmal weiß man jedoch schon vorher, daß man ebendiese Dollars in Kürze benötigen wird, zum Beispiel für die Bezahlung von Gütern, die man in den Vereinigten Staaten kaufen will. Es wäre also nicht besonders klug, die eingenommenen Dollars in die eigene Landeswährung zu tauschen, nur um sie kurz darauf dann wieder zurückwechseln zu müssen. Deshalb behält man in einem solchen Fall am besten die Dollars.

Man könnte nun diese Dollars natürlich bei einer Bank in den Vereinigten Staaten aufbewahren. Dann müßte man allerdings mit einer Bank in Verbindung treten, die Tausende von Kilometern weit entfernt ist. Statt dessen ist es aber auch möglich, die Dollars – normalerweise in Form eines Schecks oder einer Zahlungsanweisung – zu nehmen und sie zu einer großen Bank, zum Beispiel zu einer Zweigstelle einer ansässigen amerikanischen Bank, zu bringen.

Diese Bank in Europa läßt die Dollars keineswegs nutzlos herumliegen. Statt dessen verwendet sie sie zur Vergabe von Krediten, entweder in Europa selbst oder aber in den Vereinigten Staaten. Sehr oft benötigen Europäer Dollars für Zahlungen an Amerikaner oder auch an Nichtamerikaner, die Dollars wollen. Dementsprechend nehmen europäische und andere Banken Dollars an und vergeben auch Dollarkredite, wobei sie selber Geld und Gewinne machen.

Wie entstanden nun diese Eurodollars?

Der Eurodollar wurde geschaffen, weil die Sowjetunion keine Dollarguthaben in den Vereinigten Staaten wollte. In den 60er Jahren verkaufte Moskau Gold gegen Dollars, die später zur Bezahlung von Getreidekäufen von westlichen Ländern verwendet werden sollten. Nachdem die UdSSR nun die Dollars für ihr Gold erhalten hatte, wäre es ihr durchaus möglich gewesen, diese bei einer amerikanischen Bank anzulegen. Dabei wäre sie jedoch das Risiko eingegangen, daß dort unter Umständen ihre Konten eingefroren worden wären. Außerdem hätte sie praktisch dadurch kapitalistischen Banken Kredite gegeben – und diese kapitalistischen Banken haben nun ihrerseits wieder die Angewohnheit, Kredite an kapitalistische Regierungen zu geben. Die Sowjetunion deponierte ihre Dollars also statt dessen bei Londoner Banken, die allerdings auch recht häufig Geld an amerikanische Banken und die amerikanische Regierung verleihen. Das ist nur eine der Erklärungen, die über die Entstehung der Eurodollars kursieren. Eine andere hängt mit der Festlegung der Höchstzinssätze zusammen.

Zu einer Zeit überstiegen die Zinssätze, die allgemein angeboten wurden, den Satz, den amerikanische Banken aufgrund der Regulation Q genannten Höchstzinssatzverordnung zahlen durften. Amerikanische Banken, die Mittel anziehen wollten, aber nicht in der Lage waren, entsprechend hohe Zinssätze anzubieten, eröffneten Zweigstellen im Ausland. Diese und vergleichbare Filialen, die von europäischen Banken geführt wurden, unterlagen der erwähnten US-Bankgesetzgebung nicht. Inhaber von Dollarguthaben legten ihre Dollars nun nicht ungern in europäischen Banken an, da die Zinssätze für diese Eurodollars diejenigen für Guthaben in den Vereinigten Staaten selbst überstiegen. Dies ist also eine zweite Ursache für die Entstehung des Eurodollars.

Was sind Petrodollars?

Ein Petrodollar ist ein Dollar, der durch den Verkauf von Öl verdient wird. Da Ölgeschäfte für gewöhnlich in Dollars abgewickelt werden, kommen diese Dollars aus den Vereinigten Staaten und auch aus anderen Ländern. Diese anderen Länder müssen aber ihre Dollars erst einmal in den Vereinigten Staaten «verdienen». Dazu benötigen sie einen Zahlungsbilanzüberschuß bei ihren Transaktionen mit den USA, d.h., die Vereinigten Staaten müssen ein Defizit zu verzeichnen haben. Eine solche Situation ist langfristig natürlich unhaltbar.

Ein Teil der Petrodollars liegt auf Bankkonten, oft in Form von Eurodollarguthaben. Die meisten werden jedoch dazu verwendet, Güter und Dienstleistungen von den Vereinigten Staaten und anderen Ländern zu kaufen.

V. Die Wirtschaftswissenschaftler und ihre Werke

16. Klassische Werke – eine kommentierte Bibliographie

Ich habe so viel Zeit auf die Besprechung des Buches verwendet, daß ich keine mehr finden konnte, es auch noch zu lesen.
Groucho Marx

Praktische Menschen, die meinen, von intellektuellen Strömungen unbeeinflußt zu sein, sind für gewöhnlich Sklaven verblichener Ökonomen. Höchste Autoritäten, die vermeintliche Stimmen zu hören glauben, ziehen ihren Irrsinn aus irgendwelchen theoretischen Darlegungen, die aus längst vergangenen Zeiten stammen.
John Maynard Keynes

Die meisten Leute haben einen Heidenspaß daran, in Gesprächen ganz beiläufig Namen von Autoren oder Titel von Büchern, die sie gelesen haben, einfließen zu lassen. Sie unterstellen damit dann natürlich, daß jeder über das, was sie zufällig wissen, auch informiert sein sollte. Als Gesprächsteilnehmer fühlt man sich in der Regel nicht allzu wohl, wenn einem ein solcher Name oder Buchtitel gar nichts sagt; und es hilft auch nicht immer, wenn man dafür etwas von anderen Dingen versteht, die viel wichtiger sind als Namen und Titel – nämlich von den wirtschaftlichen Begriffen und Prinzipien, mit denen wir uns in diesem Buch auseinandergesetzt haben. Trotzdem wollen wir dafür sorgen, daß die Leser dieses Buches ausreichend mit den Namen der entsprechenden Autoren und ihrer Werke vertraut sind, um auch in der Gesellschaft von solchen Leuten ‹fit› zu sein, die es lieben, mit Namen und Titeln um sich zu werfen. Aus diesem Grunde bieten wir Ihnen hier eine kommentierte Bibliographie, die die wichtigsten Autoren und Bücher, die jeder gebildete Mensch kennen sollte, umfaßt. Die klassischen Werke werden dabei ebenso berücksichtigt wie diejenigen, die erst noch auf dem Wege sind, sich diese hohe Auszeichnung zu erobern.

Dabei sollte nicht vergessen werden, einem Nichtökonomen, nämlich Evan Esar Lob zu zollen, dessen «20000 Quips and Quotes» (20000 Sticheleien und Zitate) sich auf humorvolle und oft sehr treffende Weise mit den unterschiedlichsten Bereichen der Volkswirtschaftslehre auseinandersetzen. Einiges wurde von ihm entliehen.

Klassische Werke der Volkswirtschaftslehre, die eine lohnende Lektüre bilden

Smith, Adam
An Inquiry into the Nature and Causes of the Wealth of Nations (Der Wohlstand der Nationen).

Im «Wohlstand der Nationen» zeigt Smith allein durch die Überzeugungskraft seiner Argumentation die große Bedeutung von Spezialisierung und Arbeitsteilung auf. Smith wurde vor allem durch dieses Werk bekannt. Er behauptet, daß durch die Arbeitsteilung der einzelne eine große Fertigkeit bei seiner Arbeit erwirbt, da er sich ausschließlich auf eine Sache konzentrieren kann. Außerdem werden die sich ständig wiederholenden Aufgaben besser gelöst, da Denk- und Verhaltensweisen nicht zur Bewältigung neuer Probleme umgestellt werden müssen. Zudem, so meint Smith, ist es leichter und lohnender, Werkzeug zu entwickeln, das die Lösung der Aufgaben vereinfacht, wenn jeder einzelne nur einen Arbeitsgang zu verrichten hat. Es lohnt nämlich kaum die Mühe, großen Aufwand zu betreiben, nur um eine einzelne einer ganzen Reihe von Tätigkeiten zu erleichtern. Wenn jedoch jeder nur eine aus dieser Kette von Aufgaben bewältigen muß, kann es sich durchaus als vorteilhaft erweisen, Zeit aufzuwenden, um Verbesserungen einzuführen.

Adam Smith zeigt am Beispiel einer kleinen Nadelfabrik, wie Spezialisierung und Arbeitsteilung zu einer erheblichen Steigerung der Arbeitsproduktivität führen können. Nach Smith konnte dort keiner der Arbeiter mehr als zwanzig Nadeln herstellen, solange er jede Nadel von Anfang bis Ende allein machen mußte. Nachdem der Produktionsvorgang jedoch in achtzehn verschiedene Arbeitsgänge aufgeteilt worden war, produzierte jeder Arbeiter der kleinen Fabrik statt dessen im Durchschnitt 4800 Nadeln pro Tag. Dieses Beispiel der Nadelfabrik ist wohl der bekannteste Teil des Werkes «The Wealth of Nations», obwohl noch wesentlich mehr darin enthalten ist als nur eine Aufzählung der Vorteile der Arbeitsteilung.

Adam Smith wußte auch um den Vorzug der Existenz von Geld als Zahlungsmittel, der insbesondere darin besteht, daß Tauschhandel überflüssig wird. Smith war der Auffassung, daß der Wert eines Gutes durch die Arbeit, die dafür aufgewendet werden muß, bestimmt wird, nicht jedoch durch die mit diesem Gut erzielbare Bedürfnisbefriedigung. Diese Meinung wird inzwischen nicht mehr geteilt. Weiter beschrieb Smith – und hier leistete er noch wichtigere Arbeit –, wie Preissignale und der Eigennutz des einzelnen, der sein Gewinnstreben motiviert, die Wirtschaft so steuern, daß alles, was man benötigt, auch tatsächlich produziert wird.

Der Stil des Werkes «The Wealth of Nations» ist uns nicht besonders vertraut. Das liegt aber wohl vor allem daran, daß seit der Entstehung des Buches mehr als 200 Jahre ins Land gegangen sind, und hat kaum damit zu tun, daß der Übersetzer vielleicht versucht haben könnte, die Eigenheiten des schottischen Originals im Deutschen nachzuvollziehen. Wie so oft ist es aber für einen leichteren Zugang zu einem so schwierigen Werk nicht übel, wenn man sich über die Sekundärliteratur herantastet.

Bevor wir Adam Smith nun verlassen, sollte noch erwähnt werden, daß ein recht bekannter Autor des 20. Jahrhunderts seine Werke unter dem gleichen Namen veröffentlichte. Dieser Autor hieß in Wirklichkeit George J. Goodman und ist als Verfasser von Büchern und Artikeln in der Finanzwelt kein unbeschriebenes Blatt. Von ihm sind vor allem «The Money Game» und «Supermoney» bekanntgeworden – von beiden liegt noch keine Übersetzung vor. Das erste dieser Werke beschäftigt sich mit den «random walks», dem Verhalten an der Börse usw. «Supermoney», das die

Pyramide der Kreditschöpfung beschreibt, wurde einmal, wie sein Autor zum besten zu geben pflegte, an einen führenden Wissenschaftler zwecks einer Besprechung geschickt. Dieser meinte über das Buch, daß es durchaus einige brauchbare Ideen enthielte und daß der Verfasser, wenn er bereit sei, seine Argumentation mathematisch und formal zu untermauern, einen Teil des Manuskripts ohne weiteres in einen recht guten Artikel für eine wissenschaftliche Zeitschrift umarbeiten könnte. Goodmans Antwort: «Warum eigentlich? Ich werde es statt dessen auf Englisch als Buch herausbringen.»

Ricardo, David
Principles of Political Economy and Taxation (Grundsätze der politischen Ökonomie und Besteuerung).

Nach Adam Smith kam der große David Ricardo. Als Börsenmakler und Selfmade-Millionär – und das in einer Zeit, in der eine Million Pfund Sterling noch wirklich etwas bedeuteten – entdeckte er einen bedeutsamen Tatbestand, der dem gesunden Menschenverstand vollständig zu widersprechen scheint: Das Prinzip des komparativen Vorteils, das es ermöglicht, daß alle Beteiligten aus dem internationalen Handel Nutzen ziehen können. Dies ist auch das Hauptargument der Anhänger des Freihandels, die für die Aufhebung von Zöllen und Importbeschränkungen eintreten. Wie Smith ist Ricardo der Ansicht, daß die aufgewandte Arbeitskraft der Hauptbestandteil des Wertes einer Ware sei und bei der Festsetzung ihres Preises eine wichtige Rolle spiele.

Mill, John Stuart
Principles of Political Economy (Grundsätze der politischen Ökonomie).

John Stuart Mill war für die in seiner Zeit sehr bedeutende britische Ostindien-Gesellschaft tätig. Er vertrat die Ansicht, daß die Freiheit des einzelnen am besten in einer

Wirtschaftsordnung gewährleistet ist, in die der Staat so wenig wie möglich lenkend eingreift. Dies ist, wie Mill sehr überzeugend vorbringt, am ehesten in einer freien Marktwirtschaft mit einem freien Unternehmertum der Fall. Dementsprechend lehnt er Regierungen, die mit weitreichenden Kompetenzen ausgestattet sind, ab und kann in vielerlei Hinsicht als der geistige Vater von Milton Friedman bezeichnet werden. Mill veröffentlichte unter anderem auch eine Reihe von Abhandlungen über die Freiheit des Individuums.

Malthus, Thomas R.
An Essay on the Principle of Population or a View of Its Past and Present Effects on Human Happiness, with an Inquiry into our Prospects Respecting the Future Removal of Mitigation of the Evils which It Occasions (Eine Abhandlung über das Bevölkerungsgesetz oder eine Untersuchung seiner Bedeutung für die menschliche Wohlfahrt in Vergangenheit und Zukunft).

Bei einem solchen Bandwurm von Titel scheint es, daß Malthus' bekannteste Arbeit keiner weiteren Erläuterungen bedarf. Was kann in einem derartigen Buch schon drinstehen? Nun, Malthus befaßt sich mit den vielfältigen «Übeln» der Sexualität – in einer Zeit der sexuellen Revolution befindet er sich damit in einer extremen Missionarposition. Malthus war der Ansicht, daß Sex die Wurzel allen Übels sei; er ging dabei von den unterschiedlichen Wachstumsraten der Bevölkerung und der Möglichkeit aus, diese Bevölkerung auch ernähren zu können. Malthus stellte fest, daß das Bevölkerungswachstum geometrisch fortschreitet, d.h., daß sich die Bevölkerungszahl jeweils mit einem bestimmten Faktor multipliziert. Wenn zum Beispiel jedes Paar jeweils vier Kinder zeugt, dann stammen von diesen zwei Leuten – unterschiedlichen Geschlechts selbstverständlich – 4, 8, 16, 32, 64 usw. Nachfahren ab. Nach nur fünf Generationen gibt es also schon 64 solcher Kindeskinder der ursprünglichen zwei Menschen. Wenn nun jedes Paar sogar acht Kinder in die Welt setzt – und das war im England zur Zeit Malthus' gar nicht einmal so unüblich –, beläuft sich die Zahl der Nachfahren auf zunächst 8, dann 32, 128, 512, 2048 usw. – eine wahre Explosion der Anzahl von Kindern, die nach Essen, einem Zuhause und Nestwärme verlangen.

Malthus stellte weiter fest, daß, während nun die Bevölkerung geometrisch wächst, die Nahrungsmittelproduktion – aufgrund der beschränkten landwirtschaftlichen Nutzfläche (und diese erschien damals durchaus beschränkt, da das große Potential Amerikas und Australiens noch nicht vollständig bekannt war) – im besten Fall nur arithmetisch zunehmen kann. Das bedeutet, daß die jeweils zur Verfügung stehende Menge an Nahrung aus der vorherigen Menge *plus* einem konstanten Faktor errechnet werden kann. Wenn man zum Beispiel von einer Produktion von zwei Millionen Tonnen pro Jahr ausgeht und jährlich zwei weitere Millionen durch verbesserte Anbau- und Erntemethoden hinzukommen, erhält man damit 2, 4, 8, 10 Millionen Tonnen usw. Da nun die Bevölkerung um so viel schneller wächst als die Nahrungsmittelproduktion, sagte Malthus schreckliche Hungersnöte und großes Elend voraus, so daß ihm getrennte Schlafzimmer unbedingt erforderlich erschienen. Derartig düstere Prognosen wie die von Malthus waren es dann auch, die Thomas Carlyle, einen Freund von gemeinsamen Schlafzimmern, dazu veranlaßten, die Volkswirtschaftslehre als «düstere Wissenschaft» zu bezeichnen.

Man sollte sich jedoch auf keinen Fall darüber hinwegtäuschen, daß derartig trübe Voraussagen keineswegs ausschließlich von den Schwarzmalern des 19. Jahrhunderts gemacht wurden. Der Club of Rome argumentiert in dem Buch «Grenzen des Wachstums» von Dennis und Donnella Meadous, das mit sehr viel Publizität bedacht wurde, daß unsere Welt aufgrund von Übervölkerung und Umweltverschmutzung immer unbewohnbarer wird und daß die Zukunft der Menschheit düster aussieht – nicht wegen der Malthusschen Menschenmassen, sondern wegen riesiger Müllhalden.

Bevor wir uns nun aber den Ökonomen unserer Zeit und ihren Werken zuwenden, sollte doch noch erwähnt werden, daß die Wirtschaftswissenschaftler früherer Zeiten durchaus bereit waren, sich über alles und jedes zu verbreiten. Sie spezialisierten sich nicht auf bestimmte Bereiche der Ökonomie, wie das ihre Kollegen heutzutage tun. Zum einen lag das daran, daß es zu den verschiedenen Gebieten noch kaum etwas gab, zum anderen kann es aber vielleicht auch sein, daß sie ganz einfach außergewöhnlichen Mut an den Tag legten. Ein Stellenangebot, das angeblich einmal in einer Zeitschrift erschienen sein soll, gibt sehr viel Aufschluß über die heutigen Wirtschaftswissenschaftler. In besagter Anzeige hieß es: «Gesucht: Einseitiger Ökonom.» Unter dieser fettgedruckten Überschrift ging es dann in kleineren Buchstaben weiter: «Sie fragen sich bestimmt, warum wir einen einseitigen Ökonomen suchen. Ganz einfach: Alle, mit denen wir es bisher versucht haben, pflegten, wenn man ihnen eine wichtige Frage stellte, zu antworten: ‹Nun, einerseits könnte dies passieren, andererseits aber ...›» Volkswirtschaftler haben nun einmal die Angewohnheit, mit allen Eventualitäten zu rechnen. Fragt man sie: «Werden die Aktienkurse steigen?» erhält man zur Antwort: «Nun, vielleicht steigen sie, es ist aber doch auch möglich, daß sie statt dessen sinken, und man kann selbstverständlich nie ganz ausschließen, daß sie sich gar nicht verändern.» Es ist natürlich auch möglich, daß die Ökonomen, die wirklich wissen, wovon sie reden, und auch bereit sind, Voraussagen zu machen, ihre Fähigkeiten schon dazu eingesetzt haben, sich selbst eine goldene Nase zu verdienen, so daß sie es einfach gar nicht mehr nötig haben, anderen Leuten «Ratschläge» anzubieten. Genausowenig werden sie dann auch Volkswirtschaftslehre unterrichten.

Marx, Karl
Das Kapital.

In der Urfassung des «Kapital» von Marx, das zum ersten Mal 1867 erschien, geht es hauptsächlich um die Ausbeutung des Proletariats durch die Kapitalisten. In dem Maße, wie die Investitionsmöglichkeiten der Kapitalisten abnehmen und sie versuchen, sich trotzdem ihre Profite zu sichern, verarmen die Arbeiter immer mehr, bis es sich schliesslich für sie lohnt, zu revoltieren; die Opportunitätskosten einer solchen Revolte, die in Einkommensverlusten, Risiko für Leib und Leben usw. bestehen, sind dann nämlich geringer als die erwarteten Erträge. Hier handelt es sich nun, nach Marx, um einen unvermeidlichen geschichtlichen Prozeß, der zu einer Reihe von Auseinandersetzungen zwischen Kapitalseignern und Arbeitern führt. Diese Behauptung bewegt sich jedoch mehr im soziologischen und politischen als im wirtschaftlichen Bereich. Vielleicht ist dadurch auch die relative Knappheit an marxistisch orientierten Ökonomen im Vergleich zu marxistischen Soziologen, Politologen, Literaturprofessoren und Historikern zu erklären.

Viele unterstellen fälschlicherweise den Marxisten, daß sie Kapital an sich für etwas Böses halten. Das tun sie aber keineswegs, denn auch sie wissen sehr wohl, daß man zur Produktion von Gütern Werkzeug und Maschinen – also Kapital – braucht und daß der Lebensstandard nur steigen kann, wenn investiert wird, d. h. neue Maschinen und Werkzeuge angeschafft werden. Marxisten stoßen sich daran, daß diese Dinge einer bestimmten Klasse, der Kapitalistenklasse, gehören und streben danach, dies zu ändern: Das Kapital sollte denjenigen gehören, die damit arbeiten, also den als Proletariat bezeichneten Massen von Arbeitern. Mit der Vorstellung, daß statt dessen viele Leute durch direkte Beteiligung über Aktien und Wertpapiere oder auch indirekt über Investmentfonds oder Programme zur Vermögensbildung in Arbeitnehmerhand zu «kleinen Kapitalisten» werden, können sich Marxisten allerdings nicht recht anfreunden.

Nimmt man Vermögens- und Einkommensentwicklungen einmal genauer unter die Lupe, zeigt sich, daß langfristig keinerlei Tendenz zu größerer Ungleichheit besteht. Genausowenig gibt es einen Trend zur Verelendung der Arbeiter, während sich die Kapitalisten mästen. Einige Leute meinen, das sei das Verdienst der Gewerkschaften. Diese Behauptung ist jedoch zweifelhaft; in den Vereinigten Staaten von Amerika ist zum Beispiel weniger als ein Viertel aller Arbeiter gewerkschaftlich organisiert, und auch in der

Bundesrepublik Deutschland und in anderen westlichen Ländern ist der Organisationsgrad nicht unbedingt überwältigend. Da es nun gar nicht so einfach ist, eine Revolution gegen sich selbst zu veranstalten, hat die Streuung des Eigentums, die durch die Börse begünstigt wird, wahrscheinlich mehr mit der Entschärfung der Marxschen Zeitbombe zu tun als die Gewerkschaften.

Im übrigen gewinnt man leicht den Eindruck, als gäbe es so viele unterschiedliche Arten von Marxisten, daß man eigentlich von niemandem guten Gewissens erwarten kann, daß er oder sie in der Lage ist, alle auseinanderzuhalten. Da sind die Leninisten, die Trotzkisten, die Anhänger von Spencer und die Groucho-Marxisten – kurz, es gibt viel zu viel, was man über alle diese Spielarten wissen sollte – oder aber auch nicht wissen muß.

Soweit nun also die fünf wichtigsten klassischen Ökonomen. Im folgenden werden Sie mit fünf ihrer modernen Kollegen bekannt gemacht, mit denen man, zumindest in intellektuell besser ausgestatteten Haushalten, unbedingt vertraut sein sollte.

Moderne Werke der Volkswirtschaftslehre und ihre Autoren

Marshall, Alfred:
Principles of Economics (Handbuch der Volkswirtschaftslehre).

Obwohl es sich bei diesem Buch inzwischen auch schon um einen Klassiker handelt, erscheint es doch sinnvoll, die kurze Aufzählung «moderner» volkswirtschaftlicher Literatur und ihrer Autoren mit Alfred Marshalls bahnbrechendem Werk zu beginnen. Es ist bemerkenswert, daß der ursprüngliche Titel «Political Economy» (Politische Ökonomie) von Marshall auf den ganz allgemeinen Titel «Economics» (Ökonomie oder auch Volkswirtschaftslehre) reduziert und das Thema ohne den Zusatz «Political» damit wesentlich eingeschränkt wurde.

Marshall deckt die Hintergründe der Gesetzmäßigkeiten von Angebot und Nachfrage auf und arbeitet dabei mit ganz neuer Terminologie und ebenso neuen Methoden. Bekannt wurde er vor allem durch seine Arbeit im Bereich der Mikroökonomie; auf ihr basieren letztlich die gesamte Mikroökonomie sowie die Theorie der Firma. Die Begriffe «Grenzkosten» und «Grenznutzen», mit denen Marshall operiert, übernahm er jedoch von W. Stanley Jevons (den die meisten Leute für einen Ökonomen von begrenztem Rang halten und mit dessen Namen sie vor allem verbinden, daß er derjenige war, der glaubte, daß Konjunkturzyklen etwas mit der Sonnenfleckentätigkeit zu tun hätten – manche meinen sogar, daß Jevons selbst wohl zu lange in der Sonne gesessen habe sowie vom französischen Wirtschaftswissenschaftler Léon Walras und vom Österreicher Karl Menger. Was die Verständlichkeit angeht, gibt es sicherlich bessere Lehrbücher als das von Marshall, doch gebührt ihm das Verdienst, als erster eine Reihe von Problemen skizziert zu haben, die heute in jedem Standardwerk behandelt werden.

Keynes, John Maynard
The General Theory of Employment, Interest and Money
(Allgemeine Theorie der Beschäftigung, des Zinses und des Geldes).

Die «Allgemeine Theorie der Beschäftigung, des Zinses und des Geldes» ist nicht gerade einfach zu verstehen, doch ist sie von so großer Bedeutung, daß sie auf einer Liste wie der vorliegenden nicht fehlen darf. Das Buch und sein britischer Autor haben vermutlich mehr Einfluß als irgendein anderes Werk oder irgendein anderer Wirtschaftswissenschaftler gehabt.

Sehr häufig wird Keynes auch mit dem Titel «Lord» genannt – einer Auszeichnung, die er für besondere Verdienste um Großbritannien verliehen bekam – nicht daß Sie etwa denken, er hätte eben einfach das Glück gehabt, sie zu erben.

Das grundlegende Prinzip der Keynesianischen Theorie besteht darin, daß Vollbeschäftigung nur dann erhalten werden kann, wenn die Regierung mit ihrer Fiskalpolitik – Staatsausgaben und Steuern – eingreift. Keynes schrieb dementsprechend der Flexibilität der Preise und dem Geldvolumen nur eine untergeordnete Rolle zu.

Der sogenannte Multiplikator, ein ökonomisches Konzept, das Keynes allerdings nicht selbst entdeckt hat, wurde von ihm entscheidend weiterentwickelt. Dieser Multiplikator und das Paradoxon des Sparens sind die beiden Kopfpfeiler, auf die sich sein Vertrauen in die Fiskalpolitik in Zeiten mit Arbeitslosigkeit gründet. Keynes wußte sehr wohl, daß die Arbeitslosigkeit auf zu hohe Reallöhne zurückzuführen ist, und er kannte auch die Ursachen dieser überhöhten Löhne. Sie entstehen nämlich dann, wenn die Gesamtnachfrage nach Gütern sinkt, was einen Rückgang der Nachfrage nach Arbeitskräften bewirkt. Keynes ist der Auffassung, daß sinkende Zinssätze keineswegs in jedem Fall Investoren dazu bringen, das als Kredite aufzunehmen, was die Sparer auf die hohe Kante legen, da eine Reihe von anderen Faktoren – darunter auch der Instinkt – bei der Entscheidung derartiger Fragen eine wichtige Rolle spielen. Es ist bemerkenswert, daß es fast ebenso viele Versionen der Kontroverse Keynesianer gegen Monetaristen gibt wie Teilnehmer an der Debatte selbst. Viele Wirtschaftswissenschaftler sind schon gar nicht mehr in der Lage, zu sagen, welche Konzepte von Keynes selbst und welche von seinen Anhängern, den Keynesianern, entwickelt wurden. Axel Leijønhufvud schrieb ein Buch mit dem Titel: «On Keynesian Economics and the Economics of Keynes» (Über Keynes und den Keynesianismus), welcher schon verrät, daß sich die Keynesianer von Keynes selbst unterscheiden. Ja, Leijønhufvud hat selbst noch eine weitere Version des Keynesianismus entwickelt.

Keynes verfaßte noch weit mehr als «allgemeine Theorie». Nennenswert ist unter anderem auch sein Buch «Treatise on Money» (Vom Gelde), ein – im Original – zweibändiges Werk, aus dem klar wird, daß, wenn Keynes die Inflationsperiode nach dem Zweiten Weltkrieg erlebt hätte, er und Friedman zu einer ganzen Reihe von Problemen die gleiche Ansicht vertreten hätten. Keynes gehörte zu einer Gruppe von Fachleuten, die ein Währungssystem für die

Nachkriegszeit entwickelte, das über ein Vierteljahrhundert hinweg Bestand haben sollte, obwohl einige seiner besten Vorschläge nicht akzeptiert wurden. Hätte man auf ihn gehört, wäre das System vielleicht geringeren Belastungen ausgesetzt gewesen. Keynes stellte sich übrigens auch recht geschickt an, wenn es darum ging, sein eigenes Geld oder das seines Colleges in Cambridge anzulegen. Sowohl er als auch das College wurden dabei reich. Aus diesem Grunde wäre es ihm auch nicht schwergefallen, jenen vorlauten Volkswirtschaftsstudenten, die ihre Ökonomieprofessoren zu fragen pflegen: «Wenn Sie tatsächlich über alles so gut Bescheid wissen, warum sind Sie dann nicht eigentlich schon längst ein reicher Mann?», eine passende Antwort zu geben. Er hätte nämlich ganz einfach sagen können: «Nun, ich *bin* ein reicher Mann.»

Zusätzlich zu seinen Verdiensten als Wirtschaftswissenschaftler war Keynes auch noch in anderen Bereichen sehr aktiv. Als Student gehörte er in Cambridge einer sehr exklusiven Intellektuellenvereinigung mit dem Namen «The Apostles» an und war später in reiferen Jahren Mitglied eines ähnlichen Klubs, der sogenannten Bloomsbury-Gruppe. Keynes war mit einer berühmten Tänzerin verheiratet. Er war Vorsitzender der National Mutual Life Insurance Company, hatte die Funktion eines Finanzberaters bei einer Reihe von weiteren Gesellschaften, gründete ein Theater, war ein bekannter Kunstsammler und zudem noch ein sehr fähiger Landwirt. Keynes veröffentlichte eine Reihe von Werken zur Wahrscheinlichkeitstheorie und war lange Jahre für die Regierung tätig.

Es ist bemerkenswert, daß alle Wirtschaftswissenschaftler, die hier erwähnt wurden – bis auf eine Ausnahme –, aus Großbritannien stammen. Aber britische Ökonomen haben nun einmal im allgemeinen bis in die erste Hälfte unseres Jahrhunderts hinein eine überragende Rolle gespielt. Es gibt jedoch auch außerhalb Großbritanniens noch eine Reihe bedeutender Wirtschaftswissenschaftler.

Friedman, Milton
Capitalism and Freedom (Kapitalismus und Freiheit).

Friedman ist als führender Kritiker von Keynes und fast allen anderen Ökonomen bekannt. Seine Grundüberzeugung besteht darin, daß die Freiheit des Individuums das wichtigste Gut überhaupt und dementsprechend durch das wirtschaftliche und politische System unbedingt zu schützen sei. Da nun Friedman meint, daß ein solcher Schutz am besten in einem System des freien Unternehmertums gewährleistet werden kann, tritt er als einer der überzeugtesten Fürsprecher des kapitalistischen Systems auf. In einer derartigen Wirtschaftsordnung, die, wie er hofft, Anreize in Form von Belohnungen für Arbeit und unternehmerische Leistung bestehen läßt, kann außerdem ein größeres Sozialprodukt erwirtschaftet werden als in irgendeiner anderen, gelenkten Form der Wirtschaft. Sein sehr provozierendes Werk «Capitalism and Freedom» (Kapitalismus und Freiheit), das nicht sehr umfangreich, dabei aber leicht lesbar ist, vermittelt den umfassendsten Überblick über seine Vorstellungen.

Friedman ist zwar keineswegs der erste führende Wirtschaftswissenschaftler der Gegenwart, der sich für die Freiheit des Unternehmertums stark gemacht hat; er war jedoch so sehr von den Vorteilen des freien Wettbewerbs überzeugt und verstand es auch so gut, seine Überzeugung zu vermitteln, daß man ihn häufig als das große Beispiel für den Befürworter der Philosophie des Laisser-faire anführt. Bei der Diskussion dieses Aspektes der Wirtschaft spielt er sogar eine so große Rolle, daß sein langjähriger Freund Paul Samuelson einmal bemerkte: «Wenn es Milton Friedman nicht schon gäbe, müßte man ihn unbedingt erfinden.»

Im Gegensatz zu Keynes argumentiert Friedman, daß der Währungspolitik große Bedeutung zukommt – eine so überragende Bedeutung sogar, daß das Drucken von zu viel Geld zur Inflation führt. Er belegt seine Behauptung in einer umfangreichen Studie mit dem Titel: «A Monetary History of the United States, 1867–1960» (diese Studie liegt nicht übersetzt vor), die er in Zusammenarbeit mit Anna Schwartz erstellte, sowie in einer Reihe von weiteren Veröffentlichungen. «A Monetary History» gehört zu den Arbeiten, für die ihm 1976 – dem Jahr, in dem die Vereinigten Staaten von Amerika und die Veröffentlichung von Adam Smith' «Wealth of Nations» ihren 200. Geburtstag feierten – der Nobelpreis verliehen wurde. Friedmans Arbeit im Bereich der Geldtheorie beschränkt sich aber nicht nur auf die Angebotsseite. Seine theoretischen und empirischen Untersuchungen zur Geldnachfrage bilden noch heute die Grundlage der Forschung in diesem Bereich. Friedman ist derjenige gewesen, dessen Modernisierung der Quantitätstheorie des Geldes diese zu einer Theorie der Geldnachfrage gemacht hat.

Friedman glaubt, daß die Zentralbank so viel Macht besitzt, daß es besser ist, wenn sie sich darauf beschränkt, jedes Jahr zum Beispiel 4 Prozent mehr Geld zu drucken. All jenen Beamten und Angestellten, die man hierzu nicht mehr braucht, sollte man kein üppiges Gehalt mehr überweisen, sondern sie statt dessen lieber nach Hause schicken. So ist es auch kein Wunder, daß er einer der führenden Köpfe der in den Vereinigten Staaten von Amerika ständig wachsenden Bewegung ist, die sich für Steuersenkungen einsetzt und damit zu erreichen hofft, die ständige Einmischung des Staates zu beschneiden. Vor allem hat Friedman sich jedoch darum bemüht, die Quantitätstheorie des Geldes, die außer an der Universität von Chicago bei den meisten Wirtschaftswissenschaftlern nach der Veröffentlichung von Keynes' «General Theory» weitgehend in Vergessenheit geriet, wiederaufleben zu lassen.

Friedmans Forschung ist jedoch keineswegs auf Theorie und Empirie der Bedeutung des Geldes begrenzt. Er wurde auch durch seine «Theory of the Consumption Function» (liegt nicht in deutscher Übersetzung vor) bekannt; es handelt sich hierbei um eine Studie, die vom National Bureau of Economic Research in New York in Auftrag gegeben wurde und die die Dauereinkommenshypothese erklärt. Seine Arbeiten zum Konsum werden nur von ernsthaften Wirtschaftswissenschaftlern gelesen, die das von Berufs wegen tun. Nützlicher für den Laien sind Friedmans Werke «Dollars and Deficits» (das bisher noch nicht ins Deutsche übersetzt wurde) und «Free to Chose» (Chancen, die ich meine). Außerdem hat Friedman – wie Samuelson – regelmäßig Artikel in der amerikanischen Zeitschrift «Newsweek» veröffentlicht.

Zu alldem ist Friedman auch noch Statistiker; er entwickelte das in den Vereinigten Staaten von Amerika angewandte System der automatischen Steuerabzüge – was er später allerdings selber bereute. Außerdem trat er für eine Reihe von weiteren Maßnahmen wie zum Beispiel die Reduzierung der Kompetenzen der Bundesregierung (in den USA) ein und machte sich für negative Einkommenssteuern stark. Friedman war als Berater verschiedener amerikanischer Präsidenten und auch ausländischer Regierungen tätig und wird allgemein als brillanter Denker und Diskussionsteilnehmer anerkannt und geschätzt.

Bei derartigen Leistungen – die teilweise recht umstritten sind – hat er natürlich nicht nur viele Anhänger, sondern auch eine Reihe von Gegnern. Friedman war seinen Feinden gegenüber nie bereit, einzulenken, und dafür verdient und genießt er den Respekt aller.

Samuelson, Paul A.
Economics (Volkswirtschaftslehre).

Seit den 50er Jahren sind schon ganze Studentengenerationen mit Samuelsons «Volkswirtschaftslehre» «aufgezogen» worden; dieses einführende Werk wurde viele Male neu überarbeitet (zum Teil vielleicht, um sicherzustellen, daß die Studenten nicht alte, gebrauchte Exemplare weiterverwenden können) und kann nur wärmstens empfohlen werden. Wenn Sie sich inzwischen so brennend für wirtschaftliche Fragen interessieren, daß Sie noch mehr in die Materie einsteigen wollen, wäre es gar keine schlechte Idee, das Buch einmal zu lesen oder aber sogar zu kaufen.

Samuelson ist nicht nur ein guter Lehrer, er ist auch ein Ökonom für Ökonomen. Er hat auf fast jedem Teilgebiet der Volkswirtschaftslehre Bemerkenswertes veröffentlicht, und es ist fast unmöglich, in irgendeinem Bereich der Ökonomie

Forschungsarbeit zu leisten, ohne dabei auf den großen Samuelson zurückzugreifen. Samuelson war einer der ersten, die das klassische physikalische Prinzip von Statik und Dynamik auf wirtschaftliche Probleme anwandte. Diese Anwendung, die so einleuchtend und überzeugend in seinem Werk «Foundations of Economic Analysis» (liegt nicht in deutscher Übersetzung vor) dargelegt wird, öffnet der Ökonomie völlig neue Dimensionen und hat sie seither entscheidend bestimmt. Es interessiert Sie vielleicht, zu erfahren, daß Samuelson sich seine mathematischen und physikalischen Kenntnisse, auf die er in seinen «Foundations» so sehr zurückgreift, zu Beginn seines Studiums ausgerechnet in Friedmans Alma mater, der Universität von Chicago, aneignete. Samuelson unterrichtete lange Zeit am Massachusetts Institute of Technology.

Sie sollten sich nun jedoch nicht darüber hinwegtäuschen, daß die «Foundations» alles andere als leicht verständlich sind; man kann dieses Buch nicht mal eben schnell bei einem Sonnenbad am Strand lesen. Es handelt sich vielmehr um ein Werk, das man konzentriert durcharbeiten muß. Es gibt da eine Anekdote, die besagt, daß ein führender amerikanischer Politiker Samuelson einmal gefragt haben soll, was er (der Politiker) lesen sollte, um sich einen Überblick darüber zu verschaffen, was sich in der Volkswirtschaftslehre seit seinem Abschlußexamen so alles getan habe. Samuelson erklärte ihm, er möge sich doch die letzte Ausgabe seines Buchs – und damit meinte er sein Lehrbuch «Volkswirtschaftslehre» – vornehmen. Nun, der Politiker griff statt dessen aus Versehen zu «Foundations». Als Samuelson ihn das nächste Mal traf, fragte er ihn, wie ihm denn das Buch gefallen habe. Er erhielt daraufhin von dem Politiker die Antwort, daß sich die Volkswirtschaftslehre seit seinem Examen so grundlegend geändert haben müsse, daß er absolut nicht mehr verstünde, worum es eigentlich ginge. Sehen Sie sich also vor, daß Ihnen nicht der gleiche Fehler unterläuft.

Für «Foundations» und unzählige andere, hochtechnische und wohldurchdachte Artikel, die Samuelson im Laufe der darauffolgenden Jahrzehnte schrieb, erhielt er – wohlverdientermaßen – den Nobelpreis. In seinen zahlreichen wissenschaftlichen Veröffentlichungen hat Samuelson so gut wie jedes Gebiet, mit dem sich Ökonomen und auch Studenten der Finanzwissenschaft beschäftigen, zumindest gestreift. Er hat die Volkswirtschaftslehre auf unverwechselbare Art und Weise geprägt. Eine ganze Reihe von wichtigen Entwicklungen gehen auf ihn zurück: Die makroökonomische Theorie im allgemeinen, die Multiplikator-Akzelerator-Analyse im besonderen, der Portfolio-theoretische Ansatz der Geldtheorie, die Theorie des Nutzens bzw. der Bedürfnisbefriedigung, die Theorie des Wirtschaftswachstums, des internationalen Handels, der Investition, des Bevölkerungswachstums, der «biologischen Theorie» usw. haben ihm viel zu verdanken, das meiste im Bereiche der Mathematik. Um es kurz zu machen: Samuelson ist ein Genie.

Galbraith, John Kenneth
The Affluent Society (Gesellschaft im Überfluß).

Galbraith versorgte diejenigen, die sich als die Liberalen unseres Jahrhunderts fühlen, durch sein Werk «The Affluent Society», in dem er ein Phänomen konstruiert, das als die Verschwörung der Unternehmer zum Betrug der Öffentlichkeit bezeichnet werden kann, mit ganz neuen Impulsen. Die Öffentlichkeit wird dabei als Ansammlung von bedauernswerten Kreaturen dargestellt, die auf heimtückischste Art und Weise dazu verleitet werden, auch an noch so obskuren Artikeln, die ohnehin in kürzester Zeit auseinanderfallen oder sonstwie veralten, Gefallen zu finden. Nach Galbraith ist es wichtig, die Aufmerksamkeit von den privaten auf die öffentlichen Bedürfnisse zu lenken.

Das Wachstum des staatlichen Sektors zeigt, daß sich Galbraith' Wunschvorstellungen verwirklicht haben, wenn auch ohne sein Zutun. In seinen Ansichten unterscheidet sich Galbraith grundlegend von Friedman, doch sagte dieser einmal: «Einige meiner besten Freunde sind Galbraithianer – zu ihnen gehört auch John Kenneth.»

In «American Capitalism: The Concept of Countervailing Powers» (liegt noch nicht auf deutsch vor), das 2 Jahre vor «The Affluent Society» erschien, beschreibt Galbraith den Kampf zwischen den bestehenden gigantischen wirtschaftlichen Einheiten. Statt der Laisser-faire-Gesellschaft, die sich aus einer Vielzahl von einzelnen Bestandteilen zusammensetzt, die miteinander konkurrieren, gibt es nach Galbraith starke, gegeneinander gerichtete Kräfte: Das Großunternehmertum ruft Arbeitnehmervereinigungen gleicher Größenordnung auf den Plan, die wiederum zur Ausbildung einer mächtigen Staatsgewalt führen. Die Gefahr, daß gegeneinander gerichtete Kräfte im militärisch-industriellen Bereich wirksam werden, ist besonders alarmierend.

Um die riesigen industriellen Einheiten des «American Capitalism» geht es auch in «The New Industrial State» (Die moderne Industriegesellschaft) vor allen Dingen. Die Ziele und die Komplexität dieser monströsen Gebilde erfordern die verwalterischen Fähigkeiten von Experten, die dann zur neuen Klasse der Technokraten werden. Nach Galbraith entsteht eine derartige Technokratie in allen Gesellschaften. Ihre Angehörigen sind sowohl in den Großunternehmen selbst als auch dort, wo die Kontrolle solcher Unternehmen eigentlich liegen sollte – bei der Regierung nämlich –, tätig.

Galbraith, der dem unkontrollierten Unternehmertum gegenüber ein unbezähmbares Mißtrauen hegt, befürwortet Lohn- und Preiskontrollen sowie andere Maßnahmen zur Überwachung der Unternehmer. Er setzte in zwei Präsidentschaftswahlkampagnen Akzente – nämlich in denen von Adlai Stevenson und John F. Kennedy. Um als Botschafter der Vereinigten Staaten nach Indien zu gehen, unterbrach er auch seine Lehrtätigkeit an der Harvard-Universität. In den USA wurde er außerdem noch durch eine Fernsehserie bekannt, nach der er ein Buch mit gleichem Titel veröffentlichte, nämlich «The Age of Uncertainty» (Die Tyrannei der Umstände: Ursachen und Folgen unseres Zeitalters der Unsicherheit). Es gibt daneben noch eine ganze Reihe weiterer Werke von Galbraith, von denen einige möglicherweise, andere dagegen sogar ganz bestimmt nichts mit Volkswirtschaftslehre zu tun haben.

Niemand kann Galbraith vorwerfen, daß er sich nicht redlich darum bemühte, eventuell bestehende Verschwörungen aufzudecken – es gibt allerdings auch kaum etwas, was den Verkauf einer Idee oder auch eines Buches so beflügelt wie eine gute Verschwörung. Einen anderen Vorwurf muß er sich dagegen sehr wohl gefallen lassen: Daß er nämlich seine Thesen nicht so gründlich überprüft, wie das ein guter Wirtschaftswissenschaftler tun sollte. Galbraith und sein kanadischer Landsmann Marshall McLuhan sind als die beiden größten Kanadier bezeichnet worden, die die Vereinigten Staaten von Amerika hervorgebracht haben. Keinen von beiden wird man jedoch wegen des wissenschaftlichen Ranges ihrer Arbeit im Bereich der Volkswirtschaftslehre als «groß» bezeichnen. Vielmehr erzielten sie ihren Erfolg dadurch, daß sie erfolgreiche Werbung und Verkaufsstrategien nicht nur in ihren Büchern untersuchten, sondern selbst anwandten. Sie liefern uns ein Beispiel für den Unterschied zwischen dem, was Laien und dem, was Ökonomen für Ökonomie halten.

Jetzt, da Sie ein wenig mehr über die wichtigsten Bücher und Autoren auf dem Gebiet der Volkswirtschaftslehre wissen, werden Sie besser in der Lage sein, bestimmten Party- oder Stammtischdiskussionen über das Thema Wirtschaft etwas gelassener zu begegnen; worauf es jedoch wirklich ankommt, ist, die volkswirtschaftlichen Grundregeln zu durchschauen. Vieles von dem, was die Zeit sowie andere Ökonomen überdauert hat, findet sich in diesem Buch. Wenn Sie den größten Teil dessen, was hier erklärt worden ist, auch wirklich verstanden haben, werden Sie dadurch in der Lage sein, aufregende wirtschaftliche Entwicklungen besser einschätzen und sich außerdem noch richtig verhalten zu können. Doch selbst wenn Sie einen Teil des Gelesenen gleich wieder vergessen haben sollten, gibt es trotzdem noch eine ganze Reihe von Dingen, die Sie tun können, um sich zumindest mit dem Anschein von Expertise zu umgeben. Hier einige Tips, wie Sie andere Leute am erfolgreichsten hinters Licht führen:

Zunächst einmal kommt es darauf an, die Stärke des Gegners richtig einzuschätzen. Es wäre höchst ungeschickt, zum falchen Zeitpunkt mit komplizierten Begriffen zu operieren – das kann dann unter Umständen nämlich zur Folge haben, daß man dabei eher den kürzeren zieht, als wenn man sich vornehm zurückgehalten und in Schweigen gehüllt hätte. Wenn Sie aber meinen, damit durchzukommen, können Sie folgende Wörter einmal ganz locker in Diskussionen über Wirtschaft oder die Volkswirtschaftslehre einfließen lassen: Modell, makroökonomische Streuung, Aktivitätsniveau, Fiskalpolitik. Gehen Sie vor allem mit dem Begriff «Modell» nur recht verschwenderisch um – damit können Sie nämlich kaum jemals falsch liegen.

Es gibt noch ein paar andere Termini, mit denen sich auch recht gut Eindruck schinden läßt. Sie können zum Beispiel mutig vorpreschen und entweder etwas von «endogen» (was bedeutet, daß etwas durch das Modell, an das Sie gerade denken, erklärt wird) oder aber «exogen» (etwas, das eben nicht von diesem Modell erklärt wird) einfließen lassen. Hat ihr Diskussionsgegner schon kräftig dem Alkohol zugesprochen, versuchen Sie es doch einfach einmal mit «Heteroelastizität». Sollte er nicht umgehend errötend in Grund und Boden versinken, dann erklären Sie ihm, daß Sie persönlich fest davon überzeugt seien, daß «wir ja alle mit homothetischen Nutzenfunktionen leben und uns deshalb bezüglich absoluter Preise, nominaler Einkommen und Vermögen neutral verhalten». Spätestens jetzt werden alle Anwesenden meinen, Sie seien entweder geradezu unglaublich intelligent oder aber total übergeschnappt – zwei Geisteszustände, die ja nie so ganz einfach auseinanderzuhalten sind. In jedem Fall wird sich das Gespräch einem anderen Thema zuwenden.

Wenn Sie nun tatsächlich einen Teil des Gelernten vergessen haben und wenn Sie zudem noch zu ehrlich – oder aber zu feige – sind, um zu versuchen, Ihren Mitmenschen etwas vorzumachen, gibt es noch einen Trost für Sie: die Information nämlich, daß es absolut überflüssig ist, alles, aber auch alles, über das Funktionieren der Wirtschaft zu wissen. Es gibt durchaus Einzelheiten, die man den Experten überlassen sollte, die ihrerseits dann vielleicht wieder die Grenzen ihres Wissens und ihres Fachgebietes an sich erkennen. So erinnert Lord Keynes daran: «... wenn man sich mit seiner Zukunft beschäftigt ... sollte man die Bedeutung wirtschaftlicher Probleme nicht überschätzen ... Diese sollte man ruhig den Experten überlassen – so wie die Zahnheilkunde den Zahnärzten obliegt. Wenn die Ökonomen es fertigbrächten, sich als normale, wenn auch kompetente Menschen zu betrachten, vergleichbar etwa mit den Zahnärzten, dann wäre das einfach phantastisch.»

Man braucht einen Zahnarzt, wenn die Zähne wegen schlechter Pflege Löcher haben – solche Löcher kann man jedoch von vornherein vermeiden. Würde nun jeder Laie lernen, was man in der Wirtschaft tun oder lassen sollte – so, wie er auch die Pflege seiner Zähne einmal erlernt hat –, dann könnte man vielleicht verhindern, daß unsere Wirtschaft «Löcher» bekommt, und brauchte nur das Ausstellen von Rezepten oder größere operative Eingriffe den professionellen Ökonomen zu überlassen.

Beachtenswerte Bücher

Professoren der Düsteren Wissenschaft – ich stelle fest, daß Ihr die Grenzen des Möglichen so gut wie erreicht habt und daß ich Euch deshalb auffordern muß, Euch in Zukunft in Euren Äußerungen etwas zurückzuhalten.
Thomas Carlyle

Es gibt noch ein paar Bücher, die im vorangegangenen nicht erwähnt wurden, während unter den aufgeführten Werken einige auftauchen, die nicht unbedingt lesenswert sind. Hier nun eine Liste mit Werken, die ich persönlich für durchaus beachtenswert halte:

Dornbusch, Rudiger, und Fischer, Stanley: Macroeconomics, 2. Aufl. New York 1980. Liegt nicht in deutscher Übersetzung vor.

Friedman, Milton: Essays in Positive Economics. Chicago 1953. Liegt nicht in deutscher Übersetzung vor.

Friedman, Milton: Dollars and Deficits. Englewood Cliffs, N.J. 1968. Liegt nicht in deutscher Übersetzung vor.

Friedman, Milton: Free to Choose. New York 1980. Deutsch: Chancen, die ich meine: ein persönliches Bekenntnis. Berlin 1980.

Friedman, Milton, und Schwartz, Anna Jacobson: A Monetary History of the United States, 1867–1960. New York 1960. Liegt nicht in deutscher Übersetzung vor.

Galbraith, John Kenneth: The Affluent Society, 3., rev. Aufl. Boston 1976. Deutsch: Gesellschaft im Überfluß. München, Zürich 1959.

Galbraith, John Kenneth: The Age of Uncertainty. Boston 1977. Deutsch: Die Tyrannei der Umstände: Ursachen und Folgen unseres Zeitalters der Unsicherheit. Bern, München 1976.

Goodman, George (Adam Smith): The Money Game. New York 1968. Liegt nicht in deutscher Übersetzung vor.

Goodman, George: Supermoney. New York 1972. Liegt nicht in deutscher Übersetzung vor.

Gordon, Robert J.: Macroeconomics. Boston 1978. Liegt nicht in deutscher Übersetzung vor.

Hansen, Alvin H.: A Guide to Keynes. New York 1953. Deutsch: Keynes' ökonomische Lehren. Ein Führer durch sein Hauptwerk. Stuttgart 1959.

Harrod, Sir Roy: The Life of John Maynard Keynes. New York 1951.

Heilbronner, Robert: The Wordly Philosophers: The Lifes, Times and Ideas of Great Economic Thinkers, 5. Aufl. New York 1980. Deutsch: Wirtschaft und Wissen: 2 Jahrhunderte Nationalökonomie. Köln 1960.

Keynes, John Maynard: A Treatise on Money. London 1930. Deutsch: Vom Gelde. München, Leipzig 1932.

Keynes, John Maynard: The General Theory of Employment, Interest and Money. London 1936. Deutsch: Allgemeine Theorie der Beschäftigung, des Zinses und des Geldes. Berlin 1966.

Leijønhufvud, Axel: On Keynesian Economics and the Economics of Keynes. New York 1968. Deutsch: Über Keynes und den Keynesianismus. Köln 1973.

Lipsey, Richard G. und Steiner, Peter O.: Economics, 5. Aufl. New York 1978. Liegt nicht in deutscher Übersetzung vor.

McConnell, Campbell R.: Economics, 7. Aufl. New York 1978. Liegt nicht in deutscher Übersetzung vor.

Marshall, Alfred: Principles of Economics. London 1890. Deutsch: Handbuch der Volkswirtschaftslehre. Stuttgart, Berlin 1905.

Marx, Karl: Das Kapital.

Mill, John Stuart: Principles of Political Economy. New York 1899. Deutsch: Grundsätze der politischen Ökonomie. Jena 1913–1921.

Ricardo, David: Principles of Political Economy and Taxation. New York 1951/52. Deutsch: Grundsätze der Volkswirtschaft und Besteuerung. Leipzig 1977.

Robinson, Joan: Economic Philosophy: An Essay in the Progress of Economic Thought. Garden City, N.Y. 1964. Liegt nicht in deutscher Übersetzung vor.

Samuelson, Paul: Foundations of Economic Analysis. Cambridge, Mass. 1947. Liegt nicht in deutscher Übersetzung vor.

Samuelson, Paul A.: Economics, 11. Aufl. New York 1980. Deutsch: Volkswirtschaftslehre. Eine Einführung. Köln 1975.

Samuelson, Paul A.: The Collected Scientific Papers of Paul A. Samuelson. Hrsg. Joseph Stiglitz, Robert C. Merton, Hiroaki Nagatani und Kate Crowley. Cambridge, Mass. 1966, 1972, 1966, 1978. Liegt nicht in deutscher Übersetzung vor.

Smith Adam: An Inquiry into the Nature and Causes of the Wealth of Nations. London 1776. Deutsch: Der Wohlstand der Nationen. München 1974.

Stigler, George J.: The Theory of Price. New York 1966. Liegt nicht in deutscher Übersetzung vor.

Der Eindruck, daß außer Karl Marx nur Autoren mit englischer Muttersprache Bücher über Volkswirtschaftslehre schreiben bzw. geschrieben haben, täuscht. Zwar wird niemand ernsthaft bestreiten, daß in den letzten Jahrzehnten die entscheidenden Impulse aus Großbritannien und den USA gekommen sind, doch haben in der Vergangenheit und in der Gegenwart auch nichtbritische Europäer wie auch Wissenschaftler des deutschen Sprachraums wichtige Beiträge in Form wissenschaftlicher Monographien von Rang wie auch gut eingeführter Lehrbücher unterschiedlichen Schwierigkeitsgrades geleistet. Hier eine kleine Auswahl zur Ergänzung der vorangegangenen Liste [H. Less]:

Adebahr, Hubertus: Währungstheorie – Währungspolitik. Berlin 1978.

Böhm-Bawerk, Eugen: Kapital und Kapitalzins, 3. Aufl. Jena 1921.

Claassen, Emil-Maria: Grundlagen der makroökonomischen Theorie. München 1980.

Eucken, Walter: Grundlagen der Nationalökonomie, 5. Aufl. Godesberg 1947.

Gahlen, Bernhard (Mitarbeiter): Volkswirtschaftslehre: eine problemorientierte Einführung, 11. Aufl. Tübingen 1978.

Haller, Heinz: Finanzpolitik – Grundlagen und Hauptprobleme, 5. Aufl. Tübingen und Zürich 1972.

Jarchow, Hans-Joachim: Theorie und Politik des Geldes, 2 Bände. Göttingen 1979.

Köhler, Klaus: Geldwirtschaft, 2 Bände. Berlin 1977 und 1979.

Krelle, Wilhelm: Preistheorie, 2 Bände. Tübingen 1976.

Lipfert, Helmut: Einführung in die Währungspolitik, München 1974.

Rose, Klaus: Theorie der Außenwirtschaft, 7. Aufl. München 1978.

Schneider, Erich: Einführung in die Wirtschaftstheorie, 3 Bände, viele Auflagen. Tübingen 1969, 1972, 1973, als jeweils letzte Erscheinungsjahre.

Schumpeter, Joseph: Theorie der wirtschaftlichen Entwicklung, 6. Aufl. Berlin 1964.

Stackelberg, Heinrich von: Grundlagen der theoretischen Volkswirtschaftslehre. Tübingen und Zürich 1951.

Stobbe, Alfred: Volkswirtschaftslehre I. Volkswirtschaftliches Rechnungswesen. Berlin, Heidelberg, New York 1980.

Teichmann, Ulrich: Grundriß der Konjunkturpolitik. München 1976.

Woll, Artur: Allgemeine Volkswirtschaftslehre, 7. Aufl. München 1981.

Register